우리가
몰랐던

한국사

우리가 몰랐던 한국사

초판 1쇄 인쇄 | 2009년 9월 7일
초판 1쇄 발행 | 2009년 9월 10일
초판 2쇄 발행 | 2010년 9월 9일
초판 3쇄 발행 | 2011년 10월 6일
초판 4쇄 발행 | 2014년 5월 7일
초판 5쇄 발행 | 2017년 7월 14일

지은이 | 한국인물사연구원
펴낸이 | 최수자
담 당 | 지해영

편집디자인 | 블룸
제 작 | 야컴디앤피
인 쇄 | 야컴디앤피(02-2272-2505)

펴낸곳 | 타오름
주 소 | 서울 은평구 연서로 31길 19
전 화 | 02)383-4929
팩 스 | 02)356-6600
전자우편 | taoreum@naver.com
블로그 | taoreum.blog.me

* 가격은 표지에 있습니다.
* 파본이나 잘못된 책은 서점에서 교환해 드립니다.

우리가
몰랐던

한국사

『우리가 몰랐던 韓國史』에 대하여

윤덕홍
尹德弘

· (전)대구대학교 총장
· (전)부총리 겸 교육인적자원부 장관
· (전)한국학중앙연구원
  (옛 정신문화연구원)원장

우리가 이 세상에 태어난 것은 우연이 아니다. 오늘의 내가 있기까지 아버지 어머니가, 아버지 어머니가 태어나기까지 다시 할아버지 할머니, 외할아버지 외할머니가 계셨다. 지난 세월 동안 무수히 많은 사람이 서로 얽혀 있었기 때문에 지금의 우리가 존재하는 것이다. 우리 모두는 연과 연이 얽혀 태어난 존귀한 생명인 셈이다. 자연의 이치요 하늘의 섭리가 아닌가. 숱한 나라 다 놔두고 대한민국에, 그것도 과거가 아니고 미래도 아닌 오늘에 태어나서, 한국말을 사용하고 한국 문화를 몸에 익혀 산다는 것을 생각해 보라. 과거와 얽히고설킨 것이 현재 우리들의 삶이기 때문에 이를 알고자 한다면 선조의 생활을 이해하지 않을 수 없다. 법고창신法古創新 온고지신溫故知新은 이를 두고 하는 말이다.

그동안 우리는 서양 사람들의 생각과 생활을 열심히 배우다 보니 우리 것들을 등한시했다. 필자는 우연하게 일본의 마츠리를 구경한 일이 있다. 전통 의상을 차려입은 수많은 군중이 간단한 북 장단에 단조로운 걸음으로 꼬리를 물고 이어가는 그 모습은 장관이었다. 간단한 스텝이기에 누구나 금방 배울 수 있으며 똑같은 전통 의상 차림이기에 동류의식을 느낄 것이다. 군무가 가능한 이유는 바로 이 간단성과 동질감에서 비롯하리라. 전통의상을 입고 자발적으로 참여하는 마츠리 행사는 구경하는 잔치가 아니라 함께 행하는 놀이이며 그들의 문화를 계승해 가는 일상생활이기도 하다. 그래서 일본은 일 년 내내 잔치가 이어지는 나라이며, 그것을 통해 사회 통합을 이루어 가고 있다. 잔치는 과거를 놀이로 현재화하고 그 현재의 놀이를 통해 미래를 열어 가는 훌륭한 메커니즘인 셈이다. 이러한 잔치는 일본 고유의 전통을 소재로 한 문화 콘텐츠인 셈이다. 전통을 잘 보존하고 그 위에 서양의 것을 얹은 일본을 보노라면 그들의 힘이 법고창신에 있음을 알 수 있다.

이은식 님의 한국 역사 인물 기행 〈우리가 몰랐던 한국사〉는 일일이 현장을 답사하여 고증을 거친 작품으로 방대한 원고 속에 역시 방대한 역사 인물들이 등장하는 대작이다. 존경하는 인물의 90%를 외국인이 차지하는 이 세태에, 민족과 역사의 정체성이 빛을 잃어 가는 이 시대에, 가히 법고창신의 교과서가 될 만한 인물이 망라되고 있음은 무척 다행스러운 일이다. 우리 역사에 배울 점이 풍부한 사람이 이렇게 많았던가!

난국을 슬기롭게 극복한 정치인과 장군이 있는가 하면, 맑은 삶을 산 선비가 나오고, 보수와 개혁, 착취와 저항, 한 시대를 나름대로 처절하게 살아간 선조의 삶이 총망라되어 있다. 오늘의 우리에게 적용될 만한 삶의 모델들이 이은식 님의 작품 속에 제시되어 있는 것이다. 과거를 알고 오늘의 우리를 설명하며, 내일의 우리 삶을 설계할 수 있는 역작이기에 많은 사람들의 일독을 권한다.

『우리가 몰랐던 韓國史』에 대하여

이어령
李御寧

· 초대 문화부 장관
· 신문인/문학평론가
· 이화여자대학교 석좌교수
· 중앙일보 상임고문

나그네라는 말은 나간 이 즉 밖으로 나간 사람이라는 뜻이다. 그러나 역사기행이나 우리 고전 작품을 찾아가는 나그네는 밖이 아니라 안으로 들어오는 사람이다. 한마디로 우리 고전 작품을 다시 발견하고 그 배경이 되는 고장을 찾아가는 이은식李垠植 님의 글은 한국인의 내면을 탐구하는 소중한 '안으로의 여행'이라고 말 할 수 있다.

내면이란 무엇인가. 인체를 보면 안다. 겉으로 보면 인체는 모두가 대칭형으로 되어 있다. 두 눈 두 귀가 그렇고 양손 양다리가 모두 짝을 이루어 좌우로 나뉘어 있다.

하나의 코와 입이라도 그 모양은 좌우 대칭으로 되어 있다. 그러나 내부로 들어가면 어떤가. 인체 해부도를 보아서 알듯이 심장과 췌장은 왼쪽에 있고 간이나 맹장은 오른쪽에 있어 좌우가 다르다. 그리고 위의 생김새나 대장은 더더구나 그 모양이 외부와는 달라 모두가 비대칭적인 모양을 하고 있다.

이렇게 내면의 여행은 인체의 내부처럼 복잡하고 애매하다. 지도를 보면서 정해진 코스를 찾아가는 외부의 여행과는 딴 판이다. 보이지 않는 곳은 내시

경으로, 들리지 않는 박동은 청진기를 사용해야 한다. 그것이 바로 내면을 여행하는 사람의 투시력이며 상상력이며 특수한 지식의 힘이다.

이은식 님의 '우리가 몰랐던 한국사'는 한국의 전통문화의 맥을 짚어 보이지 않은 마음의 섬세한 구김살을 열어보는 투시력의 소산이다. 사전辭典 지식으로는 맛볼 수 없는 현장성 그리고 그 배후를 꿰뚫는 정성과 분석력이 대단한 분이시다. 그의 원고를 보면 내가 누구이며 내가 어디에서 왔으며 내가 어디로 가야 할 것인가의 방향을 확실히 제시하고 있다.

그러기 때문에 이 방대한 '역사인물기행'인 동시에 '문화탐구의 기행'은 우리의 시선을 마음의 내면세계로 향하게 하는 화살표요 그 지도가 되는 것이다. 이 책에서 우리는 윤선도를 만나게 될 것이다. 그리고 잊혔던 신숙주와 세종대왕, 방랑시인 김삿갓을 비롯한 수많은 역사적 인물들을 만나게 될 것이다. 고정관념을 버리고 한 분 한 분의 발자국을 따라가다 보면 과거의 역사가 아니라 우리의 미래의 역사를 만나게 될 것이다.

역사 속의 인물과 고전작품은 시대와 사회의 변화에 따라 끝없이 재조명하고 새롭게 탄생하는 것이다. 역사는 그냥 이야기가 아니다. 우리가 살아온 달력에 동그라미를 쳐놓은 그냥 기억이 아니다. 시간의 켜가 모여 지층처럼 쌓여간 문자의 땅이요 피의 강이다. 산맥이 높아야 높은 산이 생긴다는 말처럼 그 위에 우리는 우리의 새로운 역사의 봉우리를 만든다.

겉만 보고 한국인을 말하지 말아야 한다. 복잡하고 불가사의한 한국인의 내면을 알고 나서야 우리는 우리 역사 속의 한국인의 참모습을 알게 될 것이다.

검은 암탉이 하얀 알을 낳고, 검은 소가 흰 우유를 쏟아내듯이 이은식 님의 책은 오늘날같이 혼탁한 세상에 샘물 같은 그런 구실을 할 수 있을 것이다.

『우리가 몰랐던 韓國史』에 대하여

이만열
李萬烈

· 직전 국사편찬위원회 위원장
· 독립기념관 한국독립운동사
　연구소장

　근래에 우리 주변에는 역사 문화 유적에 대한 일반인들의 관심이 고조되고 이에 따라 많은 종류의 역사 문화서, 기행문 류, 답사 안내서들이 우후죽순처럼 출간되고 있다. 그리고 고등학생부터 대학생, 일반인들에 이르기까지 많은 역사기행 동아리를 비롯하여 인터넷 상에서는 역사기행 관련 웹사이트가 운영되고 있으며, 신문사나 박물관 등의 역사 관련 교양 강좌도 활발하게 이루어지고 있다. 이러한 현상은 일반인들의 역사적 식견과 의식을 높일 수 있을 뿐 아니라 역사의 대중화라는 측면에서도 상당히 긍정적인 역할을 하는 것으로 평가할 수 있다.

　전문 역사학자를 비롯하여 소설가, 언론인, 여행가들의 역사 기행문과 문화유산 답사 서적이 봇물 터지듯 출판되는 요즈음 향토 사학자이자 역사 기행가, 수필가인 이은식李垠植 님이 쓴 한국 역사 인물 기행 〈우리가 몰랐던 한국사〉는 얼핏 보면 평범한 또 한 권의 역사 기행문 같지만 이 책은 단순한 기행문이 아니라 우리가 사는 땅과 그 땅에 살았던 인간의 흔적을 복원해내고 있다. 이 책에서 우리는 많은 역사적 인물들을 만날 것이다. 당대를 풍미했던 정치가, 덕망을 자랑하던 선비, 천하를 주름잡던 장군, 개혁을 부르짖었던 혁신주의자, 노비를 부렸던 상전, 부림을 당했던 천민 등 우리 역사에서 굴곡 많은 삶을 살다간 사람들을 만날 수 있을 것이다. 그들을 만나고 그들이 살았던 땅의 실체를 느끼면서 우리는 역사가 단순한 과거가 아니라 현재요 미래라는 것을 느낄 수 있을 것이다.

이 책은 '풍요로운 오늘을 있게 한 선현들의 피나는 노력의 자취를 재조명해 보고 역사적 인물들의 생전의 삶의 기준을 교훈 삼아 더 좋은 앞날을 위한 길잡이가 되었으면 하는 마음을 새기면서 고인들의 유택과 유적지를 찾아다닌' 이은식 님의 각고의 산물이다.

수년 동안 전국의 산하에 산재한 9천여 곳의 비문이 새겨진 역사 현장을 직접 밟고 촬영하여 체험한 내용을 쉽고 재미있게 풀어쓴 이 책이야말로 읽는 이로 하여금 역사란 멀리 있는 게 아님을 느끼게 해 주며, 바로 내가 숨쉬며 살아가는 내 고장에 대한 인식을 새롭게 일깨워준다. 산업화와 도시화로 훼손되고 사라지는 문화유산을 저자가 생업을 뒤로한 채 식음을 잊을 정도로 찾아다니며 쓴 이 책은 먼 후일 역사적인 인물에 대한 실체를 찾고자 하는 사람들에게 큰 도움이 될 것이다.

떠다니는 구름을 잡기 위해
늘 그자리를 지키는 산이 되고 싶다.

이은식
李垠植

한때 필자는 지인들로부터 '이해할 수 없는 사람'으로 통했다. 달리 소득도 없는데 경비를 들이면서 허구한 날 무덤을 제집 드나들듯 찾아다닌다는 이유에서다. 또 성현의 묘소라 해도 그들을 만날 수 있는 것도 아닌데 사면팔방 헤매고 다녀 지나치게 역사에 집착한다는 아내의 지청구를 들어도 그저 침묵만 지켰다.

역사!

어떤 이들은 역사가 딱딱하고 퇴색한 학문이라고 한다. 또 다른 이들은 당파 싸움에 기둥뿌리 썩는 줄 몰랐던 지긋지긋한 조상 이야기라며 도리질 치기도 한다. 지금이 어느 때인데 낡은 역사 타령을 하느냐며 비아냥거리는 사람도 있다.

하지만, 필자는 생각이 다르다.

역사에는 우리네 혼과 정신이 깃들어 있다. 그런 역사를 우리는 간과해서는 안 된다. 왜냐하면 우리 자신이 바로 역사役事의 현장에 있는 역사歷史이기 때문이다.

자식은 아버지를 언행의 거울로 삼는다. 아버지는 또 자신의 아버지를 바라보며 가치 판단의 기준을 세운다. 이렇게 거슬러 올라가거나 내려가다 보면 결국 5000년 역사의 결정체가 바로 우리 자신이라는 사실을 깨닫게 된다.

필자는 시대적 여건과 배경만 달라졌을 뿐 과거에 일어났던 행악이 현재에도 재현되고 있어 안타까움을 금할 수 없다. 위로 정치인들을 보면 자신의 권익을 위한 당파 싸움에 혈안이 된 조선시대 관료들처럼 이권 싸움에 눈이 멀었고, 아래로 살펴보아도 서로 속고 속이며 살생까지 불사했던 봉건시대 백성과 별반 다를 바 없는 아귀다툼이 곳곳에서 벌어지고 있다. 이는 성현으로부터 물려받아 계승·발전시켜야 할 빛나는 정신을 우리 모두 잊었기 때문이다. 하루가 다르게 변하는 세상에서 뒤처지지 않으려고 바쁘게 살아가면서 정작 중요한 역사의 교훈을 잊은 것이다.

역사 인물 기행 답사를 기획한 것도 이 때문이다. 파란만장한 삶을 살다 가신 분들의 묘소를 찾아다니면서 그들의 굴곡진 삶의 실체를 정확하게 재조명하고 잊어버린 역사의 교훈을 되찾고자 한 것이 그 시작이었다.

필자가 재조명한 인물 중에는 권력욕에 눈이 먼 형제에게 죽임을 당한 비운의 왕자도 있고, 비천한 궁비 출신이었으나 운명이 바뀌어 역사에 한 획을 그은 인물도 있으며, 패륜과 부도덕의 상징이라고 할 만한 폭군도 있고, 죽임 앞에서도 충과 효, 신의를 선택한 인물도 있다.

이런 이들의 삶을 재조명한다는 것은 참으로 어려운 일이었다. 비바람 치는 날도, 더위가 목까지 차오를 때도 선현들의 묘소와 발자취를 찾아다녔고, 밤을 지새우며 원고 정리에 몰두했다. 그 결과 적지 않은 원고가 완성되었지만 아직도 걸어온 길보다 걸어가야 할 길이 더 많이 남았음을 느낀다.

언젠가 수없이 많은 밤을 새워 작업해 놓은 원고 더미 앞에서 입을 다물지 못하던 한 지인이 물은 적이 있다.

"도대체 왜 이런 일을 하는 겁니까?"

내가 '이런 일'을 하는 이유는 단 한 가지라고 말했다. 선조의 다양한 인생 역정을 하나씩 되짚어 보며 그 속에서 우리의 정체성을 되찾고, 단지 힘이 없어서 눈물을 흘려야 했던 역사의 비극이 재발하는 것을 막고자 함이라고…….

여기에 더해, 자기 자신을 끊임없이 돌아보며 성찰한 선현들과 같이 마음을 닦아 올곧은 사람이 되어 나와 우리를 행복하게 가꾸어 가기 위함이다. 이것이 필자가 앞으로 가야 할 길이다.

역사 기행 답사!

이는 단순한 여행이나 관광과는 분명히 다른 여로이다. 구경하고 즐기는 것만이 아닌, 산천과 인물에 담긴 역사적·문화적 의미를 찾아다니는 하나의 창조 과정이다.

눈부실 정도로 빠르게 변하는 세상이지만 그 중심은 사람이 될 수밖에 없다. 갑작스런 고난 앞에서, 혹은 선택의 기로에서 어떤 판단을 내려야 할지 몰라 방황하고 있을 때, 장구한 앞날을 계획해 보고 싶을 때 조용히 이 책을 통해 역사 속으로 되돌아가 지금의 당신과 똑같은 상황에 있었던 조상의 삶을 들여다보기 바란다. 그 속에 답이 있고, 바로 당신이 있으며, 우리가 나아가야 할 길과 지식과 지혜가 있다.

돌이켜 보면 300권의 역사책 발간을 목표로 집필 작업에 몰두한 지 수년의 세월이 흘렀다. 이 책은 그 첫 번째 결과물인 셈이다. 부끄럽지만 이 책을 통해 독자 제현들과 호흡을 같이 하며 쓰디쓴 채찍과 더욱 분발하라는 위로의 박수를 받고 싶다. 숱한 인물들이 함께 엮어낸 파노라마가 우리 역사이듯 그것을 더듬어보고 삶의 모델을 찾아가는 일 또한 우리가 함께 해 나가야 할 일이기 때문이다.

그동안 낮에는 묘소를 찾아다니며 사료를 모으고 원고 작업은 거의 자정을 넘겨 새벽까지 이어지는 강행군을 해왔다. 그래선지 건강이 좋지 않아 몇 번이나 병원 신세를 져야 했다. 늦은 시각까지 원고를 엮느라 여념이 없는 필자를 위해 따뜻한 차 한 잔을 책상 위에 올려놓으며 늘 나의 건강을 염려해 주던 아내. '선현들의 혼령이 당신의 건강을 지켜주시길 바랄 뿐'이라고 말하며 조용히 나가곤 했던 아내에게 뜨거운 마음으로 고마움을 전한다. 아내의 이해가 없었다면 불가능했기에 더욱 고맙다. 그리고 부족한 내가 역사 문화의 길을 걸을 수 있도록 인도해 주신 부모님이 오늘따라 뼈가 시리도록 그립다.

내 생의 마지막 시간까지 역사 인물 기행을 멈추지 않을 것이며 떠다니는 구름을 잡기 위해 항상 그 자리를 지키는 산이 되고 싶다는 생각을 오늘도 가슴에 담아 본다.

2008년 7월 28일

신선이 노닐던 동네 삼선동에서

반석평은 한양 이 참판 댁의 노비였다. 미천한 노비에 불과했던 그가 학문을 닦고,
판서 자리에 오르게 된 데는 당시의 정치, 사회적 환경이 적지 않은 영향을 끼친 것이 사실이었다.
즉, 기존의 낡은 것을 혁파하고 반정 공신으로 대표되는 훈구 세력을 견제할 목적에서
인재를 두루 등용한 당시 상황이 행운을 안겨 주었던 것이다. 그렇다고 해도 반석평의 총명한
머리와 고난을 극복해 낼 줄 아는 정신력을 잊어서는 안 된다. 그러한 능력을 갖추었기에 반석평은
온갖 고난을 극복하고 인생을 화려하게 꽃피울 수 있었던 것이다.

통감 읽는 노비 |반석평|
옥잔 하나에 뒤바뀐 인생 |유극량|

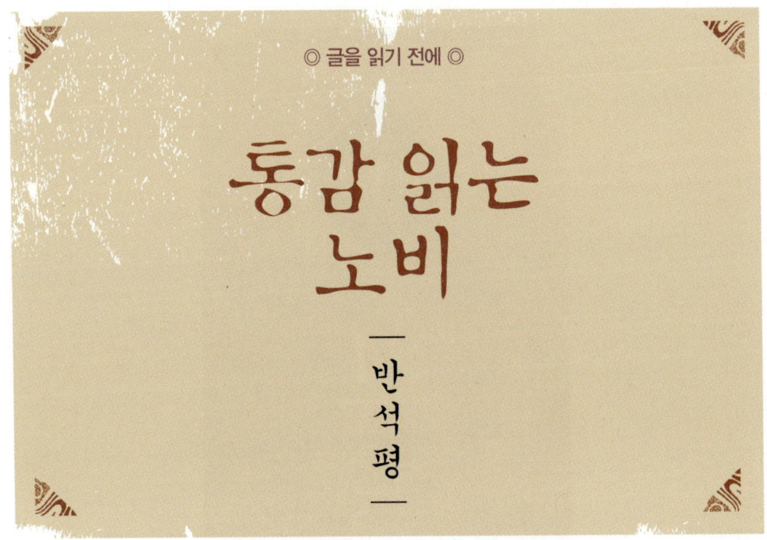

통감 읽는 노비

— 반석평 —

**이야기의
시대적 배경**

조선 제10대 임금 연산군이 희대의 폭군이었다는 사실을 모르는 이는 아무도 없다. 무오사화와 갑자사화를 일으켜 정적들을 모두 제거해 버리고 권력을 독차지한 연산군은 허구한 날 연회를 베풀어 국고를 탕진했으며 자신의 친할머니 인수대비를 머리로 들이받아 절명시키기까지 하였다. 그런가 하면 숙부 월산대군의 아내 부부인 박씨를 겁탈하기도 하였다. 남편이 있든 없든 얼굴 반반한 조선의 여자들은 모두 연산의 소유물이었으며 자신의 패륜 행각에 조금이라도 불만을 품은 자가 있으면 기어코 피를 보이고야 말았다.

그러나 세상 이치를 가만히 헤아려 보면 폭정이나 불법이 있는 곳에는 늘 그에 대한 반동反動이 일어나기 마련이었다. 한계를 넘어선 연산의 폭정에 괴로워하던 박원종, 성희안, 유순정 등과 같은 훈신 계열 지사들은 연산과 그 주구들을 내쫓고 조선 백성에게 희망을 찾아 주고자 중종반정을 꾀하기에 이른다.

마침내 1506년 9월, 창과 칼을 앞세우며 일어선 반정 군은 연산의 수족이나 다름없던 임사홍과 신수근 등을 죽이며 진군하여 궁궐을 장악한다. 이때 반정 군에게 연산 폐위와 중종 등극에 관한 교지를 내린 이는 성종의 계비이자, 종종의 어머니이기도 한 정현 왕후 윤씨였다.

윤씨의 교지에 따라 연산군을 강화로 내쫓고 중종을 즉위시키니 12년간 이어진 폭정의 시대가 마침내 막을 내렸다.

바야흐로 새 세상이 열렸으나 조선 조정에 드리워진 그림자는 완전히 걷히지 않았다. 조선 제11대 임금 중종이 가진 태생적 한계가 문제였다. 즉, 반정 공신들의 힘에 의존하여 왕이 된 만큼 그들로부터 결코 자유로울 수 없었던 것이다.

실제로 반정 공신들은 상당한 권력을 나눠 가졌다. 이는 왕권의 축소를 의미하는 것이었다. 중종이 실권을 상실한 왕이었다는 사실을 보여 주는 대표적인 예가 한 가지 있다. 중종의 비 단경 왕후가 반정 공신들에 의해 사가로 쫓겨난 사건이 바로 그것이다. 단경 왕후의 아버지는 연산군의 매부 신수근이었다. 앞에서 이미 밝혔듯 신수근은 반정 과정에서 공신들에게 죽임을 당했다. 이런 상황이다 보니 신수근의 딸을 국모로 모신다는 것은 반정 공신들에게 크나큰 부담이었다. 결국, 중종은 진심으로 사랑하면서도 공신들의 주장에 밀려 단경 왕후를 궁에서 떠나보낼 수밖에 없었다.

이처럼 소신껏 정치를 펼치는 것도, 원하는 대로 살아가는 것도 불가능해지자 중종은 부왕 성종 시절에 그랬던 것처럼 공신 세력을 견제하고 왕권을 강화할 방책을 강구해 나가기에 이른다.

이때 중종의 눈에 든 것이 신진 사림 세력의 대표 주자 조광조였다. 중종은 조광조를 등용하여 우익으로 삼고, 그의 주장에 따라 도학 사상에 근거한 철인 군주 정치를 표방하며 공신 세력을 견제해 나가고자 하였다.

이 당시 조광조에 의해 펼쳐진 정책을 살펴보면 무엇보다 먼저 눈에 띄는 것이 과거제도의 변혁이었다. 연산군 시절의 어지러웠던 정치 분위기를 쇄신하려는 뜻에서 기존 과거제도의 본질적 모순을 과감하게 혁파한 것이다. 이와 함께 중종과 조광조는 요순시대의 이상 정치 실현을 목표로 인습과 구제를 혁파해 나갔다.

이 장에서 소개할 반석평은 한양 이 참판 댁 노비였다. 미천한 노비에 불과했던 그가 학문을 닦고, 판서 자리에 오르게 된 데는 당시의 정치, 사회적 환경이 적지 않은 영향을 끼친 것이 사실이었다. 즉, 기존의 낡은 것을 혁파하고 반정 공신으로 대표되는 훈구 세력을 견제할 목적에서 인재를

정암 조광조 선생 영정

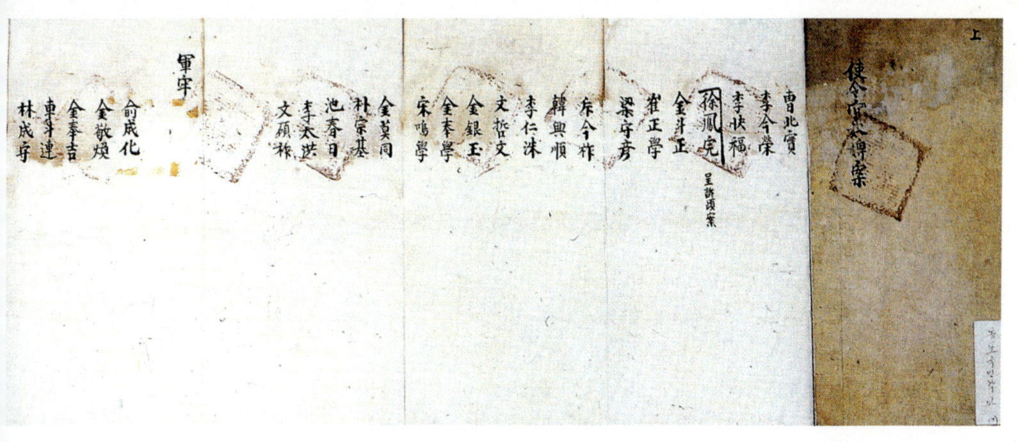

使令案本傳案 上

曹北實
李今榮
李快福
徐鳳兒　呈訴頭案
金斗正
崔正學
梁守彦
左令柞
韓興順
李仁洙
文哲文
金銀玉
金奉學
宋鳴學
金莫同
朴宗基
池春日
李太洪
文碩祚
軍牢
俞成化
金敬煥
金奉吉
東斗連
林成孚

노비 문서

두루 등용한 당시 상황이 행운을 안겨 주었던 것이다. 그렇다고 해도 반석평의 총명한 머리와 고난을 극복해 낼 줄 아는 정신력을 잊어서는 안 된다. 그러한 능력을 갖추었기에 반석평은 온갖 고난을 극복하고 인생을 화려하게 꽃피울 수 있었던 것이다.

그것은 기적이었다

동지중추부사와 형조 참판, 한성부판윤과 형조 판서 등을 두루 역임한 바 있는 조선 중종 때의 문신 반석평潘碩枰은 본래 참판 댁에서 머슴살이를 하던 종이었다.

"노비가 형조 판서가 되었다고?"

누구나 이렇게 반문하며 고개를 갸웃거릴 것이다. 조선은 그만큼 신분의 벽이 견고한 사회였다. 신분의 벽이야말로 조선 사회를 유지해 주는 보루였기 때문에 벽을 허물고 신분 상승을 노릴 만한 기회가 극히 드물었다고 봐야 한다.

그런데 반석평은 노비에서 정승 판서로 급격한 신분 상승을 했다. 바닷물이 다 마를 때를 기다리는 것이 차라리 나아 보일 만한 일을 현실로 만든 셈이었다.

　이쯤 되면 우리는 반석평이라는 사람의 됨됨이를 어느 정도는 짐작해 볼 수 있다. 대단히 총명한 사람이거나 억세게 운이 좋은 사람이 틀림없다.

　반석평은 어느 편에 속하는 인물이었을까. 놀랍게도 총명한 머리를 타고난 데다 운 또한 무척이나 좋은 사람이었다. 그러나 총명한 머리와 남달리 좋은 운수를 타고났다고 하여 누구나 반석평처럼 될 수 있는 것은 아니었다. 그것이 조선의 현실이었기에 반석평의 성공은 차라리 기적에 가까웠다.

　기적은 우연히 찾아오지 않는다는 사실을 우리는 알고 있다. 불가능을 가능으로 바꾸려면 그만한 대가 지불이 따라야 한다. 반석평은 고난 속에서도 꿈을 버리지 않고 노력하는 강직한 성품과 은혜를 저버리지 않는 진실한 마음을 가지고 있었기에 이와 같은 기적을 현실로 만들어 낼 수 있었다.

글 배우는 노비

　반석평이 이 참판 댁 종으로 들어간 것은 소년 시절이었다. 기록에는 정확하게 남아 있지 않지만 가난이 반석평을 종으로 전락시켰으리라는 점은 얼마든지 상상할 수 있는 일이다.

　우리가 상식적으로 생각하는 노비의 삶은 일 잘하고, 눈치 빠르며,

반석평 묘소 전경(충북 음성)

먹을 것 가리지 않고 잘 받아먹을 줄 알면 그만이었다. 그러나 반석평
은 짐승이나 다를 바 없는 종 생활을 해나가면서도 글을 배워야 한다
는 열망만은 좀처럼 놓지 못했다.

'세상을 아무리 둘러봐도 남부럽지 않게 잘사는 사람들은 학문을
닦은 자들뿐이잖아. 글을 알아야 출세할 수 있고, 사람답게 살 수 있
는 거야.'

이런 생각에 사로잡힌 어린 반석평은 무슨 일이 있어도 글을 배우리
라 결심하고는 주변을 둘러보았다. 이 참판 댁에는 반석평과 나이가
엇비슷한 어린 도령 이오성이 있었다. 그즈음 이 참판은 이오성의 학
문 진작을 위하여 독선생을 모셔다 놓은 상태였다.

‘독선생한테 나도 공부를 좀 가르쳐 달라고 해볼까?’

반석평은 어림없는 생각이라는 것을 잘 알면서도 저도 모르게 이렇게 중얼거렸다. 바로 그때 독선생의 짜증 섞인 목소리가 들려왔다.

“어제 공부한 대목인데 뜻을 하나도 모르면 대체 어쩌자는 게냐?”

이오성이 공부보다 노는 데만 정신을 판다는 것은 온 집안 식구가 다 아는 사실이었다. 반석평은 자신이 이오성이라면 얼마나 좋을까 생각해 보며 툇마루에 걸터앉았다. 반쯤 열린 문틈으로 독선생과 이오성의 모습이 보였다. 이오성 앞에 놓인 두툼한 책이 그렇게 탐날 수가 없었다.

‘서당 개 3년이면 풍월을 읊는다는데 나도 매일 이곳에 앉아 도련님 공부하는 모습이나 훔쳐볼까?’

아무리 생각해도 글을 터득하자면 그러는 수밖에 없을 것 같았다. 미천한 종에 불과한 자신이 누구를 붙잡고 글을 가르쳐 달라고 부탁한단 말인가. 괜히 그런 말을 꺼냈다가 매타작이나 당하지 않으면 다행이었다.

어깨너머로라도 글을 배워야겠다고 마음먹은 반석평은 그날 이후 틈이 날 때마다 이오성의 방문 앞으로 달려갔다. 독선생의 이야기를 한마디라도 놓칠세라 귀를 쫑긋 세웠고, 손으로 가리키는 한자를 땅바닥에 그림 그리듯 그대로 적어 보기도 하며 반석평은 청운의 꿈을 키워 가기 시작했다.

뜻이 있는 곳에 길이 있다

글자의 뜻과 음을 하나하나 익히고 독선생의 이야기를 귀담아듣는 사이 무지한 노비 아이에 불과했던 반석평은 점차 학동의 모습으로 변모해 갔다. 그러나 마냥 기뻐할 일만은 아니었다.

아는 것이 많아지면 근심 또한 그에 비례하여 늘어난다고 했던가. 단순히 글을 익히면 출세 길이 열리리라 믿었던 반석평은 그즈음 괴로운 나날을 보내고 있었다. 학문을 아무리 익혀도 과거를 통과하지 못하면 출세할 수 없는 것이 조선의 제도였기 때문이다.

'난 미천한 상놈 집안의 소생이라 노비가 된 것이 아니야. 다만……'

고려시대부터 조선조를 거치면서 벼슬을 산 숱한 조상의 이름이 떠올랐다.

그러나 반석평은 이내 한숨을 푹 내쉬었다. 과거 조상의 생활이 어떠했든 현재의 반석평은 노비에 불과하다는 사실이 중요했다. 반석평의 이름 석 자가 찍힌 노비 문서는 소의 코에 달아 놓은 코뚜레와 다를 것이 하나도 없었다. 주인이 이끄는 대로 끌려가지 않으면 코뚜레를 통해 전해지는 무시무시한 통증을 감수할 수밖에 없는 소의 일생처럼 반석평은 주인의 뜻에 복종하며 평생 살아가야 할 운명이었다.

이런 생각에 사로잡힌 반석평은 한동안 공부와 담을 쌓고 지냈다. 더는 좌절하고 싶지 않아서였다.

그런데 이상한 일이었다. 공부를 하지 않는 것뿐 예전 생활과 크게 달라진 것이 없는데 그렇게 허전하고 불안할 수가 없었다.

“왜 불안하지? 왜 허전한 거지? 차라리 잘됐잖아. 노비 주제에 공부해서 뭘할 건데?”

반석평은 절망적으로 중얼거리다 말고 답답한 가슴을 달래고자 동산을 향해 내달리기 시작했다. 그러나 가슴이 터질 정도로 달리고 또 달려도 마음속의 답답함은 끝내 가시지 않았다.

조금 더 달리다 보니 시냇가였다. 반석평은 옷을 입은 채로 물속에 풍덩 뛰어들었다. 차라리 흐르는 물에 몸을 맡기고 세상 끝까지 둥둥 떠내려가고 싶었다. 그러나 반석평은 이내 물가로 걸어 나왔다.

이렇게 괴로워하느니 차라리 다시 공부를 시작하자는 생각, 간절하게 원하면 언제고 자신에게도 기회가 올 것이라는 생각이 불현듯 찾아든 까닭이었다.

골똘히 생각에 잠긴 채 풀밭에 멍하니 앉아 있던 반석평은 밤이 깊은 다음에야 집으로 돌아갔다.

이튿날, 반석평은 실로 오랜만에 이오성의 방문 앞 툇마루에 걸터앉아 고개를 길게 빼고 독선생 이야기에 귀 기울였다.

통감通鑑 읽는 노비

어깨 너머로 배운 글이 어느덧 성취 단계에 접어들어 주인집 아들 이오성의 수준을 뛰어넘은 것은 오래전이었다. 이제는 툇마루에 걸터앉아 독선생의 강의를 듣는 것이 시시하게 느껴졌다. 그렇다고 이오성을 무시한 채 강의 수준을 높여 달라고 요구할 수도 없는 노릇이었다.

생각다 못한 반석평은 어느 날, 이오성에게 어렵사리 부탁을 하나 했다. 통감을 읽고 싶으니 좀 빌려줄 수 없겠느냐는 것이었다.

그즈음 이오성은 물론이고 독선생마저 반석평의 도둑 공부를 눈치 채고 있었다. 독선생에게 꾸중을 들으며 멀리 쫓겨 간 것이 몇 번인지 몰랐다. 그러나 반석평의 열성이 남다르다는 사실을 알아차린 독선생 은 다시는 반석평을 꾸짖지 았다.

그로부터 며칠 후였다. 반석평은 오전 일을 끝내고 이오성에게 빌린 통감을 정신없이 읽고 있었다. 그런데 사랑방 쪽에서 반석평을 부르는 소리가 들려왔다.

"석평아, 무엇을 하는 게냐? 와서 다리나 좀 주물러라."

이 참판이었다. 반석평은 얼떨결에 책을 그대로 들고 사랑방으로 달 려갔다. 잠시 후 문을 열고 들어가니 참판 대감은 보료 위에 모로 누 워 병풍을 바라보고 있었다.

"대감마님, 쇤네 왔습니다."

"오냐. 어서 다리 좀 주물러라."

반석평은 조용히 앉아 이 참판의 다리를 꾹꾹 주무르기 시작했다.

"어, 시원하다."

이 참판이 만족스러운 목소리를 내며 지그시 눈을 감는 것이 보였 다. 반석평은 저도 모르게 고개를 슬며시 돌려 통감을 내려다보았다. 책을 읽고 싶은 마음이 굴뚝같았다.

'에휴, 이럴 때 다리 주무르라고 부를 게 뭐람.'

반석평은 자기 몸 쪽으로 은근슬쩍 통감을 끌어당겼다. 하지만 반석평은 이내 고개를 저었다. 딴전을 피우다가 들키면 불호령이 떨어질 것이 뻔했기 때문이다.

그러나 반석평은 오래지 않아 통감에 한눈을 팔고 있었다. 그러다가 힐끔 이 참판을 돌아본 반석평은 한쪽 손을 뻗어 책장을 넘겼다. 조금 전까지 읽던 부분을 찾아내는 것은 일도 아니었다.

통감

"이놈, 무얼 하기에 손끝에 이리 힘이 하나도 없니?"

한눈을 팔며 건성으로 주무르니 시원할 리 없었을 것이다.

"아, 아닙니다요."

화들짝 놀란 반석평은 다리 주무르는 일에만 정신을 쏟았다. 그러나 그도 잠시, 반석평의 머리는 자신도 모르는 사이에 방바닥에 놓인 통감 쪽으로 슬그머니 돌아가 있곤 하였다.

이렇게 하여 제대로 주무르라는 지적을 받기 서너 차례. 아무래도 이상한 노릇이라고 여긴 이 참판이 어느 순간 자리에서 일어나 앉았다.

"이놈, 아까부터 하는 짓이 괴상하구나. 사람을 놀리는 것도 아니고 대체 뭐하는 짓이냐?"

"대감마님, 죄송합니다. 책을 읽다가 그만……"

어린 노비 놈이 책을 읽었다고 하니 이 참판의 눈이 둥그렇게 커졌다.

"책을 읽었다? 네가? 그래 그 책은 어디서 난 어떤 책이냐? 그리고 네가 글을 안단 말이냐?"

반석평은 꼬리를 물고 이어지는 이 참판의 질문 공세에 진땀이 났다. 자칫 잘못하면 혼쭐이 날지도 모를 상황이었다. 그러나 반석평은 두 눈을 질끈 감았다가 뜨며 그간 있었던 일을 사실대로 털어놓았다.

그동안 이오성의 방문 앞에서 도둑 공부를 하였으며, 그 덕에 글을 익혔고, 이제는 이오성에게 책을 빌려 읽고 있다는 말을 들으면서 이 참판은 놀란 얼굴을 감추지 못했다. 그러나 아무리 생각해도 노비가 통감을 읽는다는 사실이 믿기 어려웠던 모양이다.

"그렇다면 내가 보는 앞에서 책을 한번 읽어 볼 수 있겠느냐?"

반석평은 잠시 우물쭈물하다가 책을 끌어당겨 읽기 시작했다. 막힘 없이 읽어 내려가는 낭랑한 목소리를 듣고서야 이 참판은 이 놀라운 사실을 비로소 믿는 눈치였다. 그러나 아직 시험해 볼 것이 더 남았다는 듯 이 참판이 넌지시 말문을 열었다.

"네가 방금 읽은 글은 어떤 내용이더냐?"

"초나라와 한나라가 싸우는 장면으로 알고 있습니다. 번패의 방해 때문에 홍문연은 실패했고, 이 일로 항우의 모사 범증이 크게 노했습니다."

겉모습만 노비일 뿐 낭랑한 목소리와 초롱초롱한 눈동자는 양반가의 범상치 않은 준재라고 해도 모자람이 없을 정도였다. 이 참판은 저도 모르게 고개를 끄덕이며 반석평을 칭찬했다. 들꽃처럼 돌봐 주는 이 하나도 없는 노비 처지에 저 정도 학문을 성취했다는 것은 놀라운 일이 아닐 수 없었다. 어쩌면 저 아이는 천재인지도 몰랐다.

"석평아, 공부를 계속하고 싶은 게냐?"

"그러하옵니다."

이 참판은 그럴 줄 알았다는 듯 다시 고개를 끄덕였다. 그런 이 참판의 얼굴이 어느 순간 굳어졌다. 반석평의 앞날이 걱정스러워서였다.

"참 장한 일이다만 남의 집 종살이나 하는 주제에 글공부를 한다는 것이 어울리는 노릇 같지는 않구나."

"사실은 쉰네도 그 때문에 한동안 공부와 담을 쌓고 지냈습니다. 허나 공부만은 그만둘 수가 없었습니다. 어찌어찌 기회가 와서 과거를 보게 된다면 좋겠지만 그것이 아니더라도 공부는 계속하고 싶은 마음입니다."

"참으로 맹랑한 놈이로구나."

이 참판은 바윗덩이처럼 굳은 반석평의 마음을 읽어낼 수 있었다. 어떤 고난이 닥쳐도 신념을 꺾지 않을 아이였다. 그러면 그럴수록 반석평의 삶은 고달파질 수밖에 없다. 재주는 아깝지만 학문을 포기하게 하려고 꾸짖거나 윽박지른 것이 한두 번이 아니었다. 그러나 그 정도로 뜻을 꺾을 반석평이 아니었다.

인생의 승부처

　이 참판은 반석평의 앞날이 걱정스러우면서도 자못 감탄하고 있었다. 저 작은 아이의 가슴에 얼마나 강한 신념이 자리하고 있기에 저리도 뜻을 굽힐 줄 모른단 말인가.

　이 참판은 자신의 아들과 반석평을 비교해 볼 때마다 씁쓸한 기분을 지우기 어려웠다. 모든 조건이 다 갖춰진 상태에서 공부만 하라고 등을 떠미는데도 자신의 아들은 놀 궁리만 하고 있었다. 그에 비해 반석평은 아들의 방문 앞 툇마루에 쭈그리고 앉아 도둑 공부를 하면서도 그 성취가 하루가 다를 정도였다.

　반석평의 이러한 태도는 집안 식구들의 마음을 아주 서서히 변화시켜 가고 있었다. 이오성 때문에 속을 하도 끓인 탓인지 독선생은 그즈음 반석평만 보면 칭찬을 아끼지 않았다. 그런가 하면 이 참판도 겉으로 표현만 하지 않을 뿐이지 독선생 못지않게 반석평을 지켜보는 일에 즐거움을 느끼고 있었다.

　그러나 한 해 두 해 덧없이 흘러가는 세월 때문에 반석평의 가슴이 까맣게 타들어 간다는 사실을 독선생이나 이 참판은 몰랐을 것이다. 반석평은 출세하지 못하더라도 공부만은 해야겠다고 다짐한 바 있었지만 이상하게 마음의 동요를 잠재울 수 없었다.

　그러던 어느 날이었다. 새벽같이 일어난 반석평은 여느 때와 달리 자신이 자는 방을 말끔하게 치우고 나서 짐을 꾸렸다. 종살이로 평생을 보내느니 세상 밖으로 뛰쳐나가 살길을 찾아보아야겠다고 결심한 것이다. 물론 그렇게 하자면 이 참판의 허락을 얻어야 한다.

이윽고 반석평은 이 참판을 찾아갔다. 이 참판은 아주 온화한 얼굴로 반석평을 맞이했다.

"대감마님, 드릴 말씀이 있어서 찾아왔나이다."

"그래, 무엇이냐?"

반석평은 저도 모르게 침을 꿀꺽 삼켰다. 이 참판의 온화한 표정을 보니 말을 꺼내는 것이 더 어려웠다.

"망설이지 말고 어서 말해 보거라."

"저, 실은……. 대감마님 댁에서 이만 나갔으면 합니다."

"내 집에서 나가겠다?"

"예, 마님. 노비 문서가 엄연히 존재하는데 이런 말씀 드리기 송구하오나 저를 보내 주셨으면 합니다."

반석평은 이 참판과의 담판이야말로 자신의 일생이 걸린 중대한 승부처라고 생각했다. 그래선지 반석평의 표정은 간절하기만 했다.

기실 노비는 그 주인의 재산으로 치부되고 있었다. 세상 어느 사람이 자신의 재산이 줄어드는 것을 좋아할까. 그렇기에 반석평은 불호령이 떨어질 줄 알았다. 그런데 아니었다.

"내 집에서 나가 무엇을 할 생각이더냐?"

"언제고 때가 되면, 아니 여건이 마련되면 과거를 보겠습니다."

그럴 줄 알았다는 듯 이 참판이 웃음을 터뜨렸다. 그러나 이내 측은한 눈빛으로 반석평을 바라보았다.

“네가 뜻한 바를 이루기만 한다면 노비 문서 따위 언제든 없애 주마.”

“감사합니다. 감사합니다, 대감마님.”

“허나!”

감격한 나머지 반석평이 코가 방바닥에 닿도록 인사를 하는데 이 참판이 엄하게 소리쳤다. 반석평은 흠칫 놀라며 고개를 들었다. 이 참판이 환하게 웃고 있었다. 반석평은 어리둥절하여 이 참판의 얼굴만 멍하니 바라보았다. 그런 반석평에게 이 참판은 실로 놀라운 이야기를 해 주었다.

혈혈단신 세상으로 나간다면 출세는 요원한 일이 되어 버릴 테니 일단 양반 집으로 들어가 공부를 더 하다가 과거에 응시하라는 것이었다.

“때마침 아들 없는 양반집을 내가 알고 있다. 그 집에 수양아들로 들여보내 줄 테니 아들 노릇 잘하면서 정진하여 과거를 보도록 하여라. 단, 우리 집에는 절대 드나들지 말아야 한다. 네게 득 될 것이 없어서 하는 말이다.”

“감사하옵니다, 대감마님. 이 은혜 죽을 때까지 잊지 않겠습니다.”

노비 반석평의 출세기

이 참판은 곧 수소문을 하여 자신의 친척 중 자손을 얻지 못한 집안에 반석평을 보내 주었다. 그와 함께 반석평의 노비 문서를 불에 태워 버리니 꿈만 같은 일이 현실로 다가온 셈이었다.

남의 눈치 보지 않고 마음껏 공부해 보는 것이 소원이었던 반석평은 어느덧 양부모에게 커다란 기쁨이 되었다. 자손이 없어 쓸쓸하기만 했던 집안에 글 읽는 소리가 낭랑하게 울려

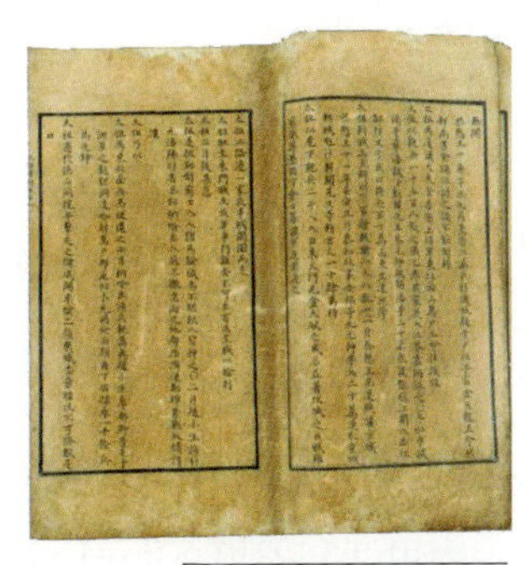

중종실록(1514년 2월3일)

반석평은 천얼 출신으로 학문에 뜻을 두고 정진하여 과거에 급제하고 중외의 관직을 거쳐 지위가 육경에 오르게 되었다는 내용이 실려 있음.

퍼지니 이제야 사람 사는 집 같았고, 앞날이 촉망되는 양아들에 대한 기대 또한 자못 컸던 것이다. 반석평은 양부모의 기대에 호응하듯 자만하지 않고 더욱 정진하였으며, 제 일인 양 양부모를 돕기도 하였다.

그런 생활 속에서 일취월장 실력을 높여 가던 반석평은 1507년(중종 2) 식년문과에 병과로 급제하였다. 그야말로 소년의 나이에 등과한 셈이었다. 이 소식을 전해 들은 양부모는 세상을 모두 얻은 듯 기뻐하였고, 음으로 양으로 도움을 주던 이 참판 또한 흐뭇한 마음을 감추지 못했다.

어릴 적부터 그토록 원하던 일을 성취해 낸 반석평 앞에 출셋길이 활짝 열린 것은 당연지사였다. 과거 급제 후 예문관검열이라는 관직을 받았을 때 반석평은 감격한 나머지 눈물을 글썽였다.

이후 반석평은 함경도에 경차관으로 파견되어 여진의 동정을 살피고 돌아왔으며 1516년에는 경흥부사가 되었다. 이어서 만포진첨절제

사와 함경남·북도 병마절도사 등을 거쳐 동지중추부사, 형조 참판, 한성부판윤, 형조 판서, 지중추부사를 지내며 인생의 꽃을 활짝 피웠다.

지위가 높아지면 대부분의 사람은 어려웠던 지난날을 잊고 안하무인이 되어 버리곤 한다. 모든 것이 만족스러우니 마음속에서 교만이 싹트는 것은 어찌 보면 당연한 노릇인지도 몰랐다.

그러나 반석평은 그런 사람이 아니었다. 예나 지금이나 반듯한 마음가짐은 변함이 없었고, 사람들에 대한 태도 또한 한결같아서 자신이 부리는 노비들에게조차 그렇게 상냥하고 그러울 수가 없었다.

그런데 반석평은 이러한 태도 때문에 오래지 아 인생의 크나큰 도전에 봉착하고 만다. 관직 삭탈은 물론이려니와 나라를 속인 죄인이 되어 형벌을 감수해야만 하는 상황이 닥친 것이다.

몰락한 옛 상전을 모시다

어느덧 대감의 반열에 오른 반석평은 그날도 초헌을 타고 궁으로 들어가는 중이었다. 여기서 초헌이란 조선시대에 종2품 이상의 벼슬아치가 타던 수레를 말한다.

어쨌든 길을 지나던 중 반석평은 거지와 진배없는 행색을 한, 몰락한 양반을 얼핏 발견하고는 깜짝 놀라 두 눈을 크게 떴다. 그 옛날 자신에게 책을 빌려 주곤 하던 이 참판 댁 아들 이오성이 분명했던 것이다.

그간 반석평은 이 참판이 당부한 대로 그의 집에는 일절 발걸음을 하지 않았다. 그것만이 자신의 과거를 숨기며 관직을 지키는 길이라고 생각했기 때문이다.

'대체 이게 어찌 된 일이란 말인가. 도련님이 어쩌다 저런 차림으로……'

내심 이렇게 중얼거리며 반석평은 눈에 본 듯 이오성 집안의 몰락 과정을 떠올려 보았다. 이 참판의 나이를 헤아려 보니 이미 세상을 달리했을 것이라는 판단이 섰다. 그렇다면 이오성 대에 이르러 당당했던 집안이 몰락해 버린 것이 틀림없었다.

'그나저나 이를 어쩐단 말인가. 모르는 척하면 내 한 몸 지키기야 어렵지 않겠으나 큰 은혜를 베풀어 준 옛 상전 아닌가 말이다.'

이런 생각에 사로잡힌 반석평은 자신도 모르는 사이에 좌우를 향해 소리쳤다.

"초헌을 멈춰라!"

수레꾼들이 깜짝 놀라 멈추어 섰다.

이윽고 반석평은 땅으로 펄쩍 뛰어내리더니 맨발로 달려가 이오성 앞에 조아리고 섰다.

"소인이 문안 아뢰옵니다."

한순간 주변을 둘러싼 모든 사람들이 놀란 표정이 되어 반석평과 이오성을 바라보았다. 그러나 정작 더 놀란 사람은 이오성이었다. 보아하니 행세깨나 하는 양반 같은데 거지나 진배없는 자신에게 '소인 문안 아뢴다.'라는 표현을 썼으니 말이다.

“아무래도 대감께서 사람을 잘못 보신 모양입니다.”

“아닙니다, 도련님. 이 참판 댁 이오성 도련님이 아니십니까. 쇤네가 바로 참판 댁에서 노비로 있던 반석평입니다.”

둥그렇게 변한 이오성의 두 눈이 반석평의 얼굴에 못 박혔다. 반석평은 다시 한 번 고개를 조아리며 이오성 앞으로 한 발 더 다가갔다. 이오성의 눈에 눈물이 그렁그렁 고이기 시작했다.

모르긴 해도 그 모습을 지켜보는 행인들과 하인들은 기가 막혔을 것이다. 신분의 구별이 엄정한 조선시대에 노비가 대감 자리에까지 올랐으니 말이다. 이것은 그 누구도 쉽게 믿기 어려운 사건이 분명했다. 그런데 이게 웬일이었을까.

“이 무슨 짓이오! 대감, 어서 초헌을 타고 궁으로 가시오. 영락한 선비의 일은 잊어 달란 말씀입니다. 옛일 또한 우리 아버님과 모두 잊기로 약조하지 않으셨습니까.”

이오성은 자못 꾸짖는 어조로 할 말을 끝내고는 휙 돌아서서 가 버리려 하였다. 그러나 반석평이 그의 손을 잡았다.

“쇤네는 참판 어른이 아니었다면 이 같은 출세를 할 수 없었을 것입니다. 한데 어찌 제 주인을 잊으라고 말씀하십니까? 글을 배운 사람에게 은혜를 잊으라 함은 죽으라는 말씀밖에 안 되오이다.”

결국 반석평은 궁에 입조하는 것마저 미룬 채 이오성을 데리고 자신의 집으로 갔다. 이오성이 불편한 기색을 숨기지 못하며 극구 사양했지만 반석평은 상전을 모시는 예로 깍듯하고 융숭하게 참판 댁 아들을 대접했다.

“나으리, 쇤네는 그저 기쁠 따름입니다. 이제 쇤네가 지난날 참판 대감께 받은 은혜를 돌려 드릴 기회 아닌가 사료되옵니다.”

“대감, 옛일은 이제 그만 잊어야 한다고 누누이 말씀드리지 않았습니까? 이 일이 세상에 알려지면 대감께서는…….”

이오성이 펄쩍 뛰었다. 그러나 반석평의 표정은 단호하기 이를 데 없었다.

“그런 것을 걱정했다면 애초에 나리를 이리로 모시지도 않았을 것입니다. 쇤네는 그간 지은 죄가 컸습니다. 나라를 속이고 벼슬자리에 올라 일신의 영화를 꾀했으며, 옛 주인에게 은혜를 입은 몸으로 주인댁이 영락해 간다는 사실도 모르고 짐승 같은 놈이 호의호식하고 있었으니 말입니다. 나라에 속죄할 것이요, 나리께는 제 몸을 파는 한이 있더라도 은혜를 갚아야 하겠습니다. 그런 다음에 전날 쇤네의 신분으로 되돌아가 나리를 모시고자 하옵니다.”

“그, 그건……. 그건 절대 안 될 말씀이시오. 못나 빠진 저를 위해 그러실 필요 없단 말씀입니다. 대감이 오늘날 이 자리에 오르신 것은 나라를 속여서가 아니라 대감의 빼어난 능력 때문이었다는 것을 세상이 다 압니다. 그러니 제발 그런 말씀은 거두소서.”

두 사람의 태도가 워낙 단호하여 실랑이는 결론 없이 끝나 버리고 말았다.

임금에게 속죄를 청하다

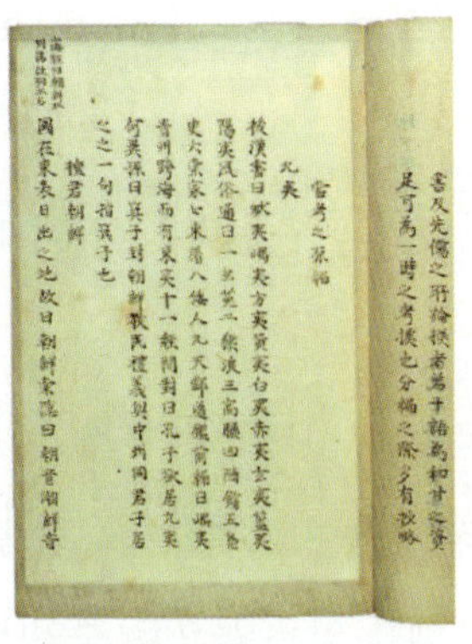

임하필기(이유원)

우리나라는 대체로 문벌을 가지고 사람을 취하므로, 명색이 선비이면 죽을때까지 천한 일을 하지 않는다. 인재 또한 이런 천한 부류에서 나오지 않지만, 반석평·유극량·서기·정충신 같은 사람들은 호걸스러운 선비라 할 만하다.

그런데 그로부터 며칠 뒤였다. 어전으로 나간 반석평은 지난날 자신이 지은 죄를 애절하게 고백하였다.

"전하, 신을 죽여주옵소서. 신은 국가의 엄정한 제도를 어지럽혔을 뿐만 아니라 전하를 속이고 노비에 불과한 신분으로 대신의 자리에까지 올랐나이다. 신을 파직시킴과 동시에 세상 사람들이 경계로 삼을 수 있도록 참하여 주시옵고, 신의 옛 상전에게는 신의 자리를 주어 선대의 영광을 이어갈 수 있게 해 주시옵소서."

중종 임금은 전혀 불가능해 보이는 반석평의 인생 역전 이야기를 들으며 놀란 얼굴을 감추지 못했다. 그러나 중종 임금의 얼굴엔 점차 부드러운 미소가 어리기 시작했다. 임금은 곧 대신들을 불러들여 반석평의 일을 의논케 했다.

"짐은 조금 전 형조 판서 반석평으로부터 참으로 의로운 이야기를 들었소. 비록 하찮은 신분이었으나 전 주인의 배려로 등과하여 관직에 오른 반석평의 피눈물 나는 노력이 가륵하게만 느껴지오. 게다가 이제 영락해 버린 전 주인을 만난 반석평이 관직과 신분을 버리고 종으로 되돌아가 옛 주인을 섬기겠다고 하니 짐으로서는 어떤 판단을

장례식 행사(인생의 마지막 길 누가 막으랴)

내려야 할지 모르겠구려."

이에 영의정 홍언필洪彦弼과 좌의정 김극성金克成이 반석평을 두둔하고 나섰다.

"반석평이 죄를 지었다 하나 신들은 그가 무슨 죄를 지었는지 실로 모르겠나이다. 양반집 수양아들이 되었으니 노비 신분에서 벗어났고, 청백리로서 그간 국사에 공헌한 바가 지대한데 상을 주지는 못할망정 죄를 묻는 것은 부당하옵니다. 게다가 옛 주인을 잊지 않는 의리까지 지녔으니 모든 이에게 모범이 될 만한 사람입니다."

애초에 반석평의 관직을 삭탈할 마음이 없었던 중종 임금은 못 이기는 척 반석평으로 하여금 그대로 봉직하라 명했고, 이오성에게는 사옹원 별좌 자리를 내려 주었다.

임금의 배려에 감격한 반석평은 이후, 천출賤出이라 하여 주변 사람들에게 업신여김을 받는 경우가 잦았으나 은혜에 보답해야 한다는 일념으로 더욱 정사에 전념하여 명상의 반열에 올랐다.

1540년(중종 35)에 생을 마감한 반석평의 자는 공문公文, 호는 송애松崖, 시호는 장절壯節이다.

사람은 스스로
운명을 바꿀 수 있다

사람들은 뜻밖의 이별을 맞이하여 가슴이 무너져 내릴 때마다 생자멸生者必滅이요, 회자정리會者定離라고 중얼거리며 한탄하곤 한다. 우주의 섭리를 이해하는 사람은 자신과 관계 맺으며 살아가는 모든 지인과 언젠가는 헤어져야 한다는 사실을 안다. 그런데도 날이 선 언어와 모진 행동으로 귀한 사람에게 상처를 주기도 한다.

기실 세상살이는 사람과의 관계가 시작이요, 끝이기도 하다. 반석평 선생 또한 이 참판이라는 이해심 많고 따뜻한 상전을 만났기에 천출이라는 치명적인 약점을 극복하고 판서까지 오를 수 있었다.

주기보다는 받으려고만 드는 사람들, 상처 입기보다는 차라리 타인에게 상처 입히려고 벼르는 사람들……. 세상이 각박해진 탓인지 요즘은 이런 사람들이 넘쳐난다. 필자는 알고 있다. 그들은 곧 뼈저린 후회를 맛보게 될 것이다. 내가 가진 것을 베풀지 않고서는 받을 수 없고, 남을 먼저 사랑하지 않고서는 사랑받을 수 없는 까닭이다. 세상살이의 이치를 깨달은 사람들은 심지어 자신도 모르는 사이에 타인에게 상처를 준 적은 없는가 염려하기까지 한다.

그간 필자가 역사 인물들의 행적을 좇으면서 발견한 세상살이의 섭리는 간단했다. 단 한 명의 예외도 없이 복을 뿌린 자는 복을 받고, 악을 뿌린 자는 화를 입었다. 아무것도 아닌 이야기 같지만 오늘을 살아가는 우리가 명심해야 할 대목이다. 비록 짧은 생애를 사는 동안 자신에게 화가 돌아오지 않는다 해도 안심하긴 이르다. 자식 대에 이르러 더 큰 화가 되어 돌아오는 예가 허다하기 때문이다.

330리 머나먼 길을 돌아드니

필자는 반석평 선생의 묘소를 방문하여 그분의 빛나는 생애를 더듬어 보고자 길을 나섰다. 언제나 그렇듯 중부고속도로는 차량의 흐름이 아주 좋았다.

조금 가다 보니 아득히 보이는 산꼭대기 위에 뭉게구름이 탐스럽게 걸려 있었다. 저런 광경을 목격했다면 옛 나그네들은 멋진 시 한 수쯤 뽑아냈으리라. 그러나 필자는 운치 있는 시 대신 고리타분한 생각 속으로 자꾸 휘말려 들고 있었다.

저 멋진 구름도 오늘이 아니면 볼 수 없을 것이다. 지상에서 영원한 것이란 없다고 했다. 사람에게 찾아온 부귀도 명예도 영원히 지속되지 않는다. 이는 바꿔 이야기하면 노력 여하에 따라 누구나 복을 누릴 수 있다는 뜻도 된다. 하늘은 스스로 돕는 자에게 복을 준다고 하지 않았던가. 복은 누구한테 거저 받는 것이 아니라 스스로 노력하여 맞이하는 것이다. 마찬가지로 노력 여하에 따라 자신에게 찾아온 복을 오래도록 잡고 있을 수도 있다. 그러다가 복을 누릴 만한 조건을 상실하

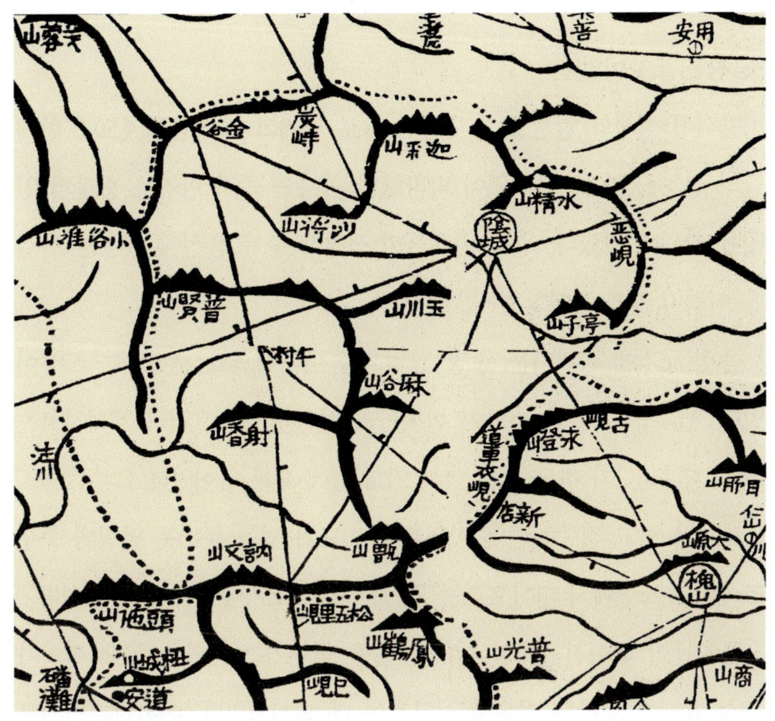

음성 고지도

면 그것은 미련 없이 우리 곁을 떠나가 버린다.

2008년 7월 어느 날이었다. 방송 진행자는 한껏 고조된 목소리로 한국이 낳은 세계적 인물인 반기문 UN 사무총장이 인류 평화를 위하여 동분서주하다가 짬을 내어 귀국하였다는 소식을 전하고 있었다. 그런데 방송 진행자의 다음 이야기에 필자는 정신이 번쩍 들었다. 반기문 사무총장이 선영을 다녀가기로 하였다는 이야기 때문이었다. 반석평 선생은 사실 반기문 사무총장의 선조였다. 따라서 반기문 사무총장이 다녀가기로 한 선영에 반석평 선생의 묘소가 있을 것은 불을 보듯 훤한 노릇이었다.

반석평 선생의 일생을 조사하여 글로 남기고자 마음먹었으나 반씨들의 선영을 찾을 길이 없어 막막했던 필자는 즉각 반기문 총장의 일정을 확인해 보았다. 광주 반씨들의 선영이 충북 음성에 있다는 사실을 어렵지 않게 확인할 수 있었다.

음성 군청에서 반기문 총장 환영식을 대대적으로 준비하는 모양이었다. 필자는 그날을 피하여 반씨들의 선영에 다녀오리라 계획하고는 때를 기다리다가 바로 오늘 역사 기행 길에 오른 참이었다.

차창을 닫고 질주하는 중이었으나 30도가 넘는 무더운 날씨에 중부 고속도로 노면에서 피어오르는 열기는 얼핏 보기에도 대단해 보였다.

굽이굽이 휘어진 330리 머나먼 길을 헐떡거리며 달린 끝에 필자가 음성 읍내에 도착한 것은 점심나절이 다 되어서였다. 며칠 전, 반기문 총장의 환영식 관계로 음성 시내는 떠들썩했을 것이다. 따라서 길 가는 사람을 아무나 붙잡고 묻더라도 반씨들의 선영을 찾는 것쯤은 일도 아닐 것 같았다. 하여 늙수그레한 신사에게 반씨 선영의 위치를 물었고, 그가 알려준 방향으로 내처 달려갔다. 그런데 웬걸 아무리 가도 반씨 선영은 나오지 않고 푸른 들판만 지루하게 이어졌다.

생각다 못한 필자는 음성 군청으로 갔다. 필자의 예상과 달리 군청 직원은 참으로 친절했다. 게다가 약도를 직접 그려 건네주는 것이 아닌가. 덕분에 필자는 어렵지 않게 목적지에 다다를 수 있었다. 친절한 음성 군청 직원에게 다시 한 번 감사 인사를 드리는 바이다.

광주 반씨 묘역을 살펴보았더니

광주 반씨 묘역에 도착해 보니 커다랗게 잘 생긴 안내 표석이 필자를 제일 먼저 반겨주었다. 마치 파란 융단 위에 세워 놓은 듯한 표석에는, '광주 반씨 장절공파 묘역光州潘氏壯節公派墓域 UN 사무총장 반기문 선영 입구'라고 적혀 있었다. 표석의 글씨를 확인한 순간 마침내 목적지에 도착했다는 생각에 기쁨을 감추지 못했다.

광주 반씨 묘역 안내 표석

필자는 좁은 도로를 따라 마을을 향해 걷기 시작했다. '광주 반씨 장절공파 선영 묘역 입구'라고 적힌 키 작은 오석이 마을 입구에도 세워져 있었다. 필자는 오석 앞에 멈춰 서서 장절공이라는 글자를 가만히 바라보았다. 기적적인 삶을 산 반석평 선생의 시호가 바로 장절공이었다.

"후, 마침내 도착했구나."

필자는 새삼 이런 말을 중얼거리며 흐르는 땀을 훔쳤다. 주변에는 갖가지 초목들이 부지런히 꽃을 피우고 있었다.

광주 반씨 묘역 입구의 오석(충북 음성)

반서린 묘비(충북 음성)

어느덧 시각은 오후 2시. 더운 정도가 아니라 용광로 속과도 같은 후끈한 열기가 살아 있는 모든 생명을 들들 볶아대고 있었다.

필자가 서 있는 곳은 음성군 원남면 하로리 산 4번지였다. 다소 높은 곳에 올라 주변 지세를 살피니 하늘이 주신 명당이 틀림없다는 생각이 들었다. 가막산(감악산) 지맥을 타고 해산맥海山脈이 뻗어내려 이 자리에 백마산 정기가 멈추니 보덕산이 외청룡을 이루고 음성천·원남천·신천천이 합수되며 음성 읍내 전경이 한눈에 들어왔다. 참으로 만대 자손이 번성하고 벼슬길이 끊이지 않을 만한 명당이었다.

이곳 하로리에 처음으로 안장된 사람은 1574년(선조 7) 3월에 별세한 장렬공 반사렴이었다. 따라서 광주 반씨들은 지금으로부터 435년 전부터 이곳을 문중 선영으로 삼아온 셈이었다. 반사렴이 이곳에 안장된 이후 반씨 후손들은 인근 덕령산에 묻혀 있던 영춘(현재의 단양) 현감(정6품) 반석권의 체백을 이곳으로 이장하였고, 그의 아들 반사렴의 묘소 또한 그 아래쪽에 모셨다. 그런가 하면 1999년에 전라북도 옥구에 있던 증 이조 판서 반서린의 묘를 이장하여 이곳 묘 터의 최상단에 모셨고, 이어서 경기도 남양주 땅 조안면에 있던 형조 판서 장절공 반석평의 묘소도 이곳 선조 묘 계하에 이장했다. 이처럼 후손들이 뜻을 모아 선대 조상의 유택을 같은 곳에 마련하였다는 것은 참으로 부러운 일이었다. 후손들은 이를 계기로 화목하고 우애 돈목하여 조상의 은혜에 보답해야 한다고 마음먹었으리라.

이윽고 필자는 오늘의 최종 목적지이기도 한 반석평 선생의 묘소 앞으로 가서 섰다. 신분이 낮은 것을 한탄하며 얼마나 많은 사람이 인생을 허비하다가 덧없이 사라져 갔던가. 그리고 보면 노비 신분으로서 면학에 전력을 다하여 판서까지 오른 반석평 선생의 행적은 하늘도 놀라고 땅도 놀랄 만한 것이었다.

선생의 묘소 앞에는 고태스러운 묘비가 세워져 있었다. 묘비에는 곧 등천하려는 듯 꿈틀거리는 두 마리 용과 함께 놀라울 정도로 정교한 글씨가 가지런하게 적혀 있었다. 신필이 아닌가 의심될 정도로 정교하고 힘찬 필체였다. 그 글씨의 내용은 다음과 같았다.

자헌대부 형조 판서(정2품관. 현 법무장관 격) 겸 오위도총부 도총관
(현 수도 경비 사령관) 반공지묘
資憲大夫刑曹判書兼五衛都摠府都摠管潘公之墓

반석평 선생은 노비 시절, 세상에 쌓인 한이 많았을 텐데 귀한 신분이 된 뒤에도 결코 한풀이를 하지 않았고, 국가에 기여한 공이 남달랐다. 그리고 보면 반기문 UN사무총장 같은 후손은 그냥 얻어진 것이

반석평 원래 묘비(충북 음성)

다시 세워진 반석평 묘비(충북 음성)

아닌 듯하다.

　자는 선생의 묘소 곁에 앉아 새삼 삶의 의지를 북돋워 보고 있었다. 신분의 벽이 드높았던 시절, 피를 말리는 듯한 노력과 어떤 경우에도 중심을 잃지 않는 마음가짐이 있었기에 선생은 판서 자리에까지 오를 수 있었다. 선생의 태도를 삶의 표본으로 삼는다면 이루지 못할 일이 어디에 있겠는가. 조선시대와 비교해 보면 지금은 누구에게나 가능성이 훤히 열린 세상이라고 할 수 있다. 현대를 살아가는 우리 후손들의 정진과 분발을 촉구하며 필자는 330리 음성 역사 기행을 마무리 지었다.

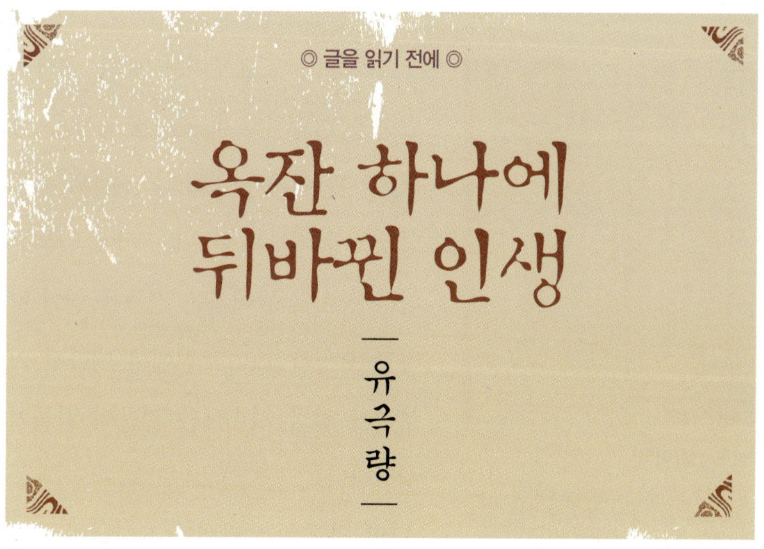

옥잔 하나에 뒤바뀐 인생

— 유극량 —

이야기의 시대적 배경

　　유극량은 조선 제14대 선조 임금 시기에 태어난 사람이다. 선조 임금 치세 기간에는 당파 싸움이 극심하여 조선의 국력이 날이 갈수록 약해지고 있었다.

　조선이 이처럼 힘을 잃어 갈 즈음 바다 건너 일본에서는 도요토미가 등장하여 전국을 통일한다. 전국시대를 거치면서 일본에는 강력한 무력을 지닌 제후들이 많이 나타났다. 비록 수하에 거느린 자들이지만 도요토미는 제후들의 무력을 국외로 방출시킬 필요성을 느낀다. 이는 통일 일본의 안전 도모와 신흥 세력 억제라는 두 마리 토끼를 일시에 잡는 묘안이기도 하였다.

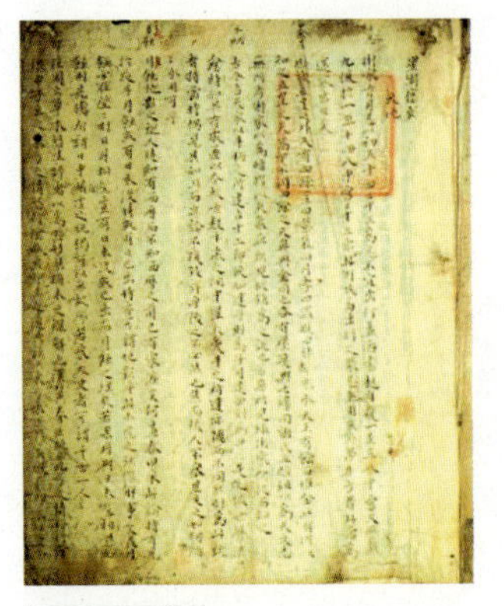

성호사설/이익

유극량은 천인인데 무과에 등과하여 벼슬이 부원수에 이르렀고, 임진왜란 때 임진 싸움에서 전사하여 나라의 충신이 되었다.

그리하여 도요토미는 대륙 침략의 발판을 마련하고자 조선에 동맹을 요구하기에 이른다. 그러나 조선은 이를 단호하게 거부해 버린다. 이에 일본은 다시 명으로 들어가는 길목을 열어 달라고 요청하였고, 조선에서 이마저 거부하자 양국 사이에는 전운이 감돌기 시작한다.

당파 싸움으로 말미암아 나날이 국력이 쇠진하여 가는 상황이었지만 조선 조정은 일본의 심상찮은 움직임을 놓치지 않고 있었다. 조정에서는 일본의 사정을 보다 정확하게 파악하고자 황윤길과 김성일을 통신사로 파견한다.

그러나 일본을 둘러보고 돌아온 두 사람은 서로 상반되는 주장을 한다. 서인에 속한 황윤길이 일본의 조선 침략을 예견한 데 비해 동인에 속한 부사 김성일은 침략 기미가 전혀 보이지 않으며 도요토미라는 사람의 됨됨이로 보아 두려워할 것이 전혀 없다고 주장한 것이다.

두 사람의 주장에 대해 의견이 분분했지만 동서 당파 싸움이 격화일로를 걷던 때라 사람들은 타당성을 따져 보지도 않고 자기 붕당에서 통신사로 파견한 사람의 의견을 적극적으로 지지했다.

무사안일에 빠진 조정은 어딘가 모르게 꺼림칙했지만 김성일의 주장을 받아들였다. 그 결과 전쟁 준비의 일환으로 시행하던 성 축조 공사마저 중지시켜 버렸다.

이처럼 아무런 대비도 없이 나태하게 지내다가 1592년 4월에 이르러 임진왜란을 맞이했으니 피해가 눈덩이처럼 불어난 것은 당연한 결과였다.

참으로 암울한 이 시절에 불꽃같은 삶을 살다가 숨을 거둔 유극량은 원래 미천한 여비의 자식이었다. 그러나 그러한 신분을 극복하고 무과에 급제, 조선의 무장으로서 임진왜란에 출전하여 활약하기까지 유극량은 참으로 극적인 삶을 살았다.

꿈꾸는 소년

"하나, 둘, 셋, 넷……."

유극량劉克良은 발걸음을 떼어 놓을 때마다 속으로 수를 헤아렸다. 목표로 정한 곰솔로부터 240보 떨어진 곳에서 활을 쏘려는 것이었다.

그런데 유극량의 손에 들린 화살이 조금 이상했다. 화살촉은 나무를 깎아 뭉툭하게 만들었고, 보통 화살과 달리 깃이 좁았다.

바로 목전木箭이었다. 목전은 무과武科에 사용되는 화살이었다. 240보 밖에서 목전을 쏘아 멀리 날아가는 대로 점수를 부여한다.

무과는 보통 무예와 무강 두 분야의 시험을 치른다. 다시 무예는 목전, 철전, 편전, 기사 등과 같은 여러 종류의 무예를 시험하고, 무강은 육도, 삼략, 손자, 오장 등과 같은 무경칠서의 지식을 시험한다. 이를

통해 장수로서 마땅히 지녀야
할 군사 전력과 능력을 살펴 인
재를 가려 뽑는다.

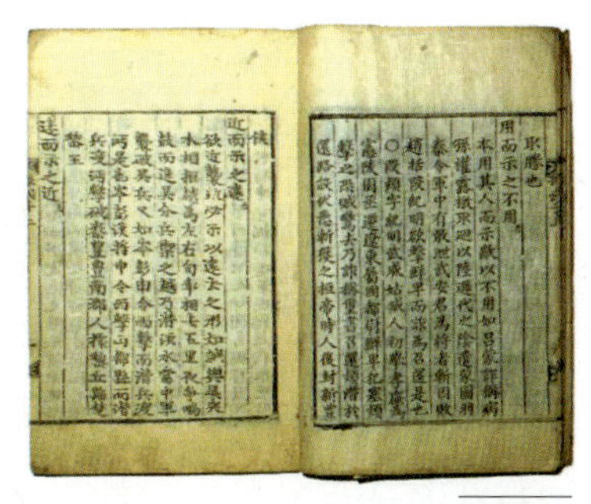

무경칠서

마침내 240보를 다 걸어갔는지
유극량이 걸음을 멈추고는 곰솔
을 향해 돌아섰다. 드넓게 펼쳐진
벌판에는 수풀만이 무성했다. 그
래서 유극량이 목표물로 정한 곰솔은 유난히 두드러져 보였다.

"으음, 오늘은 저 나무보다 멀리 보내야 할 텐데."

입술을 꾹 다물며 곰솔을 노려보는 유극량의 눈빛은 비장하기 이
를 데 없었다.

"핑!"

잠시 후 맑고 날카로운 소리를 내며 화살이 하늘로 솟구쳤다. 유극
량은 한쪽 손으로 눈 위를 가린 채 포물선을 그리며 날아가는 화살의
뒤를 쫓았다.

"우와! 곰솔을 넘겼다!"

한순간 유극량이 기쁨을 감추지 못하며 곰솔 쪽으로 뛰어가기 시작
했다.

무과 시험에 응시하고자 무예를 닦기 시작한 이래 목전을 곰솔보다
멀리 보낸 것은 오늘이 처음이었다. 기쁨에 겨운 나머지 목전을 찾아
내어 움켜잡은 유극량은 집으로 달려가기 시작했다.

"어머니, 오늘은 화살을 곰솔 너머로 날렸어요."

"그래, 장하구나."

어머니는 들일을 끝내고 집으로 돌아가는 중이었다. 유극량은 길에서 만난 어머니에게 대뜸 자랑을 늘어놓았다.

그런데 유극량 못지 않게 기뻐하며 활짝 웃던 어머니의 얼굴에 한순간 까닭 모를 그림자가 드리워졌다. 어머니의 속마음을 아는지 모르는지 유극량은 집으로 돌아가자마자 세수를 하고는 자신의 방으로 들어가 책을 읽기 시작했다. 무경칠서 중 하나로 알려진 사마법이었다.

유극량은 아주 어릴 때부터 무과에 급제하여 이름난 장수가 되는 꿈을 키워 왔다. 아버지나 어머니도 별다른 반대가 없었기 때문에 자신만 열심히 하면 언제고 꿈은 이루어질 것이라고 확신했다.

어머니의 한숨

밤 깊은 시각, 유극량의 어머니는 등잔불 밑에서 바느질을 하다 말고 마침 생각났다는 듯 한숨을 푹 내쉬었다. 아들 방에서 들려오는 낭랑한 글 읽는 소리가 날카로운 바늘이 되어 가슴을 콕콕 찔러대는 것만 같았다.

"애한테 몹쓸 짓을 하는 게야."

어머니는 다시 한 번 한숨을 토해 냈다.

남편을 만나 얼떨결에 양인처럼 행세하며 살아가고 있지만 유극량의 어머니는 노비 출신이었다. 그러나 어머니는 이러한 사실을 철저하게 숨겨 왔다.

문과와 달리 무과는 양인良人 이상이면 누구나 응시할 수 있다는 말을 어디서 듣고 신이 나서 뛰어 들어오던 아들 유극량의 모습이 떠올랐다. 그날 이후 유극량은 미친 아이처럼 과거 공부에 매달렸다. 그렇게 흘러간 세월이 몇 년째인지 몰랐다.

처음엔 말리려고도 해보았다. 그러나 어머니는 아들의 기를 꺾고 싶지 않아 그대로 내버려 두었다. 어차피 극량은 과거에 합격하기 어려웠다. 무과를 준비하는 사람들은 대부분 무예에 뛰어난 스승 밑으로 들어가 기량을 연마하고 병법을 익힌다. 집안 형편이 어려워 독학으로 무예를 익히는 극량이 그들을 어찌 이기겠는가.

"생각해 보면 저렇게 불쌍한 녀석도 없지. 어미 잘못 만나 허튼 꿈만 꾸는 게야."

어머니는 훌륭한 스승 밑으로 유극량을 보내 무예라도 닦게 해주려는 생각을 한두 번 해 본 것이 아니었다. 과거는 볼 수 없더라도 남정네가 세상을 살아가자면 무예를 닦아 놓는 것이 여러 모로 필요할 것 같아서였다. 그러나 괜한 짓을 하여 아들에게 희망을 주게 될까 봐 그만두곤 하였다.

그런데 유극량의 어머니는 얼마 전부터 큰 걱정에 사로잡혔다. 독학으로 무예를 익히고, 병서를 읽다 보니 세월이 아무리 흘러도 과거를 치를 만한 실력이 되지 못할 줄 알았는데 최근 들어 유극량이 일취월장한 모습을 보이고 있었던 것이다. 놀랍게 변한 실력도 실력이지만

옥병

옥잔

그렇게 되기까지 아들 극량이 얼마나 뼈를 깎는 노력을 한 것일까, 생각하자 가슴이 무 져 내렸다.

"어리석은 년. 그때 왜 도망쳤니? 이렇게 괴로운 일이 생길 줄 몰랐단 말이냐? 저 녀석이 덜컥 무과에 장원이라도 하면 이 일을 어찌할래?"

어머니는 어느덧 한양 홍섬洪暹 판서 댁 여종으로 살아가던 시절을 떠올려 보고 있었다. 그때 일만 생각하면 혀를 깨물고 싶도록 후회가 되었다.

깨어진 옥 술잔

유극량의 어머니는 매사에 고분고분하고 성격이 온순하여 특별히 미움을 산 사람은 없었다. 다만 조그만 일이 닥쳐도 걱정이 지나쳐서 가슴앓이를 많이 한다는 것이 단점이라면 단점이었다.

그날의 그 일도 따지고 보면 지나치게 걱정이 많고 겁을 내는 성격 때문에 돌이킬 수 없는 상황까지 치달아간 셈이었다. 그날 그녀는 홍섬의 방을 청소하던 중 주인이 아끼는 옥 술잔을 깨뜨렸다. 소심한 성격답게 깨진 술잔 파편들을 내려다보며 사색이 된 그녀는 겁이 난 나머지 홍섬의 집을 몰래 빠져나왔다.

그렇다고 처음부터 그 집에서 도망치려던 것은 아니었다. 다만 어찌해야 좋을지 몰라 두려운 마음에 일단 대문 밖으로 몸을 피한 것뿐인데 시간이 흐르면서 홍섬의 집으로 돌아가기가 더 어려워졌다. 일을 저질러 놓고 말도 없이 도망친 꼴이 되어 버렸으니 말이다.

발을 동동거리며 어떻게 해야 하나, 어떻게 해야 하나 울먹이던 그녀는 결국 한양 땅을 벗어나 발길 닿는 대로 걷기 시작했다.

그렇게 정처 없이 떠돌다가 황해도 배천白川에 이르러 만난 사람이 유극량의 아버지였다. 그와 살림을 차릴 때까지만 해도 힘겨운 방랑 생활을 끝내고 굶주림과 두려움에서 벗어나 한곳에 정착했다는 생각에 그저 기뻤다. 그러나 사람은 죄를 짓고 살지 못하는 법이다.

그녀는 바쁘게 일을 하다가도 홍섬 대감 댁에서 지내던 일이 떠오르면 가슴이 두근거렸고, 도망친 노비 신세이다 보니 언제 붙잡혀 경을 치게 될지 모른다는 불안감에 늘 시달렸다.

그래도 유극량이 세상에 태어나 철이 들기 전까지는 그럭저럭 견딜 만한 생활이었다. 이것저것 신경 쓸 겨를 없이 하루하루 살아가는 것이 분주했기 때문이다. 그러나 극량이 무과 합격을 목표로 병서를 읽는다, 무술을 수련한다 부산을 피우면서 그녀는 가시 방석에 앉은 것만 같은 세월을 보내야 했다.

"대체 이 일을 어찌하면 좋단 말인가."

극량은 지금껏 자신의 신분이 양인이라고 굳게 믿으며 구김살 없이 자랐다. 어머니는 그래서 더더욱 자신이 없었다.

"극량아, 어미는 사실 천민 출신이란다. 그러니 너 또한 천민인 셈이다. 과거 따윈 포기하기로 하자."

극량에게 이런 말을 어떻게 해준단 말인가.

한때는 나라의 과거제도를 원망한 적도 있었다. 문과는 양반이 아니면 응시조차 못하게 하면서 무과는 어째서 양인을 받는단 말인가.

이젠 도리가 없었다. 자신의 천한 신분을 밝히지 못하겠다면 극량이 과거에서 낙방하게 해달라고 하늘에 비는 수밖에…….

극량, 과거에 합격하다

어느덧 청년기에 접어든 유극량은 또래에 비해 몸집이 크고 다부진 체구를 가지고 있었다. 모든 것을 독학으로 해결하려다 보니 성취가 더뎠지만 극량은 선천적으로 타고난 건장한 신체와 용맹스러움을 바탕으로 부단하게 정진한 결과 그 즈음에는 어디에 내놔도 손색없는 장수의 풍모를 지니게 되었다. 게다가 그는 순후하면서도 의협심이 강한 성품으로 주변의 칭송을 한 몸에 받고 있었다.

"극량이 저 사람 필시 무과에 장원 급제할 거야."

"아무렴, 타고난 장군감이지."

극량을 아는 주변 사람들은 누구 하나 그의 무과 합격을 의심하는 이가 없었다.

그러나 극량의 어머니는 주변 사람들의 칭찬이 달갑지 않았다. 코앞으로 닥친 과거를 생각하면 자다가도 저절로 눈이 떠졌고, 걱정과 근심으로 가슴이 무너져 내렸다.

그로부터 며칠 후, 어머니의 마음을 알 리 없는 극량은 한양으로 떠날 채비를 부쩍 서둘렀다. 보다 못한 어머니가 극량에게 가만히 다가가 어렵게 말문을 열었다.

"극량아, 꼭 과거를 보러 가야 하겠니?"

"또 그런 말씀이 니까? 두고 보십시오. 과거에 꼭 합격해서 후세에 장군으로 이름을 남기겠습니다. 어머니, 편안하게 모실 테니 조금만 기다려 주세요."

어머니는 말문이 막혔다. 비록 무과지만 출사의 뜻을 밝히며 먼 길 떠나려 하는 자식인데 초를 칠 수는 없는 노릇 아닌가. 기실 어머니는 극량이 과거에 급제해도 걱정, 낙방해도 걱정이었다. 어떤 경우에도 좌절할 것이 불을 보듯 훤했기 때문이었다.

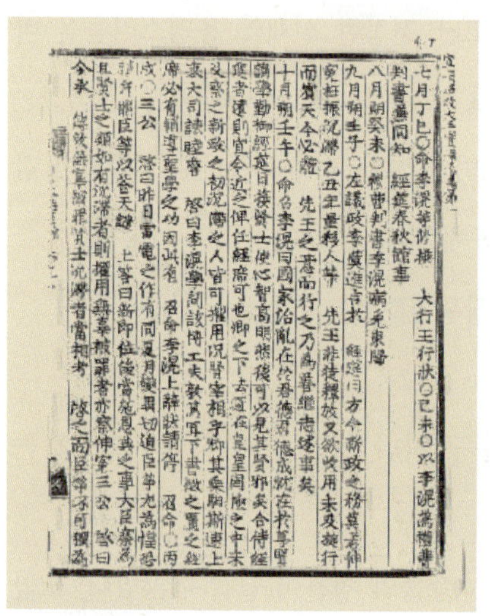

선조실록(1583년)
유극량은 개성부의 빈한하고 미천한 사람으로 무과에 급제했다.

그래도 어머니는 마음속으로 가만히 빌었다. 과거에 제발 낙방하게 해달라고. 낙방 후에 겪을 좌절이 급제한 다음에 신분의 벽 때문에 겪게 될 좌절과 절망보다 훨씬 헐거울 것 같아서였다.

'참 기가 막힐 노릇이구나. 자기 자식이 과거에 낙방하게 해달라고 천지신명에게 비는 못난 어미는 세상천지에 나밖에 없을 거다.'

어머니는 쓰린 가슴을 가까스로 추스르며 그동안 이런 날을 대비하여 한 푼 두 푼 모아 놓았던 돈을 아들 앞에 내밀었다.

"어머니……."

"극량아, 어민 네가 자랑스럽다. 혼자 힘으로 무예를 익히고, 글을 배워 그 어렵다는 병서를 다 읽어내는 게 어디 쉽다더냐. 그러나 세상엔 잘난 사람들이 참 많다. 혹여 낙방하더라도 심하게 좌절해서는 안 된다. 넌 이 어미의 자랑이니 말이다. 알겠니?"

이번에는 극량이 할 말을 잊은 채 어머니를 애틋한 눈길로 바라보고 있었다. 비록 마음에 품은 바람은 달랐지만 서로 위하고 사랑하는 마음만은 변함이 없었다.

이튿날, 어머니가 만들어 준 주먹밥을 챙겨 들고 새벽 일찍 길을 떠난 유극량이 무과를 치른 것은 그로부터 보름 후였다. 비록 독학으로 익힌 무예였지만 극량의 재주라든가 장수가 갖추어야 할 소양은 응시자들 가운데 최고라 해도 과언이 아닐 정도였다.

목전, 철전, 편전, 기사, 기창, 격구 따위의 기량을 겨루는 동안 유극량은 모든 사람의 주목을 한몸에 받았다. 게다가 무경칠서 시험마저 무사히 통과했으니 극량의 급제는 이미 결정 난 것이나 다름없었다.

마침내 초조함을 감추지 못하며 서성이는 과거 응시자들 앞에 급제자 명단이 나붙었다. 명단을 확인한 유극량은 한순간 세상을 모두 얻은 듯 환희에 사로잡혔다. 급제자 명단에 자신의 이름이 당당하게 끼어 있었던 것이다. 그러나 유극량은 몰랐을 것이다. 오래지 않아 맞이하게 될 끔찍한 절망과 좌절을.

신분의 굴레

기쁜 소식을 어머니에게 어서 알려야 한다는 생각에 내처 고향으로 달려온 길이었다. 그런데 아무리 다시 봐도 어머니의 표정과 태도가 이상했다. 아들이 과거에 급제하였다면 덩실덩실 춤이라도 추어야 하는 것 아닌가. 그러나 어머니는 급제 사실을 알린 순간 흠칫 놀라는가 싶더니 이내 절망이 가득 담긴 한숨을 토해내며 눈물을 글썽였다.

"어머니……."

"이 일을 어쩌면 좋단 말이냐. 급제를 할 줄이야. 우리 아들이 기어코 급제를 할 줄이야. 헌데 이상한 일이구나. 이 어미와 아버지, 할아버지 들 성함을 써냈는데도 관리들이 과장에 들어가게 해주었더란 말이냐?"

유극량은 잠시 멍한 얼굴이 되어 어머니를 바라보았다. 양인 이상이 면 무과에 응시할 수 있는 것이 당연한데 대체 누가 시험장에 들어가지 못하게 한단 말인가.

"아무 문제없었습니다. 어머니, 그런데 왜 자꾸 이상한 말씀을 하시는 겁니까?"

어머니는 입술을 깨물었다. 큰일을 해낸 아들에게 장하다는 말 한 마디 해줄 수 없는 처지가 처량하게 느껴져 눈물이 주르륵 흘렀다. 어 머니는 얼른 눈물을 훔쳐내며 극량을 바라보았다.

"극량아, 어미 말 잘 들어라. 무언가 착오가 있었던 것이 분명하다. 넌……. 사실 넌 무과에 응시할 수 없는 신분이란다. 시험을 감독한 관리들이 실수한 게야. 하긴 자격도 안 되는 사람이 과거를 치르러 올 리 없다고 판단한 게지. 헌데 이 일이 나중에 밝혀지면……."

"예?"

뜻밖의 말을 듣고 유극량은 눈이 휘둥그레졌다. 청천벽력이란 이런 때를 두고 하는 말이 분명했다. 이어지는 어머니의 이야기를 들으면서 유극량은 눈물을 뚝뚝 떨어뜨리기 시작했다. 술잔 하나에 인생이 뒤 바뀐 어머니의 처지가 자신의 운명인 양 느껴져서였다.

"네 아버지가 돌아가실 때도 어미는 그 이야기를 차마 할 수 없었단 다. 천한 종을 마누라라 여기며 살아왔다는 걸 알면 아마 눈도 제대로 감지 못했을 게다."

어머니의 기나긴 이야기가 모두 끝나고도 넋이 빠진 사람처럼 한동안 방에 앉아 있던 유극량은 해가 뉘엿해져서야 밖으로 나왔다. 마을을 지날 때 얼마나 많은 사람이 무과 급제를 축하해 주었는지 모른다. 그러나 유극량은 아무 소리도 들리지 않았다.

"억울하다. 정말 억울하다."

유극량은 어린 시절부터 줄곧 무예를 닦던 곰솔 근처 들판에 이르러서야 온몸을 부르르 떨며 하늘을 향해 소리쳤다. 천출이 무엇이고, 양인이 대체 무엇이란 말인가. 대관절 그것이 무엇이기에 인간의 소망을 이처럼 철저하게 짓밟는단 말인가.

허물어지듯 땅바닥에 주저앉은 유극량은 한바탕 통곡이라도 하고 싶은 심정이었다.

그러나 유극량의 절망은 그리 오래가지 않았다. 아들의 앞길을 가로막은 죄인이 되었다는 생각에 자신보다 더 괴로워하고 있을 어머니를 떠올린 것이다. 극량은 집을 향해 터벅터벅 걷기 시작했다. 예상대로 어머니는 저녁 준비마저 잊은 채 툇마루에 넋을 잃고 앉아 있었다. 옆으로 다가간 극량은 말없이 어머니의 손을 잡았다.

"어머니, 저 때문에 괴로워하지 마세요. 덕분에 무예도 익혔고, 글을 배웠으며 병서를 많이 읽어 무지렁이는 면하게 되었잖아요. 상황이 이렇게 되었으니 살길을 다시 찾아야겠습니다. 먼저 홍섬 대감댁을 찾아가 봐야겠어요."

"한양엘?"

어머니는 깜짝 놀라 극량을 바라보았다. 그러나 극량의 얼굴은 담
담했다.

"가서 용서를 빌고, 그 집 종이 되는 것이 순리일 것 같아서요."

"네가 종이 된다고?"

어머니는 가슴이 미어졌다. 극량이 노비가 되어 홍섬 대감 댁으로
들어간다면 자신도 뒤를 따라야 하리라. 그러나 어머니는 극량이 노
비 신세로 전락하는 것만은 보고 싶지가 았다.

"극량아, 차라리 내가 가마. 너는 고향을 지키며 편히 살아라."

"어머니, 우리 모자에겐 신분의 굴레가 있습니다. 벗어날 수 없다면
그 굴레 속으로 들어가는 것이 차라리 편한 삶입니다. 제가 대감 댁
에 먼저 다녀올게요."

마침내 어머니는 미어지는 가슴을 어쩌지 못하고 통곡했다. 차라리
극량이 못난 어미를 원망하며 집안 기물이라도 때려 부수면 마음 편할
것 같았다. 그러나 한편으로는 이렇듯 장성하여 자신의 불편한 속내를
꾹 누른 채 어미부터 챙기려 드는 아들의 모습이 미덥기만 하였다.

이튿날 이른 새벽, 극량은 과거를 보러 갈 때와 마찬가지로 봇짐을
등에 진 채 한양으로 떠났다.

극량에게 장수의 길이 열리다

한양에 당도하기까지 극량은 온갖 번잡한 생각에서 헤어나지 못했

홍섬(영의정) 묘소 안내 표석(경기도 화성)

다. 과거 급제를 목표로 밤이나 낮이나 노력한 결과가 겨우 이것인가 하는 절망감 속에서 그는 앞으로 펼쳐질 자신의 일생을 여러 모로 가늠해 보았다.

그러나 극량은 오래지 않아 깨달았다. 운명을 결정하는 것은 이제 극량 자신이 아니라는 사실을 말이다. 그와 어머니의 운명은 홍섬 대감의 처분에 달렸던 것이다.

만약 홍섬 대감이 도량 좁은 사람이어서 그 옛날 옥 술잔을 깨뜨리고 도망친 어머니의 죄를 용서하지 않는다면 그들 모자는 지옥불과도 같은 고통 속으로 휘말려들 것이 뻔했다. 극량은 깊은 숨을 몰아쉬며 하늘에 대고 간절하게 빌었다.

"일부러 나의 신분을 속이려고 했던 것은 아닙니다. 어머니 또한 비

홍섬의 신도비(경기도 화성)

록 죄를 지었지만 참으로 선한 분 아닙니까. 제발 자비를 베푸소서."

어쩌면 그것은 하늘이 아니라 얼굴 한 번 본 적이 없는 홍섬 대감에게 보내는 절절한 애원이었는지도 몰랐다. 어머니의 죄를 사하고, 노비로 받아들이기만 한다면 극량은 손톱이 닳도록 홍섬 대감을 위해 일할 생각이었다.

마침내 홍섬 대감댁 고래 등 같은 기와집 앞에 당도한 극량은 몇 번이나 호흡을 고르다가 안으로 들어갔다. 과거에 당당히 급제한 극량의 우람하고 늠름한 모습 때문이었을까. 집안 노복들은 감히 극량의 앞을 막아서지 못하고 멈칫멈칫 다가오며 눈치를 살폈다. 극량은 그런 그들에게 홍섬 대감을 만나러 왔다고 알렸다.

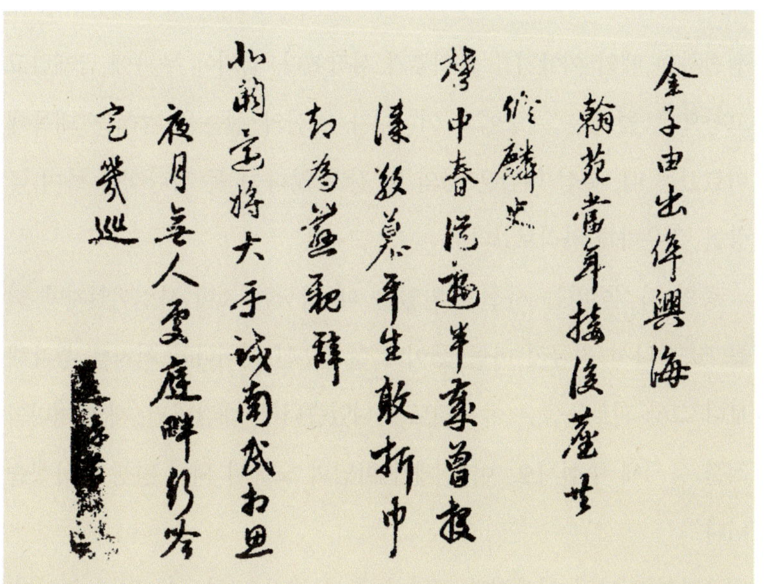

영의정 홍섬의 글씨

잠시 후, 홍섬 대감 앞으로 안내되어 간 극량은 넙죽 큰절부터 올렸다. 처음 만나는 사람이었지만 홍섬 대감의 인자한 표정을 확인한 순간 극량은 안도하며 찾아온 자초지종을 아뢰기 시작하였다.

"옥 술잔을 깨뜨리고 도망친 여종이라. 그러고 보니 생각나는 것 같구나. 아주 오래전에 그런 일이 있었지."

극량은 그 여종이 자신의 어머니라고 밝혔다. 그러자 뜻밖이라는 듯 홍섬 대감이 극량의 몸을 아래위로 살폈다.

"아무리 봐도 자넨 여종의 자식 같지 않은데. 혹 무예를 닦았던가?"

참으로 놀라운 눈썰미였다.

극량은 어머니가 노복 출신이라는 사실도 모르고 무과를 목표로 정진하던 때의 이야기를 풀어놓기 시작했다. 급기야 무과에 급제하고 고향으로 돌아온 극량에게 어머니가 자신의 신분을 밝히는 대목에 이르렀을 때, 홍섬 대감은 남의 일 같지 않다는 듯 장탄식을 하며 극량을 측은하게 바라보았다.

"종의 자식이라는 사실을 알았을 때 낙심한 것이 사실이었지만 죄를 짓고 나서 지금껏 마음 끓이며 살아오신 어머니의 처지를 생각해 보니 그깟 괴로움쯤은 아무것도 아니었습니다. 대감마님, 제 어머니의 죄를 용서해 주십시오. 이제 제가 마님의 노복이 되어 평생 일하겠습니다."

극량의 기나긴 이야기가 끝나자 홍섬 대감은 한동안 말이 없었다. 그러나 그는 곧 무겁게 고개를 저으며 극량을 부드럽게 바라보았다.

"자네의 마음 씀씀이를 보니 필시 나라의 큰 인재가 될 것이 틀림없다. 나라에서 쓸 인재를 사사로이 내 집에 묶어 놓고 종으로 부릴 수는 없는 일 아닌가."

"대감마님……."

극량은 전혀 예상치 못했던 이야기를 듣고 황감한 심정이 되어 고개를 조아렸다. 그런 극량을 바라보며 홍섬 대감이 다시 말문을 열었다.

"기실 종의 신분으로 과거에 응시한 것은 죄가 되지 않는다네. 시험 관청의 실수일 뿐이지. 허나 이러한 일이 만에 하나 밝혀진다면 자네는 승급에서 제외되는 등 온갖 불이익을 감수해야 하네. 그리고 천출이라 하여 조롱도 많이 받겠지. 자네의 의로운 마음은 내가 잘 알겠네. 나라에 꼭 필요한 인물인데 천출이라 하여 배척하면 안 될 일이

지. 이보게, 내가 자네 어머니의 노비 문서를 없애 버릴 생각인데 어찌 생각하는가?"

"나으리, 그저 황감할 따름이옵니다."

"허나 한 가지 약속해 주어야겠네."

"약속이시라면?"

"앞으로는 절대 자네의 신분을 입 밖에 내지 말게. 자네 같은 사람이 장차 큰일을 맡아 주어야 이 나라가 바로 설 것 같아 하는 말이니 명심하게. 알겠나?"

극량은 꿈을 꾸는 것만 같았다. 무과 급제는 한낱 꿈 속의 일이 되어 버렸고, 이제 노비가 되어 평생 궂은 일이나 하다 죽을 줄 알았는데 홍섬 대감 같은 어진 이를 만나 어릴 때부터 그려오던 장수의 꿈을 이루게 되었으니 말이다.

병조 참판에 추증되다

홍섬 대감이 노비 문서를 불살라 버리고, 극량으로 하여금 조정으로 들어가 장수의 꿈을 펼쳐갈 수 있도록 배려해 주었을 때, 극량은 평생 그를 마음속의 주인으로 섬기리라 다짐하였다. 극량은 자신의 다짐을 어긴 적이 없었다. 심지어 귀해진 다음에도 항상 홍섬을 상전의 예로 받들어 모셨다.

그 바람에 극량이 천출이라는 사실이 알게 모르게 퍼졌다. 극량의

작전 회의

의로운 마음을 칭송해 마지않는 사람들이 훨씬 많았지만 때론 천출이라며 조롱하는 동료도 있었다. 중한 일을 맡기지 않는 상관도 있었다.

그러나 무엇보다 뼈아픈 것은 홍섬 대감이 염려하던 일이 현실이 되어 나타났다는 사실이다. 극량은 같은 해에 등과한 동료들보다 진급이 훨씬 늦었고, 요직에도 앉지 못했다.

그러나 극량은 그런 것쯤은 아무래도 좋았다. 머리카락이 희끗희끗해지도록 전쟁터를 누비며 우국충절을 신념으로 지켜 갈 수 있는 장수의 삶만 보장된다면 동료의 조롱도, 더딘 진급도 얼마든지 감내할 수 있었다.

천인 출신 무장이라 그랬던 것은 절대 아니다. 극량은 부하들 앞에서 자신을 부당하게 높이는 법이 없었고, 무슨 일이든 솔선수범하며 상대방의 처지가 되어 행동하려고 애썼다. 그러다 보니 부하들은 몸과 마음으로 유극량을 따랐으며 사기 또한 충천했다.

조선에 유극량 같은 무장들만 있으면 얼마나 좋았으랴. 그러나 어지러운 정치 상황 속에서 본분을 지키는 장수들은 그리 많지 않았다.

우리 역사를 돌이켜 보면 언제나 그랬다. 위아래로 기강이 해이해지고, 정치가 혼란스러워 국력이 약해질 때마다 늘 겪는 것이 외침이었다.

1592년 4월의 상황도 꼭 그랬다. 끝을 모르는 당파 싸움의 여파로 국력은 쇠진할 대로 쇠진했고, 백성은 희망을 잃은 채 힘겨운 삶을 이어가고 있었다.

이렇듯 절망적인 상황에서 터진 것이 임진왜란이었다. 국난이 닥치자 유극량은 죽기를 각오하며 떨쳐 일어났다. 왜적을 물리치고 어서 이 나라를 편안케 해야 한다는 생각이 충만했으나 유극량은 임진강에 이르러 생애 마지막 전투를 맞이하고 만다.

유극량은 적과 대치한 상황에서 주장 신괄과 더불어 경기감사 권징에게 심한 질책을 받는다. 권징이 어서 진격하라고 명령했는데도 전투 상황이 불리하다는 점을 들어 전진하지 않은 까닭이었다. 극량이 판단하기에 드넓게 펼쳐진 갈대밭은 위험천만했다. 텅 빈 것처럼 보이지만 적병들의 계략이 숨어 있음이 분명했다. 이대로 전진했다가는 적의 매복에 걸려 전멸할 것이 불을 보듯 훤했다.

그러나 극량의 주장은 받아들여지지 않았다.

"극량, 이 천한 놈아. 임금으로부터 크나큰 은혜를 입고서도 네놈이 그 잘난 몸 하나 보전하려고 진격을 하지 않는단 말이냐? 참으로 비

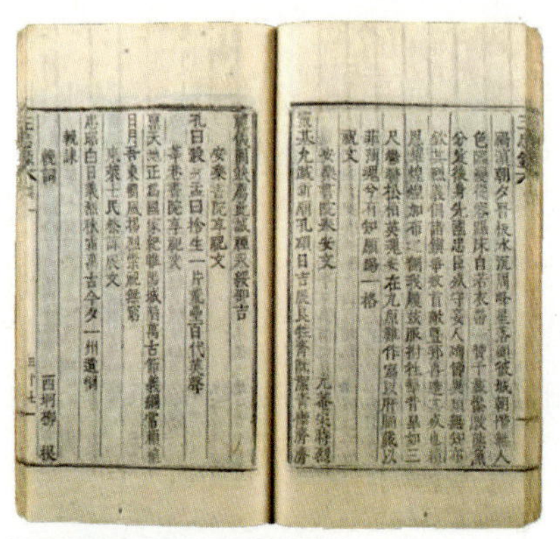

승절사삼충록(개성유수 조진관)
1798년(정조22) 유극량 · 송상현 · 김연광 세 충신에 관한
글을 묶은 책

겁한 놈이로다."

권징의 조롱은 극량의 피를 끓게 하였다. 그는 하늘을 우러르며 탄식했다.

"결국 이렇게 지고 마는구나. 나를 따르다가 불귀의 혼이 될 아까운 우리 병사들은 어찌할꼬."

극량은 부하들을 돌아보았다. 극량의 어진 성격을 잘 아는 부하들은 불가마 속이라도 같이 들어가자고 하면 망설임 없이 뛰어들 사람들이었다. 극량은 눈물을 꾹 눌러 참으며 명령했다.

"적병이 앞에 있다. 전진하자!"

극량은 전마를 타고 신괄과 함께 앞장서서 갈대밭 속으로 달려갔다. 그러나 그는 갈대밭에서 다시는 돌아오지 못하였다.

공교롭게도 극량은 목숨을 잃은 뒤에야 의리와 절개가 뛰어난 훌륭한 장군이었다는 평을 듣게 되었다. 나라를 위해 순절한 공을 인정받아 병조 참판에 추증되었고, 개성 숭절사崇節祠에 모셔진 것이다.

유극량 장군의
백혼을 찾아서

겨울철 임진강 전경

'임진강 얼음장에 팽이 치는 아이야. 삼각산 가는 길에 흰 눈이 쌓였던가?'

추운 겨울, 꽝꽝 얼어붙은 임진강 얼음 위에서 팽이치기에 정신이 팔린 아이들의 모습이 정겹게 떠오른다. 그런 아이들 뒤편으로는 한양을 오가는 행인들의 발길이 분주하게 이어졌을 것이다. 어린아이들이 삼각산 가는 길에 눈이 쌓였는지 녹았는지 어찌 알랴만 행인의 통행이 빈번한 곳이다 보니 그쯤은 주워들어 능히 알고 있었으리라. 그만큼 임진강은 예로부터 나그네의 통행이 잦은 곳이었다.

산이 우리 국토를 지탱해주는 혈맥이라면 강은 드넓은 대지에 생명을 불어넣는 젖줄이다. 백두산이 지닌 의미가 다르고, 한라산과 지리산, 금강산이 지닌 의미 또한 달랐다. 마찬가지로 우리 국토의 젖줄을 이루는 무수한 강들도 생긴 모습이나 역사에 얽힌 사연에 따라 특유의 의미를 얻으며 백성의 사랑을 받았다.

사람들은 보통 두만강과 압록강을 일컬어 죽음의 강이라고 이야기한다. 국경을 이루는 이들 두 개의 강을 건너야 할 처지에 빠진 힘없는 백성의 심사를 생각해 본다면 충분히 이해가 되는 대목이다. 그런가 하면 대동강은 유흥의 강으로, 한강은 뭇 선비들이 청운의 꿈을 실어 나르던 강으로 널리 알려졌다. 또한 낙동강은 고대 문명을 꽃피운 강이요, 금강은 비경을 자랑하는 강이고, 영산강은 곡식의 젖줄, 소양강은 쫓겨난 선비들의 마음이 담긴 강, 한탄강은 전란을 맞아 피신하기 좋은 강으로 인식되었다.

이와 마찬가지로 임진강은 눈물과 이별의 강으로 백성의 가슴에 자리 잡고 있었다. 수많은 영혼이 홀가분한 마음으로 떠나지 못하고 통곡을 하며 한의 눈물을 뿌려 놓은 곳이라 그런 이미지가 굳어진 것이다.

사람들은 사주니 팔자니 운수니 재수니 운운하며 자신을 옭아맨 숙명의 끈에서 풀려나 더 나은 삶을 살아보고자 몸부림치곤 한다. 그러한 바람과 열망이 강하면 강할수록 뜻을 이룰 가능성이 커지겠지만 대부분은 운명에 순응하며 살아갈 따름이었다.

강과 산도 운명이 정해져 있는가

사람의 일생과 마찬가지로 산이나 강에도 쉽사리 바뀌지 않는 숙명이라는 것이 존재한다. 앞에서 나열한 것처럼 대부분의 강은 운명이라고 표현해도 무방할 정도의 특색을 저마다 한 가지씩 갖추고 있다. 그 강이 위치한 지리적 요소와 그곳에서 살아가는 사람들의 애환이 강의 이미지를 만들어낸 결정적 요소임을 어렵지 않게 알 수 있다.

그런데 사람들이 자신의 운명을 바꿔 보고자 노력하는 것처럼 강의 숙명, 혹은 이미지도 바꾸는 것이 가능할까. 사실 해 아래서 영원한 것이 어디 있으며, 고정불변의 물체가 어디 있겠는가. 농부의 손에 든 곡식 씨앗은 어떤 땅에 뿌려지느냐에 따라 그 앞날이 정해지고, 청소년들은 성장 환경에 따라 각기 다른 미래를 맞이한다. 여자는 어떤 남자를 만나느냐에 따라 새로운 운명을 맞기도 한다. 이는 농부나 부모, 혹은 남자의 됨됨이가 씨앗과 청소년, 여자의 미래를 얼마든지 뒤바꾸어 놓을 수도 있다는 이야기가 된다.

그렇다면 눈물의 강, 이별의 강이 되어 버린 임진강의 운명은 누가 바꿀 수 있을까? 아마도 장구한 세월이 필요할 것이다. 임진강을 끼고 살아가는 우리 백성의 삶이 편안해져야만 눈물과 이별의 강은 기쁨과 만남의 강으로 탈바꿈될 테니 말이다. 그러나 그것은 참으로 요원하게 느껴지는 일이다. 그래선지 병사들의 함성과 말발굽 소리에 놀라 신음하며 잠 못 들던 임진강, 끊어진 민족의 허리를 이어 보려고 몸부림치

임진강

는 임진강의 모습은 오늘따라 새삼 가련하고 처량해 보인다.

임진강 일대는 공교롭게도 임진王辰 년에 일어난 왜란 때 제일 피해가 컸던 지역이다. 임진臨津이라는 이름에서 보듯 한자 표기는 다르지만 음이 같은 것을 보면 아무리 생각해도 우연한 일만은 아닌 듯하다.

유극량의 백혼은 어디에

충신 유극량 장군이 임진강 전투에서 장렬하게 전사한 것은 414년 전이었다. 필자는 장군의 기일이 요 며칠 사이 아닌가 어림잡아 보며 발길을 서둘렀다.

한여름 무더위는 사람의 몸과 마음마저 녹여 버릴 정도로 맹렬했다. 그러한 무더위 끝에 굵은 빗줄기가 쏟아지기 시작했지만 필자는

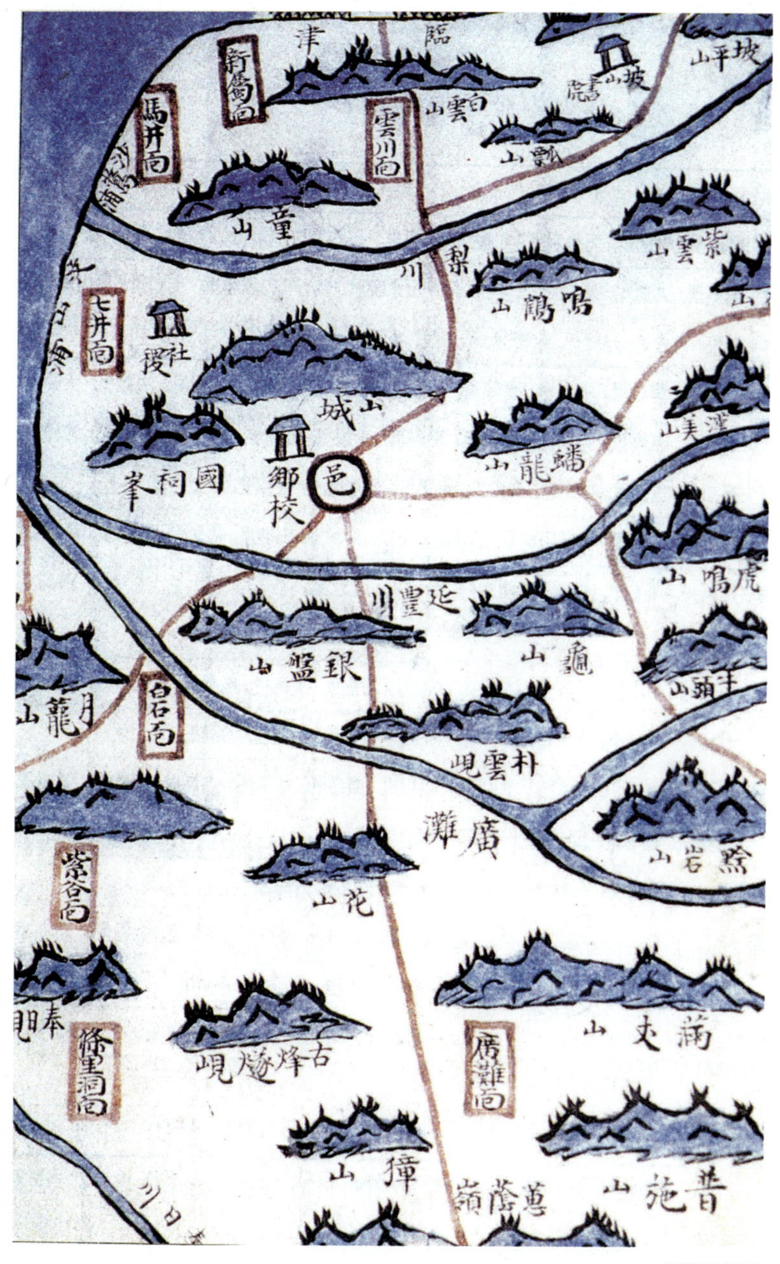

파주목 지도

坡平山
書虎山披
山雲白
臨津
雲川面
新寧面
馬井面
浦陽
山童
梨川
紫雲山
鳴鶴山
七井面
牛山浦
社稷
城山
峯祠國
鄉校
邑
龍蟠山
美溪山
虎鳴山
延豐川
銀盤山
龜山
羊頭山
月籠山
白石面
朴雲峴
黔岩山
紫谷面
廣灘
花山
奉日
絛里洞面
古烽燧峴
廣灘面
葍丈山
蒼嶺
獐山
蕫蒼嶺
普施山

옥잔 하나에 뒤바뀐 인생 | 유극량 |

강변을 거슬러 올라가며 장군의 자취를 더듬어 보았다.

유극량 장군의 넋이 깃든 장소는 연천군 백학면 노곡리를 휘감아 돌아가는 임진강 바로 옆이다. 누군가 이 세상에서 제일 어려운 일이 무엇인가, 라고 묻는다면 필자는 망설이지 않고 자녀 교육과 길 찾아 가는 일이라고 대답할 것이다. 그만큼 세상에 널리 알려지지 않은 선조의 묘소나 자취를 찾아다니는 일은 험하고 어렵다. 더욱이 유극량 장군의 유택은 문헌상에 확실한 기록이 없고, 다만 전해지는 구전에 의지할 수밖에 없기에 여느 때보다 더 난감했다. 필자는 노곡리 어디쯤인가 유극량 장군의 묘소가 있다는 역사 기록만 믿고 샅샅이 뒤져 보았다. 그러나 장군의 흔적은 한 조각도 찾아낼 수가 없었다.

그런데 강둑 옆 낮은 구릉으로 접어들었을 때였다. 표석도 갖추지 못한 무덤들이 점점이 흩어져 있는 것이 아닌가. 필자는 혹시나 하는 마음에 그중에 규모가 큰 무덤부터 살피기 시작했다. 그러나 무덤을 살피며 앞으로 나가기가 쉽지만은 않았다. 고인들의 마음을 대변하듯 우거진 잡초들이 자꾸 필자의 발길을 멈칫거리게 한 까닭이었다.

그러나 필자는 어려움을 뚫고 앞으로 나가는 사이 일종의 확신 같은 것에 사로잡혀가고 있었다. 이곳 어딘가에 유극량 장군의 유택이 자리하고 있으리라는 확신이었다.

그런데 저 멀리 강둑에서 필자의 모습을 지켜보는 사람이 있었던 모양이다. 거센 빗줄기와 자꾸 앞을 막아서는 잡초, 질퍽거리는 땅바닥 때문에 허우적거리고 있는데 악을 쓰며 부르는 소리가 아득하게 들려왔다. 힐끗 돌아보니 검은 작업복을 입은 촌로 한 분이 어서 오라는 듯 손짓을 연거푸 했다.

"여보시오, 대체 정신이 있는 거요, 없는 거요? 저기가 어디라고 함부로 들어가는 거요? 임진왜란, 병자호란, 그리고 6·25 때 말없이 죽어간 시신들 냄새를 맡고 뱀들이 우글거리기로 이름난 곳이란 말입니다. 허어, 이것 참. 저기까지 들어갔는데 물리지 않은 걸 보면 오늘 운세 한 번 좋은 날이구려."

무슨 일인가 싶어 달려간 필자에게 촌로는 대뜸 꾸중을 쏟아놓았다. 뱀이 우글거린다는 말에 필자는 기실 등줄기가 서늘해졌다. 하여 고맙다는 인사를 두 번 세 번 올렸다.

허나 저곳에 유극량 장군의 묘소가 있다면 여기서 포기할 수 없는 노릇이다. 필자는 노인에게 다시 한 번 고맙다고 인사하며 저곳으로 들어갈 수밖에 없는 이유를 설명했다.

"어르신, 오늘처럼 일기 불순한 날 이런 말씀 여쭙기가 조금 죄송합니다만 저는 역사의 흔적을 찾아다니는 사람으로 이곳 어딘가에 임진왜란 때 순사 하신 유극량 장군의 유택이 있다 하여 찾아온 길입니다. 이곳에 장군의 묘소가 있는 것이 맞나요?"

"그래, 오긴 잘 왔소. 바로 이곳이오."

노인의 대답을 들은 순간 필자의 가슴은 두근거리기 시작했다.

"묘소 위치를 좀 정확히 알 수 없을까요?"

필자가 다소 급하게 묻자, 노인은 어처구니없다는 표정을 지어 보였다. 비에 흠뻑 젖어 몰골이 말이 아닌 과객이 다시 한 번 뱀이 우글거리는 수풀 속으로 당장 들어갈 기세로 물으니 기가 막히기도 했을 것이다.

잠시 후, 노인이 들려준 이야기는 필자를 실망시키기에 충분한 것이었다.

"내 나이 올해로 아흔이요, 아흔. 이날 이때껏 고향을 떠난 적이 없지. 헌데 말이요, 선생이 찾는 유극량 장군 묘소는 여기에 없소. 아니, 있긴 있었지. 내가 소년 시절을 보낼 때만 해도 저쪽 강변 낮은 언덕에 장군의 유택이 있었거든. 헌데 어느 한 해 홍수가 오지게도 졌지. 그 바람에 장군의 무덤이랑 강변 전체를 싸잡아 쓸어가 버렸다 이거지. 요즘 사람들은 그런 사실도 몰라. 아마 내가 죽으면 이렇게나마 답해 주는 사람도 없을게요."

필자는 충격에 사로잡힌 채 휘적휘적 멀어져가는 노인의 뒷모습을 그저 멍하니 바라보는 수밖에 없었다. 정성을 다해 가꾸어도 모자랄 판국에 조국을 위해 순사한 장군의 묘소를 홍수에 떠내려가 버리게 하다니!

필자는 차라리 노인의 말을 듣지 않았더라면 더 좋았을 것 같다는 생각을 해보았다. 유극량 장군의 묘소를 찾다, 찾다 포기하고 집으로 돌아갔다면 이처럼 가슴이 쓰리지는 않았으리라는 생각이 자꾸 든 것이다.

생전에는 신분 제도에 묶여 천대와 멸시를 받으며 가진 바 능력을 제대로 인정받지도 못한 장군이었다. 그런 장군에게 경기 감사 권징은 임금의 은혜를 두텁게 입었으나 일신의 안전만 생각할 뿐 충성심이 없다고 비난했다. 그러나 장군만큼 충성심이 강한 신하가 어디 있었으

라. 정말로 죽음이 두려웠다면 적의 매복이 앞에 있다는 것을 뻔히 알면서 나라를 위해 기꺼이 적진 한가운데로 뛰어들지는 않았을 터였다.

장군의 묘소는 없었다. 필자는 장대비가 미친 듯이 쏟아져 내리는 강둑 한가운데 할 바를 잊고 멈춰선 채 오늘도 말없이 유유하게 흘러가는 임진강 푸른 물을 멍하니 지켜보고 있었다.

한순간 푸른 강물이 성난 병사들처럼 우르르 몰려 일어서며 창과 칼을 휘두르는 듯한 환각이 일었다.

"아, 아! 장군이여!"

일평생 가슴에 한을 품고 살아오다 적병과 뒤얽혀 생사를 건 싸움을 펼치다가 장렬하게 전사한 장군의 생전 모습이 벅찬 감동처럼 필자의 가슴에 다가오는 것만 같았다.

이곳 어디쯤이리라. 필자는 헛된 수고라는 것을 잘 알면서도 강둑을 더듬어 내려가며 혹 장군의 혼백이나마 외롭게 남아 있지 않을까, 안타깝게 헤매 보았다.

그러나 장군은 없었다. 생전 모습이야 어떠하든 다 같은 우리 선조일 텐데 오늘따라 권징이라는 사람이 원망스럽게 느껴지는 것은 어인 까닭이었을까. 생각 같아서는 당장 경기도 성남으로 달려가 그곳에 천년 유택을 마련한 채 편안하게 안식하고 있는 권징에게 따져 묻고 싶었다.

'그대의 지략이라는 것은 부하들을 사지로 몰아넣는 것이 다였구려?'

그러나 그리 따져 물어본들 무슨 소용이 있겠는가. 후손의 헛된 치기가 유극량 장군의 빛나는 모습에 혹여 누가 되지나 않을까, 그저 조심스러울 따름이다.

비록 시신은 성난 물길에 삼켜졌지만 장군의 그 맑고 깨끗한 인성과 충성심은 역사의 한복판에 여전히 남아 있으리라 필자는 확신한다.

마침내 비를 무릅쓰고 강행한 역사기행을 마무리하고 집으로 돌아가는 길. 필자는 권징 같은 사람들이 요즘 세상에도 상상 이상으로 많다는 사실을 떠올리며 깊은 한숨을 몰아쉬었다. 필자의 바람은 한 가지뿐이다. 어느 자리에 있는 사람이건 자신의 능력을 정확하게 깨닫고 처신했으면 좋겠다는 것이다. 그래야만 자기 밑에 있는 사람들이 편안하게 능력을 발휘할 수 있고, 이렇게 발휘한 능력들이 모여 결국 나라를 강성하게 만드는 초석이 될 것이기 때문이다.

무학대사와 정도전

서울로 떠나는 역사 기행

우리나라 도시의 이름을 가만히 살펴보면 대개가 한자漢字를 사용하고 있음을 알 수 있다. 그러나 서울만은 다르다. 그렇다면 서울이라는 이름은 언제 어디서 유래하였기에 한자를 사용하지 않는 것일까? 서울 시민들에게 묻는다 해도 서울이라는 지명의 유래에 대해 정확히 아는 사람은 그리 많지 않을 것이다.

서울이라는 지명은 개경에서 한양으로 도읍을 옮긴 후 도시를 정비해 나가는 과정에서 유래하였다. 창국주인 이성계와 그를 좌우에서 보좌했던 무학대사와 정도전. 서로 협력하고 도와야 할 입장이었으나 때론 서로 부딪치기도 하고 팽팽하게 맞서기도 하며 그들이 엮어간 조선 창국사는 600년이 지난 지금까지도 역사의 도도한 숨결처럼 우리에게 전해지고 있다.

머리말에서 이미 밝혔듯 역사 기행은 산천과 인물에 담긴 역사적, 문화적 의미를 찾아가

정도전 초상

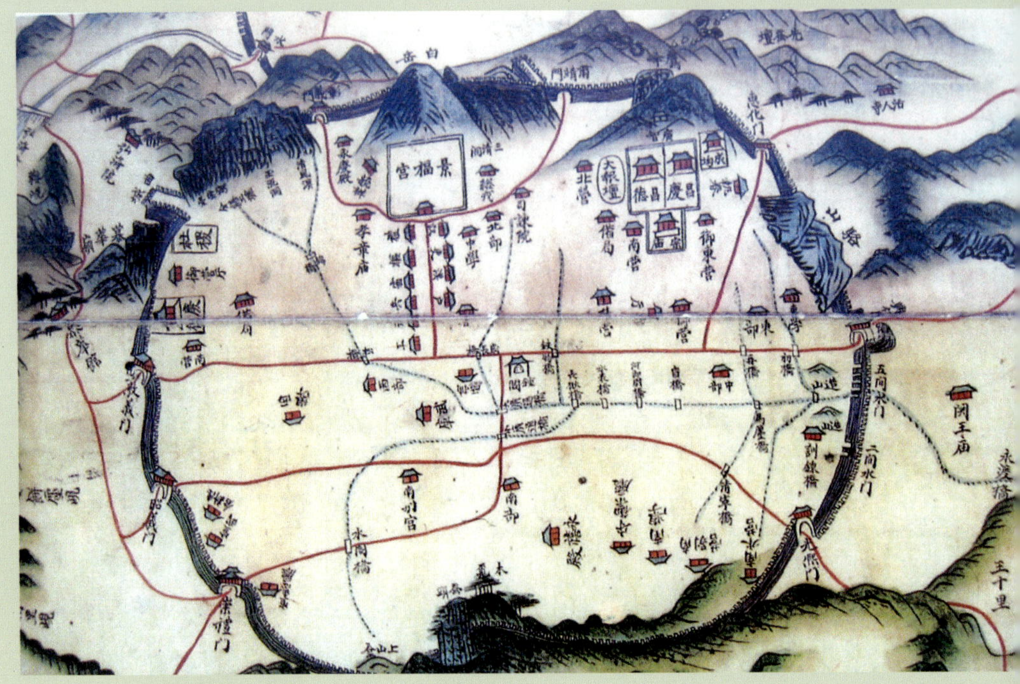

한양 고지도

는 또 하나의 창조 과정이며, 이를 통해 중심을 잃고 방황하는 우리 현대인들에게 삶의 좌표를 제시하는 모색의 과정이기도 하다.

우리 땅엔 숱한 인물들의 영광과 환희, 눈물과 회한이 깃들어 있다. 그런데 간혹 보면 그러한 영광과 환희, 눈물과 회한이 지명에 고스란히 반영되어 있어 나그네로 하여금 미소 짓게 한다. 지명과 관련된, 도읍 과정에서 벌어진 재미있는 일화를 소개해 보기로 한다.

조선의 5백 년 정읍지와 풍수설

세상 모든 생물체는 주변의 조건, 즉 환경이 쾌적해야 건강하게 살아갈 수 있다. 풍수風水는 드넓게 펼쳐진 자연 속에서 인간에게 가장 적합한 환경을 찾아내고자 고안하고 발전시킨 하나의 생활 과학이라고 이야기할 수 있겠다.

　사람은 늘 현재보다 나은 삶을 꿈꾸는 존재들이기에 예나 지금이나 명당에 대한 집착은 변함이 없다. 그렇다면 명당이란 무엇인가. 한 마디로 살기 좋은 장소이다. 즉, 통풍이 잘 되고 앞뒤에 산이 있어 바람과 적을 막아 내기에 알맞으며, 자연에서 나오는 산물이 풍부하여 식생활에 도움이 될뿐더러 적당한 물의 공급으로 농사를 지을 수 있고 식수가 끊이지 않아야 한다. 또한 온화한 기운이 충만하여 인간의 삶에 보탬이 되어야 한다. 이렇듯 명당은 자연적인 혜택을 얻어 살아가기가 편하고 기운이 안정되어 인간에게 여유를 주는 곳이다.

　누구나 자연조건이 잘 갖추어진 명당에서 살아가길 원하나 애석하게도 찾아내기가 매우 어려울 뿐만 아니라 흔하지도 않아 특별한 사람들의 전유물이었던 것이 사실이다. 특히 이동이 거의 불가능했던 농경 사회에서는 태어난 곳에서 그 환경에 맞추어 살다가 죽다 보니 일반인들은 명당이라는 것을 꿈도 꾸지 못했다. 다만 이곳저곳 이동을 할 수 있는 스님이나 갈처사(지관)들만이 느끼면서 연구하고 또한 얻을 수 있었을 뿐이다.

　풍수는 살아 있는 사람들에게 쾌적한 거처를 제공해 주는 데 그치지 않고, 죽은 이들의 묘소를 적당한 곳에 잡음으로써 죽은 영혼의 평안과 후손들의 복락을 도모하기도 하였다. 그뿐만 아니라 나라의 도읍을 정할 때도 크게 이바지하였으니 풍수는 아주 오래전부터 우리 민족의 생활과 깊게 밀착되어 있었다고 봐야 할 것이다.

　옛날로 돌아가 보자. 우리나라 풍수학의 효시라고 할 수 있는 신라

도선사(삼각산 내)

말엽의 도선 국사가 일찍이 한양의 지세를 두루 살펴본 적이 있었다. 이때 도선은 고려의 멸망을 예언했으며, 고려에 이어 개국할 조선의 오백 년 도읍지가 바로 한양 땅이라고 못 박았다.

이렇게 예언하는 데 그치지 않고 도선은 삼각산(인수봉, 백운대, 국망봉)에다 돌로 쐐기를 박았으며 그래도 못 미더워 도선사를 창건하여 지세의 준동을 방비하였다고 한다. 적당한 시기가 올 때까지 잠을 자도록 했다는 말로 풀이할 수 있겠다. 다시 말하면, 고려의 국운이 끝날 때까지는 준동하지 말고 잠이나 푹 자라는 조치였던 셈이다.

그런데 여기서 한 가지 분명히 하고 넘어가야 할 것이 있다. 고려의 정치·사회·문화 어느 한 분야도 빼놓지 않고 막강한 영향력을 행사한 것이 바로 도선의 사상이었다는 점이다. 어떤 이들은 심지어 도선의 사상이야말로 이성적이고 논리적인 비판과 증명이 허용되지 않는 절대적인 교리였다고 주장하기도 한다. 이러한 주장대로라면 도선은 고려의 신이었던 셈이다.

그런데 도선이 고려의 멸망과 한양에서 일어설 조선 왕조의 앞날을 예언했다. 이른바 '계왕자이도한양繼王者而都漢陽'이란 풍수설은 그래서 고려 왕조의 신경을 두고두고 긁어대는 골칫거리가 되어 버렸다. 고려 왕실에서 상기한 풍수설에 얼마나 신경을 썼는지 보여주는 대표적인 예가 벌리동伐李洞(현, 서울 강북구 번동)이다. 즉, 한양에 오얏나무李를 많이 심었다가 그 나무가 무성할 때를 기다려 무참히 벌채를 해 버림으로써 이씨 왕업의 기를 꺾는 상징적 작업을 했던 것이다. 현대인들의 눈으로 보면 다소 유치하게 느껴지겠지만 고려 왕조에서는 벌리伐李의 풍수 작업을 게을리 하는 일이 없었다.

그러나 이러한 풍수학적 대응만으로는 천도天道를 막을 수가 없었던지 태조 왕건이 나라를 세운 지 475년 만인 1392년(공양왕 4) 7월에 고려는 무너지고 만다. 역성혁명에 성공한 이성계는 새 왕조의 국호를 조선이라 정하고 개경(개성)의 수창궁壽昌宮에서 즉위식을 올리고 등극하였다.

왕위에 오른 이성계가 가장 먼저 서둔 것은 도읍을 옮기는 일이었다. 당시 불사이군을 내세운 고려의 충신들은 새로 건국한 조선의 벼슬을 거부하고 끝내는 은거지를 찾아 잠적함으로써 이태조의 심기를 불편하게 했다. 게다가 정권을 위협하는 고려 왕조의 잔재 세력이 언제 들고일어날지 모르는 상황이었다. 이성계는 이들의 위협을 적절히 피하면서 백성에게 새로 건국한 조선 왕조의 참신성을 강조할 필요성을 느꼈다. 도

나옹선사 화상

읍 옮기는 일을 서둔 것은 이
런 이유에서였다.

새로운 도읍지는 풍수지리
설과 인문·지리적 조건을 고
려하여 결정하는 것이 당시
상황으로는 최선의 선택이었
다. 사실 이태조는 고려 궁이
있는 개경은 이미 그 운세가
다했다고 믿었다. 이태조의 이
러한 믿음에 불씨를 지핀 것
이 바로 나옹선사와 무학대사
였다.

고려 말 국사였던 나옹선사
와 그 제자인 무학(성은 박씨, 이름은 자초自超)은 함경도 함흥 부근을 돌
아 남으로 내려오는 길이었다. 그때 있었던 일화가 대동기문에 실려 있
는데, 일화에 등장하는 이성계는 어느 모로 보나 고려의 신하라고 보
기 어려웠다.

아무튼 지세에 밝은 나옹은 소년 무학과 잠시 길을 멈추고 쉬던 중
어느 산을 가리키며 말문을 열었다. 나옹이 늘어놓은 이야기의 골자
는 자신이 가리킨 그 산이 왕이 되는 묘 터라는 것이었다.

공교롭게도 당시 이성계는 아버지 이자춘李子春이 죽자 노복들과 지
관을 거느리고 묏자리를 알아보러 다니는 중이었다. 그런데 노복 하나

태조고황제 어진

가 때마침 나옹과 무학의 이야기를 들었던 모양이다. 노복은 급히 이성계에게 달려가 이 사실을 알렸다.

이성계는 상복을 입은 채 말을 달려 나옹과 무학이 가는 길을 막아섰다. 이윽고 말에서 뛰어내려 나옹에게 큰절을 하면서 간곡히 부탁했다. 이성계를 한동안 멍하니 바라보던 나옹은 쓴 입맛을 다시며 물각유주物各有主(물건은 각기 임자가 따로 있다)라는 말을 중얼거렸다. 그러면서 명당을 잡아 주었는데 그곳이 바로 왕이 난다는 자리였다.

나옹과 무학의 명성을 익히 알고 있었기에 이성계는 세상을 다 얻은 듯 기뻤을 것이다. 바꿔 말하면 비록 고려의 녹을 먹는 신하의 몸이었으나 장차 한 나라의 왕이 되고자 하는 꿈과 야망을 마음 속으로 은밀하게 키워 왔다는 이야기가 된다.

그래선지 전국 명산대찰에 가 보면 이성계의 기도처가 아주 많다. 특히 경남 남해에 있는 금산錦山(보광산) 보리암에서 기도하고 나서 왕이 된다는 계시를 받았는데, 이성계는 실제로 왕이 되자 그곳을 비단산이라고 명하였다. 이를 보더라도 이성계는 풍수 지리학에 상당 부분 의존한 사람이었다.

왕이 된 이성계는 천도할 우선 후보지로 세 곳을 염두에 두고 있었다. 전라도의 진동현珍同縣(현 충남 금산군 서부 지역)과 양광도(현 충청도) 계룡산 지역 그리고 한양이었다. 이 중 이성계의 마음을 강렬하게 끌어당긴 곳은 계룡산 지역이었다. 결국 그곳을 최종 후보지로 선택한 후 공사를 시작하였다.

그러나 당시 풍수 지리학의 권위자요, 이성계가 총애하는 경기좌우

도관찰사 하륜河崙이 계룡산은 남쪽으로 너무 치우쳐 동북 및 서북과는 거리가 멀고 또한 계룡산의 지형이 수파장생 패입지水破長生 敗立至의 불길한 곳이라고 강력히 반대하여 계룡산 천도 계획을 백지화했다. 이후 이성계는 국사인 무학대사의 의견을 들어 1394년(태조 3)에 한양 천도를 결행하였다.

풍수지리상 한양은 주산인 북악을 중심으로 좌청룡 우백호가 잘 갖춰져 있고, 좌청룡의 맥은 주산인 북악에서 동쪽으로 뻗은 성북동의 매봉을 만들고 다시 동대문의 낙산까지 이어진다. 우백호는 북악에서 서쪽으로 인왕산과 안산을 거쳐 남서쪽으로 방향을 틀면서 뻗어 내리다가 아현과 대현동 고개를 쳐들고 그 기세를 이어 용마루를 거쳐 마포 앞 한강 가에 이르러서야 머리를 수그린다. 안산案山은 남산으로 삼았다.

보리암(경남 남해)

유좌묘향론酉坐卯向論과 임좌병향론壬坐丙向論

한양 천도가 정해진 다음 어떤 산을 한양의 주산으로 삼을 것인가에 대하여 전권을 위임받고 답사 중이던 무학대사와 정도전 사이에는

의상대사 화상

근본적인 차이가 있었다. 무학은 인왕산을 주산으로 하여 낙산을 안산으로 북악과 남산을 좌청룡 우백호로 하여야 한다는 유좌묘향론을 주장했고, 정도전은 북악산을 주산으로 하여 남산을 안산으로 인왕산과 낙산을 각각 좌청룡 우백호로 삼아야 한다는 임좌병향설을 주장하고 있었던 것이다.

주산이 결정되어야만 궁궐의 위치를 잡을 수 있기 때문에 이는 쟁점이 될 수밖에 없는 사항이었다. 유학을 신봉하는 정도전은 고금의 학리에 정통한 학자였고 무학은 그의 예언이 늘 적중한 신승으로 왕사의 자리에 있었기 때문에 이 쟁점은 자연히 심각해졌다.

정도전은 자고로 임금은 남쪽을 보고 정사를 하였지 동쪽을 보고 정사를 한 일이 없다는 이론에 근거를 두고 무학대사의 주장을 일축하려 들었다. 이러한 좌향론에 밀린 무학대사는 정도전이 잡은 궁궐의 좌향 때문에 이백 년 안에 왕위 싸움이 두 번, 방탕한 임금이 두 사람, 국가의 안위가 걱정되는 두 번의 외침을 당할 것이라고 신라의 명승 의상대사의 산수비기를 근거로 예언하였다.

뒷사람들은 태종의 골육 싸움과 세조의 왕위 찬탈, 연산군과 광해군의 악정, 그리고 임진왜란과 병자호란이 일어났으니 무학대사의 예언이 적중한 셈이라고 이야기하고 있다.

누에 형 안산과 뽕밭

　이규경李圭景의 오주연문장전산고五洲衍文長箋散稿에 의하면 지금 남대문(숭의문) 바로 밖에 하나의 연못이 있다 하였고, 동국여지승람에도 숭례문 밖에 남지南池라는 못이 있어 그곳에서 기우제를 올린다고 하였다. 인위적으로 조성된 남지는 한양 풍수의 결함을 막으려고 만들어 놓은 것이다.

> "국도에서 멀리 보이는 관악산은 화산火山이기 때문에 일찍이 장안의
>
> 화재를 우려하여 모화관(현 독립문 북 언덕) 앞과 숭 문 앞에 못을 파서
>
> 이를 방비하였으나 병오년 이래 장안에 화재가 끊이지 않는 까닭은 이
>
> 못들이 메워지고 자취만 남은 탓이니 이 못을 복구하여 장안의 화재
>
> 가 없도록 하십시오."

　이것은 1483년(성종 14)에 한명회가 임금에게 아뢴 내용이다. 한명회의 말을 통해서도 남지가 인위적으로 조성된 못임을 알 수 있다.

　그런가 하면 광화문 앞에 놓인 해태 석상도 관악의 연맥인 시흥 삼성산의 그 모습이 형화체形火體로 되어 있어 화산이므로 이와 마주 보이는 곳에 물짐승을 만들어 세움으로써 그 불길을 잡게 한 것이었다. 이는 대원군의 풍수학적 묘안의 소산이었다.

　남산은 생김새가 누에 같다 하여 잠두산蠶頭山이라고도 한다. 그래서 이 산의 정기를 배양시키려면 뽕을 먹여야 한다고 믿었다. 그래서 남산의 지덕을 배양하려고 남산이 바로 보이는 강 건너 사평리에 뽕나무

숭례문(남대문)

를 많이 심었다. 현재 잠실이 바로 그곳이다. 왕실에서는 반드시 이 잠실의 뽕으로 왕실 내에서 누에를 길러야만 안산인 남산의 지덕을 보는 것으로 알았다고 한다. 즉, 잠실의 뽕은 왕가의 잠실을 위해 만들어진 뽕밭이 아니라 남산의 지덕을 위한 풍수설에 따라 왕이 이곳 뽕을 갖다 먹이게끔 하였던 것임을 알 수 있다.

지금 성균관의 뒷산은 매봉鷹峰이다. 매는 육식을 즐기므로 이 매봉의 지덕을 가꾸고자 한때 성 밖으로 내쫓았던 백정들을 이곳에 강제로 이주시켜 육고를 경영토록 하였다고 하니 이 또한 매혈의 지덕을 키우고자 함에서였다.

성문城門에 얽힌 풍수

한양의 8대 성문도 이 풍수설과 밀접한 관련이 있음을 간과할 수

흥인지문(동대문)

없다.

우선 8대문 중 숭례문을 보면 숭례문의 '예禮'자를 오행으로 볼 때 불 또는 남쪽에 해당하므로 남을 나타내고 불을 상징하는 복伏자임에는 이론의 여지가 없다. 헌데 다른 성문의 현판은 모두가 횡액횡서에 가로로 된 현판임에 비추어 숭례문만은 종액종서에 세로로 된 현판인 점이 특이하다. 이를 두고 어느 학자들은 한국인 인맥에서 숭崇의 상형문자는 불이 타오르는 형상이기 때문에 불이 잘 타오르게 하려고, 즉 불을 강조하고자 그 글씨를 세로로 세울 수밖에 없었을 것이라고 한다.

화산인 관악산은 타는 불로 맞부딪친다는 뜻에서(맞불) 숭례라는 글씨를 세웠다고 한다. 숭례는 중국에서 남문의 이름으로 곧잘 쓰이는 문 이름이다. 남대문의 이름을 숭례라 하였음은 중국의 예에 따른

흥인지문 현판(동대문)

것이라 할 수 있지만 그 현판을 세로로 세운 것은 조선조의 풍수설이 가미된 까닭이라고 생각하는 것이 타당할 줄로 안다.

경복궁에 화재가 잦은 풍수적 이유로 술사들은 한결같이 경복궁과 맞선 관악산의 화산성에 주목하고 있었다. 따라서 방재를 위해 이같이 변형된 문액을 고안한 것이다. 이상에서 알 수 있듯 화산으로 말미암은 대비는 퍽 철저했다.

현재로는 확인할 길이 없지만 관악의 주봉인 연주대 근처에 있는 방화부防火符인 흥인문興仁門을 보자. 흥인문도 오행설로 보면 '인仁'이 목성이요, '목'은 동쪽에 해당하므로 동쪽 문이란 뜻이 된다. 다만 흥인문이 다른 문에 비하여 특색이 있다면 이름이 모두 3자로 되어 있는데 반하여 흥인문만은 '지之'자를 하나 더 넣어 넉 자로 만들었다는 점이다.

한양 정도 때는 흥인문도 석 자로 되어 있었는데 임진왜란 직후 지를 추가하여 넉 자를 만들었다는 기록을 볼 수 있다. 국초 정도 시에 한양의 지세 가운데 허한 곳으로 동쪽과 남서쪽이 지적되었다고 한다. 그런데 왜란 때 동쪽의 허한 지점으로 왜적이 쳐들어옴으로써 그 후 이러한 풍수설을 실감한 끝에야 그 풍수적 보완법이 논의되었다.

그 보완법의 하나는 동대문에 곡성曲城을 쌓은 것이요, 둘째는 문명에 '지'자를 하나 더 넣은 것이다. '지' 자나 '현玄'자는 풍수상에서 용이 찾아온다는 것을 의미하는 형식적인 표식 문자로 이용되어 왔기 때문이라고 볼 수 있다. 즉, 동대문의 풍수적 허를 메우고자 인조 산을 만들고 이 내용을 상징하는 문자를 흥인문에다 삽입하여 흥인지문이라고 하였다는 것이다.

　서울에 사는 사람치고 세검정洗劍亭을 모르는 이는 없다. 광해군을 몰아내고 인조 임금을 즉위시키고자 일어난 인조반정 군들이 칼날을 세워 궁으로 진입할 때 거친 곳이 세검정이었다. 무혈 혁명을 성사시킨 반정 군들은 세검정 개울가에서 칼을 씻어 칼집에 넣었다 한다. 날 그 장소에 정자를 지었는데 고갯마루에 우뚝 솟은 창의문彰義門에는 다른 문과 달리 성문 바깥으로 나무 닭을 조각해 세워 놓았다. 이것은 창의문 밖 외성이 풍수적으로 지네 형상이기 때문에 이 해충을 압승하는 풍수적 방편으로 지네의 천적 닭을 조각하여 세운 것이라고 구전한다.

　북문의 숙정문肅靖門은 이름만 문일 뿐 몇 백 년 동안 폐쇄된 채 열린 일이 없었다. 기록에 의하면 이 문은 양주 여염집 부인들에게 음란한 바람이 일어 폐쇄하였다고 한다.

왕십리의 지명 유래

　앞에서 이미 밝힌 바대로 천도 첫 번째 후보지 진동 현은 하륜이 불가함을 주장하여 백지화 되었고, 다음 후보지로 금강을 낀 금산이 대두되었으나 국토 균형에 맞지 않는다는 불가론 때문에 백지화 되었

세검정(左), 창의문(右上), 숙정문(右下)
(서울 시내)

다. 이에 따라 자연스럽게 세 번째 후보지인 한양이 천도지로 결정되었다.

천도지가 결정되자 유교학자인 정도전과 왕사인 무학은 덩달아 분주해졌다. 특히 무학은 천도지를 둘러보고 궁궐 위치를 정확하게 잡아야 할 책무가 있었기 때문에 현지답사를 직접 나가야 했다. 그러나 한양 땅을 한 바퀴 둘러보는 것이 생각처럼 쉬운 노릇은 아니었다. 지금처럼 벌채된 지형 상태라면 쉬웠겠지만 당시만 해도 울창한 숲과 잡로 뒤덮여 어디가 어디인지 잘 구별이 되지 않았기 때문이다.

아무리 지세를 잘 보는 무학이라지만 방향을 구별하기 어려운 상황이니 막막할 수밖에 없었다. 지형은 잡히지 않고 숲 속을 헤맨 끝에 지친 무학은 갈대밭 언덕에서 잠시 휴식을 취하고 있었다.

"숲이 깊어 지세를 살필 수가 없으니 낭패로구나."

무학은 한숨을 길게 내쉬며 땀이 송골송골 맺힌 이마를 쓸었다.

바로 그때 누더기 옷을 입은 촌로 한 사람이 소등에 앉은 채 지나가다 말고 무학을 힐끗 살피더니 한심하다는 듯 혀를 차며 다음과 같은 말을 했다.

"무학아, 너는 명색이 왕사라고 하는 놈이 어찌 이리 미련하단 말이냐? 궁터를 잡으러 온 모양인데 여기는 바닥에서 물이 나고 안산과 배산이 멀어서 적당한 위치가 아니란 걸 모른단 말이냐?"

촌로의 거친 말투에 화가 날만도 했지만 무학은 귀가 확 뜨이는 말을 들은 터라 엉겁결에 자세를 낮추며 공손하게 물었다.

"그럼, 어디로 가면 좋은 길지를 얻을 수 있겠습니까?"

"이곳에서 정북 방향으로 10리를 더 가보면 궁터로 삼을 만한 곳이 있을 것이다."

이런 말을 남기고 노인은 서두는 기색도 없이 멀어져 갔다.

무학은 갑자기 당한 일이라 어안이 벙벙하였다. 그러나 예삿일이 아니라고 생각하며 높은 언덕에 올라 북쪽을 굽어보았다. 나아갈 방향을 어림짐작해 본 무학은 이윽고 갈대숲을 헤치며 발걸음을 잣대 삼아 청계천을 넘어 북으로, 북으로 걸어갔다.

무학은 한참 만에 인왕산이 앞을 가로막아 더는 나아가지 못하는 지점에 도착하였다. 거기서 남쪽을 돌아보니 잘생긴 현재의 남산과 식수 조달을 할 수 있는 청계천 맑은 물, 북풍을 막아주는 인왕산과 왜

적을 막을 수 있는 한강이 한눈에 내려다보였다. 무학은 깜짝 놀랐다. 소등을 타고 가던 어수룩한 촌로는 과연 누구이기에 이런 길지를 일러주었을까.

오던 길로 다시 돌아가면서 보폭을 기준 삼아 거리를 재어 보니 정확히 10리였다. 이때의 일로 '갈 왕往' '열 십十' '마을 리里'라고 하는 지명을 남겼으니 왕십리는 이처럼 역사적인 행적이 남아 있는 동명이다.

서울이란 이름의 시원

사람의 이름에는 명분이 있고 지명 뒤에는 그만한 연유가 있기 마련이다. 그렇다면 우리의 수도 서울에는 어떠한 연유가 서려 있는 것일까. 5천만 우리 국민이 과연 서울이란 어원을 어떻게 풀이할는지 매우 궁금하다.

앞에서 이미 밝혔듯 우리나라의 지명은 대부분 한자로 되어 있지만 순수한 우리 말(방언 포함)로 지은 곳도 있기는 하다. 서울이 대표적인데 서울은 한글이나 영문으로만 표기할 수 있을 뿐 한자로는 표기 자체가 불가능하다.

태조 이성계는 좌 정도전, 우 무학대사를 위시하여 많은 문무백관을 거느리고 개경에서 한양으로 천도하면서 제일 먼저 궁과 성을 건축하였다. 궁과 성을 건설하면서 정도전과 무학은 종교적 사고와 유교적 바탕을 앞세워 서로 강한 주장을 펼쳤다. 두 사람의 이러한 태도는 성역城役을 정하는 일에서도 예외는 아니었다.

현재 청와대 뒷산은 경비 차원에서 군부대가 주둔하고 있기 때문에

선바위/기자 바위(서울 인왕산)

일반인들은 그 내용을 잘 이해하기 어려울 것이다. 청와대 뒷산 인왕산 북쪽에 선바위가 있다. 이 선바위를 성 안쪽으로 하자는 무학의 주장과 성 밖으로 하자는 정도전의 주장은 이 태조가 민망스러워하리만큼 팽팽했다. 그 바람에 다른 도성은 모두 다 쌓았는데 선바위 부근만 미완성으로 남았다. 무학과 정도전의 대립이 어찌나 팽팽한지 이 성계가 나서지 않는 한 결판이 날 것 같지 않았다.

그런데 두 사람의 의견 대립으로 공사가 진척되지 않던 어느 날 아침이었다. 그날따라 밤새 첫눈이 얼마나 많이 내렸는지 한양 땅이 모두 하얀빛으로 뒤덮여 있었다.

아침 일찍 일어나 궁궐 뜰에서 눈 구경을 하던 태조는 낙산 쪽을 바라보다 말고 문득 고개를 갸웃거렸다. 이상하게도 성 안쪽으로는

한양 성곽

눈이 보이지 않고 바깥쪽에만 눈이 쌓여 있었던 것이다. 태조는 얼른 별감들을 보내 현장을 보고 오라 하였다.

다녀온 별감들이 아뢰기를 성곽 밖으로만 눈이 쌓였고 안쪽은 맨땅이 드러나 있다고 하였다. 하도 기이한 일이라 잠시 멍하니 있던 태조는 하늘이 한양의 경계를 알려주려고 그러나 보다 여기며 별감들에게 다시 궁궐 뒷산 인왕산 선바위 주변을 살펴보고 오라고 명하였다. 바삐 다녀온 별감들의 대답은 조금 전과 마찬가지였다. 선바위를 중심으로 안쪽은 눈이 없고 바위를 포함한 바깥쪽은 눈이 쌓였다는 것이었다.

태조는 기쁨에 사로잡혔다. 골머리를 앓던 문제가 해결되었기 때문이다. 태조는 곧 정도전과 무학을 함께 입궐케 하여 이 사실을 말해주었다. 듣고 있던 두 사람 또한 하늘의 뜻이라고 여기며 이를 묵묵히 받아들였다. 이로써 선바위 안쪽으로 성곽을 쌓게 되었는데 이날 내린 눈이 성곽 안쪽과 바깥쪽의 경계를 뚜렷하게 제시해 주었다 하여 눈과 울타리란 뜻으로 설울雪鬱이라는 낱말이 생겼다. 그때부터 설울이란 지명을 쓰려 했으나 당시 이 땅에는 이미 한성부라는 지명이 있었다. 그리하여 계속 한성부, 혹은 한양이라고 불리다가 1945년 해방 후 서울이란 세련된 지명을 갖게 되었다.

돼지 상과 부처 상

태조 이성계는 천도라는 어려운 과업을 이루어 놓고 나서 문무백관과 공신들이 함께 한 자리에서 주연을 베풀었다. 먼저 태조는 정도전·남언·조준·배극렴·하륜·심덕부·성석린·조용·이지란 등에게 어주를 내리면서 신하들의 술을 받기도 하였다. 어주를 내릴 때마다 그 신하의 장점을 말해 주고 군신 간의 의리를 확인하는 것도 잊지 았다.

이윽고 여러 순배 술잔이 오가고 나서 어주 잔이 무학대사에게 건네어졌다. 태조는 호쾌한 웃음과 함께 과연 일등공신이구려 하면서 무학대사의 공적을 특별히 큰소리로 밝혔다. 그런데 태조는 문득 무학대사의 깊은 속마음이 알고 싶어졌다. 하여 짐짓 정색을 하며 무학에게 말을 건넸다.

"무학대사는 심성이 부드럽고 지혜가 뛰어나고 불심은 끝을 모를 정도로 깊어만 가는데 어찌 된 일인지 외양은 심성을 따르지 못하는 것 같구려. 곱지 못한 이목구비에 피부 또한 검으니 꼭 돼지 생김새와 다

무학대사비 · 쌍사자석탑(경기 양주시 회암사 內)

를 게 없습니다 그려."

바로 앞에서 생긴 모양을 가지고 심하게 면박을 주니 기분이 상할 만도 했다. 그러나 무학은 표정 하나 변하지 않고 대답했다.

"예, 그렇습니다. 전하."

반박이 아닌 긍정적인 대답이었다. 이에 태조는 무학대사의 그 깊은 속마음을 더욱 가늠하기 어려워졌다.

그런데 한참 후 무학 왕사가 태조에게 술잔을 올리는 차례가 되었다. 공손하게 술을 채우고 이성계에게 올리면서 아무 말이 없었다. 이상히 여긴 태조가 다시 한마디 했다.

"왕사께서도 무슨 말이든 좋으니 한 말씀 하셔야 하지 않겠소?"

그러자 무학이 조심스레 말을 건넸다.

"전하, 오늘에 와서 뵈오니 전하의 용안은 마치 석가모니의 얼굴 같나이다."

이런 말과 함께 허리를 깊이 숙여 조아리니 태조가 적이 당황하면서 말했다.

"짐은 대사를 보고 검고 못 생긴 돼지라고 하였는데 어찌 대사께서는 짐을 보고 석가세존에 비유하는지 영문을 모르겠구려."

이렇게 이야기하면서도 과히 듣기 싫은 말은 아니라 태조의 표정이 밝았다. 그래도 무학 왕사는 대답 없이 물러가려고 했다. 순간 태조 이성계는 과연 무학 왕사는 무슨 속셈으로 그리 말을 했는지 궁금하여 다시 대답을 듣기로 하고 하문했다. 그제야 무학 왕사가 입을 열었다.

"전하, 오로지 사물은 보는 사람의 마음에 따라 다르게 보이는 것이나이다. 보는 사람의 마음이 돼지 같으면 상대가 돼지로 보이고, 부처와 같은 마음으로 상대를 보면 부처로 보이는 것 아닌가 하나이다."

대신들이 지켜보는 가운데 돼지 같은 마음을 가진 사람이 되어 버리고만 태조는 순간적으로 심히 부끄러웠다. 게다가 무학에게 자신의 지혜가 미치지 못함을 깨닫자 당황이 되기도 하였다. 그러나 태조 이성계는 결코 성을 내지 않았다.

"과연 대사입니다. 짐이 대사의 그 지혜를 한 번 시험해 본 것뿐이라오."

이렇게 하여 승자도 패자도 없는 가운데 자칫 험악해질 수도 있었던 대화는 끝이 났다.

　　이후 태조 이성계는 무학 왕사를 상대로 깊은 농담을 하지 않았고, 무학 왕사는 조선 건국 역사에 더 많은 자문과 힘을 실어 주었다. 날 태조 이성계는 아들 방원의 행태에 분노한 나머지 함흥으로 가서 머물렀다. 이때 조선 제3대 임금으로 등극한 방원은 누차에 걸쳐 사람들을 보내 태조를 데려오려 하였다. 그러나 아무도 태조를 데려올 수 없었다. 그런데 무학 왕사가 나서서 태조의 마음을 돌려놓았다고 하니 무학에 대한 태조의 신임이 얼마나 두터웠는지를 알게 해주는 대목이다.

숙빈 최씨는 조선 제19대 임금 숙종의 후궁이었다. 궁인의 비복, 무수리 신분으로 임금의 은총을 입어 후궁이 되었다는 것은 전례가 없을 정도로 대단한 신분 상승이었다.

그렇다면 숙빈 최씨는 대체 어떤 사람이기에 무수리 신분으로 왕을 사로잡을 수 있었던 것일까?

물론 숙빈 최씨가 기본적으로 갖춘 미모라든가 착하고 부드러운 성품이 제일 중요한 요인이겠지만 여기서 빠뜨리지 말고 살펴봐야 할 부분이 숙빈 최씨를 둘러싼 주변의 조건과 숙종 임금 당시의 사회 상황이다. 조선 중기의 특징을 간단하게 말해 보라고 한다면 제일 먼저 붕당 정치를 떠올릴 것이다. 붕당 정치의 폐해가 절정에 이른 것이 숙종과 숙빈 최씨가 서로 만나 사랑을 꽃피우던 그 시절이었다.

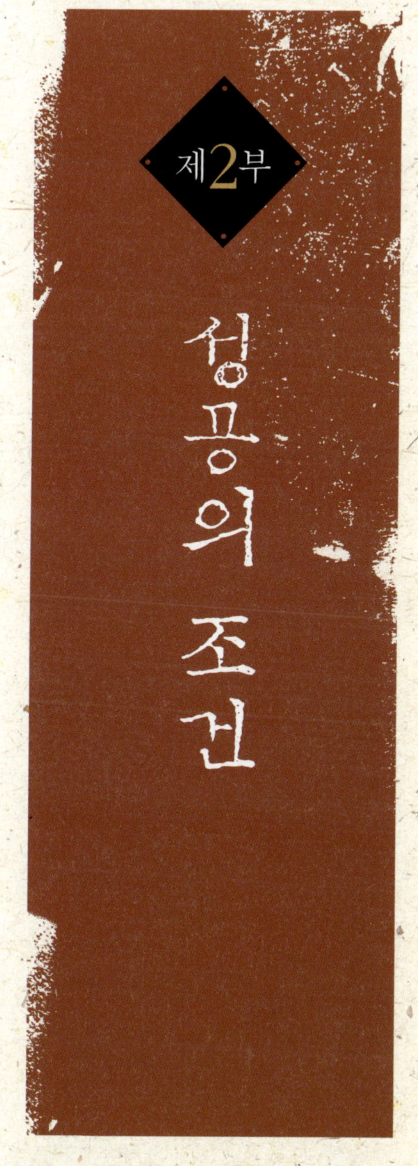

· 임금의 어머니가 된 궁궐 무수리 |숙빈 최씨|
· 태종에게 바친 궁녀의 청춘 |소빈 노씨|
· 왕비가 된 시골 처녀 |순임이|

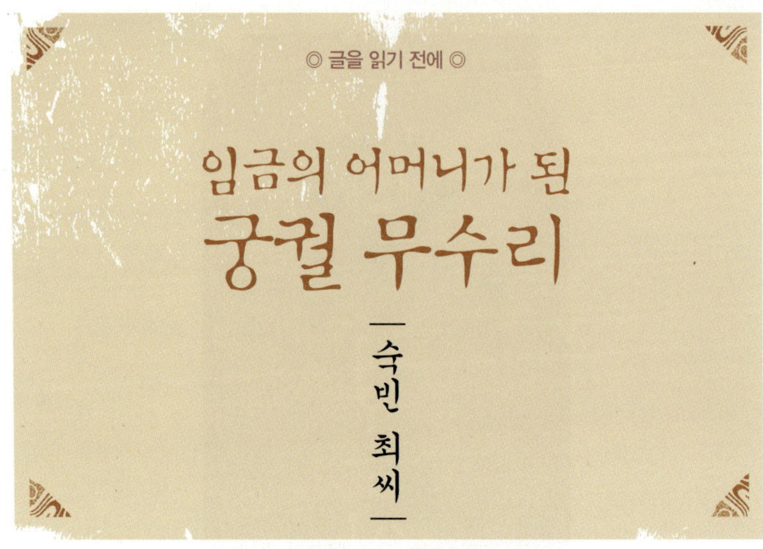

**이야기의
시대적 배경**

이 이야기의 주인공 숙빈 최씨는 조선 제19대 임금 숙종의 후궁이었다. 궁인의 비복, 무수리 신분으로 임금의 은총을 입어 후궁이 되었다는 것은 전례가 없을 정도로 대단한 신분 상승이었다.

그렇다면 숙빈 최씨는 대체 어떤 사람이기에 무수리 신분으로 왕을 사로잡을 수 있었던 것일까? 물론 숙빈 최씨가 기본적으로 갖춘 미모라든가 착하고 부드러운 성품이 제일 중요한 요인이겠지만 여기서 빠뜨리지 말고 살펴봐야 할 부분이 숙빈 최씨를 둘러싼 주변의 조건과 숙종 임금 당시의 사회 상황이다.

일단 숙빈 최씨의 활동 공간이 궁궐이었기 때문에 그곳을 중심으로 펼쳐진 당시의 상황을 자세하게 살펴보기로 하겠다.

조선 중기의 특징을 간단하게 말해 보라고 한다면 제일 먼저 붕당 정치를 떠올릴 것이다. 붕당 정치의 폐해가 절정에 이른 것이 숙종과 숙빈 최씨가 서로 만나 사랑을 꽃피우던 그 시절이었다.

굳이 당쟁의 전개 과정을 구구절절하게 설명할 필요는 없을 테지만 서로 실권을 잡으려고 당파 간에 물고 물리는 공방전을 벌였고, 그에 따라 주변이 온통 어수선했다는 점만은 분명히 해야 할 것 같다. 게다가 엎친 데 덮친 격으로 인현 왕후 민씨 폐출 사건을 두고 왕과 신료들 간에 충돌이 일어나 조선 사회를 더욱 어지럽게 만들었다. 당시 궁녀로 들어와 있던 장희빈은 숙종의 총애를 독차지했다. 그러던 중 장희빈이 균(후일경종)을 낳자 숙종은 그를 세자로 책봉하려 하였다. 이에 송시열은 왕비 민씨의 나이가 많지 않으니 균을 세자로 봉하는 것이 이르다고 상소하였다.

그러나 숙종은 화를 벌컥 내며 송시열의 의견을 묵살했다. 이에 힘을 얻은 이현기, 남치훈, 윤빈 등과 같은 남인들이 송시열의 상소를 논박했다. 그 결과 송시열은 파직과 함께 제주도로 유배를 가게 되었다.

겉보기엔 세자 책봉을 둘러싼 왕과 신하의 충돌 같지만 이 또한 서인과 남인의 치열한 당파 싸움의 연장이었다고 보는 것이 옳다. 결국 숙종에게 밉보인 서인은 크나큰 타격을 입고 말았다. 서인의 영수를 비롯한 많은 인물이 파직 또는 유배를 면치 못했다. 이에 반해 남인들은 정계에 대거 등용되었다. 이때의 사건을 기사환국 또는 기사사

송시열(충북 괴산)　　　　오두인(경기 안산)　　　　박태보(경기 의정부)

화라고 부른다.

그런데 그해 5월, 희빈 장씨의 간계로 왕비 민씨마저 폐서인이 되어 사가로 쫓겨나고 만다. 이때도 오두인, 박태보 등 서인 80여 명이 상소하여 반대하고 나섰지만 그들에게 돌아온 것은 참혹한 형벌뿐이었다. 이런 일련의 사건이 있고 나서 세상은 온통 남인의 것이 되었다. 이때가 1689년(숙종 15)이었다.

그러나 1694년에 이르러 남옥濫獄 문제가 불거지고 민비가 다시 복위하면서 남인들은 정계에서 완전히 퇴출당하고 만다. 이로 말미암아 정권은 다시 노론과 소론으로 분열된 서인에게 돌아간다. 이때부터 노론과 소론 사이에 다툼이 생기고 이 과정에서 노론이 주도권을 쥐자 소론은 정치적 박해를 받기도 한다. 이후로 노론과 소론 간에 벌어진 정쟁은 전례를 찾아보기 어려울 정도로 격심한 것이었다.

그러나 신료들 사이에 벌어진 정쟁은 오히려 숙종의 왕권을 강화하는 계기가 되기도 하였다. 이러한 가운데 애증의 편향이 심했다고 평가받는 숙종은 민비와 희빈 장씨 사이를 오가며 분란을 일으키기도 하였다.

숙빈 최씨는 사실 유복한 집안에서 태어나 아무런 문제없이 성장한 사람이 아니었다. 무수리라는 궁중에서의 직책만 봐도 그녀가 지나온 날을 짐작해 볼 수 있다. 그런 그녀가 왕의 부인이 되고, 21대 임금 영조의 어머니가 되기까지 얼마나 많은 시련과 고난을 극복했겠는가. 그녀의 일생을 깊이 있게 살펴보기로 하자.

영조의 어머니가 된 무수리

무수리는 궁중에서 청소 따위의 잔심부름과 함께 물을 담당하던 여자 궁녀이다. 그래도 궁녀에 속한 처지여서 환관을 제외하고는 평생 남자를 만나지 못하고 수절해야 했던 그들의 일생은 참으로 고달픈 것이었다. 궁궐에 들어온 순간 왕의 소유물이 되어 죽을 때까지 맡은 바 업무만을 해나가야 했다. 물론 궁녀들은 임금의 은총을 입어 후궁의 자리에 오른다는 희망이 있었다. 그러나 나인의 비복에 불과했던 무수리에게는 아무런 희망도 없었다.

그런데 궁중을 지키는 여인 중에서 가장 미천하다는 무수리 출신으로 임금의 후궁이 된 여자가 있다. 그뿐만 아니라 임금의 은총을 받아 아들을 낳았는데 그가 곧 조선 제21대 임금 영조였다.

이 놀라운 이야기의 주인공은 이미 앞에서 밝힌 바대로 숙종의 후궁이기도 한 숙빈 최씨였다. 숙빈 최씨는 최효원의 딸로 궁벽한 집안에서 태어나 어린 나이에 강원도 사람에게 시집을 갔다.

숙빈 최씨의 아버지 최효원의 가계를 간략하게 살펴보면 아래와 같다.

<pre>
최효원崔孝元 ------- 숙빈 최씨
         └--- 최후 ---- 최수강壽崗
</pre>

최효원은 당시의 급박한 정치 상황을 간파하고 있었던지 숙빈 최씨의 동생을 낳았을 때, '겁낼 후' 자를 써서 아들의 이름을 지었다. 매우 특이하고 재미있는 이름이라고 할 수 있는데 아슬아슬한 외줄타기 정치 마당에서 아들이 살아남기를 바라는 마음에서 이런 이름을 지어 주었으리라 사료된다.

그런데 무슨 사정이 있었는지 오래지 않아 파국을 맞이하고 말았다. 이때의 일이 역사서에는 이렇게 기록되어 있다. 숫처녀의 몸으로 결혼 생활을 정리한 숙빈 최씨가 곧 궁궐로 들어가 무수리가 되었다고.

이미 출가한 여자이니 결혼 생활에 파국이 찾아왔다 하여 친정으로 돌아갈 수는 없었을 것이다. 그래서 궁궐 무수리가 된 것이 틀림없었다.

어쨌든 궁녀가 되었으니 숙빈 최씨는 궁궐에서 뼈를 묻어야 할 운명이었다. 그러한 운명을 자신의 것으로 받아들이며 살아가던 최씨는 왕

이만산 남사면 내시·상궁 묘
숙빈최씨 아버지 최효원묘 (서울 진관동)

인현 왕후/감고당터(종로구)

비, 인현 왕후 민씨가 폐출 되는 끔찍한 사건을 목격한다. 직접적으로
수발을 든 것은 아니지만, 먼발치에서나마 인현 왕후 민씨를 모셨기에
최씨는 인생의 덧없음을 이때 처음으로 느꼈다. 국모의 자리에 앉아 만
백성의 어머니로서 행복을 누리던 인현 왕후 민씨가 하루아침에 서인
이 되어 버렸으니 말이다.

민씨의 몰락은 장희빈이 나타나 숙종의 총애를 한 몸에 받으면서부
터 시작되었다. 특히, 장희빈이 아들을 낳고, 그 아들이 세자로 책봉되
는 과정에서 인현 왕후 민씨는 뼈저린 아픔과 왜소한 자신의 모습을
실감하기도 하였다. 인현 왕후의 나이가 아직 어리니 세자 책봉을 미뤄
야 한다고 주장하던 송시열이 관직을 삭탈 당하고 유배 길에 올랐다가
사사될 때까지 인현 왕후는 혼자 힘으로 아무것도 할 수 없었다.

송시열이 죽었을 때 인현 왕후 민씨는 이미 자신의 운명을 예감하고
있었는지도 모를 일이었다. 장희빈의 간계에 희생양이 되어 서인으로
전락한 채 안국동 사가로 쫓겨 가던 인현 왕후 민씨의 모습은 쓸쓸하

고 애절했다.

돌이켜 보면 목숨이 붙어 있다 해도 어느 순간에 어떻게 될지 모르는 것이 인간의 운명이다. 청춘도 금방이요, 부귀를 누리던 자의 몰락도 어느 한순간이다.

덧없는 세상사의 이치를 알고 있으면서도 무수리 최씨는 인현 왕후 민씨의 폐위를 좀처럼 이해할 수가 없었다. 일국의 왕비 자리는 지엄한 것이어서 오르기도 어렵지만 타인들이 쉽게 끌어내릴 수 없는 자리 아니던가.

그런데 그즈음 인현 왕후를 궁 밖으로 몰아내고 기가 오른 장희빈 — 이때부터는 숙종의 비가 되었으니 장비라고 부르는 것이 옳겠다 — 은 돌이킬 수 없는 실수를 저지르고 만다. 무당과 신통한 능력을 지닌 장님에게 지시하여 툭하면 인현 왕후를 저주하곤 하였던 것이다. 서인으로 강등시켜 궁 밖으로 내몬 것만으로는 아무래도 부족했던 모양이다. 기실 장비는 왕비 민씨가 죽어 없어지기를 간절하게 원하고 있었다.

한편, 무수리 최씨는 인현 왕후 민씨가 사가로 쫓겨난 그해부터 일 년에 한 번씩 특별한 행사를 치르곤 하였다. 민씨의 생일이 되면 벽에 그녀의 옷을 걸어 놓고 만수무강과 왕비 복위를 절절하게 빌어 주었던 것이다.

간악하기 이를 데 없는 장비와 그에 대항하여 민씨의 행복을 간절히 빌어 주었던 심성 고운 여인 무수리 최씨. 숙종 임금과 함께 이들 두 여인이 만들어낸 사연은 숨 가쁠 정도로 긴박하기만 했다.

인연은 돌고 돌아

당시 숙종은 인현 왕후 폐출과 장비와의 잦은 불화 때문에 마음 둘 곳이 없었다. 가슴은 늘 허전했고, 위안을 얻을 만한 일도 좀처럼 생기지 않았다.

그러던 어느 날, 숙종은 어지러운 심기를 달랠 겸 미복으로 궁중을 순회했다. 그런데 멍한 마음으로 걸어가노라니 문득 이상한 광경이 눈에 들어왔다.

때는 깊은 밤이었다. 그리 멀지 않은 곳에 불이 환하게 켜진 방이 있었다. 이 깊은 밤에 누가 잠 못 들고 불을 환하게 켜놓은 것일까. 숙종은 궁금한 마음에 그곳으로 천천히 다가갔다. 헌데 조금 걷다 보니 요상한 소리가 들려오는 것이 아닌가. 그 자리에 서서 가만히 귀를 기울여 보니 괴상망측한 주문 소리였다. 마치 무당들이 경중경중 뜀을 뛰며 내는 소리 같았다.

숙종은 순간적으로 화가 벌컥 났다. 궁중에서의 푸닥거리는 왕명으로 엄금한 지 오래였던 것이다. 숙종은 입술을 꽉 깨물며 그 방 앞으로 다가가 다시금 귀를 기울였다.

"폐비 민씨가 이 화살을 맞고 급살을 맞게 해줍소. 그도 아니면 화살 맞은 자리마다 악창이 나게 해 주십시오……"

숙종은 기가 탁 막혔다. 철천지원수가 아닌 이상 이처럼 악독한 저주는 퍼부을 수 없을 터였다. 숙종이 이런 생각을 하는 동안에도 끔찍한 독설과 알아듣기 어려운 괴상한 주문 소리는 이어지고 있었다. 숙

종은 마음을 안정시키려고
애쓰며 창문을 통해 안을 슬
쩍 들여다보았다.

'아니, 저것은!'

숙종은 벌어진 입을 다물
지 못했다. 사가로 쫓겨난 폐
비 민씨의 옷을 벽에 걸어 놓
고 머리에 고깔을 쓴 무당들
이 춤추며 화살을 쏘고 있었
던 것이다. 고슴도치처럼 무
수하게 화살을 맞은 폐비 민
씨의 옷이 처참해 보일 정도
였다. 게다가 무당들 옆에는
장님이 하나 앉아서 폐비 민
씨를 저주하는 것이 아닌가.

인현왕후 어필

숙종은 저렇듯 천한 무리에게 인현 왕후 민씨가 능욕당하는 것이 분
하고 원통하기만 했다. 숙종은 즉각 방문을 박차고 들어가며 소리쳤다.

"천하고 요망한 것들. 감히 누구를 저주하는 게냐?"

"에구머니나! 저, 전하……."

순식간에 벌어진 일이라 무당들과 장님은 당황한 얼굴을 감추지 못
하며 바닥에 꿇어 엎드렸다. 숙종은 임금의 명을 어긴 데다 한때 국모
이기도 했던 자신의 비에게 몹쓸 짓을 저지른 이들 무리를 용서할 마

음이 전혀 없었다. 그렇다고 전후 사정을 따져 묻고 싶지도 않았다. 장비가 시켜서 한 일이 틀림없을 테니 말이다.

"이것들을 모두 끌어내어 죽이거라."

장님과 무당들은 기겁하며 장비가 시켜서 한 일이라고 변명했다. 그러나 숙종은 못 들은 척 그 자리를 떠나 버렸다.

"어찌 사람이 그리도 교만 방자하고 요망 간특하단 말인가. 아무리 세자의 생모라 해도 더는 용서하지 않으리라."

심사를 달래려고 밖으로 나갔다가 화만 더 얻어 침소로 돌아온 숙종은 장비를 떠올리며 고개를 내저었다. 세자만 아니었다면 장비는 벌써 여러 차례 민가로 쫓겨났을 것이다. 옛날 성종이 그랬듯 어린 세자에게 아픔을 주고 싶지 않아 지금껏 꾹꾹 참아온 것뿐이었다.

'세자가 문제로구나. 세자……'

자식 잘못되기를 바라는 부모가 어디 있으랴. 숙종은 세자를 떠올리는 사이 장비를 내치겠다던 마음이 스르륵 누그러드는 것을 느꼈다.

'다시 한 번만 더 이런 일이 발각될 시에는 아무리 세자가 중하다 해도 장비를 용서하지 않으리라.'

그런데 그로부터 며칠 후인 1693년(숙종 19) 4월 23일 밤이었다. 숙종은 여느 날과 마찬가지로 밤이 깊어지자 궁중을 천천히 거닐고 있었다. 헌데 어느 궁벽한 곳에 이르렀을 때였다. 문득 앞을 살피니 며칠 전과 마찬가지로 불빛이 훤하게 새어나오는 방이 있었다.

숙종은 이번에도 장비가 못된 짓을 벌이는 줄 알았다. 세자를 위해 지난번 일을 모르는 척 덮어 주었더니 왕명을 우습게 알고 요망한 짓

숙종대왕 국문 어필

을 또 벌이는 것이 분명했다. 정말 그런 것이라면 이번에야말로 본때를 보이고 말리라 마음먹었다. 문제의 그 방으로 다가가는 숙종의 표정은 결의에 차 있었다.

그런데 방 앞으로 다가간 숙종이 힐끗 안을 들여다보니 뜻밖의 광경이 펼쳐지고 있었다. 벽에 옷 한 벌이 걸려 있는 것은 무당들과 장님이 머물던 방에서 본 것과 똑같았다. 그런데 방이 이상할 정도로 조용했다. 그도 그럴 것이 젊은 무수리 하나가 음식상을 차려놓고 앉아 벽에 걸린 옷을 바라보며 소리죽여 울고 있었던 것이다. 그녀가 바로 무수리 최씨였다.

호기심에 사로잡힌 숙종은 방문을 열고 안으로 들어갔다. 숙종을 확인한 최씨가 소스라쳐 놀라며 바닥에 엎드렸다.

"지금은 야심한 시각. 이게 다 무슨 일이냐? 저 옷은 무엇이며 음식상을 이렇게 차려놓고 우는 이유가 무엇이냐?"

123

최씨는 벌벌 떨기만 할 뿐 숙종의 물음에 대답하지 못했다.

"어서 말해 보라고 하지 았더냐."

임금의 채근이 다시 이어졌다. 그제야 최씨는 떨리는 음성으로 대답했다.

"죽여주시옵소서."

"죽여? 죽이든 살리든 앞뒤 사정을 알아야 어찌해 볼 것 아니겠느냐. 바른대로 아뢰어라."

잠시 머뭇거리던 최씨가 벽에 걸린 옷을 바라보며 간신히 말을 이었다.

"오늘이 바로 폐출 되신 민 중전 마마의 탄신일이옵니다. 전에 먼발치에서나마 마마를 섬기던 일을 생각하니 그냥 있을 수가 없었나이다. 그래서 마마의 만수무강을 빌고자……. 그저 죽여주옵소서."

이야기를 하다 보니 감정이 북받친 최씨가 치맛자락으로 얼굴을 가리며 오열했다. 최씨도 사사로이 누군가를 저주하거나 무언가를 기원하는 일이 금기라는 것을 잘 알고 있었다. 그랬기에 그저 죽여 달라고 이야기한 것이다.

그런데 이상했다. 벌을 내릴 줄 알았던 숙종이 처연한 눈길로 벽에 걸린 폐비 민씨의 옷을 바라보며 자조 섞인 목소리를 내는 것이 아닌가.

"그래, 오늘이 왕비의 생일이었구나."

그러고는 바닥에 털썩 주저앉더니 최씨를 멀뚱멀뚱 바라보았다. 최씨는 몸 둘 바를 몰라 하며 고개를 숙였다.

"보아하니 민 중전의 안전을 기원하는 것이 다 끝난 모양인데 그 상을 이리 가져오너라. 술을 좀 마시고 싶구나."

숙종의 파격적인 분부에 최씨는 화들짝 놀라 어찌할 줄을 몰랐다.

"뭘 그리 놀라느냐. 민 중전에게 올리는 음식과 술을 내가 좀 밤참으로 얻어먹자는데."

"전하, 그러 하오면 다시 주안상을 갖추어 올리겠나이다."

무수리 형편에 맞게 대강 차려낸 생일상이라 임금 앞에 내놓기가 민망하기 이를 데 없었다. 하여 이러지도 저러지도 못하고 망설이는데 숙종이 스스로 상을 끌어다가 앞에 놓더니 술잔을 집어 들며 최씨에게 따르라고 하였다. 최씨는 황감한 마음이 되어 술을 따랐다. 갑자기 눈물이 핑 돌았다. 웬일인지 제대로 시립하고 서 있을 수도 없을 만큼 서러움이 밀려왔다.

그런데 거듭거듭 잔을 비우던 숙종이 어느 순간 뒤로 눕더니 그대로 잠들어 버리는 것이 아닌가. 누추한 곳이라 안 될 일이었지만 술에 취해 잠들었으니 최씨로서는 어쩔 도리가 없었다. 그녀는 서둘러 술상을 치우고 임금에게 자신의 이부자리를 펴 주었다. 그러고는 방문 밖에서 임금을 지키고자 돌아섰다.

"여봐라."

숙종이었다. 방문 여는 소리에 잠에서 깬 것일까. 최씨는 깜짝 놀라 돌아섰다.

"예, 전하."

"임금을 혼자 있게 내버려두고 어딜 가느냐?"

"그게 아니오라……."

임금을 혼자 자게 하면 안 된다는 것쯤은 최씨도 잘 알고 있었다. 그러나 방안에 같이 있기가 뭣하여 밖에서 임금을 지키고자 했던 것뿐이었다. 이런 이야기를 하려고 말문을 여는데 임금이 불현듯 손을 뻗어 최씨의 손목을 그러쥐었다.

최씨는 순간적으로 두려웠으나 황공하기도 하여 공연히 얼굴만 붉혔다. 기실 임금이 나인 축에도 못 끼는 무수리에게 손길을 뻗친다는 것은 상상할 수도 없는 일이었다. 게다가 인현 왕후마저 간계를 써서 내쫓은 바 있는 장비가 버티고 있지 않은가. 만약 이 사실을 장비가 안다면 최씨는 죽은 목숨이나 진배없었다.

"전하, 이러시면 아니 되옵니다. 천한 무수리의 몸에 전하의 옥수가 닿게 하셔서는 아니 되옵니다."

그러나 숙종은 이렇다 저렇다 말도 없이 최씨를 끌어당겨 품에 안았다.

그날 밤, 최씨는 숙종과 한 이불에서 잤다. 숙종은 그날 이후로도 때때로 최씨를 찾았는데 두 사람의 만남은 주로 깊은 밤에 이루어졌다.

장비의 분노는 궁궐을 뒤흔들고

어느덧 1693년도 기울어가고 있었다. 12월 엄동이 닥치자 궁녀들은 종종걸음으로 궁궐을 오가는데 무수리 최씨만은 유독 걸음걸이가 조심스러웠다. 그즈음 최씨에게는 기뻐해야 할지 슬퍼해야 할지 모를 고민이 한 가지 생겼다. 몸에 변화가 나타나기 시작한 것이다. 임신이었다.

엎친 데 덮친 격으로 해가 바뀌면서부터는 입덧과 구역질을 심하게 했다. 임신 사실을 최대한 숨기려고 했지만 시도 때도 없이 찾아오는 입덧과 구역질만은 최씨로서도 어쩔 도리가 없었다.

아마도 그 때문이었을 것이다. 최씨가 헛구역질하는 모습을 본 궁녀들이 서로 소곤거리는가 싶더니 최씨의 임신 사실이 온 궁내에 퍼졌다.

궁궐 내에는 장비의 심복들이 요소요소에 박혀 있었는데 조 상궁도 그 중 하나였다. 어느 날, 최씨가 임금의 은총을 입어 임신했다는 소식을 접한 조 상궁은 놀란 나머지 허겁지겁 장비의 침방으로 달려 들어갔다.

장비는 웬일인가 싶어 조 상궁을 놀란 눈으로 맞이했다. 이윽고 최 무수리의 임신과 그간 비밀스럽게 이루어진 숙종과 최씨의 만남에 관한 이야기가 조 상궁의 입에서 새어나오자 장비의 낯빛이 하얗게 변했다.

"기가 막혀 말이 안 나오는구나. 일국의 지존이라는 분이 계집이 그렇게도 없어 비자 년 무수리를 몰래 품었단 말이냐?"

장비는 부르르 몸을 떨며 표독스럽게 눈을 빛냈다. 아무래도 무수리 최씨를 잡아다가 물고를 낼 작정인 것 같았다.

아니나 다를까, 장비는 며칠 동안 끙끙 앓다시피 하며 분을 삭이다

장희빈 묘(서울 서오릉 內)

장경(장희빈 아버지) 신도비(경기 고양)

가 더는 참지 못하고 사람들을 보내 최씨를 잡아들였다.

최 무수리는 중전 뜰로 잡혀가면서 장비의 독한 성격을 잘 알기에 이제 죽었구나, 각오했다. 그러나 모성이라는 것 때문이었던지 뱃속의 아기만은 어떡하든 지켜내야 한다는 생각에서 두 손으로 가만히 배를 감쌌다.

오래지 않아 장비가 나타났다. 매섭게 쏘아보는 눈길에 살기가 가득했다. 최씨는 부르르 몸을 떨었다. 1월 하순의 살을 에는 듯한 추위 때문만은 결코 아니었다.

"네가 최씨 성을 쓰는 무수리냐? 폐비 민씨 처소에서 일했다고 하던데 맞느냐?"

"중전 마마, 황공하옵니다."

장비의 얼굴에는 감정을 최대한 억제하려고 애쓰는 빛이 역력했다. 그러나 최씨의 눈에 비친 그녀의 모습은 발톱을 교묘하게 숨겨 놓은 채 때를 기다리는 맹수의 그것과 조금도 다르지 않았다. 그래서 차분해지려고 애쓰는 그녀의 태도가 더욱 무섭게 느껴졌다.

"왜 말이 없는 게냐? 황공하다는 대답밖에 할 말이 없는 거냐?"

"쉰네는 그저……."

말끝을 맺지 못하고 얼버무리는 최씨를 향해 장비가 어느 순간 두 눈을 번득였다. 이것이 장비의 한계였는지도 모를 일이었다.

"황공한 줄 알면서 무수리 주제에 전하를 모셨단 말이냐? 게다가 태기까지? 죽을 각오를 하고 저지른 일일 테지?"

장비의 목소리는 음산하기 이를 데 없었다. 최씨는 조금 전보다 더 심하게 몸을 떨며 그저 황공하다는 말만 연발했다.

"내가 직접 확인해야겠으니 배를 내밀어 보아라."

사람들이 있는 곳에서 배를 보자고 하다니! 최씨는 하늘이 무너지듯 절망적인 기분이었다. 장비는 최씨가 우물쭈물하자 대뜸 좌우에 대고 소리쳤다.

"어서 저년의 옷을 벗기지 않고 뭐 하는 게냐?"

벌건 대낮에 임금의 은총을 입은 바 있는 여자의 옷을 벗기라고 하니 궁인들도 망연한 표정을 지었다. 그러나 장비의 표독스러운 질타가 계속 이어지자 그들도 어쩔 도리가 없었다. 일제히 달려들어 최씨의 을 모두 벗겼다.

몸에 실오라기 하나 남지 않자, 최씨는 뭉개진 여자의 자존심을 어쩌지 못하고 돌아서서 흐느꼈다. 이때부터 국모의 체면이고 뭐고 던져 버린 장비는 욕설을 상스럽게 늘어놓기 시작했다.

"이런 발칙한 년! 임신한 것이 틀림없구나. 네년은 목숨이 몇 개나 되기에 이런 끔찍한 짓을 저질렀단 말이냐? 무수리 주제에 감히 상감을 현혹시켜 왕손을 임신해?"

최씨는 억울한 심정이나마 벗어 보고자 자신이 왕을 현혹시킨 것이 아니라 그가 스스로 찾아와 자신을 품었다고 반박했다. 그러나 이미 이성을 잃은 장비의 귀에 그 이야기가 들릴 리 만무했다. 아무 소리도 귀에 들리지 않기는 최씨도 마찬가지였다. 살인적인 추위와 여자의 자존심을 송두리째 짓밟아 버린 장비의 만행에 최씨는 얼이 빠져 버리고 말았다.

그런데 어느 순간 정신을 차려 보니 뱃속의 아기 아버지가 임금이 아니라 하찮은 무감 아니냐고 유도하듯 다그쳐 묻는 것이 아닌가. 무감과 관계하여 애를 임신하고는 임금을 꾀어 팔자를 고치려 든다는 것이었다.

"그것은 모함입니다. 저는 상감마마 외에는 남자를 모릅니다."

"뭐라? 모함? 이년이 감히 어느 안전이라고 주둥이를 막 놀리는 게냐? 여봐라, 저년을 기둥에 묶어라!"

장비가 발을 쾅쾅 구르며 명령했다. 얼마나 독이 올랐는지 머리에 쓴 관이 떨어지는 것도 몰랐다. 이렇듯 광기에 사로잡힌 장비는 곧바로 미리 준비해 두었던 회초리를 집어 들었다. 그러고는 어서 이실직고하라며 닥치는 대로 후려치기 시작했다. 어느 순간 아랫배에 회초리가 쫘악 소리를 내며 휘감겼다. 머릿속이 아찔해진 최씨는 결사적으로 배를 막았다.

최씨의 그러한 모습에 더 광분한 것이었을까. 여러 개의 회초리를 한꺼번에 쥐고 매질을 해대던 장비가 그도 모자라 궁인들에게 불이 활활 타는 화로와 인두를 가져오라고 일렀다. 단근질을 시작하려는 것이었다.

마침내 시뻘겋게 달아오른 인두를 숯불 속에서 뽑아 든 장비가 마지막 자비를 베풀겠다는 듯 히죽 웃으며 물었다.

"이년, 어서 바른대로 대라. 네 배에 든 아이가 무감 놈의 씨렸다?"

"아니옵니다. 상감마마의 은총을 입었을 뿐입니다. 억울합니다, 중전마마."

순간 장비의 얼굴이 불에 달군 인두만큼이나 벌게졌다.

"어디 누가 이기나 해보자."

장비는 이 말과 함께 인두로 최씨의 온몸을 지져대기 시작했다. 최씨는 고통을 참아내려고 이빨을 악물었다. 그러나 장비가 숯불 속에서 새로 꺼내 든 인두로 자신의 가장 은밀한 국부를 지져대기 시작한 순간 최씨는 참지 못하고 비명을 내질렀다.

아무리 생각해도 장비는 인간 같지 않았다. 여자의 탈을 쓴 악마였다.

“이 음탕한 년! 뜨끈한 인두 맛이나 실컷 보다가 뒈져라!”

놀랍게도 장비는 웃고 있었다. 살타는 소리와 냄새를 즐기는 사람 같았다.

그런데 장비가 시뻘겋게 달아오른 인두를 화로에서 또다시 뽑아들려 할 때였다. 저만치 떨어져서 밖을 살피던 궁녀 하나가 황망한 얼굴로 뛰어오며 소리쳤다.

“주, 중전 마마. 크, 큰일 났사옵니다. 상감마마, 상감마마께옵서 이리로 납시고 계시옵니다.”

이 말에 장비는 놀라 우왕좌왕했다. 그렇지 않아도 무당과 장님을 동원하여 폐비 민씨를 저주한 일로 숙종의 눈총을 받는 장비였다. 이제 이 일마저 발각되는 날이면 중전 자리마저 장담할 수 없는 상황이었다.

사람은 무엇으로 사는가

숙종은 궁인들의 입을 통해 중전 뜰에서 벌어지는 일을 모두 전해 들었다. 하여 마음속으로 단단히 벼르며 달려온 참이었다. 그런데도 무수리 최씨를 중전 뜰 한편 커다란 항아리 속에 가두어두고 주변 정리까지 끝낸 장비는 시침을 뚝 떼고 있었다.

그러나 등잔 밑이 어둡다는 말이 있듯 장비는 자신의 옷고름에 묻은 붉은 피를 발견하지 못했다. 숙종이 그것을 놓칠 리 없었다. 웬 피

냐고 다그치며 눈치를 살피니 장비의 표정
이 새파래졌다. 중전 뜰로 들어설 때부터
커다란 항아리를 눈여겨보아 두었던 숙종
은 수행한 무감에게 그것을 치워 보라고
명하였다.

장비는 펄쩍 뛰며 항아리를 치우지 못하
게 하였지만 결국 무감의 억센 손이 육중한
그것을 한쪽으로 들어 옮겼다. 순간 실오라
기 하나 걸치지 않은, 피에 곤죽이 된 나체
가 나타났다.

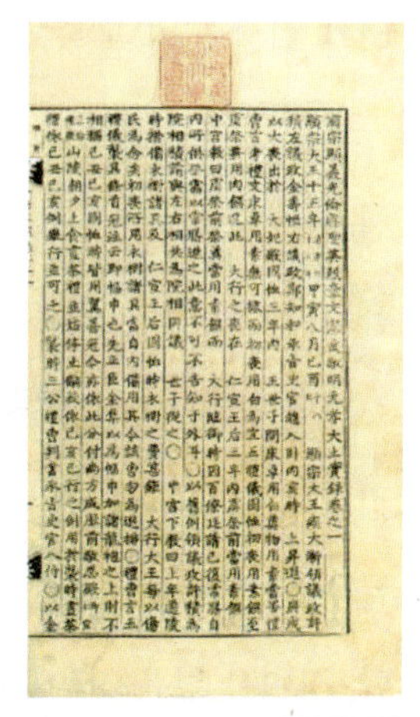

숙종실록

1693년(숙종19) 4월 26일 임금이
최씨를 숙원으로 삼도록 명하였다.

깜짝 놀란 숙종이 달려가 살펴보니 무수
리 최씨였다. 얼마나 닦달을 했으면 사람의 몸이 이 지경이 되었겠는
가. 숙종은 나이 많은 상궁을 시켜 최씨를 옮겨다가 치료케 하는 한
편 이글거리는 눈빛으로 장비를 노려보며 못 박았다.

"악독한 계집이로다! 내 반드시 너를 폐위시키고 죄를 물을 것이다!"

그러나 장비는 기가 죽기는커녕 맞받아 소리치며 천한 무수리에게마
저 은총을 베푼 임금의 가벼운 처사를 비난했다. 세자를 믿고 저렇듯
안하무인이 되어 버린 것이 틀림없었다. 여자가 얼마나 악랄해질 수
있는가 두 눈과 귀로 확인한 숙종은 진저리를 치며 중전 곁을 떠나 버
렸다.

한편, 궁녀들의 정성스러운 간호와 수십 명의 금위, 여관들의 호위를
받으며 최 무수리의 몸은 서서히 회복되어 갔다. 그러나 워낙 만신창

이가 되어 버린 몸이었기 때문에 한동안 운신조차 하지 못했다.

그런 중에도 숙종이 자신에게 종4품 숙원淑媛을 내려주고, 장비가 다시는 해치지 못하도록 사람을 수십 명이나 붙여주자, 최씨는 눈물을 흘리며 감사함을 표했다.

참으로 혹독한 체벌을 당했지만 다행스럽게도 뱃속의 태아는 떨어지지 않았다. 최 숙빈이 임신을 하였고, 그 고난을 겪었는데도 아이를 끝내 지켰다는 사실을 알고 숙종은 세상을 다 얻은 사람처럼 기뻐했다. 장비가 낳은 세자 균 외에는 소생이 없었기에 기쁨은 배가 될 수밖에 없었다.

'천하디 천한 궁중 무수리가 숙원이 되었으니 이 일을 어쩌면 좋누.'

깊은 밤 끙끙 앓다가 깨어난 최 숙원은 최근에 자신에게 닥친 모든 일들이 꿈인가 생시인가 아득하기만 했다. 생각해 보면 살아가는 일은 날아가는 바람을 잡는 일만큼이나 허망했다.

궁벽한 집안에서 태어나 비록 거친 밥에 보리죽으로 연명했을 뿐이지만 부모님 품에 있을 때는 참으로 행복했다. 그러나 열 살을 넘기면서 철이 나고 팍팍한 세상살이에 부딪힐 때마다 부모님이 쏟아내는 넋두리를 들으며 최 숙원은 살아가는 고통을 처음으로 배웠다.

그러다가 가난한 집안 형편에 입이라도 하나 줄이자는 부모님의 채근을 어쩌지 못하고 강원도 삼척으로 팔려가듯 시집을 간 것이 최 숙원의 나이 열다섯 살 때였다.

유난히 몸에 털이 많던 그 사내. 삼척의 김 부자라고 소문난 그 사내와 최 숙원이 어떻게 헤어지게 되었는지 역사 기록에 남아 있는 것은 없다. 아무튼 최 숙원은 징그러우리만큼 털이 많고 거대한 그 사내가 무서웠다. 그러나 부부의 정도 나누지 못하고 헤어지게 될 줄 알았다면 마음이나마 곱게 가질 걸 그랬다는 후회가 이제야 찾아들었다.

그런데 항간에 영조 임금이 숙종의 자식이 아니라 삼척 김 부자의 핏줄이라는 이야기가 떠돈 적도 있었다. 야사에 불과한 이야기라 신빙성은 없지만 김 부자에게 시집간 최 숙원이 과연 합궁을 하지 않았겠는가 하는 의문과 함께 유난히 몸에 털이 많은 영조의 모습이 논란을 불러 일으켰다. 기실 조선의 왕들은 어느 한 사람도 영조처럼 몸에 털이 많지 않았다. 그러나 이 이야기를 믿을 수 없는 결정적인 이유가 있다. 당시 경종을 따르던 소론 세력이 일방적으로 주장한 내용이었다는 점 때문이었다. 소론 파는 당시 경종의 죽음에 의문을 품고 있었다. 즉, 영조에 의해 일어난 독살 사건일 가능성이 농후하다고 주장하며 영조를 폄하하기에 혈안이 되어 있었던 것이다.

사정이 어찌되었든 숙종으로부터 뜻밖의 은총을 입고, 장비의 질투에 죽음 직전까지 내몰렸던 최 숙원은 임금의 후궁이 되는 것도, 부귀를 누리는 것도 다 싫었다.

'돌아보면 인생만큼 부질없는 것이 어디 있던가……. 잘난 사내가 무엇이고, 부귀가 무엇이며 명예가 무에 그리 좋더냐.'

최 숙원은 탐욕에 사로잡힌 세상 사람들의 삶을 하나하나 떠올려 보고 있었다. 과분한 욕심과 지칠 줄 모르는 탐욕이야말로 세상을 망치는 독이다. 그 때문에 얼마나 많은 사람이 헛되이 쓰러져 갔던가.

최 숙원은 두려웠다. 세상 사람들은 천한 무수리가 임금의 은총을

입어 벼락출세를 했다고 입방아를 찧을지 모르지만 아무리 봐도 위태
로운 줄타기에 지나지 았다.

사람에겐 그저 그날그날의 생활이 있을 뿐이다. 자신의 분수에 맞는
소망이 있고, 그것을 차츰차츰 이루어가는 생활이 있다면 그것으로
족하다.

'무수리는 천한 신분이라지만 내가 있기에 궁중에는 물이 떨어지지
았고, 늘 깨끗했지. 그 때문에 나라님이 정사를 편안하게 펼친다면 그
얼마나 보람된 일인가. 아무리 생각해도 그때가 좋았어. 내 마음속에
탐욕이 깃들까 봐 두렵구나.'

숙원은 임금을 원망하고 있었다. 그가 은총을 베풀지 았다면 탐욕
이라는 시험대에 오르는 일은 없었을 테니 말이다. 그러나 이미 엎질
러진 물 아니던가. 최 숙원은 어떤 경우에도 욕심 때문에 마음의 중심
을 잃지 말아야 한다는 생각뿐이었다. 탐욕을 억제하고, 분수를 지키
며 고운 마음으로 살아가는 것이 최고의 지혜일 터였다.

해는 서산으로 기울고

최 숙원의 몸이 회복되어 가는 모습을 지켜보며 숙종은 장비를 폐
출하리라 각오하고 또 각오했다. 그러나 그것은 임금의 개인적인 감정
에 따른 각오요, 선택이었을 뿐이다. 기실 당시의 조정은 남인들이 완
전히 장악하고 있었다. 임금 혼자서 장비의 폐위를 결정하고 실행에

옮기기에는 무리였던 것이다. 하여 숙종은 들끓는 마음을 꾹 누르며 때를 기다리기로 마음먹었다.

그즈음 남인 정권을 이끌어가던 영수 민암은 위기감에 사로잡혀 있었다. 장비가 숙종의 관심권 밖으로 점점 밀려나고 있었기 때문이다. 장비를 적극적으로 지지함으로써 권력을 얻었듯 남인은 그녀의 몰락과 함께 정치 생명에 치명상을 입을 것이 분명했다.

상황이 이렇게 되자 민암은 자구책을 찾아 나서지 않을 수 없었다. 서인 세력을 일소해 버리고, 불안한 정국을 유리한 쪽으로 뒤바꿀 수만 있다면 어떤 희생을 치른다 해도 좋았다.

그런데 1694년(숙종 20) 3월에 성균관 유생 김인金寅이 심상치 않은 상소를 올렸다. 상소의 내용을 대략 살펴보면, 장비의 오빠이기도 한 총융사 장희재張希載가 김해성金海成이라는 사람을 매수하여 폐비 민씨와 최 숙원을 살해하려 한다는 것이었다.

이때까지만 해도 숙종은 장비와 장희재가 또 일을 꾸미려고 그러는구나, 생각하며 이번 사건을 철저히 조사하라고 엄명을 내렸다.

그런데 이튿날, 함이완咸以完이라는 사람이 유생 김인의 상소에 맞불을 놓으며 기이한 상소를 올렸다. 서인의 잔당들이 정변을 일으키려 한다는 것이었다. 사태의 추이를 가만히 지켜보던 우의정 민암은 서인 세력을 뿌리째 뽑아 버릴 절호의 기회라 여기며 무릎을 쳤다.

어전으로 달려간 그는 김춘택金春澤과 한중혁韓重赫 등이 서인 잔당들과 힘을 합쳐 폐비 민씨를 복위시키고, 정권을 다시 잡으려 한다는 보고를 올렸다. 숙종은 내심 장비를 위시하여 남인 중심으로 짜인 정

민암의 묘소(경기 양평)

권에 진절머리를 내고 있었다. 그러나 그는 민암에게 사건을 조사하여 처리하라는 명을 내렸다.

이에 민암은 회심의 미소를 지으며 옥사를 대대적으로 일으키려 하였다. 물론 그의 목적은 서인 잔당 세력의 제거에 있었다. 그러나 민암의 속셈을 훤히 알고 있던 숙종은 결정적인 순간에 남인을 모두 몰아내 버리고 서인을 다시 등용하는 갑술옥사를 일으켰다. 이때 제주도로 위리안치 되었던 민암은 이의징과 더불어 사사되었다.

한편, 서인 세력이 등용되자 폐비 민씨의 복위 문제가 가시화되기 시작했다. 이는 장비의 몰락을 의미하는 것이기도 했다. 그러나 이때까지만 해도 장비는 상당히 유리한 자리를 차지하고 있었다. 세자의 어머니였기 때문이다. 만약 그때 장비가 그간의 잘못을 진심으로 반성하며 숙종에게 용서를 구했다면 자리보전은 얼마든지 가능했을 것이다.

김춘택의 묘소(경기 군포)

그러나 그녀는 광적으로 발악하며 계속해서 분란을 일으켰다. 이에 숙종은 그해 4월 12일 폐비 민씨를 복위시키기로 결정하고는 장비를 희빈으로 강등시켜 버렸다.

이리하여 장희빈으로 불리게 된 그녀는 세자와 만나는 것조차 금지당한 채 궁궐 한편 구석에서 회한의 세월을 보내게 된다. 그런가 하면 복위되어 궁으로 되돌아온 인현 왕후는 숙원 최씨와 더불어 서로 질투하는 일도 없이 평온한 일상을 보내고 있었다. 특히 숙원 최씨가 자신의 생일만 되면 눈물을 흘리며 만수무강을 기원해 주었다는 이야기를 듣고 인현 왕후는 더욱 숙원 최씨를 사랑해 주었다.

그러던 어느 날 숙원 최씨는 장차 조선 제21대 임금으로 등극하게 될 왕자 금昑을 낳았다. 1694년(숙종 20) 9월 13일 창덕궁 보경당에서였다. 세자 외에는 자신의 소생이 없어서 늘 불안감에 사로잡혀 있던 숙종은 두 번째 왕자가 태어났다는 사실에 잔뜩 고무되어 숙원 최씨의

숙빈최씨 묘소(경기 파주시 광탄면 영장동)

직첩을 숙빈淑嬪으로 올려 주었다. 숙빈이라면 정일품의 내명부였다.

　궁인의 비복, 무수리에서 정일품 숙빈이 되기까지 최씨가 펼쳐나간 인생 역전 드라마는 기실 전례가 없을 정도로 경이로운 것이었다. 그러나 그녀의 인생을 성공으로 이끈 요인들을 가만히 살펴보면 특이하다고 할 것이 전혀 없다. 어려운 처지에 빠진 자신의 상전을 배신하지고 고운 심성으로 그녀의 안전과 앞날을 빌어 주다가 숙종의 눈에 띄었고, 이에 따라 급격한 신분 상승을 이루게 된 것뿐이니 말이다. 그러나 언제 어디서든, 어떤 상황에서든 자신의 본분을 지키며 고운 심성을 지켜나간다는 것이 말처럼 쉬운 노릇은 아닐 터였다.

　숙빈 최씨와 인현 왕후 민씨가 궁궐에 불어넣은 온화한 기운 때문이었을까. 항상 반목과 질시가 횡행하던 궁궐에 웃음꽃이 활짝 피어나기 시작했다. 이렇듯 화기애애한 분위기는 장희빈의 소생 세자 균과 숙빈 최씨의 소생 왕자 금에게도 전해져 두 사람은 친형제처럼 우애가 매우 두터웠다. 이러한 우애는 균이 조선 제20대 임금 경종으로 즉위하고 나서도 이어졌다.

그러나 당파 싸움에 휘말려 우여곡절을 겪던 경종은 재위 4년째를 맞이하는 해에 36세로 승하하고 만다. 이에 따라 숙빈 최씨의 소생 왕자 금이 1724년 8월 30일 오시에 창덕궁 인정문에서 왕위를 이어받았다.

아마도 영조는 자신의 즉위를 6년여 앞두고 숨을 거둔 어머니 숙빈 최씨가 몹시 그리웠을 것이다. 숙빈 최씨는 1718년 3월 19일에 49세를 일기로 세상을 달리했는데 그해 5월 12일에 당시 양주 땅이었던 지금의 파주시 광탄면 영장리에 묻혔다.

한편, 영조는 어머니를 잃은 뒤였기 때문에 경종의 비 어씨魚氏를 왕대비로, 세자빈 서씨徐氏를 왕비로 책봉하였다.

소령원을
찾던 날

영조대왕 어새

소령원은 이름만큼이나 아름다운 자리에 잘 모셔진 숙빈 최씨의 원 소園所이다.

아들 금은 왕위에 오르고 나서 영조 원년에 숙빈 최씨를 위하여 육상묘毓祥墓를 건립해(현재 서울시 종로구 궁정동 1-1 칠궁으로, 청와대 담장 안쪽) 신위를 봉안하고, 그 옆에 여막을 만들게 했다. 처음에는 소령묘로 불렸으나 1753년(영조 29)에 육상궁으로 개칭하면서 원園으로 승

영조대왕 어진

숙빈최씨 신도비

격시켜 소령원이 되었다.

원역園域은 산록 중단부에 동향으로 조성되어 있다. 봉분 후면에 곡장(담장)이 설치되어 있으며 네 귀퉁이에는 석호·석양을 2좌씩 배치하였고, 좌우로 망주석·문인석과 석마가 대칭형으로 배열되어 있다.

석물들이 전체적으로 간략한 형태를 갖추고 있고, 장명등은 사각기둥이며 석마의 다리 사이를 투조透彫 처리하지 않은 점 등에서 조선 후기 석물 양식을 살필 수 있다. 동북 방향으로 비각 2동이 일정한 간격을 두고 원역과 병렬로 건립되어 있다. 원역 하단부 동향으로는 정자각이 있고, 그 왼쪽에 능지기가 거처하는 수복방守僕房이 있는데, 조선시대 원소 중 수복방 건물이 남아 있는 곳은 소령원뿐이다. 동남 엔 영조가 신하로 하여금 시묘케 하였다는 여막지가 있으며, 소령원·수길원 남쪽 울창한 숲 속 어귀에 신도비각이 있다.

영조 임금은 천한 신분인 어머니 최씨를 대하는 마음이 늘 한결같았다. 살아 있을 때는 물론이고 사후에도 자기 몸보다 더 귀하고 소중하게 어머니를 받들었으니 말이다. 어머니에게 효를 실천한 영조의 기록을 살펴보면 본인의 통치 관계와 무관하지 않은 듯하다. 당시는 명분과 격식이 통치 이념의 중심에 서 있던 시절이다. 영조는 신분이 낮은 숙빈의 소생이라는 점 때문에 많은 고민을 하게 되었고, 그러한 고민이 때로는 당파 싸움에 찬물을 끼얹기도 하였다.

임금이 되기 전부터 정치 싸움의 중심에 서서 경종을 따르는 형당兄黨과 자신을 따른 제당弟黨이 형성되어 권력에만 눈이 어두워진 신하들 사이에서 갈 길 잃고 서성이던 시절도 있었다. 때로는 형인 경종을 시해했다는 오해도 받았고, 무수리 소생이 왕위에 오를 수 없다는 명분에 격분하기도 하였다.

통치 기간 중 많은 치적도 남겼지만 실정을 하기도 하였고 이루고자 했던 몇 가지 일을 처리하지 못하기도 하였다. 당파에 밀려 아들 사도제자(처음에는 장헌세자였으나 죽은 뒤 애통한 마음에서 사도思悼라 함)를 뒤주에 가둬 죽게 했는가 하면, 어머니의 생전에 직첩을 내리고 사후에 묘를 원으로, 원을 능으로 격상시키려 했으나 신하들의 강한 반발에 주저앉고 말았다. 여기서 알 수 있듯 조선왕조에서 가장 장수한 임금, 가장 긴 기간 통치한 임금이라는 기록을 남겼지만 영조는 항상 까다로운 신하들에게 심리적 압박을 느끼며 살았다.

어머니에 대한 효성이 지극했음은 후궁 정빈 이씨의 무덤 위치만 봐도 알 수 있다. 정빈 이씨의 무덤, 수길원을 소령원 맞은편 기슭에 조성하여 후궁의 영혼으로 하여금 아침저녁으로 어머니 시중을 들게 했

145

수길원(영조의 후궁, 정빈 이씨의 묘, 경기도 파주)

던 것이다.

정빈 이씨는 아들 효장세자를 낳고, 병환으로 사가에서 조리하였으나 1721년(경종 1) 11월 16일, 28세의 젊은 나이로 세상을 떠나게 된 가없은 영혼이다. 무덤가의 울창한 숲 사이를 오가는 산새들은 아마도 고부간의 뜻을 전하는 산새일 것이리라 믿어 본다.

필자가 소령원을 찾던 날, 무덤 앞 혼유석에 곱게 핀 장미 한 다발을 놓고 간 참배객이 있었다. 비록 조화이긴 하지만 그 참배객의 순수한 마음을 엿볼 수 있었고, 생전에 맑은 심성과 아름다운 자태를 갖춘 숙빈 최씨를 시간과 공간을 뛰어넘어 바로 옆에서 만나는 듯하여 뜻있는 기행이 되었다.

궂은 날씨에 현장을 찾아 헤매는 어려움도 있었지만, 옛 성현들과 교감하면서 고인의 일생을 글로 남겨 본다는 점에서, 하는 일이 어렵다고 생각한 적은 한 번도 없었다. 오늘도 낙엽 밑에 고인 얼음물에 발이 빠져 몹시 불편하였지만 이러한 수고로움이, 후일 소수일망정 몇몇 사람들에게 역사의 길잡이 노릇을 하게 된다면 무엇과도 바꿀 수 없는 기쁨과 보람으로 남을 것 같다.

소령원·수길원을 빠져나오는 길, 작은 다리를 넘어서는데 어둠 속으로 보이는 희미한 식당 간판이 보였다. 자갈이 깔린 마당에 차를 세워놓고 여주인의 안내로 저녁상을 받았다.

기름기 있는 이밥(조선 왕조의 성씨가 이씨여서 붙은 이름)과 전주 백반 18가지의 맛깔스런 반찬을 받고 보니 먹지 않아도 풍성함이 느껴졌다. 갓 조리한 반찬은 우리 민족의 전통 음식으로 자리해도 좋을 듯하였다.

식사를 마치고 필자는 춥고 노곤한 몸을 다시 세웠다. 수세기의 시공 너머에 존재하는 새로운 여행지를 찾아 나서기 위해서였다.

소령원에 얽힌 전설

영조는 숙종의 후궁인 숙빈 최씨로부터 1694년(숙종 20)에 탄생하였다. 영조는 어려서부터 무예와 산타기를 좋아하여 틈만 있으면 별궁과 같이 이 산 저 산 두루 다니며 사냥을 즐긴 관계로 풍수지리에 밝았다.

그러던 어느 날, 지금의 광탄면 용미리에 있는 산을 지나다가 산소자리를 파는 사람들을 발견하고 올라가 보았다. 영조가 가만히 주변을 살피니 험준한 망지에다 자리를 잡아 수인이 역사하는 것이었다. 하도 딱한지라 상주에게 사연을 물은즉슨, 가난한 집이라 좋은 자리에 산소를 쓸 수 없다고 했다.

영조는 상주에게 이 자리를 봐 준 사람이 누구냐고 물었다. 그러자 상주가,

"이 아래 산기슭에 사는 선비가 묘소를 정하여 주었습니다."

라고 공손하게 대답하였다.

양심이 바르고 겸손한 상주를 가상히 여긴 영조는 두 팔을 걷어붙이며 소리쳤다.

"내가 이 뒤에다가 산소를 다시 잡아줄 터이니 서슴지 말고 추진하라."

영조는 이어서 양주목사에게 쌀 한 가마와 돈 백 냥을 보내라고 편지를 썼다. 양주목사는 편지를 받자마자 포졸을 시켜 쌀과 돈을 득달같이 보내 주었다. 상주는 양주목사에게 받은 돈과 쌀로 장사를 잘 치렀다.

장사를 치르고 나서 산에서 내려온 영조는 괘씸한 선비를 찾아갔다.

"어찌하여 이런 나쁜 곳에 산소 자리를 잡아 주었느냐?"

영조가 엄하게 꾸짖어 묻는데도 선비는 조금도 움츠러들지 않았다.

"쌀 한 가마와 돈 백 냥이 생길 자리인데 왜 그러십니까?"

선비의 대답에 영조는 깜짝 놀라고 말았다. 자기가 한 일과 꼭 맞아떨어졌기 때문이다. 영조는 감탄 속에서 치하하고 돌아가면서 그 선비가 명사임이 틀림없다고 생각하였다.

얼마 후, 숙빈 최씨가 서거하자 각지에서 명사라는 사람들이 많이 운집하였으나, 영조는 이들을 모두 물리치고 아무 데 사는 선비를 데

려오라고 명령했다. 가난한 상주에게 쌀 한 가마와 돈 백 냥이 생길 자리를 잡아준 바로 그 선비였다. 부름을 받고 달려온 선비는 두루 지세를 살피다가 광탄면 영장리에 묘 터를 잡았다. 그곳이 바로 소령원이었다.

광탄면 영장리는 임진왜란 때 생긴 지명이었다. 사명대사의 스승 휴정 서산대사가 이끈 승병들이 이곳 보광사 부근에서 수없이 죽어 갔다 하여 이런 지명이 생긴 것이다.

영조는 효성이 지극하여 사친 묘전에 여막을 짓고 친필로 묘비를 세웠으며 시묘를 살기도 하였다.

그러던 어느 날, 궁궐에 들어가고 싶어 차비를 갖추고 떠나 지금의 파주군과 고양시 경계인 혜음령 고개를 넘어가던 중 궁궐에서 내려온 관원들과 만났다. 이 고개에서 1724년(경종 4) 왕으로 추봉된 임명장을 받게 되어, 이 고개를 수령령 고개라고 부르게 되었다 한다.

그 후 영조는 사친 숙빈 최씨 묘소인 소령원 근방 전 주민들에게 철거령을 내리고 일대를 수렵장 및 훈련장으로 사용하였다 한다.

영조는 묘소 동남 편에 친필 비각을 네 곳에 세웠다고 하며 명복을 빌고자 보광사를 중수하는 한편, 어실각을 짓고 매년 백중날 절에서 제사를 지내도록 하였다. 또한 꾀꼬리봉 아래 고양리 벽제관에서 보광사를 넘어 다니는 가파른 고갯길을 더 파서 낮추라고 어명을 내리니 이 고개가 '더파기고개'이다.

영조는 소령원 자리를 잡아 준 명지사 이 선비를 궁궐로 대하여 극진히 대접한 후, 얼마만큼 잘 알아맞히나 시험을 하기로 하였다. 영조

보광사(경기도 파주시 영장리)

가 선비에게 물었다.

"경기도 일대에 명당자리가 몇 군데 있느냐?"

이에 선비는 기다렸다는 듯 정승 날 자리와 판서 날 자리 등 수십 군데에 이르는 명당을 줄줄이 꿰었다. 영조는 적이 만족스러웠다. 역시 아는 것이 많고 학문에도 뛰어난 명지사가 틀림없었다.

그러나 영조는 한 번만 더 시험하리라 마음먹었다. 이윽고 별궁을 시켜 쥐 한 마리를 잡아 오게 한 영조는 용상 밑에 그것을 감추고는 물었다.

"이번 질문을 맞추면 큰 벼슬도 주고 후사할 것이나 만약 맞추지 못하면 죽일 것이다. 짐의 용상 밑에 무엇이 들어 있느냐?"

선비는 한참 생각하고 나서 대답했다.

"쥐가 들어 있는 것으로 아옵니다."

아연실색한 영조가 재차 물었다.

"그럼, 몇 마리가 들어 있느냐?"

"세 마리가 들어 있습니다."

순간적으로 호승심에 사로잡힌 까닭인지 영조는 호탕하게 웃으며 선비를 손가락질했다.

"이놈, 과인을 속이는구나. 이놈을 데려다가 참하여라."

과한 처분이라는 것을 잘 알면서도 영조는 좌우에 이렇게 명했다. 그러고는 별궁을 불러다가 쥐의 배를 갈라 보게 하였다. 그런데 이게 웬일이란 말인가. 어미 쥐의 뱃속에 새끼 두 마리가 들어 있었던 것이다.

아차 싶었던지 영조는 죽이라고 한 명령을 즉각 거두었다. 그러나 별궁이 가보니 선비는 이미 죽은 후였다. 별궁이 되돌아와 고하는 말을 들은 영조는 깜짝 놀라며 탄식했다.

"짐의 실수로 나라의 아까운 인재를 잃었노라."

아무리 임금이라도 해도 죄 없는 선비의 목숨을 끊어 버린 영조의 행위는 비난받아 마땅한 것이었다. 영조 또한 이를 모르지 않았던지 한동안 애석한 낯빛을 지우지 못하며 안타까워했다고 한다.

한편, 영조는 사친의 묘를 능으로 모시지 못한 것이 한이 되어 추봉시키려고 갖은 노력을 다하였다. 그러나 조정 중신들의 반대로 뜻을 이루지 못하였다. 그리하여 소령원에서 제사 지낼 적에 가장 반대가 심한 중신을 골라 끔찍한 형벌을 가한 적도 있었다. 숯불이 이글대는 향로를 맨손으로 들게 하였던 것이다. 열 손가락 사이로 기름이 흘러 내리는 모습을 바라보며 영조가 소리쳤다.

"이래도 능으로 책봉을 못하겠느냐?"

"소신은 죽사와도 '능지하 원지상陵之下園之上'입니다."

뜨거운 화로에 손바닥이 녹아내리는 데도 중신의 태도는 변함이 없었다. 중신들의 마음이 이와 같다는 것을 알아차린 영조는 결국 능으로 격상시키는 것을 단념하고 말았다.

영조가 숙빈 최씨의 묘소를 얼마나 각별하게 생각했는지는 김세휘 노인에 얽힌 이야기에서도 잘 나타난다.

영조는 어느 날, 먼동이 틀 무렵 순회를 돌다가 무악재에서 숯장사 김세휘 노인을 만났다. 고갯마루에 앉아 쉬는 노인 곁으로 다가간 영조는 넌지시 말문을 열었다.

"그대는 어디에 살며 무엇을 하느냐?"

노인은 고갯마루에 불쑥 나타나 다짜고짜 자신의 신상에 대해 묻는 사람이 임금일 줄은 꿈에도 몰랐다. 그래도 노인은 공손하게 대답했다.

"양주 고령에 사는데 가세가 빈곤하여 밤이면 능에 가서 참나무를 베어다가 숯을 구워 한양 장안으로 져다가 팔아 생계를 꾸립니다."

영조는 노인의 대답을 듣고 매우 기뻤다. 백성으로부터 능이라는 말을 들으니 꿈만 같았던 것이다. 영조는 기쁨을 애써 감추며 다시 한 번 물었다.

"능이라면 저쪽에 있는 소령원을 두고 하는 말인가?"

"물론입죠. 임금님의 어머니께서 쉬고 계신 곳 아닙니까."

영조는 김세휘 노인을 당장 궁궐로 데려다가 영의정 자리에라도 앉

今年朦昧中旬日 甲戌千支誦參裁 七十五歲翁之

漢南等壇賜祭文 *以次送于湖西作賜祭*
嗚呼我東生靈出此非辰生未能
受一惠於國死未克遭鋒刃之慘
言念及此予心若何憶寡賜以不
才凉德爲汝等之君父平時不能
以設一令行一政洽生民於塗炭致
平旦古今所無之遼夐衰我未
今狀老携幼流離途路末乏以玉

영조대왕 어필

히고픈 심정이었다. 그러나 영조는 애써 무심한 척 길을 떠나며 시종에게 넌지시 일렀다.

"너는 저 노인을 미행하다가 숯을 모두 팔거든 어전으로 데려오거라."

누구의 명이라고 거역할 것인가. 시종은 즉각 노인의 뒤를 밟기 시작했다.

이윽고 한양 장안에 도착한 노인이 숯을 모두 팔기 무섭게 시종은 그를 대궐로 데려갔다.

영조는 노인이 들어와서 부복하자 고개를 들라고 하였다. 간신히 고개를 들어 영조를 바라보던 숯장사 노인의 얼굴이 백짓장처럼 변했다. 새벽에 만난 그분이 아닌가. 소령원에서 나무를 해다 숯을 만들어 먹고 산다고 천연덕스럽게 이야기했으니 노인은 죽은 목숨이나 다름

153

없었다. 하여 목숨만은 살려 달라고 애원하는데 영조의 대답이 뜻밖이었다.

"그대의 소원은 무엇이든지 들어줄 것이니 말하라."

영조는 이런 말과 함께 술을 하사했다. 귀신에 홀린 기분이 된 노인은 한참이나 망설이다가 떨리는 음성으로 자신의 소원을 밝혔다.

"신의 소원은 대대손손 능세원(능에서 나무를 간수하는 직책)을 하는 것입니다."

이에 영조는 특명을 내려 김세휘 노인을 통훈대부(정3품 당하관)에 봉하고 대대로 능세원을 지내도록 해 주었다.

태종에게 바친 궁녀의 청춘

— 소빈 노씨 —

이야기의 시대적 배경

기업 하나를 새로 만들어 안정적인 단계로 올려놓기까지는 숱한 오류와 혼란이 뒤따르기 마련이다. 그렇다면 새로운 왕조가 탄생했을 때는 어떠했을까. 나라의 기틀이 완전하게 다져지기까지 겪어야 할 온갖 불안 요소들은 굳이 나열할 필요도 없을 것이다.

조선은 태조와 정종, 두 임금의 치세 기간을 거쳤으나 곳곳에 불안 요소가 산재해 있었다. 특히 신진사대부라고 일컬어지던 개국 공신들이 꿈꾸던 신권 중심 사회는 왕권 축소를 염두에 둔 개혁적인 이념이었기 때문에 왕권 사수에 목을 걸 수밖에 없는 왕실 세력과의 충돌이 불가피했다.

경신 공주의 묘소(경기 용인)

경선 공주의 묘소(경기 파주)

이에 따라 정도전을 축으로 한 공신 세력은 태조 이성계의 자식 중 가장 강성한 왕자였던 정안군 방원과 적대적인 관계에 놓일 수밖에 없었다. 이들 사이에는 늘 불안감이 감돌았으나 불편한 동거는 상당 기간 지속되었다.

당시 태조 이성계에서는 신의 왕후 한씨 소생으로 방우·방과(정종)·방원·방의·방간·방연 여섯 왕자와 경신·경선 두 공주가 있었고, 계비 신덕 왕후 강씨 소생으로는 방번·방석 두 왕자와 경순 공주가 있었다. 그런데 태조와 개국 공신들은 신덕 왕후 강씨 소생인 방석을 세자로 책봉했다. 이에 방원을 중심으로 한 신의 왕후 한씨 소생 왕자들은 공공연하게 불만을 토로했다. 게다가 방원은 개국 과정에서 공이 가장 많았음에도 논공에서 제외된 바 있었다. 이런 일들이 겹치면서 분노한 방원은 개국 공신, 특히 그중에서도 정도전을 향해 칼을 갈기 시작했다.

그러나 방원은 먼저 도발하지 않았다. 오히려 최고의 군 통솔기관

방번의 묘소(서울 수서)

인 의흥삼군부를 장악하고 있던 정도전이 진법훈련에 불참했다는 이유로 왕자들을 처벌해야 한다고 주장하며 먼저 도발해 왔다. 자신이 보유한 사병마저 혁파 당할 위기에 처하자 방원은 결국 이숙번을 위시한 휘하 인물들을 대거 동원하여 정도전 일파를 제거해 버리고 신덕 왕후 강씨 소생 방번·방석 형제마저 살해하기에 이른다.

이를 1차 왕자의 난이라고 하는데 방원은 이를 통해 자신의 동모형 정종을 조선 제2대 임금에 즉위시켰고, 이어서 1400년 2월에 벌어진 2차 왕자의 난을 통해 자신이 조선 제3대 임금으로 등극하는 계기를 마련하였다.

이처럼 방원(태종)은 자신의 형제들은 물론이고 숱한 사람들을 죽이며 임금이 된 사람이었다. 그러나 그는 즉위 후에 왕권을 확립하고 나라의 기틀을 다지고자 엄청난 노력을 기울인 왕이기도 했다. 그의 아들 세종이 조선 역사상 유례가 없는 황금기를 이끌어갈 수

방석과 세자빈 심씨의 묘(경기 광주)

있었던 것도 태종의 철인 군주다운 신념과 노력이 있었기에 가능한 일이었다.

한편 태종은 강성한 임금답게 후궁들도 많이 거느렸는데 총 10명의 부인으로부터 12명의 아들과 17명의 딸을 얻었다. 이들 10명의 부인 중에 이번 글의 주인공이기도 한 소빈 노씨昭嬪 盧氏도 끼어 있다.

기실 태종의 비 원경 왕후 민씨는 평생 후궁들 때문에 가슴앓이를 많이 한 사람이었다. 해바라기처럼 남편만을 바라보며 울고 웃을 수밖에 없었던 당시 여인의 처지에서 허구한 날 후궁들을 끼고 앉아 희희낙락하는 남편은 가슴에 얹힌 거대한 바윗덩이 같은 존재였다.

그러나 임금의 총애를 이제나저제나 고대하는 궁녀들은 원경 왕후 민씨의 고통쯤은 안중에도 없었을 것이다. 임금의 총애를 쟁취하는 것만이 궁녀들이 취할 수 있는 유일한 성공이요, 여인으로서 행복을 얻는 길이었기 때문이다.

소빈 노씨 또한 상황이 크게 다르지 않았다. 아니, 오히려 그는 일반 궁녀들보다 더 큰 야망을 가슴에 품고 있었다. 낮은 신분을 극복하고 복된 삶을 누려보고자 궁으로 들어갔던 그녀는 마

이숙번의 묘비(경기 시흥)

침내 태종의 눈에 띄는 데 성공하여 빈의 봉작을 받기에 이른다. 원경 왕후 민씨와 후궁들은 난데없이 나타나 임금의 총애를 독차지한 소빈 노씨가 얼마나 미웠으랴.

이 이야기는 임금의 총애를 얻고자 몸부림친 후궁들의 번잡한 삶을 재조명한 하나의 드라마라고 해도 과언이 아닐 것이다.

어린 소녀의 추파

제아무리 잔잔한 호수도 바람 불고 물고기 놀면 어쩔 수 없는 노릇이다. 남자의 마음도 이와 비슷하여 아름다운 여인이 나타나 추파를 던지면 파장이 이는 호수처럼 흔들리기 마련이다.

계모와 싸워 이겼고, 혈육을 뒤로 밀치며 용상을 향해 숨 가쁘게 달려온 조선 제3대 임금 태종에게 어느 날 문득 이러한 여인이 찾아왔다. 당시 태종에게는 왕자와 옹주를 낳아 바친 후궁만 여덟 명이 있었고, 잠깐이나마 총애를 준 궁인들도 많았다. 이렇듯 여인들의 치마폭에 휘감겨 있다시피 했던 태종이 청춘기의 총각처럼 한 여자를 연모하여 달뜬 마음이 되어 버린 것이다.

사위가 애수를 띠며 저물어 가던 해거름 무렵이었다. 태종 임금은

경회루

연회를 베풀다 말고 자리를 떠나 나른해진 심신을 달랠 겸 연못가로 걸어갔다. 시원하고 향기로운 대기가 태종의 가슴에 기분 좋게 휘감겨 들었다.

연못 안에 있는 누각이라 경회루의 오색영롱한 녹청색 단청은 늘 잔물결 속에 녹아들어 산들산들 흔들리곤 한다. 마치 가녀린 규수의 허리처럼 여리게 살랑대는 바람과 그 바람을 맞으며 파문에 휩싸인 호수. 장차 태종에게 벌어질 일을 예감하듯 경회루의 풍경은 그렇게 무르익어 가고 있었다.

문득 임금은 호수 건 편 나무 사이에서 어른거리는 붉은 치맛자락을 보았다. 나무 뒤에 몸을 숨겼으나 풍만하게 벌어진 치마폭만은 감출 수 없었던지 바람이 불 때마다 어지럽게 나부꼈다. 아무래도 궁중 법도에 어두운 아기나인인 것 같았다. 그렇지 않고서야 저렇게 눈에 뻔히 띄게 숨어서 겁도 없이 임금의 모습을 마냥 훔쳐볼 수는 없을 터였다.

임금의 눈은 아기나인에게로

태종 임금은 피식 웃고 말았다. 궁중 법도로만 따진다면야 당장 불러 불호령을 내려야 마땅했지만 하는 짓이 귀엽게 느껴져서였다. 게다가 대체 어떤 여자인데 저렇듯 숨어서 자신을 바라보는지 궁금하기도 하였다. 태종은 무감에게 넌지시 일렀다.

"애야, 저기 웬 나인이 서 있구나. 무슨 소회가 있는지도 모르니 가서 이리로 데려 오너라."

무감은 부리나케 호수 건너편으로 달려갔다.

마침내 마주 선 여인과 무감이 잠시 말을 나누는 듯하였다. 그러나 그도 잠시 무감이 앞장서며 여인을 이쪽으로 이끌어 오기 시작했다. 여인은 코끝이 안 보일 정도로 가슴 깊이 얼굴을 묻은 채 차분차분 걸어오고 있었다.

이윽고 태종 앞에 이른 여인이 허리를 굽히더니 그냥 바닥에 꿇어앉아 절을 올렸다. 지치 꽃이 만발한 화판畵板처럼 둥글게 펼쳐진 여인의 치마폭이 태종의 시선을 끌어당기는 듯하였다.

태종은 그녀의 동그마한 양 어깨로 눈길을 옮겼다. 가까이서 보자니까 여인이라고 하기엔 너무도 어린 소녀였다. 그래선지 여인을 바라보는 사이 태종의 가슴은 솜이불처럼 부드러워졌다. 얼굴은 아직 확인하지 못했으나 흡사 한 포기 산나리처럼 아련한 여인의 몸매가 보기에 참으로 좋았다.

　얼마나 시간이 흘렀을까. 여인이 마침내 고개를 가까스로 들며 상감의 용안을 우러러본다. 마치 인간과 신의 관계인 것처럼 존경과 흠모로 가득 찬 눈빛이요, 표정이었다.

　태종은 앳되고 어리광스러운 궁녀의 얼굴을 가만히 내려다보았다. 동그랗게 부푼 두 뺨을 보니 고집깨나 피울 것 같은 여자였다. 그러나 고집이 좀 있으면 어떻단 말인가. 기실 태종은 적이 놀라고 있었다. 어린 소녀라서 그런지는 몰라도 여자가 어찌 이리도 귀엽단 말인가. 아니, 어쩌면 이것은 태종의 착각이었는지도 모를 일이었다. 단지 나이가 어리다는 이유로 절세미인이라는 말을 갖다 붙여도 한참 부족할 것 같은 여인의 아름다움을 '귀여움'이라는 단어 하나로 뭉뚱그려 표현한 것인지도 몰랐다.

　그러나 시간이 조금 지나면서 태종은 어린 소녀의 아름다움을 진심으로 깨닫게 되었다. 그래선지 임금의 눈에는 소녀가 아니라 성숙한 여인으로 보였다. 그녀에게는 단번에 사람의 심장을 움켜쥐는 마력 같은 것이 있었다.

　태종은 마음속으로 혼자 중얼거렸다. 이 세상에 참으로 살아있는 생명이 있다면 그 생명의 정기는 바로 이 소녀일 것이다.

왕후의 불면은 시작되고

"상감마마 부르셨사옵니까?"

태종이 웃음 띤 얼굴로 넋을 놓고 바라보고 있으니 소녀가 먼저 말문을 열었다. 소녀는 음성마저도 상냥하며 응석기가 가득했다.

태종은 말없이 고개를 끄덕끄덕해 보였다. 조금 전만 해도 연로한 대신들과 내외 국사를 자문주답諮問奏答하며 쌓인 연석의 피로가 두 어깨를 찍어 누르는 듯하였다. 그런데 그 묵직한 피로가 어린 궁녀를 바라보는 사이 씻은 듯이 가셨다.

"상감마마 처음 뵈옵나이다."

소녀 궁인이 깜찍스레 초면 인사를 올렸다. 한편으로 생각하면 당돌하기 이를 데 없는 궁녀였으나 태종은 그저 기분이 좋아 벌쭉 웃었다.

"오냐. 너는 언제 입궁했느냐?"

태종은 순간 위엄도 체면도 벗어 버리고 그냥 이야기나 하고 싶었다.

"이제 사흘째 되옵나이다."

통통한 볼에 오목하니 보조개가 팼다.

"네 성이 무엇이냐?"

임금은 어린 궁녀에게 성까지 물어보았다.

"노가이옵니다. 상감마마를 모시려고 궁에 들어왔습니다. 왕자 마마를 낳으려고요. 한둘쯤…… 하온데 사흘이 되도록 뵈올 길이 없사와 노심초사 괴로웠나이다."

삼천리강산의 주인이요, 철권통치의 주인이었던 무서운 임금도 순간 어린 궁녀의 포로가 되어 버렸다. 꽃다운 이 소녀 궁녀의 당돌함을 임금은 미워하려야 미워할 수가 없었다. 임금은 짐짓 헛기침을 한 번 하고는 소녀 궁녀에게 넌지시 일렀다.

"물러가 있거라. 내 너를 일간 찾을 테니까……."

궁녀는 태종의 첫마디에 울상이 되었다가 둘째 구절에 활짝 얼굴을 폈다.

"성은이 하해 같사옵니다. 마마."

아기 궁녀를 한참 지켜보다가 임금은 중전을 향해 걸음을 옮겼다.

중전이 저만치 바라다 보이는 지점에서 임금은 잠시 망설였다. 그러다가 뒷짐을 지고 돌아서더니 대전으로 가는 것이었다. 마음은 오직 하나일 뿐 둘이 아니다. 이때부터 태종의 비 왕후 민씨의 불면은 다시 시작되었고 날이 갈수록 증세가 점점 더 나빠졌다.

임금의 권력은 어디까지인가!

태종은 며칠 후에 아무 조건도 없이 아기 궁인 노씨에게 전격적으로 직첩을 내렸다. 이때 내린 직첩은 빈호였는데, 소빈昭嬪이라 봉하고 전각과 시녀들도 내려 주었다.

새로 꾸민 전각을 찾은 태종은 풍상에 찌든 가슴에 춘풍이 일듯 설레는 마음을 감추지 못했다. 여인이 가진 아름다움으로만 친다면 사실 소빈 노씨는 태종에게 그다지 새로울 것이 없는 여인이었다. 절세미인의 경계를 넘어섰다지만 세상에 흔치 않은 미인들을 무수하게 만난 것이 태종이었기 때문이다.

그렇다면 소빈은 어떤 특별한 점이 있어서 태종을 한순간에 이토록 사로잡아 버린 것일까. 모르긴 해도 당돌함이었을 것이다. 그것은 바꿔 이야기하면 그간 만나 온 여자들이 지니지 못한 신선함이기도 했다.

기실 임금의 곁을 지키는 사람들은 여자든 남자든 한결같았다. 임금은 지존 같은 존재이기에 절대 충성해야 하고 자신의 사사로운 감정 따위는 나타내지 말아야 한다는 생각을 가진 사람들이었다. 이렇듯 한결같은 사람들 틈에 끼어 정무에 지치고 사람 대하는 것에 지쳐가던 태종은 어느 날 문득 바람처럼 자신 앞에 나타난 소빈 노씨가 일종의 생명수처럼 신선하게 느껴졌다.

세상에 임금과 처음 만난 자리에서 왕자를 하나나 둘쯤 낳으려고 궁에 들어왔다고 대뜸 밝힐 수 있는 여자가 얼마나 되겠는가. 태종은 그런 당돌함이 마음에 들어 소빈을 곁에 두고 열흘을 하루처럼 정답게 지냈다.

그날도 풍성한 술상을 앞에 놓고 앉은 태종과 소빈 노씨의 웃음소리는 높아만 갔다. 태종은 보면 볼수록 예사 궁중 여인 같지 않은 소빈이 마음에 들었다.

일찍이 태상왕 이성계가 곡산에서 현비顯妃 강씨康氏를 만났을 때 일거에 매혹돼 여생토록 불망한 까닭도 강씨의 그런 성격에 기인한 바가 컸다고 했다. 태종과 노씨 사이 또한 이성계와 강씨의 그것을 방불케 했으니 왕후 민씨는 물론이고 모든 후궁들이 불안해하는 이유가 여기에 있었다.

왕후와 후궁들의 초조한 심사를 아는지 모르는지 철모르는 소빈 노씨는 태종의 금 술잔에 구기주를 조용히 따르고 있었다. 연둣빛 저고리 남색 끝동 속에서 아른아른 내비치는 소빈의 하얀 손목이 갓 따낸 목화솜보다도 희고 매끄러워 보였다. 태종은 그 앙증맞은 손을 움켜잡고 으스러뜨리고 싶은 애착을 가까스로 참아 내며 입을 열었다.

"언제까지나 꼭 요대로만 있어다오. 이것이 짐의 부탁이다."

소빈은 환한 미소로 대답을 대신하였다.

그 미소를 보니 또다시 마음이 흡족하여 태종은 금잔에 가득한 술을 기분 좋게 마셨다. 천하를 얻은 듯한 넘치는 기쁨 때문이었을까. 문득 이태백의 궁중행락사宮中行樂詞가 생각나 읊조렸다. 장엄하고 율조 있는 목소리였다.

柳色黃金嫩	유색황금눈
利花白雪香	이화백설향
玉樓巢翡翠	옥루소비취
珠殿鎖鴛鴦	주전쇄원앙
選妓隨彫輦	선기수조연
徵歌出洞房	징가출동방
宮中誰第一	궁중수제일
飛燕在昭陽	비연재소양

봄이라 버들잎 황금빛 띠고

흰 눈인 양 배꽃이 향기 풍기면

다락에 비취가 둥주릴 틀고

전각에는 원앙새가 깃든다

기를 뽑아 연을 따르게 하고

노래 부를 이를 불러내면

궁중에서 누가 으뜸일까.

물론 소양전 비연일테지

비연은 한성제漢成帝의 황후였던 절세미인 조비연趙飛燕이란 여인이다. 임금은 낭송을 마치고 허허 큰 웃음을 지으며 딸 같은 노씨를 치켜세웠다.

"너는 나의 비연이다."

"마마. 옳으신 말씀이옵니다."

호랑이보다 무섭다고 알려진 태종이 어린아이 같은 노씨에게 끌려가는 모습을 신하들이나 왕후, 혹은 궁녀들이 보았다면 눈이 휘둥그레졌을 것이 분명하다. 그만큼 태종의 이러한 모습은 낯선 것이었다.

태종은 하도 유쾌하여 어전에 놓인 술상을 저만치 밀쳐놓고 노씨를 당겨 안았다. 취기가 도연하여 마치 임금 스스로는 북해 창용이요, 노씨는 일점해당一點海棠 같이 느껴졌다. 파도가 일어 백사장이 꽃을 움키니 이 어찌 용의 여의주 찾는 형상이 아닐까 보냐. 노씨가 숨 가쁘게 아뢰었다.

"마마. 신첩도 마마의 음령音吟에 화답하오리다. 놓아주십시오."

"입만 막지 않으면 될 것이 아니냐. 어서 품에 안긴 이대로 읊어보아라. 네가 제법 시부詩賦를 안단 말이지?"

"예. 마마 궁중행락사 7절이옵니다."

"오. 너도 이태백이로구나."

태종은 재빨리 소빈의 얼굴에 입을 맞추고 마지막으로 붉은 입술에 담뿍 사랑을 맞춘다. 잠시 태종에게 모든 것을 맡기고 있던 소빈은 입술이 풀리자 곧 청아한 목소리로 시를 읊기 시작했다.

寒雪梅中盡	한설매중진
春風柳上歸	춘풍유상귀
宮鶯嬌欲醉	궁앵교역취
簷燕語還飛	첨연어환비
遲日名歌席	지일명가석
新花艶舞衣	신화염무의
晩來移綵仗	만래이채장
行樂好光輝	행락호광휘

매화 향기에 눈이 쫓겨 가고

버들가지에 봄바람 돌아오면

꾀꼬리 울음 취한 듯 곱고

처마 밑에 제비는 지저귀다 다시 날아간다.

소빈 노씨의 소망

태종은 소빈 노씨를 옆에 두고 그저 지켜보기만 해도 마음이 흐뭇하고 애정이 샘솟았다. 그런데 이처럼 청아한 목소리로 대구對句해주니 더더욱 신통하고 갸륵할 따름이었다. 태종은 벅차오르는 감동을 이기지 못하여 소빈의 가녀린 양 어깨를 꼭 끌어안았다.

태종은 험악한 정치 마당에 뛰어든 이래 손에 피 마를 날이 없을 정도로 무수하게 살생을 저지른 사람이었다. 그러고 보면 사람은 누구나 강한 면과 약한 면, 거친 면과 부드러운 면, 악하지만 선하기도 한 심성을 고루 갖고 태어나는 모양이다. 그렇지 않고서야 소빈 노씨 앞에 앉은 태종이 이처럼 풍부한 감성과 뜨거운 애정을 소유한 남자로 돌변할 수는 없는 노릇이었다.

"기특하구나. 뉘에게서 배웠느냐? 그 사람은 상 주어야 하겠다."

빈말이 아니라 실제로 소빈 노씨에게 시를 가르친 사람에게 상을 듬뿍 주고 싶은 심정이었다.

그런데 그 순간 소빈 노씨의 은행 껍질같이 얇은 눈까풀이 파르르

떠는 것이 아닌가. 그와 함
께 아름다운 얼굴 전체에
뜨거운 열기 같은 것이 확
번져 들었다. 위기에 봉착
한 사람이 구사일생의 기회
를 목메어 고대하다가 그러
한 순간이 실제로 찾아왔
을 때 보일만한 표정의 변
화였다.

소망.

그렇다. 그것은 소빈 노씨
가 어린 나이에 궁궐로 들어오면서 간절하게 마음에 품은 소망일 수
도 있었다. 젊고 아름다운 자신의 몸을 임금에게 내던짐으로써 얻고
자 하는 그 무엇 말이다.

아니, 어쩌면 그것은 욕심인지도 모르겠다. 다 그런 것은 아니겠지
만 조선시대 궁녀들의 이력을 살펴보면 집안이 유복한 사람은 좀처럼
찾아보기 어렵다. 갑자기 가세가 기울었거나 원래부터 살림이 구차하
여 어쩔 수 없이 궁으로 들어온 사람이 대부분이다. 궁녀들은 누구나
꿈을 꾸며 살아간다. 임금의 은총을 입어 복된 삶을 누리고 싶은 꿈
이다. 소빈 노씨 또한 그랬을 것이다. 그런데 그녀는 참으로 운 좋게도
궁에 들어온 지 얼마 되지 않아 그 꿈을 이루었다.

꿈을 이루었다는 것은 행복과도 직결된다. 뭔가를 이루었으니 부족

함이 없는 상태이다. 그런데 자신에게 시를 가르친 사람에게 상을 주겠다는 태종의 말이 끝나기 무섭게 소빈 노씨는 어찌하여 표정이 일변했던 것일까. 자신이 꿈꾸는 소망이 아직 다 이루어지지 않은 까닭이었다. 결국 소빈 노씨는 임금의 은총을 입은 것만으로는 부족하여 무언가를 더 바라고 있었다는 이야기가 된다. 소빈 노씨의 표정 변화가 욕심에서 기인한 것이라고 표현한 까닭이 여기에 있다.

그러고 보면 인간은 코앞의 운명조차 예측하지 못하는 가련한 존재다. 왕비는 물론이고 모든 후궁들에게 질투를 받는 높은 자리까지 일거에 오른 것이 소빈 노씨였다. 임금의 총애가 이렇듯 두터운데 이루지 못할 일이 어디 있단 말인가. 소빈 노씨에게 필요한 것은, 인위적으로 소망을 이루려 할 것이 아니라 자연스럽게 그 모든 것이 이루어지기를 기다리며 위치에 걸맞은 사람이 되고자 노력하는 지혜였다.

임금의 말이 끝나기도 전에

그러나 소빈 노씨의 표정으로 보건대 당장에라도 자신의 소망을 임금에게 발설하여 이루고자 하는 열망이 가득했다. 아니나 다를까, 그녀는 자신에게 시를 가르쳐준 사람에게 상을 내리겠다는 태종의 말이 끝나기 무섭게 바짝 다가앉으며 말문을 열었다.

"신첩의 아비가 가르쳤사옵니다. 높지 않아도 좋사오니 벼슬 한자리만 내리시옵소서. 때를 못 만나 여태껏 백두白頭이옵니다. 그리고 오라

비는 어디 푸짐한 곳에서 일하게
해주소서. 내수사에서 쌀을 취
급하는 자리도 좋고 어느 곳 수
령 방백 자리도 좋사옵니다."

소빈 노씨는 마치 외워 두기나
했던 것처럼 자신의 소망을 토해
냈다.

태종은 적이 놀라 혀를 차면서
도 그리 귀찮은 마음은 들지 않
았다. 오히려 귀엽고 미더워 보였

민무질의 묘비(경기 양주)

다. 평소 임금의 처결로 보아선 그야말로 파격이었다.

태종은 처음부터 처가 덕을 크게 입은 사람이다. 그러나 왕위에 오
른 후 외척의 득세를 꺼려 보은하지 않았다. 오히려 처남들을 귀양 보
내고 자진케 하여 해를 입혔다. 원경 왕후의 동생 민무질도 그때 희생
되었다.

이후 후궁을 연이어 세웠을 때도 그의 방침은 요지부동이라서 여자
들로 말미암아 국정에 어지러움을 초래한 적이 거의 없었다. 심지어는
현철한 왕후 민씨의 지략조차 부득이 한 경우가 아니면 가납하지 않
았다. 그런 태종이 소빈 노씨의 이야기에 마음이 솔깃해진 것이다.

"신첩의 집안이 본디 한미하여 늘 골수에 한이 되었나이다. 재상은
잘나서 재상이오이까. 벼슬만 얻으면 그날로 명문거족이 아니옵니까."

노씨의 말은 갈수록 태산이었다. 스물도 넘기지 않은 소녀의 언사라

기엔 너무나 뼈지고 매서운 의미들이다. 헌데 태종은 소빈 노씨가 귀엽고 측은하기만 하여 부드럽게 안아 주었다.

"내가 알아서 한 자리씩 맡겨줄 터이니 걱정 말거라. 이제 원이 풀리느냐? 고것 참."

소빈 노씨는 기쁨을 감추지 못했다. 그러나 그녀는 몰랐을 것이다. 궁궐이라는 곳이 얼마나 무서운지를. 그리고 하루에도 열두 번씩 바뀔 수 있는 것이 궁궐 인심이라는 사실을.

게다가 소빈 노씨는 치명적인 실수를 한 가지 저질렀다. 아름다운 용모와 신선함으로 태종을 사로잡는 데는 성공하였으나 고운 심성으로 태종의 마음을 묶어놓는 대신 자신의 욕심을 되바라진 말투로 드러냄으로써 알게 모르게 인간적인 실망감을 태종에게 안겨주었다는 사실이다. 겉모습으로 사람을 감동시키는 것과 고운 심성으로 감동시키는 것 사이에 어떤 차이가 있는지를 소빈 노씨가 알았다면 그녀의 일생은 달라졌을 것이 틀림없다.

하긴 생각해 보면 허탈한 노릇이다. 고운 심성이라는 것이 의도적으로 꾸민다고 하여 다른 사람에게 절절하게 전해지는 것은 아니지 않은가. 비록 후궁의 자리지만 태종의 배필로서 복을 누리며 살아갈 만한 자질과 심성이 부족한 여인이었다고 이야기하는 편이 옳을 것 같다.

건춘문

왕비와 후궁들의 응징

임금의 우렁찬 웃음과 소빈 노씨의 애교 떠는 간드러진 말이 묘한 하모니를 이루는 그 시각, 왕후 민씨와 후궁들은 모처럼 한자리에 모여 소빈 노씨를 성토하고 있었다.

소빈 노씨에게 왕이 몰두하는 것을 계기로 왕후와 여러 후궁 사이에 화해 비슷한 용납이 이루어진 것이다. 요염한 자태를 뽐내며 임금을 독차지한 소빈을 연합하여 물리치려는 의도였다.

소빈 노씨의 간특한 짓거리를 입에 올리며 열을 내던 왕후 민씨는 곧 신빈 신씨信嬪辛氏를 지목하며 말문을 열었다.

"신빈께서 그 간특한 계집을 이리로 데려 오세요."

왕후 민씨에게는 그래도 심복으로 여기며 전적으로 믿을 만한 사람

175

은 신빈뿐이었다. 옛날의 정의情誼도 있으려니와 신빈은 이미 심신이 모두 흡족하여 더는 왕의 총애를 다투려 들지 않았기 때문이다.

신빈 신씨는 원래 태종이 임금으로 즉위하기 이전부터 사저에서 태종(정안군)을 모시던 시비였다. 따라서 왕후 민씨와도 예전부터 주종으로 묶인 사이였다. 그 옛날 왕비 민씨가 친정 나들이차 집을 비웠을 때 태종의 강압에 못 이겨 잠자리를 같이했다. 신빈은 그날의 일을 계기로 훗날 빈의 봉함을 받았고, 왕자와 옹주를 아홉 남매나 출산하였다.

후궁 중에서 성총을 제일 꾸준하게 받은 편으로 아기들의 양육에 영일寧日이 없어 왕후인 옛 상전 민씨와 대면할 기회도 그리 많지 않았다. 이 점이 왕후 민씨는 가장 마음에 들었다.

신빈이 소빈 노씨의 처소에 당도해 보니 때마침 임금과 소빈의 웃음소리가 낭자하게 울려 나오고 있었다. 그녀는 어금니를 사리물고 오도카니 서서 기다렸다. 그러나 태종과 소빈의 유희는 쉬 끝날 것 같지 았다.

그 바람에 속절 없는 시간만 자꾸 흘러갔다. 어느덧 문밖에서 기다린 지도 서너 시간. 신빈은 힘겨운 나머지 그냥 돌아가려고 했다. 그러나 왕후와 여러 후궁의 결의에 따라 나선 길이니 만큼 이대로 돌아설 수도 없는 노릇이었다.

그때 노씨의 시녀들은 모두 왕후에게 불려가고 아무도 남은 사람이 없었다. 한참이나 망설이고 또 망설이던 신빈은 마침내 나지막이 소빈 노씨를 불렀다. 소빈은 물론이고 태종도 순간 무언가를 깨닫고 취안이 와락 노기로 변했다. 그러나 몹시 취한 나머지 태종은 앞뒤 가려볼 생각도 못하고 보료 위에 벌렁 눕고 말았다. 뒤로 눕자마자 곤하게 잠든 임금을 바라보다 말고 소빈이 자리에서 일어섰다.

이윽고 소빈이 밖으로 나오자 신빈은 왕후 민씨의 뜻을 전했다. 순간 자신에게 위기가 닥쳤음을 눈치 챈 소빈은 힐끔 뒤를 돌아보았다. 그러나 깊이 잠든 임금에게선 아무 소리도 들리지 않았다.

"시녀들도 없는데 어찌 상감을 홀로 계시게 할 수 있단 말입니까. 잠시만……"

소빈이 시녀들을 부르려고 주변을 둘러보았다. 신빈은 시녀들이 한 사람도 없는 이유를 알려주며 어서 가자고 다시 한 번 재촉했다. 소빈은 가슴이 쿵 내려앉았다. 시녀들까지 불러들일 정도면 예삿일이 아니었다.

순간적으로 소빈은 핑계거리를 꾸며내어 피하고 싶은 마음이 들었다. 그러나 마주선 채 빤히 바라보는 신빈 때문에 도리가 없었다. 결국 소빈은 저승사자를 만나러 가는 사람처럼 온몸을 바들바들 떨며 신빈의 뒤를 따르기 시작했다.

쇠꼬챙이로 네 몸을 지지리라

"전하께옵선 몽중이신가?"

소빈이 당도하자 왕후 민씨는 부글부글 끓는 속을 간신히 억누르며 입을 열었다. 왕후의 말을 받아 대신 명을 내리는 사람은 신빈 신씨였다.

"그러하옵니다. 방금……."

"전하를 믿고 아직껏 뭉그적거렸다 이건가? 유시에 부르러 갔는데 술시가 지나서야 나타난 이유가 무엇이냔 말이다!"

이번에도 왕후의 나지막한 말을 받아 신빈이 물었다. 소빈은 사실 신빈이 부르러 왔다는 것을 조금 전에야 알았다. 한 마디로 억울했다. 그런데 이상하게도 이글이글 타는 눈으로 노려보는 왕후 앞에서 말문이 쉬 열리지 않았다. 우물쭈물하는 소빈의 모습을 보다 못한 왕후가 한순간 신빈 앞으로 쑥 나섰다. 신빈을 통해 묻거나 명령하는 복잡한 절차를 더는 거치지 않겠다는 뜻이었다.

"너, 이 발칙한 계집은 들어라! 부르러 간 것이 언젠데 이제야 나타난 저의가 무엇이냐고 물었다. 여기가 무슨 천리만리라도 되더란 말이냐? 궁중엔 법도가 서야 기강이 잡히는 것. 너 같은 요물을 그대로 용납할 수 없다. 여봐라, 물볼기 50대를 쳐라!"

왕후 민씨는 대뜸 폭언을 쏟아내며 물볼기를 치라고 좌우에 명하였다. 왕 때문에 일어난 여자들 간의 다툼이었으나 왕후 민씨의 명은 절대적이었다.

소빈이라고 해서 하고픈 말이 없는 것은 아니었다. 임금의 선택을 받아 아낌없이 모든 것을 바쳤고, 그 덕분에 빈의 자리에 올랐는데 대체 무엇이 잘못되었단 말인가. 그러나 상대가 왕후 민씨이고 보면 입이 열 개라도 감히 놀릴 수 없는 것이 소빈의 처지이기도 했다. 왕후는 임금의 정부인이 아니던가. 그저 왕후가 욕을 하면 욕을 먹고, 때리면 맞는 도리밖에 없었다.

형틀과 곤장이 곧 엄중하게 갖추어졌다. 나이 어린 소빈에겐 꾀와 오기는 있을망정 인내와 의지는 있을 리 만무했다. 50대를 치라 하였건만 20여 대에 이르러 시녀들은 곤장을 내렸다. 이미 볼기 살이 찢어지고 해져 붉은 선혈이 형틀을 적시고 있었던 것이다. 궁녀들은 산산이 흩어진 머리채를 한 채 시체처럼 축 늘어진 소빈에게 차마 매를 더 들 수가 없었다.

"곤장은 그만두고 어서 숯불을 이글이글하게 피워 대령하여라. 쇠꼬챙이도 대여섯 개 가져오고!"

소빈은 이미 초주검이 되었건만 왕후의 마음 속에 가득 들어찬 분은 다 풀리지 않았던 모양이다. 숯불과 쇠꼬챙이를 대령하라고 이르는 것을 보면 단근질이라도 해야 직성이 풀릴 모양이었다. 왕후는 기실 임금이 취한 숱한 후궁들 때문에 늘 고독과 씨름하며 살아왔다. 그러한 심회가 오늘에 이르러 가학증으로 발산되고 있는 것이 분명했다. 이러한 사실을 증명하듯 왕후가 돌연 소리쳤다.

"저 어린 것의 버릇을 고쳐 놓으려면 시뻘건 쇠로 하문이라도 지져 버려야겠다."

그때 왕후 민씨는 소빈 노씨의 몸에서 새 생명이 자라고 있다는 것을 알고 있었다. 그런데도 쇠꼬챙이로 하문을 지져 버리겠다고 을러댈 정도이니 왕후 민씨의 분노가 어느 정도인지 알 만한 일이었다.

함께 있던 후궁들은 약속이나 한 것처럼 부르르 몸을 떨었다. 일이 이쯤 되고 보니 자신들을 향해 터져 나오는 왕후의 분노인 것만 같아 두려웠던 것이다.

신라 때에도 이런 일이

신라시대에 어느 왕이 동해를 순방하던 중에 한 시골 처녀를 총희寵姬로 삼아 데려온 적이 있었다. 마음이 상한 왕비는 절치부심 때만 기다렸다.

그러던 중 마침 왕이 사냥하러 떠났다. 기다렸다는 듯 새털이라는 이름의 시골 처녀를 잡아들인 왕비는 갖은 고문으로 괴롭히다 못해 달군 쇠로 처녀의 하문을 지져 버렸다. 왕비는 그래도 분이 풀리지 자 처녀의 온몸을 토막 내어 젓을 담가 버렸다.

오래지 않아 임금이 사냥을 끝내고 돌아왔다. 왕비는 임금이 그 처녀를 찾으리라 예상하고 선수를 쳤다. 처녀가 말도 없이 고향으로 달아나 버렸다고 아뢴 것이다. 머리끝까지 화가 난 왕은 앞뒤 가려볼 생각도 하지 못하고 그 처녀의 친정으로 병사들을 보내 쑥대밭을 만들어 버렸다.

참으로 간악하고 잔인한 왕후요, 어리석은 왕이 아닐 수 없었다. 그러나 신분이 비천하다는 이유로 남자에게 성 노리개가 되었다가 비참한 최후를 맞이한 슬픈 사연은 이것 말고도 우리 역사 속에 얼마든지 있다.

옛날 양반가에서 일어난 일을 잠시 살펴보기로 하자. 한다하는 집안에는 남녀 비복이 한둘이 아니었다. 그 중 탐스러운 여종이 있다면 그들은 집안 남자들의 노리개로 전락할 위험이 농후했다.

그런데 그 집안의 주인이나 아들, 혹은 손자가 욕심을 부려 여종을 범하고 나면 집안 여자들의 처절한 응징이 기다리곤 하였다. 안방 마나님이나 새댁들은 사정없이 그 여종을 끌어다 고문했고 심지어 죽여버리는 일도 드물지 않았다.

그러한 소행의 근본 원인은 역시 질투였다. 질투는 칠거지악에 해당한다 하여 남자들의 편의에 따라 원천봉쇄하려는 분위기가 대세를 이루었지만 은밀하게 이루어지는 보복만은 막을 도리가 없었다.

남자들 또한 인간의 상정常情을 아는 탓에 여종이 살해된 일을 두고 본처가 혹독하다고는 여기되 살인죄로 다스리지는 않았다. 그리고 보면 힘없는 여종들만 불쌍한 셈이다. 이렇듯 참혹한 사건을 불러온 장본인인 남자들의 행위 또한 별반 비난의 대상이 되지 않으니 말이다.

당시는 열 계집 마다할 남자가 어디 있겠느냐는 사고방식이 은연중 여자들의 뇌리에 각인된 시대였다. 결론적으로 얘기한다면 약자의 처지가 슬프다는 것이다.

그날 왕후 민씨에게 처참한 단근질을 당한 소빈 노씨를 바라보면서 애초에는 왕후와 같은 입장에 섰던 후궁들이 모두 동정심을 느낀 까닭도 여자로서의 비애와 고통 때문이었을 것이다.

때린 사람과 맞은 사람

매 맞은 소빈은 비록 상처가 아물지는 않았지만 며칠 쉬고 나니 그나마 살만 했다. 그런데 정작 매를 든 왕후 민씨는 마음의 상처가 쉽사리 회복되지 않았다. 마음의 병, 곧 화병이 찾아온 것이다.

그 소름 끼치던 날 밤, 태종은 공교롭게도 꿀맛 같은 기나긴 잠에 빠져들었다가 새벽녘에야 겨우 일어나 앉았다. 곁에 있어야 할 소빈이 없어 이리저리 찾다가 소빈의 시녀들에게서 자초지종을 다 들었다. 시녀들은 발뺌하느라 더욱 과장되게 그날 밤의 정황을 설명해 나갔다.

태종은 몹시 격분하였다. 특히 단근질 대목에 이르자 멀쩡했던 수염이 위로 곤두설 정도로 치를 떨었다. 당장 중전을 불러들여 분을 풀려 하였지만 그마저도 쉽지 았다. 민씨 역시 마음의 병으로 말미암아 사경을 헤매고 있다는 소식이 전해진 것이다.

왕후를 진단한 전의의 말을 빌자면 혈관의 순환이 고르지 못한 소빈 노씨를 고문하는 과정에서 지나치게 흥분하여 장애가 초래된 것이라고 하였다. 완전 회복이 불가능하다고 이야기하는 것으로 보아 화병이 분명했다.

형세는 바뀌고

사정이 이쯤 되자 태종은 나 몰라라 할 수가 없었다. 하여 아침저녁으로 왕후의 처소에 문안을 가곤 하였는데 셋째 왕자 충녕이 지극한 효성으로 늘 어머니 곁을 지켰다.

왕자 충녕(후일 세종임금)은 효자이기도 했지만 참으로 인간미가 돋보이는 사람이었다. 그는 태종을 보자마자 이렇게 간청했다.

“부디 어마마마를 나무라지 마옵소
서. 제가 몇 배로 소빈 마마께 사과하
겠사옵니다.”

충녕의 말에 태종은 깜짝 놀랐다.

“아니 된다. 무슨 소릴 하는 게냐?”

충녕은 나라 안에서 신망이 으뜸인
적실 왕자다. 게다가 태종의 촉망이
두터운 아들이기도 했다. 반면에 소빈
노씨는 아무리 총희라 하나 비천한
여인이었다. 어찌 왕자가 그런 여인에
게 사과한단 말인가.

연려실기술

'태종의 여섯째 딸 숙혜 옹주는 소빈
노씨가 낳았으며, 옹주의 남편은 장절공
이정녕이고, 그 사이에서 아들 셋과 딸
하나를 두었다'는 내용이 연려실기술에
실려 있다.

그러나 충녕은 훗날 소빈에게 미안한 마음을 진실로 전했다고 한다.
소년 왕자 충녕은 그때 이미 성군 세종이 될 만한 싹을 보이고 있었던
것이다.

아무튼 소빈 노씨에게 사과하겠다는 충녕의 말을 듣고 나서 태종은
순간적으로나마 모욕당하는 느낌을 받았다. 그것은 충녕이 아니라 소
빈 노씨에게 받은 모욕감이었다. 자신이 아끼는 왕자가 한낱 천한 여
자에게 사과하겠다고 하니 정신이 번쩍 났던 것이다. 그러고 보면 태
종이 소빈 노씨에게 그토록 빠졌던 것은 미색 때문이지 사람됨 때문
은 아니었다는 것이 명백해진 셈이었다.

후궁의 원천적인 슬픔. 첩이 느끼는 애수의 근원은 바로 이러한 남
자들의 사고방식에서 기인하는지도 몰랐다. 그날 받은 일종의 모욕감

때문이었던지 태종은 소빈 노씨를 전처럼 가까이하지 않았다고 전해 진다.

한편, 심한 고문에도 떨어지지 않다가 세상 빛을 보게 된 노씨 태중의 아기는 사내아이가 아니라 옹주였다. 임금의 발길이 멀어졌으니 소빈 노씨는 처음 만났을 때 공언한 바를 이룰 수 없었다. 하나나 둘쯤 왕자를 낳겠다던 당찬 포부 말이다. 태산이라도 옮길 것 같던 왕의 총애란 이렇게 허망한 것이었다.

생각해 보면 앞에서 이미 다룬 바 있는 숙빈 최씨와 유사하면서도 다른 점이 참 많은 사람이 소빈 노씨이다. 두 사람 다 비천한 신분으로 왕의 총애를 입은 것은 같지만 본분을 잃지 않고 고운 심성을 지켜 나간 숙빈 최씨가 왕비와 후궁들 틈바구니에서도 왕의 사랑을 지켜나 간 것과 달리 소빈 노씨는 철저하게 버림받았다. 상대적으로 약자의 입장에 설 수밖에 없었던 두 사람을 비교 대조하며 성공의 조건을 운운하는 것은 어불성설인지도 모르겠다. 그래도 굳이 따져 본다면 고운 심성과 자신의 본분을 지키는 것이야말로 복된 삶을 누리는 첫째 조건이 아닐까 싶다.

소빈 노씨의
혼령을 찾아서

소빈 노씨의 몸을 빌려 세상에 태어난 어린아이는 태종의 여섯째 딸 숙혜 옹주叔惠翁主였다. 옹주는 소빈 노씨의 유일한 소생이었는데 어머니 와 함께 경기도 포천시 창수면 주원리 야산에 안장되어 있다. 참고로 숙혜 옹주의 남편이기 도 한, 부마 이정녕李正寧은 관 향이 성주이고 숭덕대부 성원 위崇德大夫星原尉인데 부마 또한 옹주와 같은 곳에 묻혀 있다.

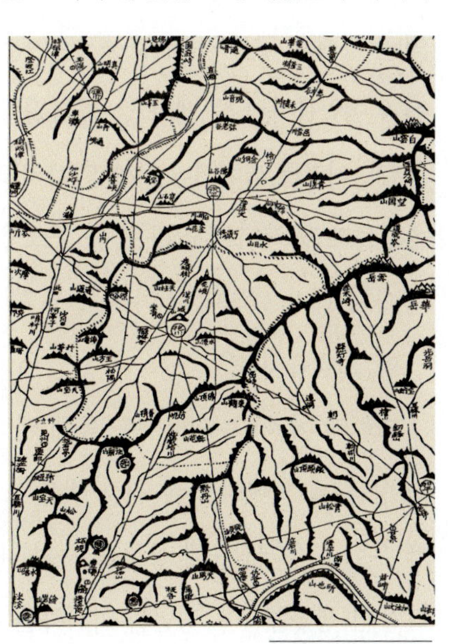

대동여지도(포천군)

성주 이씨 이정녕의 가계를 살피며 거슬러 올라가다 보면 충혜왕 시절 정당문학예문대 제학직을 맡았던 이조년李兆 年을 만나게 된다. 이조년은 충혜왕의 방탕을 충정으로 간한 사람으로 유명하다.

성산 이씨 가승家乘에 의하면 이조년과 이억년李億年 형제에 관한 전설 같은 이야기가 오늘날까지 전해지고 있다. 이를 투금탄投金灘 이야기라 고도 하는데 물질만능주의에 찌든 현대인들에게 시사하는 바가 자못 크다는 생각에 잠시 소개해 보기로 하겠다.

어느 날 이조년, 이억년 형제는 한양으로 가는 도중에 길에 떨어진 황금 2개를 주워 나누어 가졌다. 신바람이 난 두 형제는 공암진에 이르러 나룻배를 탔다. 이들이 배를 탄 공암나루는 한강으로 흘러드는 지류에 있었는데 오늘날의 지명으로는 김포 부근에 해당된다.

아무튼 커다란 금덩어리를 하나씩 주워들고 강을 건너는 이조년, 이억년 형제는 구름 위에 둥둥 뜬 기분이었을 것이다. 그런데 이게 어찌 된 일이었을까. 나룻배가 강 한복판에 이르렀을 때였다. 갑자기 아우가 황금덩어리를 꺼내더니 강에 던져 버리는 것이 아닌가. 이를 본 배 안의 손님들과 형은 크게 놀라 눈을 둥그렇게 떴다.

"아니, 네가 던진 것이 아까 주운 황금이 아니더냐?"

"예, 그렇습니다."

"그런데 어찌 그 귀한 것을 물에 던졌느냐?"

"형님, 제가 어찌 황금 귀한 것을 모르겠습니까? 다만 평소에 우리 형 제 우애가 두터웠는데 황금을 주워 나누어 가진 다음부터 제게 요상한 마음이 생겼습니다. 형님을 미워하는 마음이 생긴 것입니다."

가만히 이야기를 듣고 있던 형은 자못 놀라면서 되물었다.

"그게 무슨 말이냐?"

"황금을 갖고 나니 갑자기 욕심이 생겨 만약 형님이 없었다면 제가 혼자 두 개의 황금을 가질 수 있었을 텐데, 하는 마음이 생겼단 말씀입니다. 형님, 그리 긴 시간은 아니었지만 못나 빠진 저를 스스로 얼마나 자책했는지 모릅니다. 물질 때문에 우애를 잃어서는 아니 되지 않겠습니까? 황금을 강에 던진 것은 그 때문입니다."

그제야 아우의 마음을 알아차린 형은 감동한 표정을 지으며 대답했다.

"네 말이 옳다! 이까짓 황금 때문에 우리 형제의 우애를 잃어서야 되겠느냐?"

이런 말과 함께 형도 황금을 물에 던져 버렸다.

이때부터 공암나루 일대의 강은 투금강·투금뢰, 또는 투금탄이라 불리게 되었다. 말 그대로 황금을 던져 버린 강이라는 뜻이 되겠다. 서울 강서구에서는 1994년에 우장산 문화의 광장에 이조년의 시비詩碑(다정가)를 세워 이들 형제간의 우애를 기리고자 하였다.

이처럼 형제간 우애의 상징이자, 고려 말의 명사로 이름이 널리 알려진 이조년은 공민왕 시절 검교시중을 역임한 이포李褒의 아버지이기도 하다. 이포는 다시 이인복李仁復, 이인임李仁任, 이인민李仁敏을 낳았는데, 이 중 이인민이 부마 이정녕의 증조부이다.

맏형 이인복과 달리 이인민은 사람됨이 비뚤어져 세인들로부터 지탄을 자주 받았다. 그는 대제학 벼슬까지 올랐으나 1388년 최영·이성계에 의해 이인임이 숙청당할 때 그에 연루되어 경주로 쫓겨나 봉졸(일개 졸병)이 되었다. 대제학에서 봉졸이 되었으니 이인민은 혀를 깨물고 싶도록 수치스러웠을 것이다.

그러나 그의 수치는 아들 이직李稷 대에 이르러 깨끗하게 씻겨 나간다. 이정녕의 할아버지이기도 한 이직은 조선 개국 공신으로서 영의정까지 오른 사람이었다. 아마도 이직이 지은 시조를 모르는 이는 거의 없을 것이다.

이직의 묘비(경기 고양)

가마귀 검다하고 백노야 웃지 마라
겉이 검은들 속까지 검을 소냐
겉 희고 속 검은 이는 뿐인가 하노라.

　 그 시절 이직은 수많은 고려 절신들로부터 비방을 받았다. 고려의 녹을 먹던 신하가 조선의 개국 공신이 되었으니 말이다. 그러나 낡은 국가 고려 대신 젊은 국가 조선을 선택함으로써 새 세상을 열어 보고자 했던 이직은 위의 시조로써 고려 절신들의 비방에 응수했다.

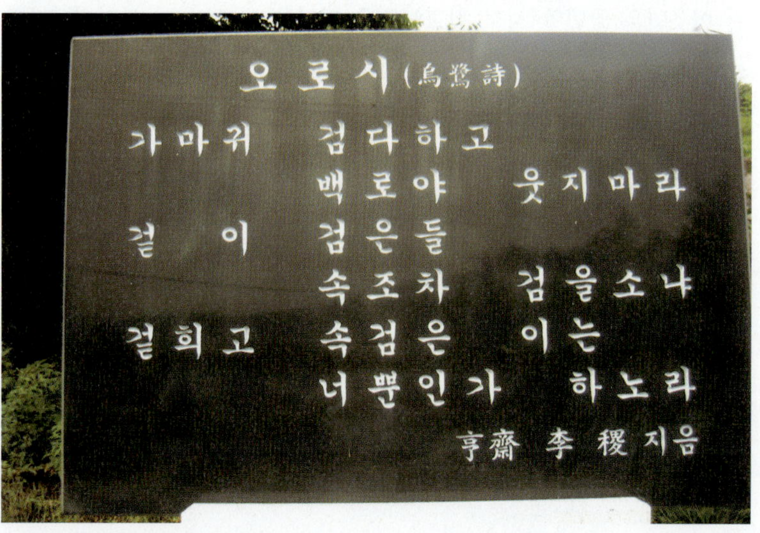

이직의 시(경기 고양 묘소 앞)

소빈노씨 묘소(경기 포천)

소빈노씨 묘비

이직의 아들은 이사후李師厚였는데 어찌 된 일인지 그는 부친의 명성에 걸맞은 활동을 하지 못한 채 아들 이정녕을 세상에 남겼다. 이정녕이 비운의 여인 소빈 노씨 소생 숙혜 옹주를 부인으로 맞아들이니 영의정 이직은 결국 태종의 서녀를 손자며느리로 삼은 셈이었다.

소빈 노씨와 숙혜 옹주, 부마 이정녕의 천 년 유택을 찾아보고자 길을 나선 필자는 그들의 가계를 떠올려 보며 천천히 자동차를 몰고 있었다. 포천이 초행길인데다 군데군데 길이 얼어붙어 속도를 낼 수가 없었던 것이다.

서울에서 포천까지 시간이 얼마나 걸리는지는 몰라도 지도상에 나타난 거리는 1백 30여 리였다. 전날 내린 눈으로 도로 사정은 생각보다 훨씬 좋지 않았다.

온통 하얗게 변해 버린 겨울 산천을 휩쓸며 달려온 바람이 차창에 부

189

딪히며 윙윙 굉음을 냈다. 게다가 거리에는 행인마저 없었기에 호호막막浩浩漠漠하다는 말이 딱 들어맞는 날이었다.

필자는 전날 성원위 이정녕 부마의 후손 이복상 선생에게 전화를 걸어 그곳을 찾겠으니 안내를 부탁한다는 말을 전해 놓았다. 그러나 가급적이면 혼자 힘으로 찾아보는 것이 좋을 것 같아 길을 헤치고 나갔다. 그러나 초행길이 원래 그렇듯 몇 번이나 원래 자리로 되돌아오는 헛수고를 감수해야만 했다.

결국 생각처럼 길이 열리지 않자 필자는 이복상 선생에게 도움을 청했다. 이복상 선생은 된장 공장을 운영하고 있었다. 포천의 맑은 물과 깨끗한 콩이 원료라고 하니 된장이 참으로 맛날 것 같다는 생각이 절로 들었다. 이복상 선생은 미안하리만큼 성의를 보이며 묘원으로 필자를 안내했다. 장 공장 바로 앞산이 묘원이었다.

필자는 맨 먼저 소빈 노씨의 혼령을 찾았다.

앞에서 이미 살펴보았듯 소빈 노씨는 미색을 갖추었을 뿐만 아니라 한시漢詩도 잘하여 왕후 민씨와 후궁들에게 그리 반갑지 않은 존재였다. 그러나 깔끔하게 정돈된 묘소를 둘러보니 부산했던 일생과 달리 사후에는 외손 성주 이씨들의 모심을 받으며 편히 쉬고 있었다.

다시 봐도 묘소는 잘 손질되어 있었는데 다만 최근에 설치했다는 둘레석이 조금 두드러져 보일 따름이었다. 묘비와 상석, 그리고 키는 작지만 위엄을 갖춘 문신석의 관복엔 이끼가 끼었고 늙어 보였다. 그러나 그 자세만은 변함이 없었다. 아마도 주인 소빈을 닮아서가 아닐까 싶었다.

처음에 놓았다고 하는 묘비엔 '소혜
궁주노씨지묘昭惠宮主盧氏之墓'라는 문자
가 새겨져 있었는데, 옆에 새로 세운
오석으로 만든 비석에는 '태종대왕소빈
노씨지묘太宗大王 昭嬪盧氏之墓'라고만 되
어 있었다. 필자는 고개를 갸웃거리며
뒷면을 살폈다. 박영규朴瑛圭가 발췌한
왕조실록 태종 가계도에 소빈으로 기
록되어 있음을 확인하고 표석을 개설
한다고 적혀 있었다. 그렇다면 당시에

숙혜옹주 둘째아들 묘비(경기 포천)

는 어찌하여 소혜궁주 노씨라고 했는지 납득이 잘 안 되었다.

그러나 필자는 이내 동행한 이복상 선생에게 환하게 웃어 보이며 묘
소를 찾기까지의 과정을 설명했다. 기실 소빈 노씨의 묘소를 찾으려고
전주 이씨 종회 측에 자문을 먼저 받은 바 있었다. 그러나 그쪽에서는
소빈 노씨에 관한 사항을 아무도 알지 못했다. 하여 필자는 소빈 노씨
의 부마 이정녕 선생의 본관이 성주라는 것을 파악하고 부마와 숙혜
옹주의 유택을 찾는 과정에서 소빈 노씨의 사후 내력을 알게 된 것이
었다.

그런데 막상 이곳에 도착하고 나서 살펴보니 묘소 관리에서부터 향
사에 이르기까지 한 점 모자람 없이 소빈 노씨를 잘 모셔 왔음을 한
눈에 알 수 있었다. 역시 명문거족의 후예는 어디가 달라도 다르다는
생각을 하며 필자는 이복상 사장에게 이야기를 건넸다.

"소빈 노씨의 사후 관리는 전주 이씨 왕족 후예들의 몫인데 어찌하여 외손이 봉사하는 겁니까?"

"물론 그분들이 해야 할 일이지만 우리도 혈손 아닙니까. 당연히 모셔야지요."

이복상 사장의 이야기가 미덥기만 했다.

본디 한미한 가문에서 성장하였으나 태종의 총애를 받음으로써 소빈 노씨는 성공의 발판을 마련하였다. 그러나 애통하게도 절호의 기회를 놓치면서 불행한 여생을 지낸 사람이었다. 미인박복美人薄福이라는 말이 있다지만 필자는 사후 570여 년이 흐른 지금에나마 혈손들의 정성을 받으며 다른 세상에서 살아가는 소빈 노씨가 흐뭇하게 미소 짓고 있으리라 상상해 보았다.

이복상 사장과의 이야기를 마치고 묘소를 새삼스레 다시 살펴보니 소빈 노씨의 체백과 혼령은 따뜻한 남향을 향해 단좌하고 있었다. 아직 음지에는 눈이 쌓여 음산한데 소빈의 묘역은 양지바른 곳이라서 묵은 잔디 사이로 고개를 삐죽 내민 새싹을 볼 수 있었다. 이래서 음택(묘 터)을 신중하게 잡는 모양이었다. 찬 기운을 무릅쓰고 고개를 내민 새싹은 무덤 주인 소빈을 닮아서인지 연한 녹색을 띠고 있었다. 적막 가득한 궁궐 안에서 미색을 맘껏 뽐내던 소빈의 모습이 저 새싹과 흡사했겠구나 생각해 보며 필자는 아래를 살펴보았다.

그곳에는 외손자 순정공純貞公 이의李誼와 그의 정부인 안동 권씨의 묘가 쌍분으로 자리하고 있었다. 아마도 부마 이정녕 선생이 둘째 아들 순정공 이의에게 외조모 소빈 노씨의 혼령을 밑에서 잘 받들라고 명을 내린 모양이었다.

외손자 이의의 자는 인로仁路, 호는 추강秋江이며 시호는 순정純貞, 관직은 대사헌이다. 대사헌은 사헌부(감찰행정을 관장하던 관청)의 수장으로 종2품에 해당하는 자리였다.

1469년(예종 1) 사마시에 합격, 1474년(성종 5)에 지평·장령·집례를 거쳐 동부승지 부제학에 오른 문재였다. 그 후 황해도·경상도 감사를 역임하다가 대사헌이 되었고 세자사전世子師傅을 겸했다.

묘소 앞에는 당시에 세운 듯한 묘비가 있었는데 판독이 불가하였고 호석과 상석은 근년에 바꾼 것이라 했다. 묘전에 서서 풍우설상을 이기며 오는 손님을 맞는 문관석은 반천 년의 세월에도 변함이 없었다.

옛 묘비를 대신한 빗돌에는 '가선대부대사헌순정공이선생지묘배정부인안동권씨쌍조부우嘉善大夫大司憲純貞公李先生之墓 配 貞夫人安東權氏雙兆祔右'라 했는데 보편적으로 부인의 묘는 부좌인데 이곳에선 부우祔右로 모셨다. 당시 묘 터의 사정에 의한 것으로 생각하면서 산등 너머에 있는 부마 이정녕과 숙혜 옹주의 혼령을 찾아갔다.

부마 이정녕과 숙혜 옹주의 혼령

소빈 노씨와 숙혜 옹주는 같은 산맥 남쪽과 북쪽에 서로 등을 맞댄 채 유택을 잡았다. 북향으로 자리한 숙혜 옹주와 부마 이정녕의 묘소엔 아직도 잔설이 떠날 줄 모르고 문관석의 그림자마저 길게 뻗어 마치 계절이 다른 곳에 온 것 같았다.

숙혜 옹주는 소빈 노씨에게 천금 같은 자식이었다. 태종의 4공주 외 13옹주 중 여섯째로 태어나 명문거족인 성주 이씨 집 이정녕에게 출가하였다.

부마 이정녕의 자는 단부端父, 시호는 장절章節이며, 관직은 관찰사觀察使였는데, 1425년(세종 7)에 숙혜 옹주와 결혼하여 부마가 되었다. 성원위 자헌대부를 제수 받고, 1432년(세종 14) 다시 정헌대부에 올랐다.

1433년(세종 15) 사은사로 명나라에 다녀왔으며, 1443년(세종 25) 풍수학제조와 성균관 직강으로 있을 때 경상도 성주에 단종의 태실을 두고자 이장경李長庚(성주 이씨 시조에서 12세손으로 고려 고종 때 호장. 덕망이 높았고 아들 5형제가 모두 문과에 급제하여 그 공이 인정되어 성산부원군에 추봉된 성주이씨 중시조)의 묘를 딴 데로 이장하라는 조정의 결정에 반대한 죄로 잠시 탈관되었다. 그러다가 1445년(세종 27) 봉헌대부를 제수 받지만 결국은 230여 년 전에 모신 성주 이씨 중시조 이장경의 묘소는 힘에 밀려 이장하였고 그 자리는 조정의 계획대로 단종의 태묘가 되었다. 그렇게 길지를 쫓아다니면서 남의 묘 터를 강제로 뺏기까지 한 것은 아무리 조정에서 한 일이라 해도 도리가 아닌 듯하다. 사실 터가 아무리 좋다 하더라도 터와 그곳에 묻힐 사람의 연이 닿지 않으면 오히려 화를 부른다는 말이 있다. 그때 그곳을 지정한 지관은 아마도 그 사실을 몰랐던 모양이다. 그곳에 묻은 태의 주인 단종이 비참한 최후를 맞이하고 말았으니 말이다.

그런 예는 또 있다. 현재 여주에 있는 세종대왕의 영릉英陵도 비슷하다. 본래 세종대왕의 능은 아버지 태종의 헌릉 옆(현 강남구 세곡동 국가

부마 이정녕의 묘소(경기 포천)

정보원 내)에 있었는데 그 아들 수양대군의 분탕으로 말미암아 여러 왕자가 피의 전쟁을 벌였다. 이를 이상하게 여긴 예종은 신하들과 논의한 끝에 조부 세종대왕의 능이 흉지라는 결론을 얻었다.

이에 궁을 중심으로 사면팔방 대신들과 지관을 함께 보내 길지를 찾기 시작했는데 지관 안효례가 여주 쪽에 이 나라에서 제일가는 명당이 있다고 복명했다. 그러나 그곳은 광주 이씨 전 우의정 이인손의 체백이 묻힌 자리였다. 남의 묘 터였지만 예종은 이를 빼앗으려는 욕심에서 이인손의 맏아들 평안도 병마절도사 이극배李克培를 소환하여 압력을 가했다. 임금의 압력을 물리칠 신하가 어디 있으랴. 결국 이극배로부터 묘 터를 빼앗은 예종은 그곳에다 세종대왕의 영릉英陵을 조성하였다. 이때 영릉을 이곳에 조성한 덕분에 조선 왕조의 역사가 100년 연장되었다고 한다. 당시 지관 안효례가 좋은 일을 한 것인지 나쁜 일을 한 것인지 얼른 판단이 서질 않는다.

부마 이정녕은 1447년(세종 29)에 충청도 관찰점척사로 나가 백성을 사랑하며 선정을 베풀어 도민의 존경을 받았다 한다. 1450년(세종 32)에 숭덕대부 성원위가 되었다. 1455년(단종 3)에 죽으니 조정에서는 2일간 조회를 폐하고 관원을 보내 장례를 치르게 하였다고 역사는 전한다.

여기서 한 가지 의문이 가는 대목이 있다. 부마는 원래 벼슬에 오르지 못하고 정치에 개입하지 못한다는 사항이 법으로 정해져 있었는데 어떻게 이정녕이 충청도 관찰점척사로 재임할 수 있었다는 건지 모르겠다.

상하로 모셔진 부마와 옹주의 묘소

부마 이정녕의 이력을 잠시 살펴보다 말고 필자는 묘소 주변을 가만히 살폈다. 힘 있게 뻗어 내린 산맥을 타고 북쪽을 향해 자리한 이정녕의 묘는 산맥의 제일 상단에 있었는데 그 규모가 임금의 능 못지 았다.

묘원의 터는 넓지 않았지만 4각의 호석을 두른 봉분 앞에는 당시에 세운 듯한 아담하게 생긴 묘비와 옆자리로 밀려난 상석이 자리를 지키고 있었다. 어찌 된 일인지 무관석은 보이지 않았고 곧게 선 문관석만 옛 모습을 잃지 않고 부마의 혼령을 지키고 있었다.

옛 비석을 대신할 오석은 흰 갓을 썼는데 이 무덤의 주인이 부마 이정녕이라고 알려주고 있었다.

숭정대부성원위장절공이정녕지묘배숙혜 옹주전주이씨부하崇政大夫星

숙혜옹주 묘소(경기 포천)

原尉章節公李正寧之墓配叔惠翁主全州李氏祔下라 했고 그래서 부마와 옹주는 합장이 아니라 상하에 모셔져 있었다.

아래쪽에 있는 숙혜 옹주의 묘는 호석이 옛것이 아니고 새로 조성한 것이라 오랜 세월의 깊은 맛과는 거리가 멀었다. 단아하게 생긴 옛 묘비의 글씨는 판독이 여의치 않았지만 희미하게나마 알아볼 수 있었다.

숙혜 옹주지묘 叔惠翁主之墓

이제까지 찾아본 대부분의 공주·옹주·대군·군부인들은 합장 내지 갈장(옆자리)을 취하고 있었는데 이곳 부마와 옹주는 별거하고 있었다. 그러나 영혼만은 항상 함께하리라 믿어본다.

부마의 발치를 지키는 맏아들

아버지와 어머니 숙혜 옹주의 묘소 아래쪽에 만년의 집을 마련한 이는 우찬성을 지낸 바 있는 맏아들 이집이다. 이집의 자는 화숙和叔, 시호는 공숙恭肅이다.

1479년(성종 10)에 문과에 급제하였다. 동생인 순정공純貞公보다 10년이나 늦게 문과에 급제한 셈이었다. 1485년(성종 16) 황해도 관찰사, 다음해 대사헌을 거쳐 이조 참의가 되었고 1488년(성종 19)에는 전라도 관찰사, 호조 참의, 홍문관 부제학까지 겸하였으며, 다시 강원도 관찰사를 거쳐 1492년(성종 23) 사헌부의 수장인 대사헌이 되었다. 1503년(연산군 9) 한성 판윤, 춘추관사, 세자좌빈객을 겸했지만, 1506년(연산군 말년)에 잠시 관작을 뺏겼다가 중종반정 후에 기용되어 형조·이조 판서를 거치고 의금부사도 겸하다가 1508년(중종 3)에 우찬성 숭정대부에 이른 사람이다. 묘봉 분의 형태나 규모는 어머니 숙혜 옹주와 같았고 비석에는 '숭정대부 우찬성 이공집지묘崇政大夫右贊成 李公諿之墓'라 씌어 있었다.

묘역 가장 아래쪽으로 옹주의 장손 이운거梨云巨의 유택도 있었다. 이운거는 부마 이정녕과 숙혜 옹주의 장손이며, 관작은 동지돈녕부사였다. 돈녕부라는 관청은 조선조 때 왕실 친척 — 왕과 동성은 9촌 이내, 이성은 6촌 이내 왕비와 동성은 8촌 이내, 이성은 5촌 이내, 세자빈과 동성은 3촌 이내 — 의 친선을 도모하고자 만든 관청이었다.

1484년(성종 15)에 사마시에 합격했고, 1488(성종 19)년 성종이 선농단先農檀(농사가 잘 되어 달라고 제사를 지내던 장소. 지금의 제기동에 있다)에 제사를 지낼 때 제헌관의 찬자贊者가 되었다. 그 후 사헌부지평(사헌부의 소속관 정5품), 1506년(연산군 말년)에 제주목사, 중종 때 수원·남원·남양·연안·안동 등의 부사, 광주·진주의 목사 등을 역임했다.

그의 묘비에는 '가선대부증이조판서동지돈녕이공운거지묘증정부인청송심씨증정부인강릉김씨합조嘉善大夫贈吏曹判書同知敦寧李公云巨之墓贈貞夫人靑松沈氏贈貞夫人江陵金氏合兆'라 씌어 있다.

이운거의 이조 참판과 부인 청송 심씨, 강릉 김씨는 모두 세상을 떠난 후 자손에 의하여 받은 직함이다.

이렇게 한 시대의 제왕과 어린 궁녀의 사랑으로 시작한 일대기는 끝이 났지만 글로는 다 쓰지 못한 사연들도 많을 것이다. 모진 고문을 받았음에도 숙혜 옹주가 떨어지지 않고 세상에 태어난 것도, 하나뿐인 딸을 예도禮道를 중시하는 명문 성주 이씨 집안에 출가시킨 것도 모두 소빈에게는 행운으로 보인다. 자손도 없이 태종으로부터 버림받았다면 소빈 노씨라는 존재는 한 줄의 역사 기록으로만 남았을 것이 분명하다. 신이 점지해 준 숙혜 옹주로 인하여 소빈 노씨의 존재는 한결 돋보이게 된 셈이었다.

이제 소빈 노씨의 이름은 억겁의 세월이 흐른다 해도 지워지지 않을 것이다. 아울러 외손봉사를 당연하게 여기며 잘 모셔온 성주 이씨 부마 이정녕 장절공의 후대에 행운이 겹치기를 기원해 본다.

찾아간 길 130리 해는 지고 날씨는 심술을 부려 추웠지만 뜻있는 기행이었기에 돌아서는 걸음이 한결 가벼웠다.

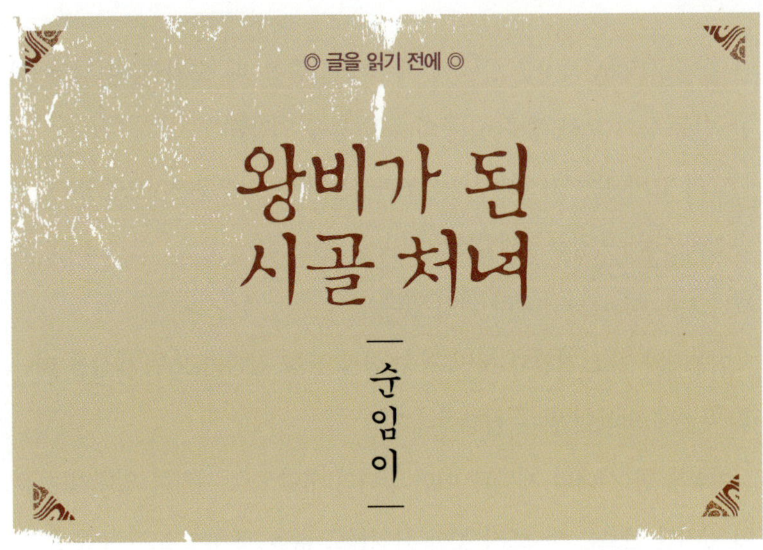

**이야기의
시대적 배경**

조선왕조가 문을 열고 도읍을 정하는 과정에서 정도전과 무학대사 사이에 궁궐의 위치 때문에 설전이 오갔다는 이야기는 앞에서 이미 소개한 바 있다. 이때 정도전의 좌향론에 밀려 궁궐 방향을 잡는 데 아무 역할도 하지 못한 무학대사는 앞으로 이백 년 안에 왕위 싸움이 두 번 일어나고, 방탕한 임금이 두 사람 나올것이며, 국가의 안위가 걱정되는 외침을 두 번 당할 것이라고 예언했다. 이 또한 앞의 쉬어가는 페이지에서 이미 소개한 내용인데 태종의 골육 싸움과 세조의 왕위 찬탈, 연산과 광해군의 악정, 그리고 임진왜란과 병자호란이 연이어 일어나면서 무학대사의 예언은 적중했다.

그런데 무학대사의 이러한 예언보다 더 섬뜩하게 느껴지는 일이 있다. 남을 무수하게 해하거나 정의롭지 못한 일을 행하며 권좌를 차지한 임금은 끝이 항상 좋지 않았다는 사실이다. 여기서 끝이 좋지 않았다는 것은 임금 자신의 비참한 최후일 수도 있고 후손들의 몰락일 수도 있다.

앞에서 예로 든 태종과 세조만 놓고 보더라도 상황은 정확하게 일치한다. 물론 태종은 아들 성군 세종에게 왕위를 물려주고 태상왕으로서 복된 말년을 누리다가 눈을 감았지만 그가 쌓은 이승에서의 죄과는 손자 대에 이르러 끔찍한 화가 되어 나타나기 시작했다. 장손 문종이 병약하여 수를 다 누리지 못했는가 하면 문종의 아들 단종은 숙부에게 왕위를 찬탈당하고 어린 나이에 한 많은 생을 접어야 했다.

그런가 하면 할아버지의 행악을 그대로 본떠 형제들을 죽이고, 어린 조카의 왕위를 빼앗으며 권좌에 오른 세조는 평생 피부병에 괴로워하였으며 약관을 갓 넘긴 생때같은 두 자식이 죽어 넘어지는 꼴을 보아야만 했다. 그뿐만 아니라 손자 성종 대에 이르러 모든 업이 사라지고 후손들이 번창해 가는가 싶었지만 희대의 패륜 군주 연산이 등극함으로써 세조와 세조의 후손들은 역사에 큰 오점을 남겼다.

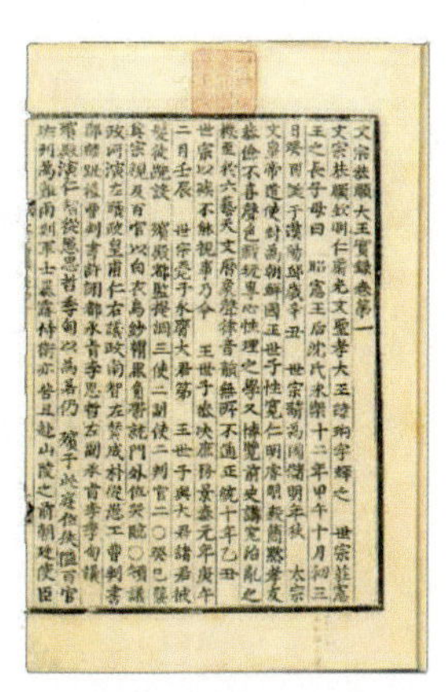

**문종실록文宗實錄 1450년
(문종 즉위년) 7월 8일**

현덕빈 권씨를 추숭하여 현덕 왕후로
삼았다는 내용이 실려 있음.

이 이야기에 등장하는 현덕 왕후 권씨는 우여곡절 끝에 문종의 비가 되어 조선 제6대 임금 단종과 경혜 공주를 낳은 사람이다. 궁녀의 신분에서 일약 한 나라의 국모가 되기까지 현덕 왕후 권씨가 겪어 낸 시련에 점이 맞춰져야 하겠지만 태종 임금이 이승에서 쌓은 업보가 손자들 대에 이르러 서서히 불행이 되어 나타나기 시작한 시점이었다는 점을 기억한다면 훨씬 유익한 역사 읽기가 되지 않을까 생각해 본다.

세자빈 폐출 사건

　다음 대에 나라 살림을 이끌어 갈 세자빈 책봉과 관련된 사항들은 국가의 중차대한 문제가 아닐 수 없었다. 개국 초의 혼란을 극복하고 상왕 태종이 닦아 놓은 확고한 기틀 위에서 선정을 펼쳐 가던 세종 임금은 세자 향珦의 배필을 정해 주고자 바삐 서두르고 있었다.

　때는 바야흐로 1427년(세종 9) 4월 9일.

　세자 향의 빈으로 간택된 사람은 상호군上護軍(정3품 무관직) 김오문金五文의 딸이었다. 그날 세자 향과 가례를 올린 김오문의 딸에게는 휘빈徽嬪이라는 빈호가 내려졌는데 여기서 '휘'자는 아름답다는 뜻이다. 휘빈 김씨는 당시 18세에 이르러 몸과 마음이 한창 무르익어 가는 나이였다. 그에 반해 14세에 불과했던 세자 향은 이성에 대하여 잘 알지 못했다.

세자 향은 이성에 관심을 기울이기보다는 학문을 좋아하여 성리학은 물론이고 천문과 역수曆數, 산술에도 정통했고, 서도에도 능하여 많은 이들의 기대를 한 몸에 받았다.

그러나 가례를 올린 이상 세자는 휘빈 김씨와의 부부생활에 담을 쌓고 지낼 수만은 없었다. 게다가 휘빈 김씨의 성화가 대단하여 세자는 차츰 여인들이 지닌 성적 매력과 부드러움에 눈을 뜨기 시작했다.

이때 휘빈 김씨는 어린 세자를 사로잡음으로써 총애를 얻고자 무진 애를 썼는데 그녀가 뿜어내는 향긋한 냄새와 물오른 육체에 휘감겨 정신이 아찔해질 때마다 세자는 내심 혀를 내두르곤 하였다. 무서우리만큼 육체를 탐하는 휘빈 김씨가 부담스러웠던 것이다.

그러나 휘빈 김씨에게는 세자의 속마음쯤은 알 바 아니었다. 한 마리 뱀처럼 세자를 칭칭 휘감은 채 욕망을 남김없이 풀어냈으며, 그러고 나서도 세자를 놓아주지 않고 유희를 즐기곤 하였다. 이런 사정이다 보니 세자는 휘빈 김씨의 품에서 헤어날 길이 없었고, 차츰 학문에도 관심을 잃어 갔다. 기실 두 사람은 하늘이 맺어준 인연 아니던가. 부부간에 무엇을 하든 주변 사람들이 참견할 까닭은 없었던 셈이었다.

그러나 향은 휘빈 김씨의 남편이기에 앞서 조선의 앞날을 책임져야 할 세자였다. 세자가 휘빈의 치마폭에 휘감긴 채 글 읽기에 태만한 모습을 보이자 탁신과 최만리 등이 세종 임금 앞으로 나아가 세자의 근황을 낱낱이 고해바쳤다.

이에 세종은 걱정 가득한 얼굴로 세자의 나태함을 꾸짖으며 학문 닦는 일에 진력하라고 타일렀다. 그러나 그 후로도 세자의 생활은 별반 달라지지 않았다. 세자를 독차지하려는 욕심에서 휘빈이 음탕한 생활을 계속 이어간 탓이었다. 게다가 휘빈은 남자의 마음을 사로잡는다는 압승술에 관심이 많았다. 그리하여 교접하는 두 마리 뱀이 흘린 정기가 묻은 천을 몸에 차고 다녔으며, 이성에 눈을 뜬 세자가 궁녀에게 관심을 보이자 그가 좋아하는 궁녀의 신발 뒷굽을 잘라다가 불에 태워 그 재를 술에 타서 마시게까지 하였다. 그렇게 하면 세자가 그 여자를 다시는 좋아하지 않는다는 헛된 소리를 믿은 까닭이었다. 이외에도 휘빈 김씨는 온갖 해괴한 방법을 다 동원하여 세자를 독차지하고자 집착하곤 하였다.

휘빈 김씨의 근황은 곧 세자 향의 어머니 소헌 왕후와 임금의 귀에 들어갔다. 놀라움을 금치 못하던 두 사람은 곧 종묘에 친히 행차하여 덕을 잃은 세자빈을 폐하고자 한다는 뜻을 조상에게 아뢰었다.

그리하여 해로를 꿈꾸며 시작한 부부간의 인연이 가례를 올린 지 7년 만에 끊어지니, 김오문의 집은 쑥대밭이 되어 버렸다. 폐서인이 되어 쫓겨 온 딸을 망연자실 바라보던 김오문은 곧 비상을 준비하여 휘빈 김씨와 아내를 자결케 하였다. 그러고는 자신도 자결함으로써 김씨 가문에 닥친 수치를 씻어냈다.

두 번째로 맞이한 세자빈

세자빈 자리가 비자, 임금과 왕후는 또다시 세자의 배필을 찾아주고자 부쩍 서둘렀다.

하음봉씨 시조 봉우 사적비
(경기도 강화)

세자 향이 두 번째로 맞이한 빈은 하음 봉씨河陰奉氏로, 봉여奉礪의 딸이었다. 당시 봉여는 왕실의 계보인 선원보첩을 편집 기록하고, 왕실의 잘못을 조사 규탄하는 임무를 맡아 보던 관청에 소속된 소윤이란 종4품의 낮은 벼슬자리에 있었다.

휘빈 김씨의 허물을 물어 폐출시키고 나서 왕실이 어수선하던 차에 맞아들인 봉빈은 절세미인이었다. 그래서 세자 향과 잘 어울리는 짝이라 했다. 봉빈은 세자와 동갑으로, 재색을 겸비하고 있었기에 세종과 소헌 왕후 심씨는 근심을 놓을 수 있었다. 이제 후사만 빨리 본다면 걱정할 일이 하나도 없는 셈이었다.

그러나 세종과 소헌 왕후의 기대를 비웃듯 동궁에서는 심상치 않은 일이 일어나고 있었다. 봉빈의 폐출로 이어진 일련의 사건들이 바로 그것이었다. 이에 대해 설명하기에 앞서 잠시 당시 왕실의 이런저런 사정을 살펴보기로 하겠다.

세종은 그 당시 국사에 힘쓰는 한편 인재들을 두루 등용하여 밝은 정치를 펼침으로써 성군의 위치에 올랐다. 그뿐만 아니라 왕자들 역시 많아 앞날이 매우 밝아 보였다. 대군 8명, 군 10명, 공주 2명과 옹주 2명까지 모두 합해 18남 4녀를 둔 강성한 임금이었으니 말이다.

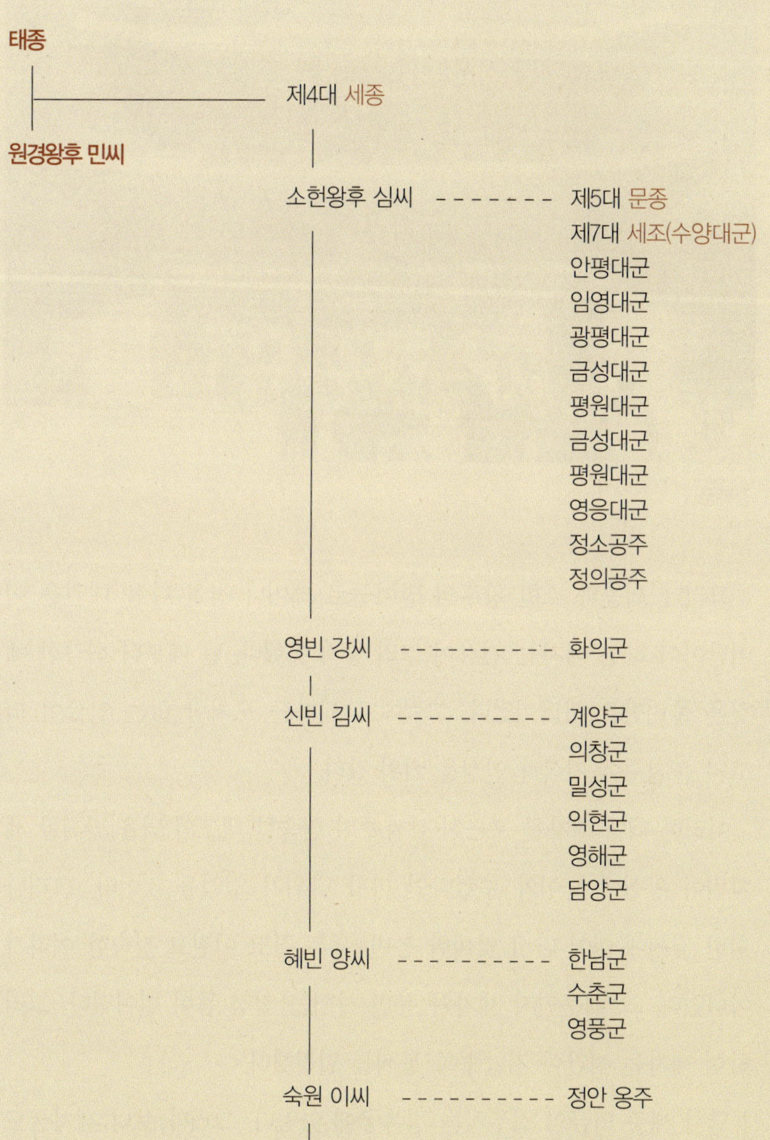

태종
원경왕후 민씨
제4대 세종
소헌왕후 심씨 ------- 제5대 문종
제7대 세조(수양대군)
안평대군
임영대군
광평대군
금성대군
평원대군
금성대군
평원대군
영응대군
정소공주
정의공주
영빈 강씨 ---------- 화의군
신빈 김씨 ---------- 계양군
의창군
밀성군
익현군
영해군
담양군
혜빈 양씨 ---------- 한남군
수춘군
영풍군
숙원 이씨 ---------- 정안 옹주
상침 송씨 ---------- 정현 옹주

경복궁

그러나 세종과 소헌 왕후의 맏아들로 태어나 장차 다음 대권을 이어받아야 하는 세자는 건강이 그리 좋지 못했다. 날 때부터 허약한 체질을 물려받은 까닭이었다. 그럼에도 세자는 모자람 없는 임금이 되고자 불철주야 지식과 인성을 키워 갔다.

이러한 때에 세자를 포근히 감싸주며 현숙한 내조의 덕을 발휘할 세자빈이 왕실에 들어와 주었다면 바랄 나위가 없었을 것이다. 그러나 휘빈 김씨에 이어 다시 맞이한 봉빈奉嬪은 결코 어질고 정숙한 여자가 아니었다. 그 때문인지 세자와 봉빈 사이는 점점 틈이 벌어졌다. 그리하여 세자는 시간이 지날수록 봉씨를 멀리했다.

당시 세종 임금의 집무처는 경복궁에 있었다. 그러다 보니 세자궁도 그 옆에 자리 잡았다. 그런데 문제는 세자의 침전이 창덕궁에 있었다는 사실이다. 이 때문에 세자는 책을 보다가 시간이 조금 늦어지면 귀찮은 마음에 집무실에서 밤을 새우거나 잠을 청하곤 하였다. 결국 세자는 공부를 핑계로 외박을 자주 하였던 셈이다. 이에 따라 세자와 세자빈 사이에는 푸근한 부부간의 정이 움터 오를 틈이 없었다.

독수공방 외로운 밤이 계속되자 봉빈은 공공연히 하소연을 하고 다녔다. 그러다 보니 봉빈의 하소연이 세종의 귀에도 들어갔다. 세자의 집무실이 침전에서 멀리 떨어져 있어 이 같은 일이 생긴 것으로 판단한 세종은 곧 창덕궁 근처로 세자의 집무실을 옮기도록 하였다. 창덕궁은 경복궁 동쪽에 자리 잡고 있다. 이 때문에 세자의 집무실을 이 때부터 동궁東宮이라 칭하게 되었다고 한다.

세종의 배려로 집무실을 침전 가까운 곳으로 옮겼지만 세자는 여전히 봉빈을 찾지 않았다. 정이 없으니 그녀를 보고 싶지 않았던 것이다.

남편이 자신을 아무리 멀리하더라도 무던하게 기다리는 것이 그 당시 조선 여자들의 천형과도 같은 일반적인 삶이었다. 그러나 봉빈은 그러한 삶을 거부해 버렸다. 봉빈의 처소에서 일기 시작한 일련의 심상찮은 변화들은 그래서 생긴 것이었다.

시골 처녀 순임이의 운명

첫 번째 세자빈 휘빈 김씨를 통해 여자를 알게 된 세자가 봉빈을 철저하게 외면한 것은 그럴만한 이유가 있어서였다.

사실 봉빈을 처음 맞이했을 때 세자는 미모가 출중한 그녀를 무척 사랑했다. 그런데 부부간의 정을 미처 쌓아 올리기도 전에 봉빈이 세자의 잠자리 능력에 불만을 품고는 노골적으로 내색했다. 역사는 당시의 상황을 이렇게 기록하고 있다. 봉빈의 불만이 워낙 노골적이다 보니 부담을 느낀 세자가 점점 그 구실을 못했다고.

그리하여 봉빈으로부터 멀어진 세자는 마음씨 고운 궁녀 순임이를 사랑하게 되었다. 순임이라는 나인은 본시 세자빈처 소속이었다. 그러나 세자빈 봉씨가 마음에 두고 있던 다른 나인으로 바꾸니 순임이는 자연 세자의 처소로 자리를 옮겨 갔다.

순임이의 고향은 충청도 홍성 땅 합덕이었고, 성씨는 안동 권씨, 양반의 혈통이었다. 12세 때 궁으로 들어온 그녀는 세자보다 4살 어린 소녀였다. 순임이는 자기주장이 강하고 세자를 공경하기보다 어린아이 다루듯 했던 휘빈, 봉빈 두 세자빈과 완연히 달랐다. 얼굴이 순하게 생긴 데다 마음씨마저 비단결 같은 어린 소녀였다. 세자는 그런 순임이에게 몸과 마음이 점점 끌렸다.

결국 시골 처녀 순임이는 세자의 은총을 입게 되었고, 그 때문에 세자빈 봉씨로부터 죽지 않을 만큼 고문을 받기도 했다.

아무리 그래도 세자는 봉씨의 처소를 찾지 않았다. 그 대신 순임이에 대한 집착을 키워 갔다. 그러던 중 순임이가 잉태했다.

마땅히 축복받아야 할 일이었으나 순임이는 이 사실을 숨겼다. 무엇보다 두려웠다. 자신을 아끼고 사랑해 주는 왕세자가 있어 때때로 기쁨에 사로잡히기도 하였지만 봉빈이 무서웠고, 세자빈이 엄연히 존재하는데 덜컥 세자의 씨를 잉태해 버린 자신 또한 무서웠다. 장차 자신에게 어떤 벌이 내려질지 상상하기도 싫었다.

'양반의 혈통을 이어받았다고는 하나 한미한 집안에서 태어나 궁녀로 들어온 처지에 덜컥 임신해 버리고 말았으니 이 무거운 죄과를 어찌 다 감당한단 말인가.'

어린 소녀 순임이는 결국 마지막으로 자기가 가야 할 곳을 정하기에 이른다. 연못에 풍덩 뛰어들어 아귀 전쟁터 같은 궁중 생활에서 벗어나려는 것이었다.

마침내 연못가로 나간 순임이는 뱃속의 아기를 부드럽게 어루만지며 속삭였다.

"아가야, 미안해. 우리가 편안해지는 길은 이것밖에 없단다."

그런데 순임이가 연못으로 뛰어들려 할 때였다. 어느 결에 달려왔는지 세자가 순임이의 몸을 덥석 잡았다.

"너 이게 무슨 짓이란 말이냐?"

"놓아 주셔요. 저 같은 죄인은 죽어 마땅합니다."

순임이는 세자의 손을 뿌리치려 하였다. 그러나 아무리 허약하다 해도 장성한 남정네의 힘을 당해낼 수는 없었다.

오래지 않아 순임이가 임신 중이라는 사실을 알아차린 세자는 기쁨을 감추지 못하면서도 순임이를 꾸짖었다.

"네가 죽으면 난 어찌한단 말이냐. 봉빈이 있다지만 그 사람에게선 마음이 떠난 지 오래이다. 내겐 너뿐이니라. 그러니 다시는 이런 못된 짓 하지 말거라. 알았느냐?"

세자의 손이 얼마나 따뜻했는지 모른다. 순임이는 차라리 세자와 인적 뜸한 산속으로 들어가 오순도순 살았으면 좋겠다는 생각을 해보았다.

"전 궁중 생활이 두렵사옵니다. 서로 시기하고, 상처 입히고, 괴롭히는 이런 생활은……."

순임이 흐느꼈다. 세자는 와락 그녀를 끌어안으며 소리쳤다.

"내가 너를 지키리라. 무슨 일이 있어도 너를 괴롭히지 못하게 하리라. 이제부터는 안심해도 좋다. 그간 너를 안전하게 지켜 주지 못한 것 미안하다. 이제 됐느냐?"

순임이는 세자의 품에 안긴 채 눈을 감았다. 마음대로 죽지도 못할 인생이라면 세자의 말을 믿어 보는 수밖에 없으리라.

순임이를 안심시켜 놓고 돌아선 세자는 한달음에 모후 소헌 왕후 심씨에게 달려갔다.

"어마마마 동궁전 궁녀 순임이를 제 여자로 거두고 싶습니다. 허락해 주십시오."

세자의 목소리는 간절하기 이를 데 없었다. 그러나 소헌 왕후는 단호했다.

"세자빈이 엄연히 있는데 세자 입장에서 궁녀를 거두겠다니! 그게 말이 된다고 생각하오?"

"하오나 그 아이 몸속에서 제 씨가 자라고 있나이다. 제발 허락해 주십시오."

순임이의 뱃속에서 아기가 자라고 있다는 말에 소헌 왕후는 흠칫 몸을 떨었다. 세종은 이제나저제나 손자를 기다리고 있었다. 그 때문에 소헌 왕후는 남몰래 애태우곤 했다. 세자와 봉빈 사이가 좀처럼 가까워지지 않았기 때문이다. 그런데 엉뚱하게도 동궁전 궁녀가 세자의 아기를 잉태하였다니!

사정이 이쯤 되자, 소헌 왕후는 순임이를 허락하지 않을 수 없었다. 곧 이 소식을 세종에게 알리니 세종 또한 기쁨을 감추지 못하며 순임이를 며느리로 인정했다. 이후 왕과 왕비는 어린 순임이를 극진하게 사랑해 주었다.

종말은 스스로 만든다

그즈음 봉빈은 실로 은밀하고 놀라운 생활 속으로 점점 빠져들고 있었다. 세자의 발길이 멀어지자 자기가 부리던 나인을 강압하여 술과 동성연애로 세월을 보내고 있었던 것이다.

그러던 중 동궁전 궁녀 순임이가 세자의 씨를 잉태하였고 임금과 왕후로부터 며느리로 인정받았다는 소식을 접하고는 파르르 몸을 떨며 어찌할 줄을 몰랐다. 그것은 참으로 자존심 상하는 일이 아닐 수 없었다. 얼마 전 세자와 가까이 지내는 순임이를 끌어다 놓고 초주검이 될 정도로 고문을 가한 적이 있었다. 그때 살펴본 순임이는 어느 모로 보나 자신과 비교가 되지 않는 여자였다. 그런데 세자는 어찌하여 절세미인이라고 해도 과언이 아닌 자신을 뿌리치고 순임이에게 가 버렸단 말인가.

"으음, 내가 이러고 있을 때가 아니지. 그깟 상처 입은 자존심이 뭐 그리 중요하겠는가."

순임에게 세자빈 자리를 빼앗기는 광경이 불길하게 떠올랐다. 봉빈은 세차게 도리질 치며 자리를 박차고 일어났다. 위기감에 사로잡힌 그녀는 곧 얼토당토않은 연극을 꾸며냈다. 자신 또한 잉태했다고 왕실에 거짓말을 한 것이다. 한 달여 전이던가, 세자가 자신을 찾아와 하룻밤 머물다 간 일이 있었다. 그때 일을 기억하여 아기를 잉태했노라 꾸며대니 왕과 왕후는 물론이고 세자마저도 감쪽같이 속았다.

그러나 위기감에 사로잡힌 나머지 엉터리로 지어낸 거짓말이 얼마나 오래가겠는가. 그녀의 거짓말은 오래지 않아 백일하에 드러났고, 그에 따라 봉빈의 입지는 눈에 띄게 불안해졌다.

이런 와중에 산달을 맞이한 순임이는 애석하게도 딸을 낳았다. 그나마 봉빈에게 심한 고문과 매질을 당한 탓인지 앙증맞은 어린 생명은 바로 숨을 거두고 말았다.

세상에 태어나 꽃도 피우지 못한 아기의 저주 때문이었을까. 갈수록 방자해져서 세자의 출입도 거절한 채 술과 동성연애로 세월을 보내던 봉빈의 행각이 차츰 궁내에 퍼졌다.

그러한 이야기를 접한 세자는 그냥 묻어둘 일이 아니라고 판단하여 왕과 왕비에게 봉빈의 행각을 남김없이 실토했다. 그 사실이 확인되자 폐출이란 결정이 내려진 것은 어찌 보면 당연한 결과였다.

봉빈의 운명은 누가 결정했는가!

경북궁의 북문인 신무문神武門을 통하여 대궐 밖으로 쫓겨날 때, 앙칼진 폐빈 봉씨는 뜨거운 눈물을 쏟아 눈이 퉁퉁 부어올랐다.

무소불위의 권력을 가지고 생사여탈권까지 행사할 수 있는 것이 왕이라고 하지만 명분 없이는 아무 일도 처리하지 못한다. 반대로 이야기하면 봉빈이 명분을 제공했기에 궁에서 쫓겨난 셈이었다.

신무문(조선조에는 북문/경복궁 제일 북)

여느 임금들이었다면 봉씨를 사사시켰을 것이 불을 보듯 훤하다. 하지만 본디 어진 임금이다 보니 세종은 봉빈을 사가로 돌려보내는 선에서 모든 일을 마무리 지었다.

우선 봉빈의 죄목을 살펴본다면, 첫째는 궁녀와 동성애를 한 죄, 둘째는 궁녀로 하여금 음탕한 남자들의 노래를 부르게 한 죄, 셋째는 궁중에서 술을 마신 죄, 넷째는 시어머니가 내린 효경과 열녀전 등을 읽지 않고 내팽개쳐 버려둔 죄, 다섯째는 시기 질투를 해서 내명부에게 매질한 죄라고 적고 있다. 위의 다섯 가지 이외에도 세자의 잠자리를 배척한 일 등은 기록하지 않았다. 봉씨는 당연히 극형을 각오하고 있었을 것이다.

어쨌든 삭탈된 봉씨는 소복을 입고 동궁을 나와 마지막으로 왕위 두 분께 하직 인사를 하려 했다. 그러나 소헌 왕후의 노여움 때문에 봉씨는 그냥 돌아설 수밖에 없었다.

이제 그녀는 정1품 순빈도 아니었다. 궁녀와 똑같은 서인일 뿐이었다. 봉씨가 폐빈이 되어 나가자마자 세자빈과 동성애를 했던 나인들은 더러 죽기도 하고 출궁되기도 하였다.

오래지 않아 폐비 봉씨가 친정집에 도착하였다. 7년 전 폐빈 김씨의 사가 김오문의 집에서 벌어졌던 정경과 똑같은 일이 봉여의 집에서도 일어나고 있었다. 울음소리가 용마루를 들썩거리는 가운데 봉씨의 어머니가 딸을 얼싸안는다.

"마마, 이게 어인 일이십니까. 빈 마마."

"어머니, 제가 무슨 죄로 이렇게 당해야만 합니까? 원통하고 분합니다. 지난 7년 동안 독수공방하면서 외간 남자라도 끌어들였습니까, 사람을 죽였습니까? 다른 궁녀들이 다 하는 여자끼리의 유희를 좀 하였기로서니, 으흐흑…"

폐빈 봉씨는 그때까지 자기의 잘못을 조금도 뉘우치지 않고 있었다. 아버지 봉여는 자기 딸이 가증스럽기만 했다.

이때 봉여의 나이는 60세였다. 그는 음보로 기용되어 사헌부감찰(검찰청 직원)과 경상도 창녕 현감(종6품관)을 지냈다. 그러다가 딸이 세자빈에 간택된 행운으로 정소사, 진헌사가 되어 명나라에 다녀오고 나서 세종 임금으로부터 사돈의 예우를 받고 있었다. 당시 봉여는 지돈녕부사知敦寧府使라는 정2품의 높은 관직에 앉아 있었다. 그가 이처럼 출세한 것은 모두 딸 덕분이었지만 이제 그 딸 때문에 오히려 망신을 하고 폐가를 맞이하게 되었다.

마침내 무엇인가 마음을 굳힌 봉여가 식솔들을 모두 바깥으로 쫓아내 버리고, 부르르 떨면서 아내와 봉빈을 불러들였다. 그러곤 아내를 설득시켜 또 바깥으로 내보내고 자신의 허리띠를 풀어 딸에게 내밀었다.

"자, 목을 매달아라. 이미 너는 폐인 첩지까지 받고 쫓겨났으니 순빈도, 마마도 아니니라."

한낱 더럽고 요사스러운 계집에 불과하기에 죽음만이 있을 뿐이라는 뜻이었다.

"어서 목을 매어라."

그러나 거듭되는 재촉에도 봉씨는 꿈쩍하지 않았다.

"아버지, 제가 왜 죽어야 합니까? 억울합니다."

아버지 봉여는 자신의 죄를 뉘우칠 줄 모르는 딸이 측은하기까지 하였다. 그는 무슨 말인가 하려다가 체념하듯 고개를 좌우로 내저으며 손을 뻗어 봉씨의 목을 졸랐다. 살고자 발버둥질하던 봉씨는 곧 사지를 축 늘어뜨렸다.

늙은 봉여의 몸과 얼굴에는 땀이 흥건했다. 한동안 딸의 시신을 내려다보며 멍하니 앉아 있던 봉여는 눈에 괸 피눈물을 훔쳐냈다. 세상 어떤 부모가 제 자식을 죽이고 싶겠는가. 봉여는 기가 막힌 나머지 터져 나오려는 한숨과 통곡을 간신히 되삼키며 딸의 시신을 정성껏 수습했다. 그러고는 임금께 사배를 올리고 나서 사당으로 갔다.

조상에게 그간의 일을 고유告由할 때 봉유는 저도 모르게 눈물을 철철 흘렸다. 그러나 그의 표정만은 결연하기 이를 데 없었다. 이윽고 사당에서 물러나온 봉여는 딸에게 넘겨주려고 했던 허리띠로 목을 매었다.

이 소식은 곧 세종 임금에게 알려졌다. 세종은 이렇게 말했다.

"봉여도 윤리에 밝은 선비이니 어찌 그 딸과 더불어 살아남겠는가. 과인이 덕이 없어서 번번이 며느리 꼴을 못 보고 죄 없는 사돈 집안만 멸문을 시켜 놓는구나. 죽은 지돈녕부사 봉여의 버슬을 내리지도 말고 더 추증하지도 말며, 시호를 공숙恭肅으로 내려 그의 영혼을 위로하여 주도록 하라."

이러한 경황 중에서도 봉여에게 사돈의 예우를 다했고, 7년 전 같은 운명으로 죽은 김오문의 생전 버슬도 되돌려 주었으니 세종대왕은 과연 성군이었다.

순임, 왕비가 되다

봉씨가 폐출 되자, 자연스럽게 세자빈 자리는 순임에게 돌아갔다. 갓 낳은 딸의 죽음으로 상심에 빠져 있던 권빈(순임)은 1435년에 다시

문종비 권씨 어새

문종 어새

단종비 송씨 어새

단종 어새

딸을 낳았다. 이가 곧 수양대군의 왕위 찬탈에 맞물려 남편을 잃고 관비로 전락한 채 오욕의 세월을 살아간 경혜 공주였다.

비록 딸을 낳았지만 세자 향은 신분의 격을 두지 않고 늘 권빈을 사랑했다. 사람 사이에는 궁합이라는 것이 정말 있는지 세자는 권빈의 처소에만 가면 항상 마음이 편안했다.

그러나 금슬 좋은 부부 사이에 두 번째 아이는 좀처럼 생겨나지 않았다. 왕위를 이을 적자의 탄생이 자못 다급한 상황이었다. 그러나 세자는 권빈을 압박하거나 서두르지 않고 한결같은 모습으로 사랑해 주었다. 지아비의 이러한 사랑에 화답하듯 권빈이 장차 조선 제6대 임금 단종으로 등극할 세자 홍위弘暐를 낳은 것은 경혜 공주를 낳은 지 6년 만인 1441년이었다.

후세 사람들은 단종을 일컬어 한의 역사를 남긴 임금이라고 이야기한다. 이를 예감케 해주듯 단종은 태어나자마자 돌이킬 수 없는 슬픔을 그 작은 가슴에 떠안아야 했다. 어머니 권빈이 단종을 낳고 며칠 만에 눈을 감아 버린 것이다.

비록 짧은 생애였지만 시골 처녀 순임이는 나름대로 참 행복한 삶을 살았다 해도 과언이 아닐 터였다. 일약 세자빈에 올라 장차 이 나라의 지존이 될 세자의 아낌없는 사랑을 한 몸에 받았으니 말이다.

그러나 그녀가 세상에 남기고 간 후덕한 마음과 복덕은 자신의 소생들이 세상을 탈 없이 살아가는 데 아무런 영향도 끼치지 못했다. 선대 임금들이 쌓아 놓은 화를 희석시키기에는 턱없이 부족한 덕이요, 복이었는지도 모를 일이었다.

단종의 운명과 두 여인의 한

단종이 태어난 지 3일 만에 권빈이 죽자, 소헌 왕후 심씨는 불길한 마음을 지울 길이 없었다.

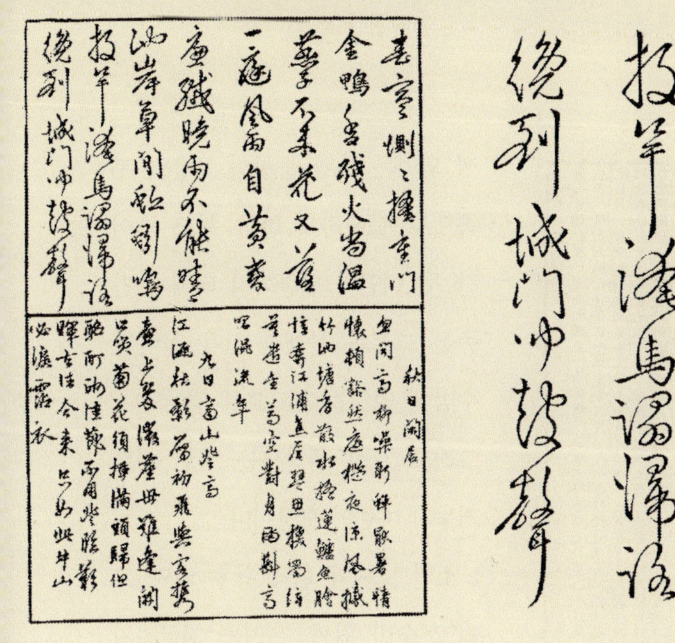

문종대왕 어필과 필적

'어린 왕손이 유약하므로 역성혁명이 일어나지 말란 법도 없지 않은가. 이를 막자면 강력한 왕실을 만들어야 할 텐데……. 허나 아무리 생각해도 쉽지 않겠구나. 왕손이 정상적으로 맞이한 비의 몸에서 태어났다 해도 불안한데 시녀의 몸에서 났으니 명분이 없구나, 명분이…….'

이것은 사실 단종의 숙부 수양대군이 왕위를 찬탈하는 과정에서 내놓은 명분이었다. 그러고 보면 소헌 왕후 심씨는 앞일을 훤히 내다보고 있었던 셈이다.

그러나 여기서 한 가지 주의 깊게 살펴봐야 할 것은 형제간에 피를 뿌리며 왕위를 차지한 태종의 끔찍했던 역사가 단종 대에 이르러 하늘의 보복으로 되돌아온 것 아닌가 하는 점이다. 누가 보더라도 엉뚱한 발상이라고 일축해 버릴 수는 없을 것이다. 게다가 책임 소재야 어찌 되었든 부왕 문종의 포용력 부족으로 불행하게 한을 품고 죽어 간 두 여인의 원한까지 더해져 단종은 그토록 불행한 삶을 살아갈 수밖에 없었는지도 모를 일이었다. 그러고 보면 세상사는 뿌린 대로 거두기 마련인 모양이다.

소빈 노씨와 현덕 왕후 권씨, 그리고 숙빈 최씨. 우리는 지금까지 어려운 환경에서 저마다 삶을 살아가다가 임금이나 왕세자를 만남으로써 전혀 다른 인생의 장을 맞이한 세 여인의 삶을 속속들이 들여다보았다. 자신의 본분을 지키며 순수한 마음을 잃지 않을 때 행운 또한 찾아오는 것임을 기억할 필요가 있을 것 같다.

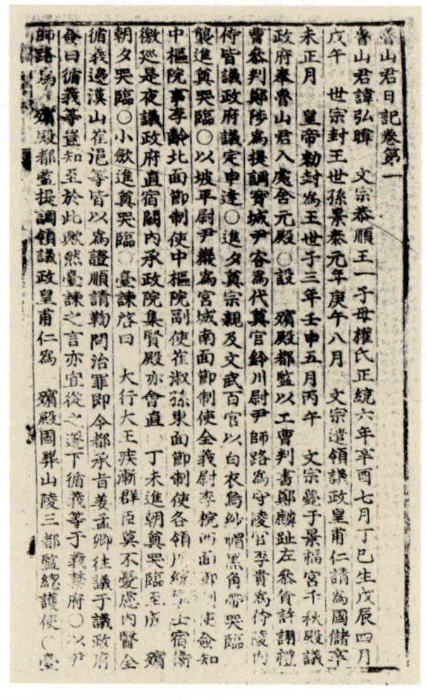

노산군 일기(단종)

현덕 왕후의
혼령을 찾아서

엄흥도 정려각(강원 영월군)

저마다 곡절이 있고, 사연이 있는 우리네 인생은 하나하나가 모두 각별하다. 내게 주어진 칠십 평생이 특별하지 않다고 느낄 사람은 세상에 아무도 없다.

그러나 돌이켜 생각해 보면 진실로 특별하다고 여길 만한 인생은 그리 많지 않다. 그래서 인생은 덧없고, 허망하며, 아침 이슬에 불과하

문종의 현릉(경기 구리시 동구릉)

다는 말이 생겼는지도 모른다.

우리 인생은 미로와도 같다. 바로 코앞에 닥친 일도 모르는 채 복잡하게 뒤얽힌 미로 속에서 헤매다가 믿기 어려운 비극이나 기쁨을 만나 울고 웃곤 한다. 그러다가 전혀 예상하지 못했던 순간에 목숨을 잃기도 하는 것이 우리 인생이다.

이승의 삶이 다했다고 해도 끈끈한 인연이 세상에 남아 있어 죽은 자의 넋은 저승으로 차마 떠나지 못한다. 어린아이 하나만 남겨놓고 불귀의 객이 되어 버린 어미의 혼령을 생각해 보라. 홀로 남은 아이가 행여 잘못되지나 않을까 애태우며 이승의 삶을 기웃거리곤 할 것이다.

오늘은 문종의 비이자, 단종 임금의 모후이기도 한 현덕 왕후를 만나러 가는 날이다. 필자는 지도와 수첩, 물병 등과 같은 준비물을 휴대 가방에 챙겨 넣고, 책상 앞에 잠시 앉아 극적이라고밖엔 달리 표현할 길이 없는 현덕 왕후의 생애를 돌이켜 생각해 보고 있었다.

궁녀의 몸으로 왕세자의 비가 되었을 때만 해도 현덕 왕후, 아니 어린 순임이는 내심 훤하게 열린 자신의 앞날을 그려보고 있었을 것이다.

그러나 누가 상상인들 해 보았으랴. 단종을 출산하고 사흘이 채 되지 못하여 순임이가 세상을 달리하게 되리란 사실을 말이다. 모르긴 해도 불쌍하기 이를 데 없는 순임이의 혼령은 병약한 문종과 어린 단종이 걱정되어 한시도 곁을 떠나지 못했을 것이다.

그런데 이를 어쩌면 좋단 말인가. 문종이 승하한 데 이어 어린 단종마저 수양대군에게 내쫓긴 몸이 되었다가 사사되고 말았으니…….

현덕 왕후 사후에 일어난 일련의 일들을 차례차례 더듬어 보던 필자는 저절로 한숨을 내쉬었다. 인생은 각본 없는 드라마라고 한다지만 현덕 왕후가 세상에 남기고 간 인연들을 어찌 그리도 모질게 꺾어 버릴 수 있는 것인지 운명을 주관하는 신이 있다면 따져 묻고 싶은 심정이었다.

민신閔伸의 비명

밖으로 나오니 겨울 찬바람이 윙윙 울어대고 있었다. 필자는 차에 오르자마자 시동을 켜고는 잠시 멍하니 차창 밖을 내다보았다. 골목 구석에 엉겨 붙은 허연 잔설이 유난히 차갑게 느껴졌다.

현덕 왕후의 혼령은 서울에서 40리 정도 떨어진 경기도 구리시 인창동, 속

민신의 단위(경기 양주)

칭 동구릉 내에 머물고 있다. 가까운 곳이니 서두르지 않았다. 필자는 밤새 얼어붙은 자동차 엔진이 충분히 예열되기를 기다리며 다시금 피비린내 나는 세조 때의 일을 떠올려 보았다.

문치의 임금 성군 문종은 재위 2년 4개월 동안 병마와 싸우다가 젊은 청춘 39세를 일기로 세상을 하직하였다. 문종 임금은 부왕 세종대왕의 영릉英陵(구 영릉, 현재 국정원 내) 좌측에 모셔질 예정이었다. 그러나 묏자리에서 물과 암석이 나서 부득불 다른 곳을 알아보게 되었다. 이때 비로소 물이 나는 자리라는 것을 안 조정에서는 부랴부랴 세종대왕 영릉도 여주로 이장하였다.

아무튼 부왕 곁에 묻히지 못한 문종은 우여곡절을 겪은 끝에 현재의 경기도 구리시 인창동 동구릉東九陵(도성 동쪽에 모신 무덤이 아홉 곳이라 하여 붙은 이름) 내에 유택을 마련했다. 이때 충신으로 이름 높던

1 건원릉 (태조 이성계)
2 현릉 (문종 현덕왕후)
3 목릉 (선조, 의인왕후, 인목대비)
4 휘릉 (인조의 계비 장렬왕후)
5 숭릉 (현종, 명성왕후)
6 혜릉 (경종비, 단의왕후)
7 원릉 (영조 정순왕후)
8 경릉(헌종, 효현왕후, 계비효정왕후)
9 수릉 (순조의 원자의 문조와 그의 비
　　신저의 왕후)

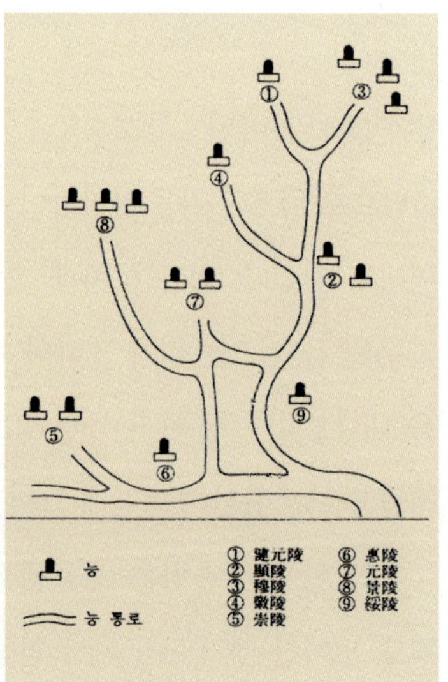

동구릉 배치도

이조 판서 민신은 태조대왕의 능인 건원릉 우단에 문종의 묏자리를 정하고 사역 감독을 하고 있었다. 그런데 오래지 않아 민신에게 끔찍한 일이 찾아온다. 수양대군이 보낸 삼군진무(병조에 속한 낮은 무신) 서조徐遭가 민신을 참살해 버린 것이다.

수양대군은 이때 이미 왕위 찬탈을 결심하고 있었던 것이 분명했다. 그렇지 않고서야 자기 형님의 묘 조성 공사 감독관 민신을 참살해 버릴 이유가 없었다. 하긴 수양대군은 문종과 민신에게만 몹쓸 짓을 저지른 것이 아니었다.

놀랍게도 수양대군은 단종을 낳고 죽은 현덕 왕후에게도 끔찍한 짓을 저질렀다. 현덕 왕후가 경기도 안산 바닷가에 묻히자, 사람들을 내려 보내 묘를 파헤쳐 버렸던 것이다. 그러고는 현덕 왕후의 시신을 강물에 내던졌다.

그런데 이상한 일이었다. 현덕 왕후의 시신은 물속에 가라앉지도 고 바다와 강물 사이를 둥둥 떠다녔다. 그랬던 그녀의 시신이 강물을 거슬러 올라가다가 양화대교 인근에서 발견된 것은 그로부터 여러 날이 지난 다음이었다.

강물에 발을 씻다가 왕후의 시신을 발견한 농부는 처음엔 흠칫 놀랐으나 인정상 시신을 그냥 지나칠 수 없다고 생각하였다. 그리하여 시체를 수습했는데 옷으로 보나 무엇으로 보나 왕실에 속한 사람이 분명해 보였다. 이윽고 현덕 왕후를 양지바른 곳에 묻어 준 농부는 때마다 벌초를 하고 제를 올려주곤 하였다.

그런데 그로부터 12년이 지난 어느 날이었다. 당시 조정에서는 문종

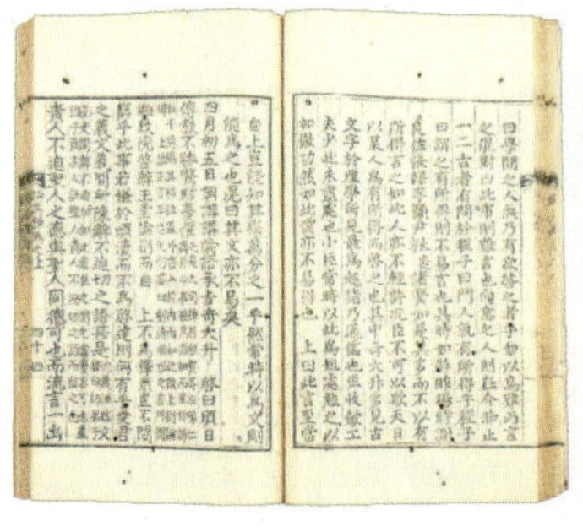

논사록 하편 論思錄 下篇
선조 2년 5월 21일 /기대승奇大升

"세조는 소릉昭陵을 내다 버렸으나 중종은 능을 복구하였습니다."(논사록)
기대승이 선조에게 아뢴 말이 논사록에 실려 있음

임금이 승하하는 바람에 능을 조성하는 일로 분주했다. 그런데 그날 밤, 농부의 꿈에 현덕 왕후가 나타난 것이었다. 현덕 왕후는 농부에게 자신의 신분을 알리며 조정에 신고해 달라고 이르는 한편 농부의 앞날을 축복해 주기까지 하였다. 대대로 복을 받을 것이라고 일러준 것이다.

아무튼 세상을 달리한 다음에도 세조 때문에 불행을 겪어야 했던 현덕 왕후는 이름 없는 농부의 도움으로 문종이 묻힌 현릉顯陵에 유택을 마련할 수 있었다.

그러나 현덕 왕후의 수난은 여기서 멈추지 않았다. 단종 복위 사건이 일어나자 친정아버지는 물론이고 동기마저 몰살당한 가운데 왕후의 위패도 내려지고 말았다. 다행히 1513년(중종 8)에 신하들의 주청으로 다시 봉향되기는 하였으나 현덕 왕후의 원혼은 지하에서 피눈물을 흘리고 있었을 것이다. 어린 아들 단종은 숙부 수양의 손에 생목숨을 잃었으며, 경혜 공주는 순천 관아의 노비로 끌려가는 끔찍한 아픔을 겪어야 했으니 말이다.

젊은 영혼 현덕 왕후를 뵙고 싶어서

구리시 인창동 동구릉까지 이어진 40리 길은 필자의 생각보다 훨씬 가까웠다. 보통 고인의 혼령을 찾아가는 길은 거리가 가깝건 멀건 필자에게 부담으로 다가오는 것이 사실이었다. 알려지지 않은 선현의 묘소를 찾아가자면 길 잃은 미아처럼 산속을 헤매야 하는 경우가 대부분이었기 때문이다.

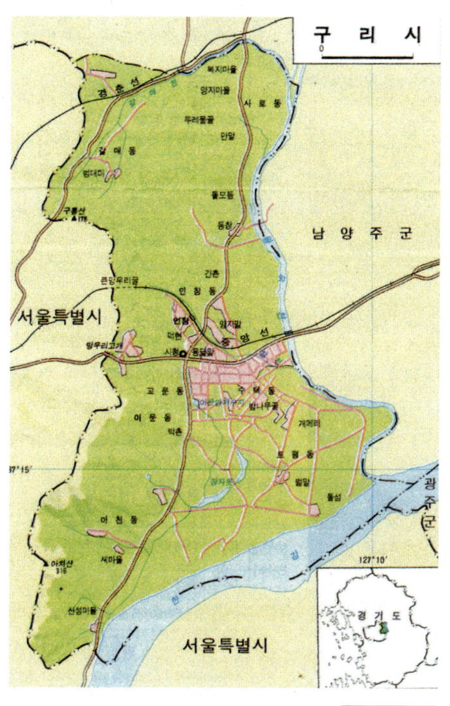

구리시 지도

그러나 현덕 왕후의 능소는 서울에서 비교적 가까운 동구릉 내에 있었으므로 그 어느 때보다 수월한 여행이 되었다. 얼마 되지 않아 동구릉에 당도한 필자는 바로 현릉을 향해 숨 가쁘게 걸어갔다.

먼저 문종 임금의 유택을 찾았는데 좌우에 시립한 채 유택을 경비하던 문·무신석이 필자의 방문을 달가워하지 않는 것만 같아 걸음을 멈출 수밖에 없었다.

"당신은 어느 나라 백성인데 겁도 없이 무상출입하는 거요? 전하께서 쉬시는 곳임을 모른단 말이오?"

석물들의 꾸짖음이 실제로 들려오는 듯하였다. 무신석과 문신석은 우람하기 이를 데 없었다. 그 위세만으로도 잡귀들의 접근을 충분히 막아낼 수 있을 것 같았다.

필자는 잠시 머뭇거리다가 문·무신석 사이를 지나쳐 태고의 신비를 간직한 장명등 앞으로 갔다. 모르긴 해도 이 정도의 규모와 고태스러움을 갖춘 장명등은 우리나라에 흔치 않을 터였다.

장명등 바로 뒤에는 혼유석이 버티고 있었는데 그 크기가 실로 엄청났다. 필자는 혼유석 앞에 옷깃을 여미고 서서 성군 세종대왕으로부터 전폭적인 신뢰를 받았으나 병약하여 뜻을 맘껏 펼치지 못한 문종의 생애를 떠올리며 참배했다.

현덕 왕후의 능은 필자가 선 곳에서 빤히 바라보이는 곳에 있었다. 정자각 바로 뒤, 나란히 솟은 두 폭의 언덕 위에 왕과 왕후의 능이 동원이강同原異岡 형식으로 단릉처럼 배치되어 있었던 것이다. 주지하다시피 동원이강이란 홍살문이나 정자각을 위시한 부속 시설을 하나만 만들고 2기의 봉분을 조성하는 형식이다.

왕후의 능으로 천천히 다가가 보니 침엽수림이 무성한 산 쪽으로 곡장을 둘렀고, 문·무신석과 장명등, 혼유석 등이 문종의 그것과 크게 다르지 않았다.

필자는 새삼스레 한 발짝 뒤로 물러나서 문종과 왕후의 능을 가만히 바라보았다. 세자 시절, 두 번의 혼인 실패로 상심했던 문종은 시골 처녀 순임이를 만나 마음의 위안을 얻었고, 그때부터 두 사람은 애틋하게 서로 사랑하며 축복받은 세월을 보냈다.

그러나 두 사람은 하늘의 시샘을 받은 듯 죽음으로 갈라서야 했고, 그로부터 수백 년이 흐른 지금까지 수양대군에게 입은 끔찍한 살육의 상처를 보듬으며 지내고 있다.

현덕 왕후의 고운 심성을 떠올리게 하는 둥그런 봉분을 하염없이 바라보며 필자는 조용히 눈을 감았다. 왕후는 숙부에게 죽임을 당한 어린 아들이 불쌍하여 저승에서마저 영면하지 못할 것이다.

그러나 필자는 현덕 왕후의 슬픔 저편에 자리한 빛나는 영광을 알고 있다. 조선 왕조의 한 축을 이루는 임금의 어머니이자, 국모였던 그녀의 영광스러운 과거를 말이다. 시골 처녀 순임이, 미천한 궁녀 순임이가 고운 심성 하나로 이룬 일이었기에 필자는 현덕 왕후의 뿌리 깊은 슬픔을 위로하기에 앞서 공경하는 충심을 전해 올리고 싶은 심정이었다.

| 참고 |

무덤앞에 세운 석인상을 가리켜 그 호칭이 구분된다

왕과 왕후 | 문·무신석

정승, 판서등 정3품관(당상관) | 문·무관석

일반벼슬인 | 문·무인석 이라함

고자새말'과 소리치고개

경기도 파주시청 소재지인 금촌리에 가보면 특이한 땅 이름이 있어 이방인의 눈길을 사로잡는다. 권력자들의 억압에 숨죽이며 살아온 백성의 소리 없는 아우성으로 생겨난 이름이라 한 번쯤 살펴볼 필요가 있을 것 같다.

금촌리 인근 새말이라는 동네는 조선시대에 고자(내시)들이 집단을 이루어 살던 곳이다. 궁궐 출입이 잦은 내시들은 보잘 것 없는 권세를 믿고 백성에게 온갖 횡포를 부렸다. 내시들이 어찌나 권세를 부리며 괴롭히는지 사람들은 그 마을을 '고자새말'이라고 불렀다. 풀어서 이야기하면 '고자세 마을', 또는 '고자 새말'이 되겠다. 지명 유래만 얼핏 살펴봐도 내시들의 횡포가 얼마나 심했는지 짐작해 볼 수 있을 것이다.

그런데 이웃 마을 사람들은 늘 고자새말에 있는 고개를 넘어 다녀야 했다. 그 고개를 넘어야 할 때면 내시들의 횡포에 가슴부터 답답해졌다고 한다. 그래선지 그 고개를 '답답고개'라 불렀다. 그리고 무사히 다리만 건너면 마음 놓고 소리를 지를 수 있었다 하여 냇가에 놓인 다리를 '소리치다리(순달교)'라고 이름 지었다. 힘없는 백성의 애환과 재치가

잘 드러난 지명 유래요, 일화
라 할 수 있을 것이다.

그런가 하면 수도 서울에
도 곳곳에 재미있는 지명 유
래가 남아 있는데 그 중 하
나가 서초구 방배동의 유래
이다.

양녕대군은 조선조 제3대
임금인 태종의 맏아들로, 이
름은 제요, 자는 후백厚伯이
다. 그는 태종 4년에 왕세자
로 책봉되었으나 실덕이 많
다 하여 태종 18년에 폐위되
었다.

경기지 중 파주 지도(1842년경)

그 후 양녕은 정치와는 담을 쌓고 주유천하로 풍류를 즐기면서도 형
제간에 우애가 돈독하여 많은 일화를 남겼다.

전해 오는 이야기에 따르면 양녕은 조선 초 격변기 속에서 스스로 훌
륭한 임금이 될 수 없다고 판단한 나머지 자기보다 월등한 충녕에게 자
리를 양보하고자 미치광이 짓을 하였다고 한다.

충녕이 왕위에 오르자 살아 있는 폐세자는 위험인물로 배척의 대상
이 될 수 있었지만 세종은 형을 믿었고 양녕 또한 오해받을 짓을 하지
않았다.

그때 그는 도성 내에 들어가지 않고 한강 남쪽에서 한양을 바라보며 동생인 상감이 나라를 잘 다스려 주기만을 빌면서 남으로 내려갔다. 이때 등을 돌려 남쪽으로 내려갔다 하여 방배동方背洞이란 지명이 생겨난 것이다.

한 번은 양녕이 한바탕 사냥을 끝내고는 둘째인 효령대군이 불도를 닦는 사찰에 들러 고기를 굽고 술을 마시며 효령대군에게 물었다.

"불도는 닦아서 무엇에 쓰려는가?"

이에 효령이 공손하게 대답했다.

"성불하려고 닦습니다."

그러자 양녕은 호탕하게 웃으며 소리쳤다.

"그것참 잘 되었다. 이 몸은 살아서는 임금의 형이고, 죽어서는 부처

양녕대군 묘소(서울 상도동)

의 형이니 누가 감히 나를 건드리겠느냐?"

이렇듯 양녕은 거리낌 없는 인생을 산 사람으로 유명하다.

생각해 보면 양녕의 지혜와 양보심이 아니었더라면 세종대왕 같은 성군은 없었을 것이며 형제간의 우애와 금도가 없었다면 따뜻한 일화 또한 생겨나지 않았을 것이다.

도미都彌나루

백제 제 4대 개루왕(128·165) 때 위 성에서 조금 떨어진 마을에 신혼의 도미 부부가 살고 있었다. 남편 도미는 목수로서 비록 지체는 보잘 것 없지만 사람됨이 준수하고 의리를 알며, 아내 아랑은 용모가 아름답고 언행에 품위가 있으니 두 사람은 의좋은 부부로 품행 있는 젊은 남녀로 널리 알려졌다.

그런데 행복한 그들 부부에게 뜻밖의 불행이 닥쳐왔다. 아랑의 뛰어난 미모가 온 나라 안에 퍼져 모르는 이가 없게 되니 이 소문이 개루왕의 귀에까지 들린 것이다. 여색을 좋아하는 개루왕은 아랑을 보고자 좌우에 명하여 그녀를 불러오게 하였다. 그러나 아랑은 왕이 보낸 사자의 요구에 응하지 않았다. 그 대신 벼루에 먹을 갈아 왕에게 올리는 글을 썼다.

'왕이 백성의 부모라 어찌 부르시는 명을 거역하오리까마는 소첩은 남편이 있는 몸이라 남편의 허락 없이는 왕명을 받들 수 없나이다.'

초조하게 기다리던 개루왕은 아랑의 편지를 읽고 실망을 금치 못했다. 그러나 개루왕은 이쯤에서 그만둘 위인이 아니었다. 오히려 몸이 더

달아올라 기필코 그녀의 순정을 꺾고 말리라 결심했다.

"음, 그 여자를 한 번 품어 봤으면 좋겠는데 묘안이 떠오르질 않는구나. 군사들을 보내?"

그러나 개루왕은 이내 고개를 내저었다. 군사까지 동원하여 연약한 여인을 잡아 오라고 한다면 왕의 위신이 떨어질 것은 불을 보듯 훤한 노릇이었다. 게다가 백성의 비웃음을 사기 쉬웠다.

개루왕은 궁리 끝에 아랑의 남편 도미를 불러들이기로 했다. 이윽고 도미가 궁에 당도하자 개루왕은 거드름을 피우며 물었다.

"네 아내가 우리나라에서 제일가는 미인이라지?"

가슴이 섬뜩했으나 도미는 애써 태연한 척했다.

"잘못 전해진 이야기로 알고 있습니다."

"범절이 바르고 예의가 굳다지?"

"……"

"여인은 정절이 으뜸가는 미덕이지만 나는 절개가 굳은 여자는 한 번도 본 적이 없다. 더구나 미인일수록 유혹에 빠지지 않은 여인이 없으니 네 아내도 마찬가지일 것이다."

개루왕은 짐짓 빙글빙글 웃으며 도미를 내려다보았다. 젊은 도미는 왕의 모욕적인 말에 당황하고 흥분했다. 제아무리 왕이라 해도 깨끗한 아랑에게 애매한 누명을 씌우는 것만은 용납할 수 없었다.

"열 길 물속과 달리 사람의 마음을 다 알 수는 없지만 소인의 아내는 죽어도 두 마음을 가지지 않을 것입니다."

억울하고 분하여 쏟아놓은 자신의 말이 도리어 왕의 불순한 마음을 부채질하리란 사실을 도미는 미처 몰랐을 것이다.

급기야 왕은 도미의 아내가 얼마나 아름답고 정결한지 시험해 보리라 결심하고는 도미에게 궁중 일을 맡겨 머물게 하였다. 그러고는 사람을 시켜 도미의 집에 왕이 거둥한다고 알리게 하였다. 그러나 왕은 도미의 집으로 직접 가는 대신 왕의 의복을 입은 근신을 보냈다. 근신으로 하여금 아랑의 정조를 시험하게 하려는 것이었다.

이윽고 가짜 왕이 도미의 집에 도착하였다. 아랑이 황망한 얼굴이 되어 그를 맞았다.

"내가 너의 아름다운 모습을 전해 듣고 그리워한 지 오래되었다. 오늘 너를 놓고 도미와 내기 장기를 두어 내가 이겼다. 따라서 너는 내일 나를 따라 궁중으로 들어가야 한다. 이제부터 너는 내 여자이니라."

이런 말과 함께 가짜 왕은 동침을 강요했다. 아랑은 당황하였으나 곧 마음을 가라앉히고 차분하게 대응했다.

"임금님께는 거짓말이 없는 법입니다. 제가 어찌 따르지 않겠습니까? 바라옵건대 대왕께서는 먼저 방으로 들어가소서. 의복을 갈아입고 뒤를 따르겠나이다."

가짜 왕을 안심시키며 방으로 안내한 아랑은 곧 자신의 여종을 대신 방으로 들여보내 하룻밤을 지내게 하였다.

이튿날 이 사실이 알려지자 개루왕은 크게 노하여 애꿎은 도미에게 죄를 씌워 그 벌로 두 눈을 빼 버렸다. 그러고는 송파강松坡江으로 끌고 나가 작은 배에 실어 강상으로 띄워 보냈다.

한편, 아랑은 여종을 방에 들여보내고 나서 바로 집을 나와 남의 집

처마 밑에서 밤을 새웠다. 아침이 되자, 아랑은 궁궐 짓는 일을 하는 도편수에게 남편의 안부를 물었다. 궁중에 들어갔다 나온 도편수는 하늘이 무너지는 소식을 전했다. 도미가 화를 입었다는 말에 아랑은 실신했다.

정신이 들자 도미를 찾으러 허둥지둥 송파나루로 쫓아갔다. 그러나 아랑은 개루왕이 배치해 놓은 군사들에게 잡히고 말았다. 끌려온 아랑을 보고 개루왕은 도미가 중죄로 처벌된 사실을 알리고 아랑에게 궁인이 될 것을 명했다. 아랑은 눈앞이 캄캄하고 정신이 아찔할 뿐이었다.

그러나 아랑은 이번에도 기지를 발휘했다.

"왕명을 어찌 어기겠습니까? 더구나 지금은 주인 잃은 몸이라 의지할 곳이 없으니 막막한 처지이옵니다. 대왕께서는 염려하지 마소서. 다만 지금은 몸이 깨끗하지 못한 때이니 며칠만 기다려 주시면 몸단장하여 들어오겠습니다."

왕은 의심 없이 아랑을 보내 주었다.

자신의 기구한 운명을 한탄하면서 송파강가로 다시 나간 아랑은 호천통곡呼天痛哭하였다. 넓은 강가에는 무심한 물결만 일렁이고 있었다. 대체 남편은 어디로 사라져 버렸단 말인가.

그런데 한참 정신없이 울다가 눈을 떴을 때였다. 빈 배 한 척이 떠내려 와 물결에 살랑살랑 움직이는 것이 아닌가.

이상하게 생각한 아랑은 그 배에 몸을 실었다. 어쩌면 남편이 탔던 배인지도 모른다. 이런 생각에 사로잡힌 아랑은 물결이 이끄는 대로 배와 함께 둥실둥실 떠내려가기 시작했다.

흘러가던 배가 닿은 곳은 천성도라고 불리는 섬이었다. 그런데 그 섬에 내려 보니 푸른 언덕 위에 어떤 남자가 누워 있지 않은가. 그리로 달려가 자세히 살피니 남편 도미였다. 상처와 기아로 지칠 대로 지친 몸이지만 천우신조로 아직 생명은 붙어 있었다.

서로 부둥켜안고 얼마나 울었는지 모른다. 이윽고 안정을 되찾은 도미와 아랑은 함께 배를 타고 이 나라를 떠나기로 하였다. 아픔과 절망만 안겨준 백제 땅에는 잠시도 머물고 싶지 았던 것이다.

조각배에 의지한 채 정처 없이 떠다니던 그들이 도착한 곳은 고구려 땅이었다. 그곳 사람들은 도미와 아랑을 측은하게 여겨 의복과 음식을 가져다주었다.

이렇게 하여 고구려 땅에 정착한 그들은 박해 받지 않는 자유로운 몸으로 여생을 단란하게 지냈다.

지금도 강변에 '도미나루'가 있는데 이 명칭은 도미 부부가 이곳에서 배를 탔던 까닭에 붙여졌다고 한다.

도미나루(서울 송파/옛 광주 땅)

박비는 자신이 어찌하여 여종의 자식이 되었고, 할아버지와 아버지는 어떤 사람들인지
알 길이 없었다. 그저 어릴 적부터 자신을 키워 준 어머니가 진짜 어머니인 줄 알았고,
인적 뜸한 묘동의 외딴집이 세상 전부인 양 여기며 무럭무럭 자라났다. 그 당시 박비를 곁에서
늘 지켜보며 뒷바라지해 준 의붓어머니는 어떤 심정이었을까.

임금을 만난 노비 소년 |박비|

고아 소년, 임금이 되다 |현종|

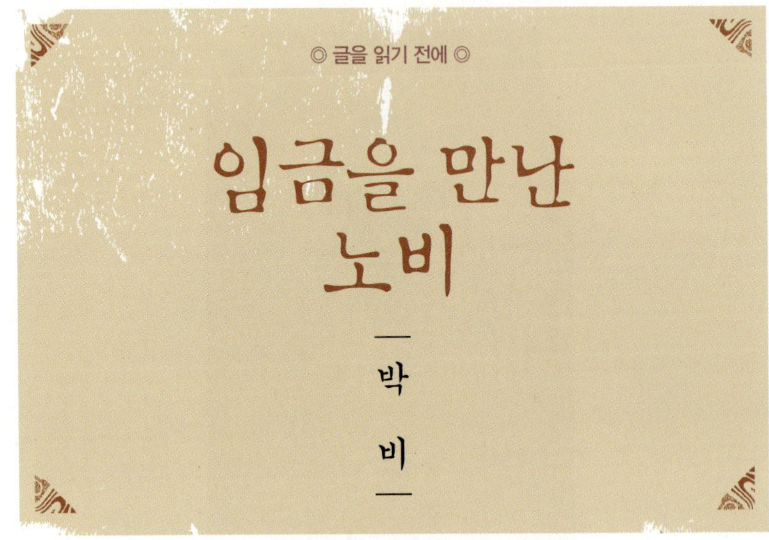

임금을 만난 노비

─ 박 비 ─

이야기의 시대적 배경

돌이켜 보면 인간의 욕심이 존재하는 한 어느 시대이건 아픔의 역사는 재생산되기 마련이었다. 태조 이성계가 조선을 창국한 이래 왕권을 차지하기 위한 싸움은 그칠 줄을 몰랐다. 제3대 임금 태종이 형제들의 피를 부르며 대권을 차지한 것이 그러하고 제7대 임금 세조가 조카 단종으로부터 왕위를 찬탈한 것 또한 그러하다. 이것 외에도 권세에 눈이 먼 신하들과 왕자, 혹은 왕족들이 결탁하여 불러온 피의 역사가 얼마나 많았던가.

그 숱한 피의 역사 가운데서도 단종의 폐위 과정만큼 슬픈 우리 역사는 없다고 감히 단언한다.

김종서 집터(서울 순화동)

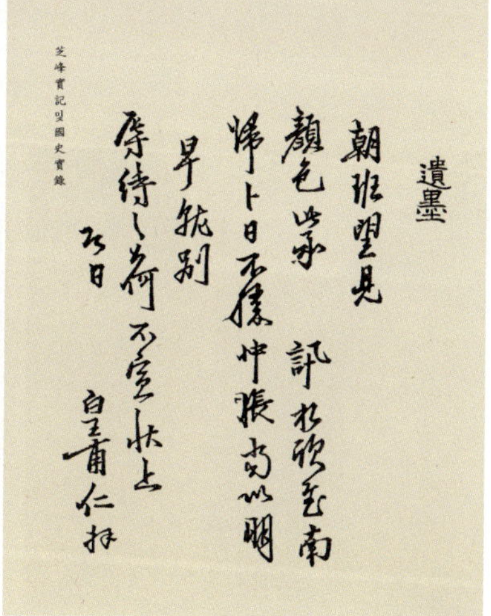

황보인 유묵

세종의 여덟 아들 중 첫째 문종은 원래부터 병약하여 재위 2년 만에 어린 아들 단종을 세상에 남겨 놓고 승하했다. 강건한 동생들 때문에 걱정이 많았던 문종은 승하하기에 앞서 김종서, 황보인, 남지 등에게 단종을 잘 보필하라는 고명을 남겼다. 이에 김종서를 필두로 한 고명대신들은 임금의 강성한 숙부들로부터 왕위를 지키며 안정적으로 정치를 펼쳐 나가고자 고심하였다.

한명회의 묘소(천안)

김질의 신도비(경기 포천)

정창손의 묘비(경기 양평)

그러나 정권을 틀어쥔 고명대신들에게 불만을 품은 수양대군은 자신의 측근 모사 한명회, 권람 등과 모의한 끝에 1453년 10월 10일 밤, 그 유명한 계유정난을 일으켜 김종서, 황보인 등을 죽이고 일거에 조선의 정권을 장악했다.

그 후 수양대군은 영의정에 올라 정사를 농단하면서 왕위 찬탈에 필요한 명분을 얻고자 몸부림쳤다. 그랬던 수양대군이 마침내 단종을 내쫓고 조선 제7대 임금으로 등극한 때는 1455년 윤 6월이었다.

이때만 해도 세조는 조선이 자신의 손아귀에 들어왔다고 자신했을 것이다. 그러나 어린 단종이 유배 길에 오르고 나자 성삼문, 박팽년 등과 같은 집현전 학사들은 폐위된 단종을 다시 복위시키고자 뜻을 모으기 시작했다.

급기야 1456년 6월, 거사를 단행키로 한 충신들은 창덕궁으로 속속 모여들었다. 때마침 명나라 사신을 맞아들이는 행사가 열리는 날이라 그 자리에서 세조를 살해하려 했던 것이다. 그러나 환영연이 뒤로 미뤄지면서 거사 계획에 차질이 생겼다. 이렇게 되자 김문기, 성삼문 등과 행동을 같이하기로 약조했던 김질은 불안감을 느낀 나머지 정창손에게 거사 계획을 알리고 말았다. 당시 우찬성으로 세자좌빈객과 판이조사를 겸하면서 세조로부터 신임을 크게 받고 있던 정창손은 질서姪壻 김질의 이야기를 세조에게 낱낱이 고했다.

가슴이 철렁 내려앉은 세조는 자신을 없애고자 모의했던 관련자들을 모두 잡아들여 혹독하기 그지없는 고문을 가한 끝에 모두 죽이고 말았다. 이때 잔인하게 죽임을 당한 사육신은 대가 끊기는 비극을 감수해야만 했다. 3대에 걸쳐 모든 집안 남자들이 죽임을 당했으며, 여자들은 노비로 끌려가는 신세가 되었다.

그런데 이러한 참화 속에서도 어린 생명이 가냘프게 피어나 모진 고난 끝에 사육신 박팽년의 혈통을 잇게 되었으니 이가 곧 박비이다.

이제 박비의 험난했던 인생 역전 드라마 속으로 들어가 인생의 참 의미를 음미해 보기로 하자.

어머니의 소원

달빛 몽롱한 밤이었다.

네 명의 건장한 남자가 가마를 들고 쫓기듯 걸어가고 있었다. 얼마나 걸음을 서두르는지 가마는 쉴 새 없이 앞뒤 좌우로 흔들렸다.

'아가야, 왜 이렇게 몸이 뻣뻣해지는 거니? 너만은 꼭 살아야 해. 제발…….'

가마 안에는 임신한 여자가 잔뜩 긴장한 얼굴로 앉아 있었다. 비단 치마저고리를 입은 여자의 배는 만삭이었다. 아기를 낳을 때가 그리 머지않은 것이다. 그런데 두 손으로 배를 받치듯 쓸어안은 여자의 표정과 몸짓이 심상치 않았다.

'아가야, 이제 괜찮아. 아무도 우리를 어쩌지 못한단다. 그러니 제발

긴장을 풀렴. 어머니 소원이야, 응?'

여자는 살포시 눈을 감은 채 마음속으로 뱃속의 아기에게 이야기를 건넸다. 그 표정이 얼마나 간절했는지 모른다.

세상에 태어날 때가 거의 다 된 뱃속의 아기는 어머니의 기분에 따라 민감하게 반응하기 마련이다. 어머니가 슬퍼하면 아기도 슬퍼하고, 어머니가 편안하고 기분 좋으면 아기도 똑같은 감정을 느낀다.

그런데 흔들리는 가마 안에 앉은 여자는 지금 엄청난 공포에 사로잡혀 있다. 살려고 도망치는 중이었기 때문이다. 아니, 여자는 자기 목숨 때문이 아니라 뱃속의 아기를 살려야 한다는 간절한 소망이 있었기에 구차하게 도망자가 된 것이었다.

이런 상황이다 보니 평상시 같으면 배냇짓을 하며 어머니의 뱃속에서 편안하게 놀았을 아기가 잔뜩 굳은 몸으로 꼼짝도 하지 않고 있었다. 어머니가 느끼는 엄청난 공포와 긴장을 감당하지 못한 나머지 뱃속의 아기가 잘못되었을 수도 있다는 생각이 한순간 들었다.

"잠깐 쉬었다 가야겠다!"

여자는 자기도 모르게 밖을 향해 소리쳤다. 여자의 목소리가 얼마나 다급했던지 가마꾼들이 흠칫 놀라며 그 자리에 멈춰 섰다.

"마님, 아직 안심하기에는……."

"그게 아니라 뱃속의 아기가 좀 이상해서 그런다. 잠시 쉬었다 가자."

가마꾼들은 혹 군사들이 쫓아오지 않을까, 걱정되어 뒤를 흘끔 돌아보고 나서야 가마를 땅에 내려놓았다.

여자는 그제야 "후!" 안도의 숨을 내쉬며 손으로 배를 쓸었다. 걱정

박팽년 선생 유허지(대전광역시 동구 가양동)

하는 어머니의 마음을 알아차린 것일까. 뱃속의 아기가 꿈틀 움직였다. 여자의 입가에 미소가 감돌았다. 그러나 그것도 잠시, 여자의 표정이 조금 전과 마찬가지로 일그러졌다.

'아가야, 이날을 꼭 기억하렴. 네 할아버님과 아버님, 그리고 온 가족이 멸문지화를 당한 이날을 말이다. 흐흑.'

여자의 구슬픈 울음소리가 들려오자 길섶에 쭈그리고 앉은 가마꾼들이 약속이나 한 듯 한숨을 쉬었다.

"우리 대감마님은 정말 돌아가셨을까?"

"이 사람아, 수양대군이 어떤 사람인지 몰라서 그러나? 우리 대감마님 댁은 망한 거야."

"그나저나 주인마님과 뱃속의 아기가 걱정이구먼. 주인마님이 도피한 걸 알면 군사들이 추격해 올 텐데 말이야."

김문기 선생 묘비(서울 노량진)

박팽년 선생 묘비(서울 노량진)

　가마꾼들은 버릇처럼 지나온 길을 힐끔 쳐다보았다. 그러나 은은하게 부서져 내리는 달빛뿐 너른 들판과 뱀처럼 구불구불한 황톳길에는 사람 그림자 하나 보이지 않았다.

　이들 네 명의 가마꾼은 기실 한양의 박팽년 대감 댁 머슴들이었다. 박팽년은 세종 임금 시대에 과거에 장원 급제하며 이름을 널리 알린 사람으로 학문과 필법이 뛰어나 세종은 물론이고 조선 제5대 임금 문종과 제6대 임금 단종에게 많은 사랑을 받았다. 특히 단종 임금 때는 우승지를 거쳐 형조 참판이 되었는데 임금의 숙부이자, 세종의 둘째 아들이기도 한 수양대군이 단종을 쫓아내 버리고 임금 자리를 빼앗자 울분을 이겨 내지 못하고 연못에 빠져 죽으려 하였다. 이때 우연찮게 박팽년의 위태로운 모습을 보고 달려와 설득한 사람이 성삼문이었다. 수양대군을 내쫓고 단종 임금을 다시 모셔올 수 있도록 힘을 모으자는 성삼문의 말에 희망을 얻은 박팽년은 그날부터 단종 복위 운동을 전개해 나가기 시작했다.

　이때 박팽년과 행동을 같이한 사람들은, 이른바 사칠신으로 일컬어지는 김문기, 성삼문, 하위지, 이개, 유성원, 유응부 등이었다. 이들은

사육신 육각비(서울 노량진)

1456년 6월, 명나라 사신의 환송연이 열리는 날 수양대군과 그 일파를 없애 버리려고 하였다. 그러나 뜻을 같이하던 김질이라는 사람이 단종 복위 운동의 내막을 밀고하는 바람에 모든 계획은 수포로 돌아가고 말았다.

박팽년은 이때 단종 복위 운동을 계획했던 여러 사람과 함께 체포되어 역적으로 몰렸다. 조선시대에는 형벌이 아주 가혹했다. 특히 역적으로 몰렸을 때는 그 당사자만 처형당하는 데 그치지 않고 온 집안이 풍비박산 났다. 집안의 남자들은 한 명도 빼놓지 않고 사형 당했으며, 여자들은 노비가 되어야만 했다. 박팽년의 집안도 마찬가지였다. 아버지 박중림은 물론이고 동생 박대년과 박팽년의 세 아들, 박헌, 박순, 박분이 모두 처형되었다. 그뿐만 아니라 박팽년의 어머니와 아내, 며느리들은 역적의 가족이라 하여 노비로 끌려가고 말았다. 단종 복위 운동과 관련하여 사형된 모든 사람의 집안이 그러했듯 박팽년의 집안도 대가 완전히 끊어질 위기에 놓인 셈이었다.

그런데 기적 같은 일이 벌어졌다. 박팽년의 둘째 며느리이자, 박순의 아내이기도 한 이씨 부인이 자신에게도 화가 미치리라는 것을 미리 알고 몸을 피했던 것이다. 그러나 이씨가 몸을 피한 것은 노비로 끌려가

창절사(강원도 영월군 영흥리)

숙모전(충청남도 공주시 반포면 학봉리)

는 치욕을 피하기 위해서가 아니었다. 뱃속의 아기를 어떻게 하든 살림으로써 박씨 집안의 대를 이어 보려는 소망 때문이었다.

이쯤 되면 어느 정도 눈치 챘겠지만 네 명의 가마꾼이 메고 가는 가

충곡서원(논산시 부적면 충곡리)

충곡사(논산시 부적면 충곡리 산 13번지)

마 속의 임신한 여자가 바로 박팽년의 둘째 며느리 이씨였다. 이씨는 친정집이 있는 경북 달성군 묘동 마을을 바라고 내처 달려가는 중이었다. 그러나 나라의 법이 하도 엄하여 지금쯤 한양에서는 이씨 때문에

성인문(대구시 달성군)

난리가 났을 것이 틀림없었다. 대역죄인의 가족이 허락도 받지 않고 도망치는 중이었으니 말이다. 만약 뒤쫓아 온 병사들에게 잡히기라도 하는 날이면 이씨는 옥에 갇힌 채 아이를 낳게 될지도 몰랐다. 태어난 아기가 여자라면 노비로 끌려가게 될 테니 목숨을 부지할 수 있겠지만 만에 하나 남자 아이가 태어난다면 죽음을 면키 어려울 터였다.

"하느님, 제발 불쌍한 우리 아기와 못난 어미를 굽어 살피소서."

이씨는 한숨을 길게 내쉬며 가마꾼들에게 다시 길을 떠나 보자고 이야기했다. 가마꾼들의 무거운 어깨 위로 뿌연 달빛이 서럽게 흩어져 내리고 있었다.

아들을 낳으면 죽여라

달성군 묘동 마을 이철근 현감 댁.

바로 이곳이 이씨의 친정집이었다. 깊은 밤이건만 이씨의 친정집은 무언가 끔찍한 일이 벌어질 것만 같은 정적과 긴장감에 휩싸여 있었다.

이씨가 묘동 마을에 도착하자, 조선 조정에서는 군사들을 내려 보내는 대신 경상감사에게 어명을 내려 이씨를 감시하게 하였다. 이때 임금이 내린 명령은 이씨가 걱정했던 것과 정확히 일치했다. 아들을 낳으면 죽이고, 딸을 낳으면 노비로 삼으라는 내용이었다.

이씨는 걱정과 두려움으로 숨이 막힐 지경이었다. 세상 어느 어머니가 자신이 낳은 갓난아기가 죽거나 노비가 되어야 한다는데 마음이 편안하겠는가. 이씨는 차라리 뱃속의 아기와 함께 깊은 물에 풍덩 빠져 죽고 싶은 심정이었다.

이씨의 이러한 마음을 아는지 모르는지 날이면 날마다 경상감사가 보낸 사람이 찾아와 아기를 낳지 않았나 감시했다. 그 바람에 이씨는 더더욱 괴로웠다.

그로부터 여러 날이 지난 어느 깊은 밤이었다. 웬일인지 이씨가 묵는 방에서 조금 전부터 서러운 울음소리가 새어나오고 있었다. 그도 그럴 것이 이씨는 방금 잘생긴 사내아이를 출산했다. 뼈마디가 끊어지는 것만 같은 고통을 초인적인 힘으로 참아낸 끝에 아들을 낳았다는 것을 확인한 순간 이씨는 기가 막힌 나머지 혼절해 버렸다. 그러나 이씨는 곧 깨어나며 흐느껴 울기 시작했다. 이 불쌍한 아기가 머지 않아 경상감영에서 나온 자들에게 생명을 빼앗기려니 생각하자 저도 모르게 가슴이 무너져 내린 것이다.

갓난아기를 슬픈 눈으로 내려다보던 이씨의 친정어머니가 한숨을 쉬었다.

"이젠 언년이를 믿는 수밖에 도리가 없구나. 다행히 언년이가 여자 아이를 낳는다면 우리 손자는 일단 목숨을 보전할 수 있겠다."

이씨는 언년이를 간절하게 떠올렸다. 언년이는 친정집 여종인데 공교롭게도 이씨와 비슷한 시기에 임신했다. 이씨의 친정 부모는 언년이에게 결사적으로 매달렸다.

"언년아, 네가 낳은 아이는 어차피 평생 노비로 살아야 할 팔자 아니더냐. 그것이 조선의 법도이니 말이다. 그래서 하는 말인데 네가 딸을 낳고, 우리 딸이 아들을 낳거든 아기를 서로 바꾸는 것이 어떻겠냐? 비록 갓난아기지만 그것도 사람이니 목숨부터 살리고 봐야 하지 않겠니? 네가 그렇게만 해준다면 노비 신분에서 벗어나게 해줄 뿐더러 논과 밭을 넉넉하게 떼어 주겠다."

언년이는 마음이 비단결 같았다. 논과 밭을 떼어 주지 않더라도 자신이 딸을 낳고, 이씨가 아들을 낳으면 아기를 바꾸자고 먼저 이야기할 여자였다.

그 때문에 이씨는 다소 안심이 되었던 것이 사실이다. 그러나 막상 아들을 낳고 보니 걱정거리가 한둘이 아니었다. 우선 언년이가 아들을 낳으면 어찌하나 눈앞이 캄캄해졌다. 아무리 언년이가 노비 신분이고

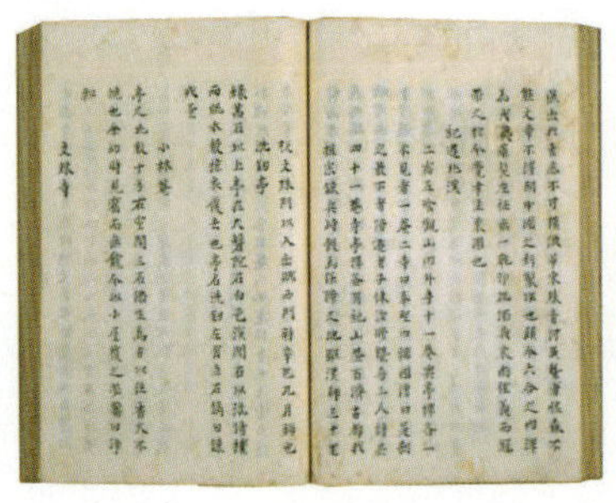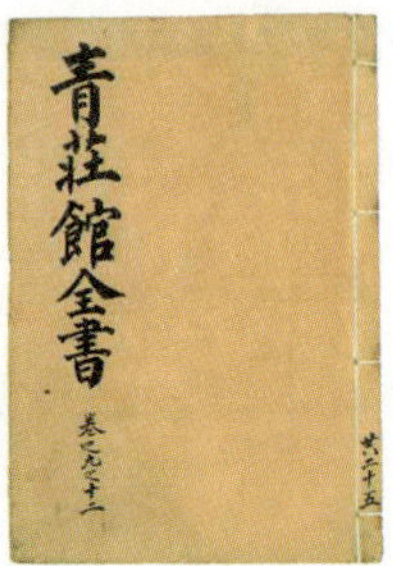

청장관전서青莊館全書 /이덕무李德懋

'박팽년의 자부가 분만하기에 이르러 그의 자부는 사내아이를 낳고 비녀는 계집아이를 낳았으므로 여종이 바꿔쳐서 자기 아들로 삼았으니, 그 아들의 이름을 박비(朴婢)라 하였다.'

착하다지만 아들을 낳으면 마음이 달라질 터였다. 자기 자식을 죽이는 꼴이 될 테니 말이다.

설사 운이 좋아 언년이가 딸을 낳더라도 이씨의 걱정은 줄어들지 않을 것 같았다. 자신이 낳은 아기의 처지가 생각할수록 불쌍해시였다. 형조 판서를 배출한 대감댁 자손이 평생 노비 신분으로 살아가는 꼴을 어떻게 본단 말인가.

"어머니, 우리 아기가 목숨을 건진다 해도 장차 살아갈 일을 생각하면 불쌍해서 차마 못 볼 것 같아요. 이를 어쩌면 좋단 말인가요."

이씨는 또다시 눈물을 쏟아내며 갓난아기를 애절하게 바라보았다.

"이런 때일수록 마음 약해지면 안 된다. 아직 언년이가 아이를 낳지도 않았는데 웬 방정이란 말이냐. 그리고 이 아이가 노비 신분으로 살아가게 된다 해도 낙심할 필요는 없다. 언제고 네 시댁 아버님의 충성스러운 마음을 세상이 인정해 줄 테고, 그리되면 잃어버린 신분을 되찾게 될 터이니 말이다."

어머니의 말을 듣고 보니 다소 위안이 되는 것 같았다. 그러나 잃어버린 신분을 되찾기까지 얼마나 긴 세월을 기다려야 할지 아무도 모르는 일이었다. 이씨는 어머니에게 무슨 말인가 하려다가 입을 꾹 다물었다. 친정어머니가 이야기한 대로 언년이가 아들을 낳은 것도 아닌데 너무 앞서 가며 방정을 떤다 싶어서였다.

이씨는 조용히 눈을 감았다. 그리곤 언년이가 제발 딸을 낳게 해달라고 하늘에 빌고 또 빌었다.

운명의 갈림길에서

그로부터 며칠 지나지 않아서였다. 경상감영에서 사람이 수시로 나와 감시한다는 것을 알고 있었던지 언년이의 아기도 깊은 밤에 태어났다.

"응애!"

아기의 첫울음이 터져 나온 순간 자리에 누워 이제나저제나 소식을 기다리던 이씨는 숨을 딱 멈추었다. 그러고도 한참이나 지나서였다. 마침내 종종거리며 이쪽으로 달려오는 발소리가 들렸다. 이씨의 친정 어머니였다.

"얘야, 기적이 일어났다. 하늘이 우리를 도우신 게야! 딸이 태어났구나, 딸이!"

어머니의 떨리는 음성이 귓전을 울렸을 때, 이씨는 온몸을 부르르 떨며 굵은 눈물방울을 떨어뜨렸다.

"감사합니다. 정말 감사합니다."

삼충각(대구시 달성군 하빈면 묘동)

낙빈서원(대구시 달성군 하빈면 묘동)

자신이 낳은 아기가 이제 살게 되었다는 생각에 이씨는 세상을 모두 얻은 듯 기뻤다.

그러나 사람의 마음처럼 간사한 것도 없는 모양이었다. 감격한 얼굴로 아기를 내려다보는데 장차 이 아이가 헤쳐 가야 할 험난한 세상이 떠오르자 절망으로 가슴이 미어지는 것만 같았다. 사실 단종을 다시 임금 자리에 앉히려고 애쓰다가 시아버지 박팽년이 역적죄를 뒤집어쓰고 잡혀갔을 때만 해도 이씨는 뱃속의 아기만 살릴 수 있다면 무슨 짓이든 할 것 같았다. 그런데 막상 아이를 살려 놓고 보니 생각이 달라졌다.

"어머니, 우리 아기가 불쌍해서 어떡해요? 전 몸조리만 끝나면 언년이가 낳은 딸이랑 떠나야 할 텐데……."

이씨는 몸이 회복되는 대로 어명에 따라 언년이의 아기를 데리고 종살이를 하러 떠나야 한다. 따라서 이씨가 낳은 아기는 언년이의 아들이 되어야 하는 것이다. 노비의 아들 말이다.

"언년이는 우리 집에서 나가 살게 될 거다. 이제 더는 노비가 아닌 셈이지. 땅도 떼어 줄 테니 먹고사는 일 또한 문제가 아닐 게다. 다만……. 언년이가 노비였다는 것을 세상이 다 아니 우리 손자도 노비의 자식이 되어야 하겠지. 어쩌겠니, 이 녀석이 타고난 운명이 그런 것을……."

운명.

이씨는 피눈물을 쏟는 심정으로 운명이라는 말을 끝없이 중얼거렸다. 이제 이씨가 종살이를 하러 떠나고 나면 언제 다시 아기를 만나게 되는지 기약할 수 없다. 기가 막혔지만 이나마도 감사해야 한다고 이씨는 애써 마음을 누그러뜨렸다.

그날 밤, 아기를 보듬어 안고 밤을 지새우면서 이씨는 몇 번이고 아기에게 속삭였다. 어쩌면 그 속삭임은 이씨가 아기에게 하는 유언이 될는지도 모를 일이었다.

"아가야, 네 할아버님은 세종 임금님과 문종 임금님께서 무척 아끼고 사랑해 주시던 학자였단다. 게다가 나라를 위해 목숨을 아끼지 않으신 충신이었지. 꼭 기억하렴. 너는 그분의 하나밖에 없는 손자란다. 지금은 비록 어려운 시기를 맞아 천한 신분이 되었지만 언젠가는 다시 세상에 우뚝 서게 될 거야. 그날이 올 때까지 무슨 일이 있어도 참고 견뎌야 해. 알았지? 헌데 어머니는 한 가지 걱정이 있단다. 네가 할아버지를 닮았다면 분명히 천한 신분에 어울리지 않게 총명할 텐데 사람들이 그런 네 모습을 보고 언년이 딸과 너를 바꿨구나, 의심하면 어쩌나 하는 걱정이란다. 그러니 되도록 어리석은 척, 알면서도 모르는 척 지내다오……."

이씨의 이야기는 끝도 없이 이어졌다. 그러나 어머니의 애타는 마음을 아는지 모르는지 아기는 아주 평온한 얼굴로 색색 잠을 자고 있었다.

총명한 노비 소년

이씨와 언년이가 낳은 아기들은 자신의 운명이 뒤바뀐 것도 모르는 채 의붓어머니의 품에 안겨 제각기 가야 할 길을 걸어갔다. 이씨와 언년이 딸은 종이 될 운명을 끝내 거부하지 못하고 묘동 마을을 떠났으며, 언년이와 이씨의 아들은 사람들의 이목을 피해 묘동 마을로부터 멀리 떨어진, 인적 드문 산기슭으로 이사하여 살아가게 되었다.

이씨의 아들에게 박비라는 이름을 지어준 것은 박비의 외할아버지이자, 현감이기도 한 이철근이었다. 그러나 박비라는 이름에 담긴 뜻은 그리 내세울 만한 것이 못되었다. 박씨 성을 가진 노비라는 뜻이었으니 말이다. 따라서 사람들은 이름만 듣고도 박비가 천한 집안의 자손이라는 사실을 쉽게 알아차렸다.

박비는 자신이 어찌하여 여종의 자식이 되었고, 할아버지와 아버지는 어떤 사람들인지 알 길이 없었다. 그저 어릴 적부터 자신을 키워준 어머니가 진짜 어머니인 줄 알았고, 인적 뜸한 묘동의 외딴집이 세상 전부인 양 여기며 무럭무럭 자라났다.

그 당시 박비를 곁에서 늘 지켜보며 뒷바라지해 준 의붓어머니는 어떤 심정이었을까. 비록 노비는 주인의 소유물에 불과한 조선시대라고 하지만 박비의 의붓어머니는 자신의 딸을 멀리 떠나보낸 채 상전 집의 손자를 키워주고 있었다. 떠나보낸 딸을 생각하면 한숨이요, 아무것도 모르는 채 자라나는 박비를 바라보노라면 측은한 마음이었을 것이다. 그랬기에 의붓어머니는 있는 정성 없는 정성 다 쏟아내며 박비를 키웠다.

박비와 의붓어머니가 숨어 사는 곳은 묘동 현감 댁에서 마음만 먹으면 언제든지 찾아가 볼만한 거리였다. 불쌍한 처지에 빠진 외손자를

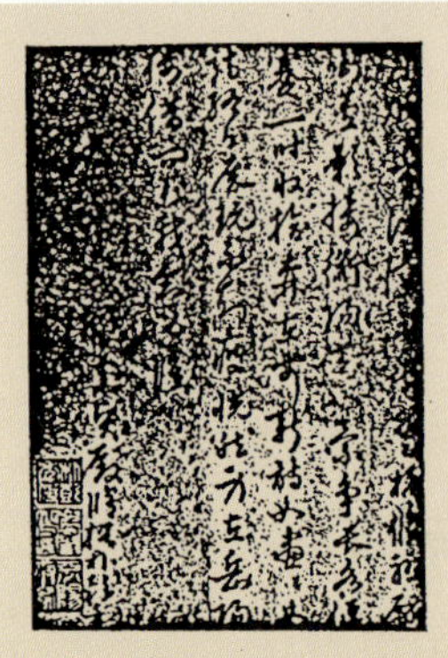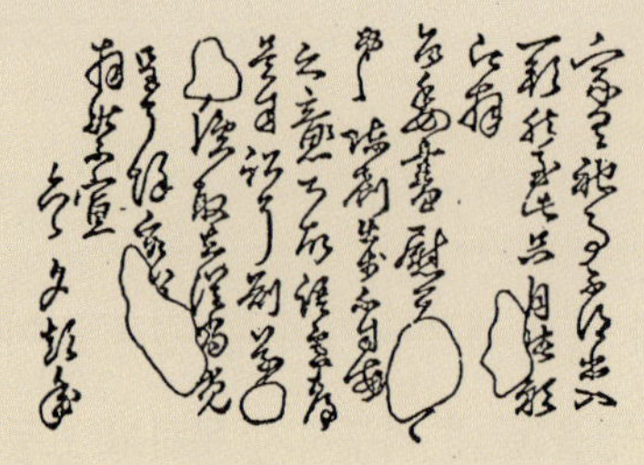

박팽년 선생의 집터
(서울 중구 초동

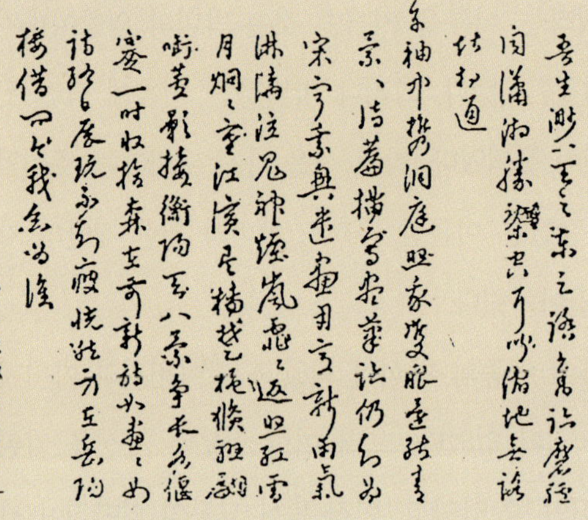

박팽년 선생의 글씨

지척에 두고 박비의 외가댁 식구들은 결코 마음이 편치 않았을 것이다. 역사 기록에는 남아 있지 않지만 보고픈 마음에 한두 번 찾아간 것이 아닐 터였다.

그러나 혹시라도 박비가 박팽년 대감의 손자라는 사실이 알려지기라도 하는 날이면 박비는 물론이려니와 역적의 자손을 숨겨 둔 외가댁에도 화가 미칠 것이 틀림없었다. 그랬기에 드러내 놓고 박비를 만나거나 도움을 줄 수는 없었다. 그때 박비의 외가 식구들은 한결같은 마음이었을 것이다. 어서 세조 임금의 시대가 끝나고 새 세상에 열리기를 고대하는 마음 말이다. 그렇게만 된다면 나라를 위해 충성한 사육신에 대한 평가가 제대로 이루어질 가능성이 충분했고, 그에 따라 박비 또한 잃어버린 양반 신분을 되찾게 될 터였다.

그러나 그런 날이 올 때까지 박비가 헤쳐 가야 할 운명은 험난하기만 했다. 할아버지 박팽년의 총명한 머리와 정의로운 마음을 이어받은 박비는 그 당시 많은 사람의 입에 오르내리고 있었다. 하는 짓이나 생각이 총명하기 이를 데 없는 노비 아이가 묘동 마을 근처에 숨어 산다는 소문이 바로 그것이었다. 만약 이러한 소문이 경상감사의 귀에 들어간다면 박비의 앞날은 장담할 수 없는 상황이었다.

게다가 묘동 인근에서는 박비의 출생에 관한 비밀마저 사람들의 입에서 입으로 알게 모르게 번져 가고 있었다. 박팽년 대감 댁으로 시집갔던 현감 댁 딸이 집안에 미친 화를 피해 묘동으로 내려왔다가 남자 아기를 낳았는데 그 아기를 죽여야 한다는 어명을 받자 여종이 낳은 딸과 바꿔치기를 했으며, 그 후 현감 댁 여종은 아이를 데리고 어딘가로 도망쳐 숨어 산다는 이야기였다.

열 살이 훨씬 넘은 소년으로 성장한 박비도 이러한 이야기를 익히 들어 알고 있었다. 그런데 이상한 일이었다. 소문 속의 남자 아이가 자신과 무관하지 않은 것 같다는 이상한 예감이 자꾸 찾아 들었다. 기실 박비는 묘동 인근에 사는 노비 아이들을 대부분 알고 있었다. 하지만 아무리 둘러보고 또 둘러보아도 소문에 등장하는 총명한 노비 아이는 없었다.

박비는 문득 어머니의 얼굴을 떠올렸다. 얼핏 본 글자를 기억하여 땅에다 써 보며 뜻을 알고자 골몰하는 박비를 발견할 때마다 어머니는 공연히 근심 가득한 얼굴이 되었다. 그런가 하면 길에서 사귄 노비 아이들 앞에서 박비가 알게 모르게 총명함을 드러낼 때마다 어머니는 조용히 박비를 불러 주의를 주었다. 되도록 어리석게 행동해야 한다고!

박비의 속마음까지 낱낱이 기록된 사료를 찾을 수 없어 잘은 모르지만 박비는 이때부터 자신의 신분에 대해 의문을 품었을 것이 틀림없다. 따지고 보면 이상한 일은 한둘이 아니었다. 그중에서도 다른 사람들과의 접촉을 극도로 꺼리는 어머니의 태도가 박비의 뇌리에서 좀처럼 지워지지 않았다.

왜일까.

생각에 생각을 거듭하던 박비는 결국 자신이 박팽년 대감의 손자이자, 묘동 현감 댁의 외손자일 가능성이 농후하다는 결론을 내렸다. 그러나 박비는 차마 그러한 사실을 드러내 놓고 확인하려 들지 못했다. 두려움 때문이었다. 세상에 태어나자마자 죽임을 당했어야 할 사람이 바로 자신이고, 지금이라도 정체가 드러난다면 목숨을 부지할 수 없을 것이라는 두려움.

새 세상이 열리다

1468년 9월이었다.

열세 살이 된 박비는 훌쩍 자란 몸도 몸이지만 마음이 한결 성숙해

저 있었다. 출생의 비밀을 둘러싸고 두려움과 갈등을 항상 겪으며 성장한 탓이었다.

그러나 박비는 사실 마음속으로만 어림짐작해 볼 뿐 자신이 정말 박팽년 대감의 손자인지 아닌지 확신할 수 없었다. 모든 것이 안개 속 같았다. 어떤 때는 자신이야말로 박팽년 대감의 손자가 분명하다고 확신하다가도 천한 자신의 이름과 처지를 생각하면 절대 그럴 리 없다는 생각이 들기도 하였다.

그러던 어느 날, 박비에게 놀라운 일이 생겼다. 박비가 태어나던 날처럼 아주 깊은 밤에 뜻밖의 사람이 찾아온 것이었다. 바로 박비의 외할아버지이자, 묘동 현감으로 있던 이철근이었다.

"도련님, 할아버님이 찾아오셨습니다."

잠을 자다 말고 귀에 익은 어머니의 목소리를 듣고 어렴풋이 눈을 떴던 박비는 소스라쳐 놀라고 말았다. 방안에 묘동 현감이 있는 것도 그렇지만 상전을 대하듯 몸을 조아린 어머니의 태도와 목소리가 박비를 놀라게 한 것이었다.

그러나 놀라움을 가라앉힐 겨를도 없이 묘동 현감의 입에서 충격적인 이야기가 터져 나왔다.

"내가 바로 네 외조부이다."

박비는 그저 멍했다. 두 눈을 둥그렇게 뜬 채 멍한 마음, 멍한 생각으로 그저 자신의 외할아버지와 어머니를 바라보고만 있었다. 할아버지와 어머니의 장황한 이야기가 이어졌다. 그러나 박비는 단 한 마디도 알아들을 수가 없었다. 그저 자신이 묘동 현감의 외손자이며, 박팽년 대감의 친손자라는 생각만이 멍한 머릿속에서 둥둥 떠다닐 따름이었다.

그런 박비에게 묘동 현감이 마지막으로 들려준 이야기는 다음과 같았다.

"마침내 세조 임금이 병들어 죽었단다. 새 세상이 열렸으니 네 할아버지 박팽년 대감이 신원(억울하게 뒤집어쓴 죄를 씻음) 될 날도 머지 않았을 게다. 그때까지는 절대 세상에 네 비밀을 드러내서는 안 된다. 당장 너를 우리 집으로 데려가고 싶다만 그 또한 안 될 일이다. 아직은 대역죄인의 신분이니 말이다. 이 집에서 때를 기다리며 네 할아버지에게 부끄럽지 않은 손자가 되도록 정진하거라."

박비는 외할아버지가 돌아간 뒤에도 꿈꾸듯 몽롱한 기분에서 좀처럼 헤어나지 못했다. 이러한 상태는 여러 날이 지나도록 변하지 않았다. 한편으로 생각해 보면 지체 높은 집안의 자손이라는 사실이 기뻤다. 그러나 노비가 되어 한양으로 떠난 어머니와 집안의 남자들이 전부 불귀의 객이 되어 버렸다는 사실을 떠올리면 애통하고 두려웠다. 아니, 기가 막혔다.

그러던 어느 날 아침이었다. 박비의 흔들리는 모습을 보다 못한 어머니가 멈칫멈칫 앞으로 다가앉았다.

"도련님……."

박비는 어머니의 음성이 들려온 순간 흠칫 놀라며 두 눈을 똑바로 떴다. 열세 살이 되도록 자신을 키워 준 어머니였다. 원래 신분이 어떠하든, 친어머니이든 아니든 중요한 것은 지금껏 자신을 키워 준 어머니가 하루아침에 자신의 아랫사람이 될 수는 없다는 사실이었다.

"어머니, 다시는 저를 그렇게 부르지 마세요. 지금 이 시간부터 저에겐 어머니가 두 분이십니다. 그러니 제발……"

박비의 진심을 알고 있었던 것일까. 어머니가 아무 말도 못하고 고개를 숙였다.

박비는 소리 죽여 한숨을 내쉬었다. 자신이 박팽년의 손자인지도 모른다고 쭉 생각해 왔지만 막상 그것이 현실로 닥치자 몰락한 집안의 비극이 비수가 되어 가슴을 찌르는 것만 같았다.

할아버지에게 부끄럽지 않은 손자가 되도록 정진하라던 외할아버지의 마지막 말이 떠올랐다. 글공부를 시작하고, 장차 신분이 회복되었을 때 어엿한 양반 행세를 할 수 있도록 마음을 닦으라는 당부였을 터였다.

그러나 박비는 절망적이었다. 임금이 바뀌었다고 해도 할아버지 박팽년의 죄가 신원 되어 떳떳하게 얼굴을 들고 다닐 날이 오지 않을 것만 같아서였다. 그런 날이 오기도 전에 자신의 정체가 세상에 드러나 붙잡힌다면 목숨을 부지하기 어려울 것이었다.

그로부터 참으로 오랜 기간 동안 박비는 홀로 산속을 헤매며 어지러운 마음을 다잡으려고 애썼다. 상황은 절망적이었지만 아무리 생각해도 박비 앞에는 한 가지 길밖에 없었다. 할아버지 박팽년의 신분이 회복될 때까지 글을 배우고 익히며 묵묵히 기다리는 것 말이다.

이모부 이극균의 방문

이극균의 묘비(경기도 남양주)

처음엔 한두 달 안에 소식이 있으려니 믿었다. 그러나 새 임금 예종이 나라를 맡아 다스린 지 일 년이 지났는데도 할아버지의 죄가 신원 되었다는 소식은 들려오지 않았다.

"세상은 우리 할아버지를 잊은 거야. 노비가 되어 버린 우리 어머니를 잊었고, 나를 버렸어!"

박비는 절망감이 찾아들 때마다 이렇게 소리치며 산속을 헤맸다. 그러다가 마음이 어느 정도 진정되면 다시 집으로 돌아와 글을 읽곤 하였다. 할아버지에게 물려받은 명석한 머리 덕분인지 그즈음 박비의 글공부는 빠른 진척을 보이고 있었다. 그러나 이따위 글공부가 무슨 소용이겠느냐고 소리치며 책을 팽개쳐 버린 것이 몇 번인지 몰랐다.

그런데 그때 한양에서 다시 놀라운 소식이 날아들었다. 조선 제8대 임금 예종이 나라를 다스린 지 14개월 만에 숨을 거뒀다는 것이다. 그 뒤를 이어 성종 임금이 즉위하자 박비는 다시금 기대감에 사로잡혔다.

예종 임금은 무심한 사람이라 할아버지를 신원시켜 주지 않았지만 성종 임금은 다를 것이라는 생각이 들어서였다.

그러나 성종 임금 또한 크게 다르지 않았다. 임금이 된 지 일 년이 지나고 이 년이 지났지만, 한양에서는 기다리는 소식이 오지 않았다.

'결국, 난 박비라는 천한 이름으로 살다가 죽는 수밖에 없는 모양이다.'

낙심한 박비는 한동안 글공부를 멀리했다. 천하게 살아가는 것이 운명이라면 글공부는 해서 무엇 한단 말인가.

그러나 박비는 얼굴조차 본 적이 없는 할아버지 박팽년과 노비가 되어 있을 어머니 생각에서 결코 자유롭지 못했다. 이제나저제나 박비가 집안을 일으키길 고대하며 살아가고 있을 어머니와 지하에서 억울한 넋이 되어 통곡하고 있을 할아버지의 얼굴이 실제로 본 것처럼 또렷하게 떠올랐다.

'고작 이삼 년 기다려 놓고 뜻대로 되지 않는다 하여 이렇게 낙심했단 말이니? 박비야, 넌 겉모습보다 마음이 더 천한 아이로구나.'

열여섯 청년으로 성장한 박비는 산속을 헤매다 말고 우뚝 멈춰 서서는 자신을 모질게 꾸짖었다. 아무리 길고 지루한 장마도 끝이 있기 마련이다. 그 시기를 참고 견디며 노력하지 않는다면 결국 박씨 성을 가진 노비 아이밖에 될 수 없다. 햇빛 비치는 맑은 날을 떳떳하게 맞이할 수 없다.

박비는 집을 향해 뛰어 내려가며 결심하고 또 결심했다.

'지성이면 감천이라고 하지 않았던가. 진심으로 원하는 일을 이루고자 하늘이 감동할 만큼 참고 견디며 노력한다면 결국 때는 찾아온다. 이젠 낙심하지 않으리라. 참고 견디리라. 먼 훗날 당당하게 세상으로 나갈 나의 모습을 늘 생각하며 게으름을 피우지 않으리라.'

그날부터 박비는 잠을 잊었다. 일 초 일 분이 아까워 초롱초롱 빛나는 눈으로 글을 읽으며 장차 다가올 기쁜 날을 앞당기고자 노력하였다.

마침내 하늘도 박비의 정성에 감동한 것이었을까. 경상감사가 되어 새로 부임하던 이극균(영의정 이덕형의 5대 조부. 연산 시절 갑자사화로 피화를 당함)이라는 사람이 박비에 대한 소식을 전해 듣고는 달려왔다. 훗날 좌의정까지 지낸 바 있는 이극균은 놀랍게도 박비의 이모부였다. 워낙 철저하게 숨기고 있었기 때문에 이모부 이극균조차도 묘동 박비의 외가댁에 인사차 들른 다음에야 박비가 살아 있다는 사실을 알았다.

"네가 정말 우리 동서 박순의 아들이란 말이냐? 나는 네 이모부가 되는 이극균이라는 사람이다."

눈물마저 글썽이며 박비의 손을 움켜잡은 그는 어서 한양으로 올라가 성종 임금을 만나 보라고 말했다.

"아직 네 할아버지가 신원 된 것은 아니지만 단종 임금 때문에 목숨을 잃은 충신들에 대한 평가가 날로 좋아지고 있다. 그러니 어서 한양으로 올라가거라. 박팽년 대감이 저승에서 기뻐 눈물을 펑펑 흘리시겠구나. 가서 자수하면 상감께서 틀림없이 특사령을 내려주실 게다. 그러니 망설이지 말고 가거라."

한양에서 기쁜 소식이 오기만을 무작정 기다리던 박비에게 이모부 이극균이 해 준 말은 다소 충격적이었다. 성종 임금 앞으로 나아가 자수하면 틀림없이 특사령을 내려줄 것이라니! 그러나 곰곰 생각해 보니 이극균의 말은 추측에 불과했다. 그 말만 믿고 한양으로 올라가기에는 너무도 불안했다.

박비는 이극균과 헤어지고 나서도 어떻게 해야 좋을지 갈피를 잡지 못했다. 그저 마음만 부산할 따름이었다.

임금님을 만나다

이모부 이극균이 다녀가고 나서 그리 오래지 않아 외할아버지가 찾아왔다. 외할아버지는 또 한 번 박비를 놀라게 하였다.

"이젠 세상이 달라졌다는구나. 그동안 고생했다. 어서 집으로 가자."

박비는 차마 할아버지의 말을 거역하지 못하고 어머니와 함께 외가댁으로 갔다.

종살이를 하던 집에 도착하자 어머니는 처신을 어떻게 해야 하는지 몰라 안절부절못했다. 박비는 어머니의 손을 잡았다. 그리고는 곧장 외할아버지를 따라 사랑방으로 들어갔다. 아무도 어머니를 나무라지 않았다.

참으로 오랜 시간 이야기가 오갔다. 종살이를 하고 있을 친어머니 생각에 외가댁 식구들은 하나같이 눈시울을 붉혔다. 그 민망한 모습을 보다 못한 박비는 마침내 한양으로 올라가 임금님을 만나리라 마음먹었다. 기약 없이 할아버지 박팽년이 신원 되기를 기다리느니 이극균의 말을 믿고 임금을 만나 잃어버린 신분을 되찾는 것이 낫겠다는 판단이 선 것이었다.

"아아! 네가 정녕 박팽년 대감의 손자란 말이냐?"

한양에 도착하여 오랜 기다림 끝에 성종 임금을 만나게 되었을 때, 박비는 얼마나 가슴이 떨렸는지 모른다. 어찌 됐든 박비는 국법을 어기고 세상에 태어나 지금껏 탈 없이 살아온 죄인의 몸이었다. 죽어야 한다는 어명을 받은 몸이었던 것이다. 그러한 죄를 물어 성종 임금이 박비를 사형시키라고 명한다 해도 탓할 사람은 아무도 없었다.

그런데 박비가 자신의 이름과 신분을 밝힌 순간, 성종 임금은 기쁜 나머지 함박웃음을 지었다. 그제야 박비는 안도하며 마음속 깊은 곳에서 솟아나는 감동과 환희를 느꼈다.

"그야말로 유일하게 살아남은 옥구슬이로구나. 너에게 특사령을 내려 죄를 용서해 주겠노라. 아울러 네 조상의 죄를 신원해 줄 것이며, 유일하게 남은 옥구슬이라는 뜻에서 네게 '일산一珊'이라는 이름을 하사하겠다."

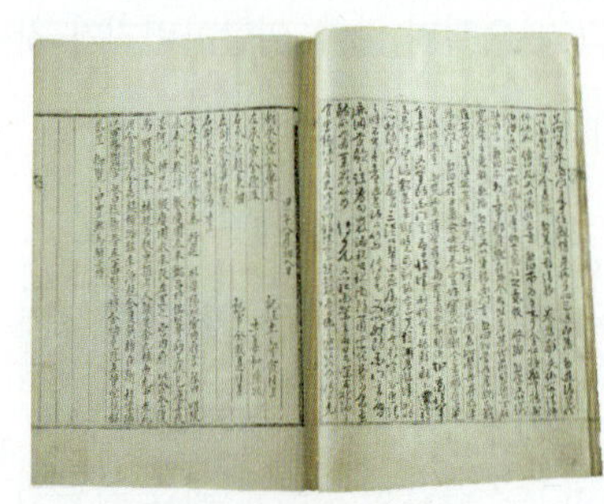

승정원일기 1906년 (고종 43)

박비가 조정에 자수하고 이름을 박일산朴壹珊으로 고쳤다.

"성은이 망극하옵니다."

마침내 노비 소년 박비는 성종 임금이 직접 하사한 일산이라는 이름
으로 세상에 우뚝 서게 되었다. 기쁨과 감격에 젖은 박비는 임금 앞에
엎드린 채 샘솟듯 넘쳐흐르는 눈물을 가까스로 참아 냈다.

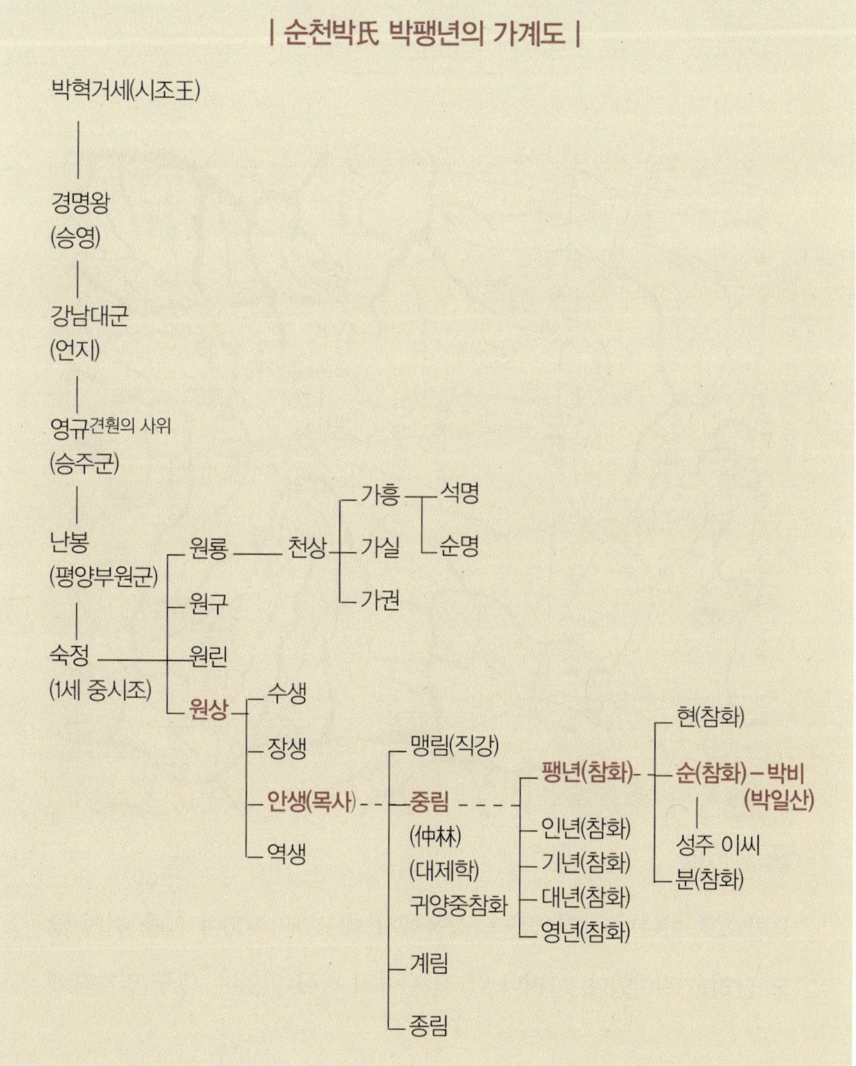

조선으로
떠나는 여행

달성군 고지도

참으로 머나먼 여정이었다. 서울에서 대구까지 870여 리를 쉬지 않고 달려온 길이었다. 그러나 갈 길은 아직 남아 있었다. 대구 밑자락에 숨은 달성군 하빈면 묘골 마을이 필자의 목적지였다.

차창 밖으로 휙휙 스쳐가는 대구 시가지는 좀처럼 끝날 것 같지 않았다. 대구는 본래 '大丘'라는 지명을 썼다. 넓은 분지라는 뜻이다. 그러나 대구라는 지명은 곧 '大邱'로 바뀌었다. 공자의 이름이 공구孔丘였기 때문에 감히 그 함자를 쓸 수 없다 하여 고친 것이다. 당시 공자孔子·맹자孟子 사상은 모든 이에게 언행의 근본이 되었다. 조선의 한다하는 사대부이면 누구나 공자·맹자를 추종했다. 그리하여 일반 백성이 임금의 함자를 함부로 사용하지 않듯 공자의 함자를 피하여 도시 이름을 지은 것이다.

장시간 운전을 하다 보니 다리가 뻣뻣하게 굳고, 온몸이 욱신거렸다. 그러나 박일산의 혼백이 깃든 묘골 땅이 멀지 않았다는 생각에 필자는 운전대를 바투 그러쥐며 자동차의 속도를 높였다.

"아!"

묘골 마을 입구에 이르렀을 때, 필자는 얼떨결에 자동차를 세우며 탄성을 쏟았다. 잘 닦은 진입로를 따라 전진하던 중 하늘 높은 줄 모르고 솟아오른 충절문과 맞닥뜨린 까닭이었다. 묘골은 순천 박씨들의 집성촌이다. 따라서 충신의 드높은 기상처럼 우뚝 솟은 저 충절문은 박팽년의 충절을 기리고자 세워 놓은 문이자, 순천 박씨들의 상징 같은 존재일 터였다.

필자는 마침내 박일산의 외로운 혼령이 머무는 곳에 도착했다는 생각에 옷깃을 여미며 자동차를 천천히 출발시켰다.

그러나 필자는 다음 순간, 또다시 자동차를 멈추고 말았다. 낙동강

충절문(경북 달성군 묘동)

을 등진 채 야트막한 산자락에 의지하여 군락을 이루며 서 있는 기와
집들이 필자의 눈을 사로잡은 까닭이었다.

"허어! 타임머신을 타고 조선시대로 들어선 기분일세."

그랬다. 충절문을 지나자마자 맞이한 묘골의 전경은 조선시대 사대
부들이 모여 살던 동네를 통째로 옮겨다 놓은 것만 같았다.

필자는 도저히 자동차를 타고 들어갈 자신이 없어서 적당한 곳에
세워 놓고 걷기 시작했다. 봄이
물러가고 서서히 여름이 무르익
어가는 때라 그런지 멀리서 매미
울음소리가 들려왔다.

잠시 후, 충효 예악을 가르치던

육각정(경북 달성군)

충효당(경북 달성군)

충효당 앞에 당도한 필자는 저곳 어딘가에서 박일산 선생이 걸어 나올 것만 같다고 생각하며 공연히 애를 태웠다. 그러나 연못에서 여유롭게 노니는 잉어 떼를 발견하고서야 필자는 헛기침을 두어 번 하며 평상심을 되찾았다.

다시 길을 걸으면서 살펴보니 그리 넓지도 좁지도 않은 아스팔트 포장도로가 다소 생경할 뿐 조선시대를 연상시키는 거리 풍경은 조금도 변함이 없었다. 이 놀라운 풍경 속에 순천 박씨들의 인고와 지혜가 숨어 있으려니 생각하자 절로 고개

삼가헌 전경(경북 달성군)

육신사(경북 달성군)

가 숙여졌다.

후세에 이르러 충절의 가문이라 숭상 받고 있으나 세조 시절만 하더라도 순천 박씨들은 숨죽이며 살아가야 했다. 순천 박씨들의 모진 고난을 상징하는 것이 바로 박일산 선생이리라.

조금 더 걷다 보니 육신사六臣祠가 필자 앞으로 성큼 다가왔다. 웅장하기 이를 데 없는 육신사 정문을 보는 순간 필자는 박팽년 선생의 손자 박일산을 다시 한 번 떠올렸다. 그는 할아버지의 충절을 기리고자 절의묘라는 사당을 지어 놓고 제사를 드렸다.

그런데 그로부터 세월이 많이 흐른 뒤 박팽년 선생의 현손 박계창이 제사를 모실 때였다. 어느 날이던가 곤하게 잠을 자던 박계창이 이상한 꿈을 꾸었다. 단종 복위 운동을 펼치다가 박팽년 선생과 함께 희생된 다섯 분의 충신들이 사당 밖을 서성이며 굶주림을 호소하는 꿈이었다.

태고정(경북 달성군)

잠에서 깨어난 박계창은 자신의 할아버지와 달리 다섯 충신에게는 제사를 지내 줄 후손이 없다는 사실을 상기했다. 그리하여 그는 하빈 사라는 사당을 지어 놓고 사육신에게 제사를 지내 드렸다.

지금 필자 앞에 있는 육신사는 1974년, 하빈사가 있던 자리에 새로 건립한 것이다. 필자는 사육신의 빛나는 충절을 기리며 박일산이 생전 에 지었다는 태고정太古亭으로 갔다.

태고정은 1479년(성종 10)에 박일산이 창건한 정자인데 임진왜란 때 소실되어 일부만 남은 것을 1614년(광해군 6)에 중건한 것이다. 보물 제 554호로 지정된 건물이라 접근하는 것이 조심스러웠지만 박일산의 흔 적을 더듬어 보는 소중한 기회가 되었다.

세상을 살아가다 보면 뜻하지 않은 고난이 찾아와 사람을 절망에 빠뜨린다. 그러나 박일산이 겪은 고난과 비교한다면 현대인의 절망이 란 용기 여하에 따라 얼마든지 극복 가능한 것들이다. 견디기 어려운

도곡재(경북 달성군)

시련에 봉착한 사람이라면 박일산의 일생을 더듬어 보며 삶의 지표로 삼아 볼 일이다.

필자는 묘골 마을 역사 기행을 마무리하기에 앞서 마을 사이로 난 숲길을 한동안 걸었다. 기와집이 늘어선 마을보다는 이름 없는 이런 숲길에 박일산의 흔적이 더 짙게 배어 있으리라는 생각에서였다. 그런데 조금 걷다 보니 숲 사이로 굽이치며 흘러가는 낙동강이 돌연 나타났다. 필자는 강가에 멈춰 서서 흘러가는 푸른 강물을 하염없이 바라봤다. 거대한 바위가 나타나면 말없이 비껴 돌아 흐르고, 그러다가 다시 심한 굴곡이 나타나면 순응하듯 흘러가는 푸른 강물이 참으로 위대해 보였다.

암담한 상황을 참고 견디며 푸른 강물처럼 순응하듯 살아간 박일산의 행적이 세파에 찌든 필자의 가슴에 깨달음을 채근하듯 소리 없이 스며들고 있었다.

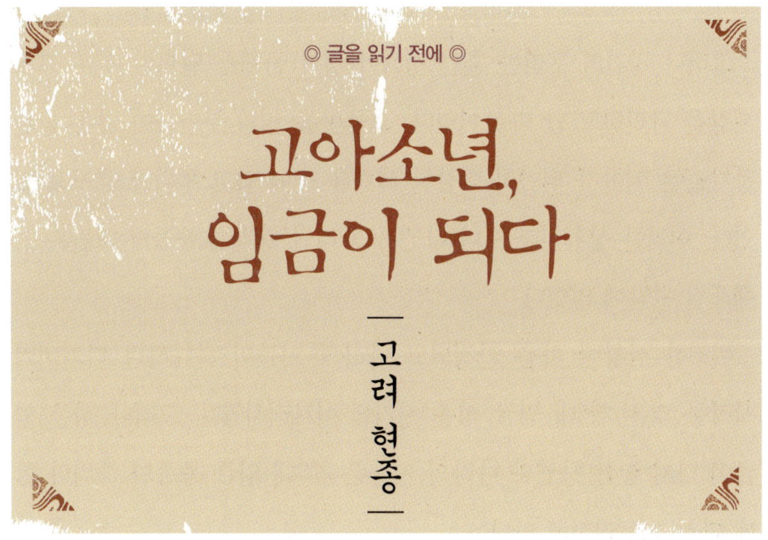

고아소년, 임금이 되다

— 고려 현종 —

**이야기의
시대적 배경**

고려를 세운 태조 왕건에게는 큰 고민이 한 가지 있었다. 신라와 후백제 지역은 물론이고 통일 왕국 곳곳에 도사린 지방 호족들 때문이었다. 당시 고려 조정은 지방을 완전하게 장악할 만한 힘이 없었다. 이에 따라 지방 호족이 힘을 모아 난을 일으키면 언제든 나라를 전복시킬 수도 있는 상황이었다.

이러한 상황 인식하에 돌파구를 마련하고자 고심하던 왕건은 마침내 혼인 정책을 통해 지방 호족들을 자기편으로 끌어들이는 데 성공했다. 이때 왕건이 맞아들인 스물아홉 명의 아내는 왕권을 안정시키는 데 적지 않은 역할을 했다.

그러나 왕건의 무리한 혼인 정책이 심각한 문제를 일으킨 것은 그가 세상을 달리하고 난 다음이었다. 스물아홉 명의 부인들이 낳은 숱한 왕자들은 저마다 외가의 막강한 세력을 등에 업고 왕위를 꿈꾸고 있었다. 이러한 상황이다 보니 왕권을 둘러싼 왕과 호족들의 대립은 첨예해질 수밖에 없었다.

이러한 상황이 차츰 안정되고 나라의 기틀이 하나하나 다져지기 시작한 것은 제6대 임금 성종 시기에 이르러서였다. 그러나 성종 임금이 다져 놓은 왕권과 나라의 기틀은 제7대 임금 목종의 즉위와 함께 다시 흐트러지고 만다.

'임금이 된 고아 소년' 현종은 성종 말기에 태어나 목종 임금 시대를 거치면서 생사를 넘나드는 모진 고난을 겪은 사람이었다. 게다가 그는 천애 고아였다. 고려의 임금이 되기까지 현종이 타고 넘은 운명의 파고는 얼마나 모질고 험한 것이었을까. 현실이 고통스러운 모든 이에게 현종 이야기는 진정한 인생 드라마의 참모습을 보여주고 용기를 주기에 충분하리라고 자신한다.

세조 위무대왕(왕릉) 부

위숙 왕후 모

제1대 태조(건: 877~943)
재위기간 918 . 6 ~ 943 . 5(25년)

신혜 왕후 유씨
장화 왕후 오씨 — — — — — 제2대 혜종(무)
신명순성 왕후 유씨 — — — — — 태자 태
제3대 정종(요)
제4대 광종(소)
문원대왕 정
증통국사
낙랑 공주
흥방 공주

신정 왕후 황보씨 — — — — — 대종 욱
(성종의 아버지)
대목 왕후(광종비)
신성 왕후 김씨 — — — — — 안종 욱
(현종의 아버지)
정덕 왕후 유씨 — — — — — 왕위군
인애군
원장 태자
조이군
문혜 왕후
(문원대왕 비)
선의 왕후
(대종 비)
공주

헌목대 부인 평씨 — — — — — 수명 태자
정목 부인 왕씨 — — — — — 순안왕 대비
동양원 부인 유씨 — — — — — 효목 태자 의
효은 태자

숙목 부인	-------	원녕 태자
천안부원 부인 임씨	-------	효성 태자 임주
		효지 태자
흥복원 부인 홍씨	-------	태자 직
		궁주
후대량원 부인 이씨		
대명주원 부인 왕씨		
광주원 부인 왕씨		
소광주원 부인 왕씨	-------	광주원군
동산원 부인 박씨		
예화 부인 왕씨		
대서원 부인 김씨		
소서원 부인 김씨		
서원전 부인		
신주원 부인 강씨		
월화원 부인		
소황주원 부인		
성무 부인 박씨	-------	효제 태자
		효명 태자
		법등군
		자리군
		궁주
의성부 부인 홍씨	-------	의성부원대군
월경원 부인		
몽량원 부인 박씨		
해량원 부인		

어린 대량원군의 집은 삼각산이었다

"엇! 저 사람들은……."

삼각산 신혈사라는 절 근처 너럭바위였다. 바위에 앉아 깊어 가는 삼각산의 가을 풍경을 넋 놓고 지켜보던 순이는 한순간 소스라쳐 놀라며 자리에서 일어섰다.

울긋불긋 가을 옷을 입은 울창한 숲길 저편에서 열 명쯤 되어 보이는 사람들이 바쁘게 걸어오고 있었던 것이다. 그 사람들을 발견한 순간 가슴이 덜컥 내려앉은 순이는 어찌할 바를 몰랐다.

'어서 도망쳐! 안 그럼 넌 죽어!'

마음속의 또 다른 순이가 이렇게 외쳐대고 있었다.

바로 그때 절 안에서 허겁지겁 달려오는 발소리가 들렸다.

현종의 능(경기 개성)

"왕자님! 어서 피하십시오."

신혈사 진관대사였다. 절이 워낙 높은 곳에 있어서 스님도 산길을 거슬러 올라오는 낯선 사람들을 본 모양이었다.

엄밀하게 따지면 순이는 왕자가 아니다. 비록 왕가에서 태어나 대량 원군으로 책봉되었지만 왕의 아들이 아니기 때문이다. 그런데도 스님은 항상 순이를 왕자님이라고 불렀다. 그도 그럴 것이 순이는 장차 고려 제8대 임금이 될 사람이었다. 게다가 현재 고려를 이끄는 목종 임금이 친히 진관대사에게 부탁한 바 있었다. 무슨 일이 있어도 순이를 잘 보호해 달라고. 그래선지 환갑을 넘긴 노인이지만 스님은 열다섯 살 순이에게 자못 공손했다.

곁으로 다가가자 스님은 겁에 질린 순이의 손을 힘주어 잡아 주었다.

"아무 걱정 말고 어서 굴속으로 가서 숨으세요. 저 사람들은 제가 알아서 따돌리겠습니다."

진관대사의 맑고 강렬한 눈빛은 언제나 순이를 안심시켰다. 목숨을 걸고서라도 순이를 지켜 주겠다는 결심이 묻어나는 눈빛이었다.

"스님, 고맙습니다."

"별말씀을 다 하십니다. 어서 가십시오."

뒤를 힐끗 돌아보니 낯선 사람들이 아까보다 훨씬 가까이 다가와 있었다. 순이는 방을 향해 뛰기 시작했다. 토굴은 순이의 목숨을 노리는 자들이 있으리라는 것을 내다본 스님이 방 안 침상을 걷어 내고 직접 파 놓은 것이었다. 침상이 입구를 가리고 있기 때문에 설사 방을 뒤진다 해도 토굴을 발견하기란 그리 쉬운 노릇이 아니었다.

마침내 방으로 뛰어든 순이는 헐떡거리며 침상 밑으로 들어갔다. 굴 속은 언제나처럼 장막을 두텁게 드리워 놓은 것처럼 어두웠다. 조심조심 토굴 속으로 내려간 순이는 헐떡이는 숨소리조차 애써 죽여 가며 쪼그리고 앉았다.

그 사람들은 누구일까. 혹, 불공을 드리려고 오는 사람들일 수도 있었다. 그러나 순이는 고개를 저었다. 보통 불공을 드리러 오는 사람들은 몸종을 한두 명쯤 거느린 여자들이다. 열 명씩 몰려다니는 경우는 없었다. 게다가 조금 전에 본 사람들 속에는 남자들이 많이 끼어 있었다.

한순간 천추 태후와 김치양의 무시무시한 얼굴이 언뜻 떠올랐다. 천추 태후는 목종 임금의 어머니이자, 순이의 이모이기도 했다. 따라서 목종 임금은 순이의 사촌 형이 되는 셈이다. 그런데도 천추 태후는 순이를 죽이지 못해 안달이 나 있었다.

욕심 때문이었다. 김치양과 자신 사이에서 낳은 아들을 목종 다음 임금으로 올려놓으려는 욕심 말이다.

사실 천추 태후는 고려 제5대 임금 경종의 부인이었다. 마찬가지로 순이의 어머니 헌정 왕후도 경종 임금의 부인이었다. 자매가 한 남자의 부인이 되었다고 하니 다소 놀랄 수도 있을 테지만 고려시대만 해도 왕족들 사이에서는 혈통 보존 차원에서 이러한 결혼이 일반적으로 이루어졌다.

이쯤에서 순이의 이야기는 잠시 뒤로 미루고 천추 태후와 김치양의 복잡한 애정 관계, 그리고 왕권을 서로 차지하고자 벌인 고려 전기 왕족들의 혼탁한 정권 다툼 모습을 소개해 보기로 하겠다.

17년 만에 찾아온 왕위

앞에서 이미 소개했듯, 순이는 고려 제6대 임금 성종과 제7대 임금 목종 시대를 거치면서 고난에 찬 세월을 보낸 사람이었다. 기실 순이의 불행은 목종 임금의 등극과 함께 시작되었다고 해도 과언이 아니었다.

목종은 고려 제5대 임금 경종과 어머니 종실 대종 욱의 딸 헌애 태후 황보 씨 사이에서 980년(경종 5)에 태어난 왕자였다. 아버지 경종은 975년(광종 26)에 탄생하여 981년(경종 6)까지 27년간 세상을 살았고 재위 기간은 7년에 불과하였다.

당시 두 살이었던 목
종은 왕위를 이어갈 수
가 없었다. 숙부 성종이
왕위에 오른 것은 그런
이유에서였다. 조카 대
신 왕위에 오른 성종은
왕권 다툼에 찌든 고려
초의 혼란한 상황을 잠
재우고 법과 질서를 바
로 세움으로써 나라의
기틀을 튼튼하게 다져
놓았다.

고려 목종 묘비/목종이 살해된 곳(경기 파주)

그러나 성종은 재위 17년째를 맞이하는 997년에 병에 걸려 생명이
위독해졌다. 곧 내천왕사로 거처를 옮긴 성종은 조카 목종에게 왕위
를 넘겨주었다. 성종에게 후사가 없었기에 가능한 일이었다. 상황이야
어찌 되었든 목종으로선 잃어버렸던 왕위를 되찾아 온 셈이었다.

목종은 왕이 되자마자 헌애 왕후라고 불리던 어머니를 천추 태후로
높이고 천추전에 기거하게 해 주었다.

당시 목종은 17세였는데 본성이 어질고 강직했으며 신하와 백성의
고충과 원성을 해소하였음은 물론 국경을 튼튼히 하여 거란과 대적할
수 있도록 강병 정책을 고수하였다. 다만 성품이 나약하여 일을 처리
하는 데 우유부단한 것이 문제라면 문제였다.

그즈음 임금의 어머니 천추 태후는 왕권을 강화·유지시킨다는 명분 아래 아들인 목종보다 깊숙한 곳에까지 권력의 손길을 뻗치고 있었다. 동서고금을 두루 살펴보더라도 권력의 맛을 한 번 본 사람은 절대로 그 맛을 쉽게 놓지 못한다. 그래서 성공하는 경우가 더러 있기는 했지만 대부분은 권력의 달콤한 맛을 보기도 전에 대가를 톡톡히 치르며 세상을 하직하기 마련이었다.

나약한 아들 목종을 젖혀둔 채 나랏일을 좌지우지하기 시작한 천추 태후는 여성의 삶이라는 차원에서 생각할 때는 그다지 복 받은 인생이 아니었다. 아까운 청춘을 청상의 몸으로 허비해야 했으니 말이다. 경종이 즉위 6년 만에 세상을 떠나자 순이의 어머니이자, 친동생이기도 한 헌정 왕후와 함께 깊고 깊은 궁중에서 무료하고 쓸쓸한 생활을 해야 했던 것이다.

그런데 아들 목종이 임금이 되고 나서 천추 태후의 생활은 눈에 띄게 변했다. 궁궐 깊숙한 음지에서 나와 정치 활동을 시작했는가 하면 왕후 개인의 생활에도 봄바람이 살랑살랑 일고 있었다.

천추 태후 전에 나타난 불행의 씨앗

천추 태후는 16년간의 과부 생활에 지칠 대로 지쳤으나 나이는 30여 세밖에 되지 않았다. 게다가 궁중에서 호의호식하며 지내다 보니 난숙한 육체는 더욱 아름다워졌다.

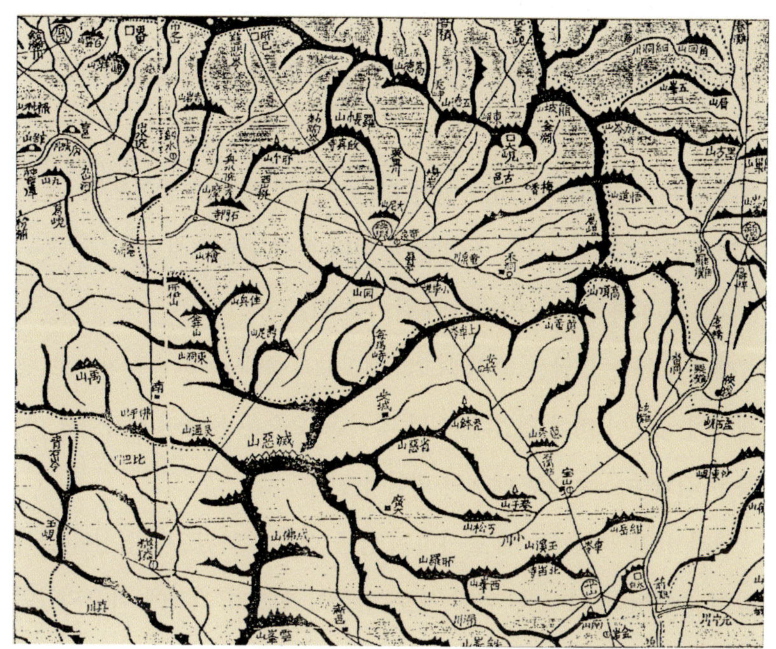

대동여지도(황해도 서흥군 부분)

그러던 어느 날이었다. 태후의 전각인 천추전에 삭발한 노승 한 사람이 찾아들었다. 겉보기에는 늙은 스님 같았지만 대삿갓 아래로 보이는 얼굴은 쉰 안팎의 중년이 분명했다. 천추전 문밖에 도착한 스님이 안쪽을 바라보며 큰소리로 말했다.

"소승 문안드리오. 태후 마마 무강하시오?"

이 소리를 듣고 천추전에서 심부름하는 궁녀가 나왔다.

"어느 절에서 오신 스님이시우?"

"예, 동주(황해도 서흥군)에서 온 승이오. 태후 마마의 외종이라고 아뢰오."

외종이라는 말에 고개를 갸웃거리며 천추전 안으로 들어간 궁녀가 태후에게 연통했다. 태후가 즉시 나와 노승을 반가이 맞았다.

"오래간만에 오시는구려."

"소승은 세상에 뜻이 없어 입산수도하고 돌아다니는 중이오."

"그동안 묵은 회포라도 풀어 볼까 하니 우선 들어오시오."

태후는 친히 스님을 안내하여 같이 들어섰다.

때마침 목종 임금은 중원부(고려 때 10도의 하나. 충주·청주 지방)로 행행하여 궁중이 비어 있었다. 이날 찾아온 요승은 본관이 서홍이요, 이름은 김치양金致陽으로 태후의 외척이 된다.

그래서 일찍이 성종 때 출사하여 궁중 출입을 하였으나 천성이 간사하여 추방당한 사이다. 이제 새로 임금이 섰으니 그전에 마음먹었던 일을 다시 해보고자 찾아온 것이 분명했다.

서서히 드러나는 김치양의 음흉한 본심

"천추 태후 마마도 여러 해 못 뵈옵다가 이제 뵈오니 매우 늙어 보입니다."

김치양의 간사한 마음이 태후의 심기를 자극하고 있었다.

"뭘 벌써 늙었다고 하오? 아직도 내 나이 마흔 전인데 공연한 말씀을 하시는구려. 그래, 그동안 주유천하하면서 무엇을 얻고 사셨소?"

"고향 동주에 내려가 조그마한 암자를 만들어 놓고 지냈습니다."

"그래, 중 생활은 오래 하실 작정이오?"

"아니오이다. 이제부터는 환속하여 다시 세상맛을 보고자 하옵니다."

음탕하고 간사한 김치양이 태후에게 음흉한 미소를 보내고 있었다. 태후는 오랫동안 혼자 살던 생각을 잊고 정인이나 만난 듯이 좋아하였다. 밤이 깊어 가는 데도 김치양은 돌아갈 줄 몰랐다.

"그래, 새로 송도에 들어오셨으니 지금부터는 어디로 가실 작정이오?"

"갈 곳도 없습니다. 오직 태후 마마의 말씀만 쫓고자 하옵니다."

"그럼, 우선 이곳에 며칠 계시다가 임금이 환궁하면 송도에서 살아 보도록 하오. 나도 적적한데 잘됐소. 요즘 신하들이 강성해 도무지 누를 수가 없구려."

"태후 마마께서도 뒤가 튼튼해야만 나랏일을 마음대로 하실 수 있습니다."

"환속도 하셨으니 술이나 드시오."

술상이 벌어졌다.

호젓한 궁중 깊은 곳에서 김치양과 태후가 벌이는 짓을 아는 사람은 아무도 없었다. 태후 방에서는 이따금 소곤거리는 소리가 새어나올 따름이었다. 그러면서 두 사람은 농익은 눈빛을 주고받느라 정신이 없었다.

태후라는 신분이기는 하나 그도 또한 중년이 멀지 않은 완숙한 여인이었기에 항상 마음 한구석에는 공허함이 가득했다. 이와 함께 지난날이 한없이 그리웠다.

한편, 여인을 다루는 데 능숙한 김치양은 밤이 이슥해질수록 얼굴이 이글이글 타오르며 태후의 욕정을 돋우고 있었다. 태후도 전날의 묵은 감회가 일시에 소생하는 듯하였다. 공연히 그동안 청춘의 정열을 억누르고 있었구나, 하고 후회도 해보았다. 그리웠던 남성을 대하고 보니 체면이니 지위니 하는 것은 한낱 허식에 지나지 않다는 것을 깨달았다.

능글능글한 김치양이 다시 아무렇지도 않은 듯 태후에게 술잔을 넘겨주며 권했다.

"태후 마마, 회포를 푸는 데는 술이 가장 좋을 것이오."

이런 걸 두고 이심전심이라 하던가. 태후가 기다렸다는 듯이 술을 받아 마셨다. 뱃속이 찌르르하며 맥이 빠지는 듯했다. 태후는 그래도 체통을 차리느라고 여전히 꼿꼿하게 앉아 김치양에게 술을 권했다.

"소승은 진세(티끌세상)의 연분이 아직도 남아 궁중에까지 들어오게 되었습니다."

김치양은 술을 받아 마시며 너털웃음을 터뜨렸다. 태후도 따라 웃었다. 오가는 웃음 속에서 두 사람의 정감도 깊어만 가고 있었다. 난숙한 태후의 육체에서 발산되는 향기는 능숙한 김치양조차도 받아넘기기 힘겨운 것이었다.

어느 순간이었을까. 태후의 방을 훤히 밝히던 불이 꺼졌다. 그리고 아무 소리도 들려오지 않았다.

이튿날부터 김치양은 천추전에 무시로 드나들었다

신은 인간의 비밀을 지켜주지 않는다

시중 한언공은 강직하고 지혜로운 신하였다. 태후 궁에서 좋지 못한 소문이 퍼지는 것을 알고 제일 먼저 달려가 어전에 아뢰었다.

"근자 태후 전에 김치양이 거의 무상출입한다는 소문이 있사온데 이는 불가한 일인 줄 아뢰오. 자고로 구중궁궐 깊은 곳에는 일가친척이라 하여도 드나들지 못하는 법이나이다. 더구나 김치양은 선왕으로부터 내쫓김을 받았던 자이옵니다. 무엄하게 궁중에 출입하는 것을 막으셔야 하나이다."

그러나 나약하기 짝이 없는 목종은 어머니가 하는 일이라 어찌할 수 없이 그대로 보고만 있었다. 그럴 뿐만 아니라 태후의 권고로 김치양에게 합문사인(임금의 부근에서 보필하는 정4품관) 벼슬까지 주어 궁중 출입을 도왔다.

세월이 흘러 시중 한언공이 죽자 김치양의 벼슬은 더욱 높아져 국가 재정에 관한 권한을 한 손에 틀어쥐었다. 이제는 백관들이 김치양의 문하로 몰려들기 시작하였다.

김치양의 수족들이라 할 수 있는 인물은 전중감, 이주정, 유충정, 합문사인 유행간 등 30여 명이 넘었다. 그들은 김치양 앞에서 간사스러운 말을 마구 쏟아 냈다. 간신들의 아부에 기고만장한 김치양은 3백여 간이나 되는 집을 지어 놓고 왕처럼 지냈다.

그가 거처하는 여성전麗星殿은 왕궁의 전각보다 더 우람하여 한가운데 침실을 만들고 좌우에는 작은 방을 여러 개 만들어 샛별같이 빛나는 여성 10여 명을 상시로 두고 신선놀음을 하였다. 후원에는 작고 아담한 산정을 여러 개 지어 놓고 때때로 나와 놀았으며, 그 가운데 큰 연못을 파고 작은 배까지 마련하여 한가로이 즐기며 지냈다.

그뿐만 아니라, 고향 동주 농민 수천 명을 동원하여 자기의 원찰 성숙사를 크게 지었으며 궁성 밖 서북쪽에도 십왕사를 지어 역시 자신의 원찰로 삼았다.

그러던 어느 날, 천추 태후가 김치양의 여성전으로 행차했다. 이런 때면 김치양은 얼른 가사 장삼을 떨쳐입고 중 행세를 했다. 김치양은 손에 염주를 들고 입으로는 불경을 외며 태후를 맞아 들였다.

"태후 마마 황공하오."

김치양이 합장 배례하자, 태후가 점잖게 말을 건넨다.

"스님 국사에 얼마나 분주하오."

"어서 여성전으로 드시지요."

김치양의 주변에 그림자처럼 늘어서 있던 시녀들은 물러간 지 오래였다. 두 사람만 남자, 태후는 자기 친정에 온 것처럼 허물없는 모습이었다. 굉장하게 치장을 한 여성전에 노승 모양을 한 김치양과 천추 태후가 마주 앉았다.

태후, 불륜의 씨앗을 잉태하다

"스님, 나의 몸에 이상이 생겼소."

벌써 알아들은 김치양은 얼굴에 웃음기를 띤다.

"서방정토에서 비치는 서광이로소이다. 불제자가 나올 징조요."

"그보다 세상의 이목이 더 부끄럽구려. 과부가 아이를 낳았다 하면 세상 사람들이 어떻게 생각하겠소?"

"그야 세상 사람들이 모르는 탓이지요. 부처님의 은혜로 만들어지는 후손이외다. 잘 기르셔야 합니다."

두 사람은 깊은 이야기가 끝나자 시왕사로 구경을 나섰다. 김치양은 뻔뻔스럽게도 중의 복색 그대로였다. 시왕사는 바로 김치양의 집과 거의 연달아서 지은 절이다. 산문을 들어서니 좌우에 인왕상仁王像이 있고 정전인 시왕전에도 기괴한 모양의 부처가 세워져 있었다. 태후는 김치양의 안내를 받으며 전각 안으로 들어섰다.

"앗!"

태후는 전각 안에 있는 불상을 보고 자기도 모르게 깜짝 놀랐다. 김치양이 정색을 하면서 설명했다.

"환희불歡喜佛이로소이다."

황금색이 찬란한 불상이었다. 그런데 한 사람이 아니라 남녀 한 쌍의 부처님을 한 데 조각해 놓았다.

"어디서 이런 것을 구해 오셨죠?"

"저번에 거란 사람들을 불러서 만든 것이오."

태후는 물끄러미 환희불을 쳐다보았다. 한 쌍의 환희에 찬 얼굴을 살피는 사이 태후는 가슴이 뛰고 온몸이 달아올랐다. 김치양이 슬그머니 태후의 손을 잡았다.

"서방정토 극락세계로 가면 이런 부처님이 많이 계십니까?"

"사람은 언제나 환희를 바라는 것입니다."

시왕사에는 기괴한 모양의 부처님이 수없이 많이 조각되어 있었다. 두 사람은 한 바퀴 두루 돌아보고 나서 여성전으로 돌아왔다. 태후는 조금 전에 본 기괴한 부처님의 모양이 자꾸만 머리에 떠올랐다. 그러나 뱃속의 아기에 생각이 미치자 다시 초조해졌다.

"스님 아이를 낳으면 어찌하오?"

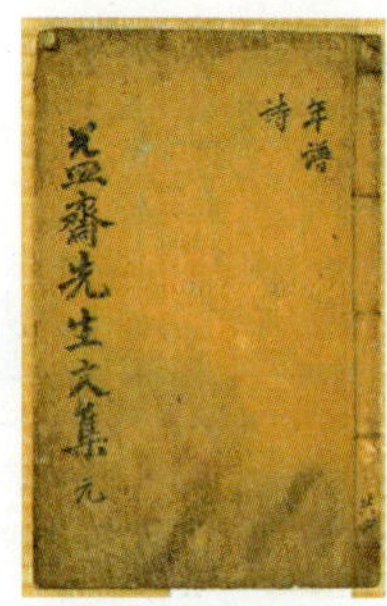

익재난고/이제현

천추 태후가 음란 방종하였으며 몰래 나라를 빼앗으려 하였다.

태후가 난처한 표정으로 묻는데도 김치양은 태연했다.

"이 나라를 인도할 인물이 나올 것이오. 장차 왕위에 오를 사람이오."

태후는 놀랐다.

"지금 왕이 계시는데 무슨 왕위란 말이오?"

"현재의 왕은 나약해 아무것도 못할 인물이오."

"그렇지만 태조대왕 이래 열성들이 왕씨로 계계승승했는데 다른 사람이 계승해서야 쓰겠소?"

"어찌 왕위는 왕씨만 오른단 말이오? 태조 왕건은 궁예의 자리를 빼앗았고 신라의 왕위까지 합쳤던 것이오."

"그러면 스님은 이 나라를 바꿔 볼 작정이오?"

김치양은 잠시 생각해 보다가 힘주어 말했다

"만일 남자 아이가 생기면 가만히 보고만 있을 수 없는 형편이오. 역성도 할 때 되면 해야 하겠지요."

태후는 김치양이 뜻한 바를 짐작하였으나 별말 하지 않았다

얼마 후, 태후는 천추전에서 옥동자를 낳았다. 이 소식을 들은 김치양은 남몰래 좋아했다. 그의 음흉한 가슴 깊숙한 곳으로 파문처럼 이런 생각이 번져 가고 있었다.

'이제야 진왕이 나오셨구나.'

김치양은 마치 고려 왕조를 얻은 듯 방자하게 웃고 있었다.

까치 떼의 죽음

김치양은 이처럼 몹시 탐욕스러운 사람이었다. 천추 태후와 자신 사이에서 아들이 태어나자 김치양은 그러한 마음을 거리낌 없이 드러내기 시작했다.

목종 임금은 건강이 그리 좋지 못했다. 게다가 아들도 낳지 못했다. 목종이 죽는다면 왕실 젊은 남자 중 한 사람이 왕이 될 수밖에 없었다. 김치양은 말 그대로 역성혁명을 각오하기라도 한 듯 김씨 성을 쓰는 자신의 아들로 하여금 목종의 뒤를 잇게 해야겠다고 마음먹었다.

순이의 고통은 이래서 시작된 것이었다. 목종이 순이를 아끼면 아낄수록 어느덧 김치양과 한패가 되어 버린 천추 태후가 순이를 없애지 못해 발을 동동 굴렀으니 말이다.

"여보, 우리 아들이 왕이 되려면 순이를 멀리 보내야겠어요."

"아무렴. 아무리 조카라지만 우리 아들만이야 하려고."

천주 태후와 김치양은 의논 끝에 순이의 머리를 박박 깎아 버렸다. 그러고는 절로 떠나보냈다. 순이가 스님이 된다면 목종 다음에 임금이 될 사람은 자기 아들밖에 없다고 믿은 것이다.

그러나 김치양의 앞길을 가로막는 벽이 하나 있었으니 바로 목종 임금이었다. 목종은 불륜에 빠진 어머니가 마음에 들지 않았다. 음흉하기 이를 데 없는 김치양을 떠올리면 불끈불끈 살의가 일었다.

"김치양! 어림없는 수작 말아라. 네가 낳은 저주 받은 아이는 절대 왕이 되지 못한다."

목종은 곧바로 개성 숭교사에 있던 순이를 삼각산 신혈사로 옮기면서 진관대사에게 부탁했다.

"대량원군은 고려의 다음 임금이 될 귀한 몸이다. 무슨 일이 있어도 순이를 지켜야 한다."

순이가 신혈사로 옮겨 가자, 천추 태후와 김치양은 불안하기 짝이 없었다. 이런 식으로 나가다가는 순이가 임금이 되는 것은 불을 보듯 훤했다. 만약 그리된다면 순이를 해치려고 했던 자신들은 이미 죽은 목숨이나 진배없었다.

"여보, 이젠 끝을 보는 수밖에 없겠어요."

마침내 순이를 죽이려고 마음먹은 김치양과 천추 태후는 군사들을 모으기 시작했다. 만일 목종 임금이 막으려 들면 반란을 일으켜서라도 뜻을 이룰 생각이었다.

그로부터 며칠 후 천추 태후와 김치양은 사람들을 몰래 뽑아 신혈사로 보냈다.

칼을 들고 신혈사로 들이닥친 자객들은 어서 순이를 내놓으라며 난동을 부렸다. 그러나 진관대사는 눈썹 하나 까딱 않고 맞섰다.

"왕자님은 이미 우리 절을 떠나셨소. 헌데 흉한 칼을 들고 찾아와 장차 이 나라의 왕이 되실 왕자님은 왜 찾는 거요?"

"이런 땡중을 봤나! 누가 왕이 된다고?"

자객들이 스님의 목에 칼을 들이댔다. 그런다고 토굴에 숨은 순이를 내놓을 스님이 아니었다. 결국 그들은 뜻을 이루지 못하고 천추 태후와 김치양에게로 되돌아갔다.

그런 일이 있고 나서 순이는 하루하루 살아가는 것이 불안하고 두렵기만 했다. 그런데 바로 오늘, 낯선 사람들이 또다시 신혈사로 몰려온 것이다.

얼마나 오랜 시간이 지났는지 몰랐다. 토굴에 쪼그리고 앉은 순이는 이런저런 생각에 잠긴 채 한숨을 푹푹 내쉬고 있었다. 그런데 어느 한순간이었다. 방문 밖에서 인기척이 들리자 순이는 두 귀를 쫑긋 세웠다.

'누, 누구지?'

순이는 축축한 토굴 벽에 몸을 찰싹 붙이며 입구를 쏘아보았다. 그때 진관대사의 부드러운 목소리가 들려왔다.

"왕자님, 이제 나오셔도 됩니다."

순이는 안도의 한숨을 내쉬며 부리나케 밖으로 나갔다.

그런데 스님을 따라 신혈사 대웅전 앞으로 갔을 때였다. 놀랍게도

현종 공적비(진관사 內)

현종 사적비(진관사 內)

대웅전 앞마당에 까치 떼가 새카맣게 죽어 나뒹구는 것이 아닌가.

"스님, 까치들이 왜……."

"천추 태후께서 왕자님 드시라고 음식을 보내왔습니다. 소승이 생각하기에 뭔가 이상하다 싶어 왕자님 허락도 받지 않고 음식을 이곳에 뿌려 놓았습니다. 그런데……. 나무아미타불 관세음보살."

스님이 죽은 까치들을 향해 합장했다.

독이 든 음식!

순이는 두 다리가 후들거려 하마터면 땅바닥에 주저앉을 뻔하였다. 다른 사람도 아닌 이모가 이렇듯 자신이 죽기를 바라는데 살아 무엇 하나, 하는 생각마저 들었다.

‘우리 어머니가 살아계셨다면 이모님이 이럴까? 아니, 아버지만 살아계셨어도 이런 짓은 하지 못했을 거야.’

순이는 눈물을 삼키며 돌아섰다. 사촌 형 목종보다 더 큰 힘과 권세를 가진 사람이 천추 태후였다. 그런 천추 태후가 원하는 한 순이는 언제고 목숨을 잃게 될 것이 분명했다.

“어디로든 떠나고 싶구나. 새처럼 훨훨 날아 바다 건너 아는 이 아무도 없는 곳에 가서 살고 싶어.”

방으로 들어간 순이는 목 놓아 울기 시작했다.

민들레를 닮은 임금

세상에서 제일 비통한 일은 무엇일까?

여러 가지 대답이 나올 수 있겠지만 부모의 죽음만큼 슬픈 일은 없다. 오죽하면 부모의 죽음을 가리켜 하늘이 무너지는 충격과 아픔이라고 표현하겠는가. 그나마 어른이 되어 맞이하는 부모의 죽음은 조금 나은 편이다. 아주 어린 나이에 부모를 잃은 아이들이 세상엔 많기 때문이다.

고려의 제8대 임금 현종, 아니 순이도 그 중 한 사람이었다. 왕이 될 정도로 좋은 집안에서 태어났으니 순이는 부모를 모두 잃은 일반 아이들처럼 고생하지 않았을 거로 생각할지도 모르겠다. 그러나 앞에서 잠시 살펴보았듯 우리의 생각과 정반대다. 순이는 목숨을 노리는 자들에게 늘 쫓겨 다녀야 했고, 가까스로 위험에서 벗어나 산속을 헤매거나 토굴 속에 숨어 있을 때면 피눈물을 삼키곤 했다.

"난 세상에 태어나서 지금껏 단 한 번도 행복한 적이 없었어. 정말 이렇게 불행한 인생이 또 있을까?"

불행한 인생.

그렇다. 순이의 인생은 참으로 불행했다. 아니, 불행하다는 말로는 다 표현하지 못할 정도로 고통스러웠다. 그래서 순이의 인생은 더욱 아름답다. 사람들이 아무리 짓밟아도 끝내 꽃을 피우고야 마는 민들레처럼 고려의 왕이 되었고, 그 누구보다 훌륭하게 세상을 다스렸기 때문이다. 그러나 그렇게 되기까지 순이는 온갖 고통과 위험, 상상 못할 슬픔을 견뎌 내야 했다.

신혈사에서 있었던 일은 순이의 어린 시절 이야기 중 극히 일부분에 지나지 않는다. 이제부터 흥미진진하고, 가슴 아픈 순이의 진짜 어린 시절 이야기를 시작하려고 한다. 순이의 비극적 삶은 어머니의 뱃속에 잉태되기 훨씬 전부터 이미 시작되고 있었다.

동생은 형을 닮는다

목종 시절을 가만히 돌이켜 보면 풍기 문란은 천추 태후 한 사람만의 문제가 아니었다. 위로는 왕에서부터 관료, 지주, 상전, 백성, 천민은 물론이고 심지어 승려에 이르기까지 하루하루 생활이 방탕과 무질서의 연속이었다.

천추 태후의 친동생, 헌정 왕후 또한 사정이 크게 다르지 않았다. 자매가 경종에게 출가하였으나 나이 이십 전후에 모두 혼자 몸이 되었다. 언니 천추 태후는 아들 목종이 왕위에 오르기 전이었지만 성종 임금의 배려로 궁중에서 지냈고, 후사가 없는 헌정 황후는 왕륜사 남쪽 사저로 이사하여 살고 있었다.

사저 생활에 적응하지 못한 탓이었을까. 임을 만난 달콤한 꿈에서 방금 깨어난 사람처럼 헌정 황후는 마음의 안정을 취할 수가 없었다. 아무리 생각해 봐도 쓸쓸한 회포를 위로해 줄 만한 사람은 늙은 궁녀 두어 사람뿐이었다. 남자가 없는 집이라 그런지 방문 틈으로 새어 드는 바람마저 적막하게 느껴졌다.

그러던 어느 날이었다. 왕후는 늙은 궁녀들에게 간밤의 꿈 이야기를 들려주고 있었다.

"어젯밤 꿈에 송악산에 올라가 보았는데 흰 구름이 뭉게뭉게 올라오더니 나중에는 그것이 전부 물로 변하지 뭐야. 물속에서 얼마나 헤맸는지 몰라."

궁녀들은 아주 좋은 꿈이라며 해몽해 주었다

"높은 데 올라가서 물을 많이 잡수셨으니 큰 부자가 되실 꿈입니다."

좋은 말을 들었는데도 왕후는 그다지 기쁘지 않았다.

'부자는 되어 무엇해. 물을 많이 먹었으니 물에 빠져 죽을 수인 게야.'

홀로 청춘을 이기고 사느니 얼른 죽는 것이 나을 수도 있겠다는 생각마저 들었다.

바로 이때 옆집에 사는 사람으로서 왕후에게 숙부가 되는 남자가 찾아왔다. 태조 왕건의 다섯째 부인인 신성 왕후 김씨가 낳은 아들, 왕욱王郁으로 목종에 이어 왕위에 오른 현종의 아버지이기도 했다. 물론 현종을 낳은 어머니는 헌정 왕후이다. 따라서 두 사람의 위태로운 만남이 이제 막 시작되려는 찰나였던 셈이다.

천추 태후와 헌정 왕후의 아버지는 태조의 네 번째 부인, 신정 왕후 황보씨가 낳은 사람이었는데 공교롭게도 이름이 왕욱王旭이었다. 그러니까 한자만 틀릴 뿐 자신의 아버지와 같은 이름을 쓰는 숙부가 헌정 왕후를 찾아온 것이다. 왕욱은 신라 사람 김억렴의 외손으로 망국의 외손이라 하여 고려 왕족들은 그를 탐탁지 않게 여겼다. 그래서 왕욱은 태조의 아들이면서도 고려 왕족들과는 어울리지 못하고 항상 홀로 지냈다. 그러나 왕욱은 재주가 비상하고 글을 잘하였다.

왕후는 숙부 왕욱을 반가이 맞았다.

"숙씨, 어서 들어오시오"

"왕비 마마 만수무강하시오."

심심하고 적막하던 참에 왕욱을 맞은 헌정 왕후는 반가움을 감추지 못하며 방으로 안내했다. 그리고 시녀에게 음식 장만을 시켰다.

왕비는 왕욱의 옆에 앉으며 시녀에게 꿈 이야기를 들려주던 중이라고 했다. 왕욱은 활짝 웃으며 왕후가 들려주는 꿈 이야기를 들었다.

"왕비 마마 좋은 꿈이오. 만약 아들을 낳으면 그 아들이 임금이 되실 꿈이오."

이야기를 모두 듣고 왕욱이 무릎을 탁 치며 말했다. 그때 왕욱은 몰랐을 것이다. 자신의 꿈 풀이가 먼 훗날 그대로 들어맞게 되리라는 사실을 말이다.

왕욱의 말에 무슨 생각이 들었는지 왕비가 얼굴을 붉혔다

"망측해라. 과부가 어떻게 아이를 낳을 수 있담. 쓸데없는 말씀이시오."

"물이 온 세상을 덮는다는 것은 임금의 공덕을 뜻합니다. 아주 좋은 꿈이오."

왕욱은 왕후가 얼굴을 붉히건 말건 다시 한 번 꿈 풀이를 해 주며 벌쭉 웃었다.

"그렇지만 안 될 말씀이오."

왕후는 여전히 얼굴을 붉히고 앉아 있었다.

나이 삼십도 안 된 왕후의 몸과 마음에는 청춘의 싱싱함이 그대로 남아 있었다. 풍류남아로서 이미 오십 줄에 들어선 왕욱이 그 점을 모를 리 없었을 것이다.

왕욱은 꿈 해몽을 잘해 주었다는 이유로 밤늦도록 왕후의 처소에서 융숭한 대접을 받았다. 그리고 그날의 일이 인연이 되어 서로 왕래가 잦아졌다.

그러던 어느 날, 왕욱이 밤늦게 술을 마셔 붉어진 얼굴로 황후의 처소로 들어섰다. 쓸쓸한 나날을 보내던 중 왕욱과 가까워지면서 얼마간 마음의 위안을 얻고 있던 왕후는 그날도 진심으로 반가워하며 왕욱을 맞았다.

"왕후 마마 내일은 왕륜사에서 제(기원의식)가 있다 하는데 거동 아니 하시겠소?"

"미망인이 그런 데는 가서 무엇 해요. 홀로 있는 것이 좋겠소."

"울적한 심회도 풀 겸 거동해 보시오."

성격이 차분하고 내성적인 왕후는 밖으로 나다니는 것을 그다지 좋아하지 않았다. 그래도 왕욱이 자꾸 권하는 바람에 함께 가기로 하였다.

다음 날 왕후는 숙부 왕욱을 따라 왕륜사로 가서 하루를 지냈다. 집안에만 있다가 바깥 구경을 하니 울적했던 마음이 상쾌해졌다.

절에서는 재를 올리느라고 분주했다. 왕후는 부처님 앞에 엎드려 불공을 드리고 전왕의 명복을 빌었다. 승려들은 왕비의 단독 거동을 보호하여 좌우에 시립해 있었다. 왕후는 승려들이 귀찮았다. 그리하여 홀로 집으로 돌아가려 하였다. 그런데 왕욱이 다가와 넌지시 말하는 것이었다.

"왕후 마마, 잠시 더 구경하고 가시오. 혹 큰 왕후께서 나오실지 모르오."

큰 왕후는 바로 친언니이자, 형님이 되는 천추 태후다. 만나 본 지 여러 해가 되어 왕후는 천추 태후가 그리웠다.

"언니가 정말 오실까요?"

왕후가 활짝 웃으며 집으로 가려던 마음을 되돌렸다. 그러나 큰 왕후는 좀처럼 나타나지 않았다.

결국 두 사람은 왕륜사를 나서고 말았다. 왕욱은 자기 집으로 가지 않고 왕후의 처소로 갔다. 두 사람은 마주 앉아 오늘 구경한 것들에 대해 이야기를 나누었다. 왕후는 왕욱이 이렇게 가끔 찾아와서 이야 기라도 해 주니 얼마나 고마운지 몰랐다.

숙부이기 전에 남자였다

남녀가 가까이 지내다 보면 늘 문제가 생기기 마련이다. 몇 달쯤 지 났을 때, 왕후는 문득 몸에 이상이 생긴 것을 알았다.

혼자서 번민하던 왕후는 어느 날 조용히 왕욱에게 말을 꺼냈다.

"세상의 이목이 부끄럽구려. 이 일을 어쩌면 좋겠소?"

"글쎄요. 좋은 생각이 나지 않는구려. 좀 두고 보기로 합시다."

왕욱의 말은 아무런 위로도 되지 않았다. 이대로 있다가는 무슨 일 이 생길 것만 같아 왕후는 발을 구르며 가슴을 쳤다. 그 모습을 괴롭 게 바라보던 왕욱이 입을 열었다.

"염려 마시오. 내 몸 하나만 없어지면 되니……."

아무리 봐도 왕욱은 크게 걱정하는 눈치가 아니었다. 그래서 더욱 그의 말이 못마땅했다. 왕후는 불안하고 또 불안했다.

예나 지금이나 다 같이 저지른 일이지만 큰 걱정은 역시 여성의 몫 이 되어 버리고 만다.

'차라리 한목숨 던져 이 고통을 이겨 볼까?'

이런 생각마저 들었으나 스스로 목숨을 끊는 일만은 차마 할 수가 없었다. 어머니의 마음을 아는지 모르는지 죄의 씨는 뱃속에서 더욱 요동치고 있었다.

이러는 사이 악몽 같은 세월은 멈추지 않고 흘러갔다. 어느덧 열 달이 되었다. 아이가 언제 나올지 모를 상황이었다. 안절부절못하던 왕후는 마침내 무언가를 결심한 듯 왕욱의 집을 찾았다.

"숙씨, 나를 없애 주오. 괴로워 못 살겠소. 나를 나뭇더미 위에 올려놓고 불이라도 질러 주오. 더는 괴로움을 참을 수 없소. 죄는 모두 같은 것이오."

왕욱은 머리를 세차게 흔들었다. 불더미 속으로 사람을 밀어 넣을 수는 없는 일이었다.

"왕후 안정하시오. 신이 멀리 귀양이라도 가겠소. 죄 없는 왕후는 아무 일 없소. 모든 것이 신의 불찰이오."

왕후는 왕욱의 말이 들리지 않았다. 그저 죽고 싶을 따름이었다. 몸 풀 시간이 점점 다가오는지 뱃속에 든 어린 생명의 꿈틀거림이 점점 더 심해지는 것 같았다.

'무슨 면목으로 아이를 낳는단 말인가!'

왕후는 드디어 나뭇더미에 불을 놓고 뛰어들겠다고 야단을 쳤다. 왕욱은 다급하게 왕후를 붙들었다. 그러나 왕후는 왕욱의 손에서 빠져나가 집 앞에 쌓아 둔 나뭇더미에 불을 질렀다. 화염이 활활 솟자 왕후는 불 속으로 뛰어들려 하였다. 이때 사람들이 달려와 왕후를 붙잡지 않았다면 그예 일이 벌어지고 말았을 터였다. 사람들에게 붙잡힌 왕후는 자신의 처지가 새삼 불쌍하여 눈물을 뿌렸다.

밤의 화광은 멀리까지 퍼져 갔다. 왕후와 왕욱의 처소는 궁중에서 아주 가까웠다. 그래선지 궁중에서도 활활 솟는 화광을 볼 수 있었다.

당시는 성종이 나라를 다스리고 있었는데 화광을 발견한 그는 놀라서 좌우에 물었다.

"왕륜사 앞에 화광이 웬일이냐?"

여러 신하는 영문을 모르고 뛰어가 보았다.

한편, 왕후는 사람들에게 붙잡힌 채 눈물을 흘리던 중 산통이 엄습해 오자 몹시 당황하였다.

"아이고 배야. 아이고."

시녀들이 즉시 달려가 왕후를 부축했다. 이윽고 왕후가 부축을 받으며 왕욱의 집을 나와 자신의 집으로 들어선 순간이었다. 산통이 일시에 몰려오자 왕후는 더 참지 못하고 눈앞에 보이는 버드나무 가지를 움켜잡았다.

바로 그때, 아기가 "으앙!" 소리를 내면서 세상에 나왔다. 시녀 하나가 갓난아기를 받아 안고, 다른 시녀는 왕후를 부축해 주며 방으로 들어갔다.

방에 드러누운 왕후는 정신없이 앓았다. 불길 속으로 뛰어들려 하던 것까지는 생각이 났지만 그 후 어떻게 되었는지 기억이 없었다. 치마폭이 타고 머리마저 그슬려 누린내가 났다. 그래도 아이만은 무사하여 강보에 싸인 채 잠들어 있었다. 왕후의 고운 얼굴이 백지 같이 하얗게 변했다. 말라붙은 입술 사이로 끙끙 앓는 소리가 새어 나왔다.

"마마 정신 차리시오."

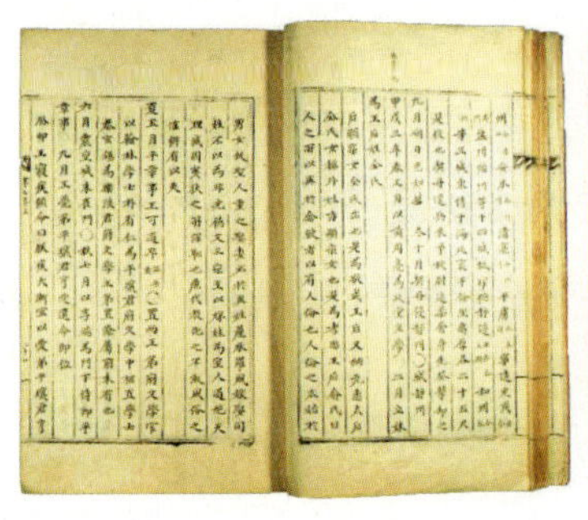 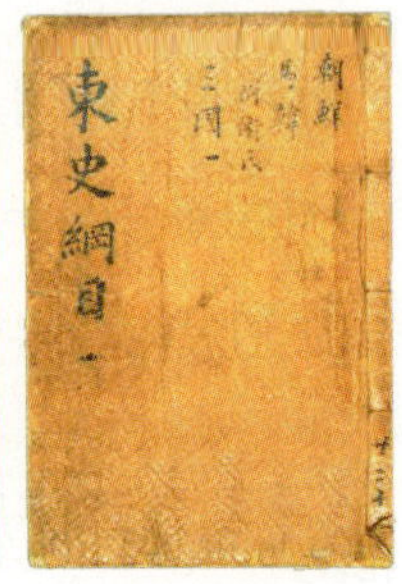

동사강목 제6하 992년(성종 11)/안정복

해산 기미가 있어 문 앞에 있는 버드나무를
부여잡고 분만한 뒤에 곧 죽었다. 이가 바로
헌정 왕후獻貞王后이다.

"옥동자를 낳으셨습니다."

시녀들이 돌아가며 몸을 흔들어도 왕후는 아무 대답이 없었다. 시녀가 혹시나 하고 왕후의 머리를 만져 보니 여름인 데도 차가웠다. 시녀들은 황급히 나라에 기별해야 한다고 생각했으나 기별하러 달려갈 사람이 없었다. 생각다 못한 시녀 하나가 황급히 왕륜사로 사람을 부르러 뛰어갔다.

"왕후의 병환이 위급하오. 나라에 기별해 주시오"

왕후는 여전히 눈을 감고 있었다. 이제는 앓는 소리도 내지 않았다.

"마마 옥동자를 낳으셨소."

시녀가 다시 왕후를 흔들었다.

"아들이냐?"

얼마 만이었을까. 핏기 가신 왕후의 입술이 겨우 움직이며 가느다란 한 마디가 새어 나왔다.

시녀는 왕후의 목소리를 듣고서야 겨우 마음을 놓았다. 그러나 생명이 완전히 꺼지기 직전에 잠시 정신이 돌아온 것뿐이었다는 사실을 시녀는 알지 못했다.

이때 마침 궁중에서 시의侍醫가 나왔다. 그러나 왕후는 이미 이 세상 사람이 아니었다.

죄인의 아들이 되어

헌정 왕후가 산욕을 이겨 내지 못하고 죽은 날이자, 순이가 세상에 태어난 그날은 태조 왕건이 기울어 가는 왕국 신라와 견훤의 후백제를 무너뜨리고 고려를 세운 지 74년이 되는 해였다. 순이가 태어난 때와 장소를 좀 더 정확하게 이야기하자면, 992년 7월 임진일, 고려의 수도 개경에서였다.

헌정 왕후의 죽음을 전해 들은 성종 임금은 즉각 왕욱을 불러들였다. 성종은 왕욱의 조카였으나 헌정 왕후와 훨씬 더 가까웠다. 친 누님이었으니 말이다.

그래도 성종은 왕욱에게 숙부 대접을 해 주면서 솟구치는 화를 꾹꾹 눌러 참았다. 그도 그럴 것이 죄는 밉지만 왕족의 수가 날이 갈수록 줄어드는 상황이라 드러내놓고 왕욱을 박대할 수만은 없었다. 어찌 된 일인지 성종은 그때까지도 아들을 얻지 못하고 있었다. 그뿐만 아니라 종실 내에서도 손이 귀하여 사직을 보전하는 일이 실로 절박해진 상황이었다. 이렇게 볼

견훤의 능비(충남 논산)

대동여지도(사천군 부분/구 사수현)

때 누님 헌정 왕후가 낳은 아들은 가뭄 끝의 단비처럼 귀하디귀한 존재였다.

성종은 숙부 왕욱을 가만히 바라보았다. 여러 가지 생각이 복잡하게 뒤엉켰다. 갓 태어난 아기를 위하여 숙부의 죄를 용서해 주고 싶지만 왕후를 범하여 죽음에 이르게 한 죄만은 묻지 않을 수 없었다.

"숙은 신하로서 왕후를 범하여 죽게 하였으니 대의를 범하였소. 저 멀리 남쪽 사수(경남 사천군) 현으로 귀양 보내니 너무 초심 말고 다녀오시오."

왕욱은 조카 성종 임금에게 절하고 물러났다.

다음 날, 왕은 내시알자 고현에게 왕욱을 압송하라 명하였다. 평소에도 성격이 부드럽고 다정다감한 왕욱은 어명대로 고현과 같이 남쪽을 향해 떠났다. 여러 날 만에 사수 현에 도착한 왕욱은 앞에 펼쳐진 넓은 바다를 바라보았다.

'모든 것이 한낱 꿈같이 사라졌다. 공연히 왕가에 더러운 누명을 씌웠으니 나의 불찰이구나.'

왕욱은 본래 글에 뛰어난 재주를 타고났다. 착잡한 심경을 시를 지어 달랬다. 며칠 체류한 고현이 떠날 때 후회 막급한 심경을 노래한 왕욱의 시가 오늘날까지 전해지고 있다.

그대와 같이 황성(서문)을 떠났건만

그대 먼저 돌아가고 나는 못 가네.

나그네 몸 철창 속에 든 원숭이 같은 심정,

떠나는 그대 부러운 마음 그지없네.

황성(개성)의 눈물이 옷깃을 적시네.

임금의 한 말씀 고칠 수 없어,

이 바닷가에서 늙게 되리.

비록 왕욱을 멀리 귀양 보냈으나 성종 임금은 그리 모진 사람이 아니었다. 성종은 왕욱의 배다른 형이기도 한 대종 욱의 아들이었다. 따라서 갓난아기 순이는 성종 임금의 사촌 동생이자 조카가 되는 셈이었다. 성종 임금은 태어나자마자 어머니와 아버지를 잃은 어린 순이가 불쌍하여 궁궐로 데려다가 유모로 하여금 정성껏 돌봐 주게 하였다.

그러나 어린 아기에게 어머니와 아버지 품만큼 그립고 따뜻한 것이 어디 있으랴. 궁궐 안에서 부족함 없이 자랐지만 순이에게는 무엇보다 어머니와 아버지가 필요했다는 사실을 보여 주는 일화가 있다. 서기 993년, 그러니까 순이가 두 살 되던 해에 일어난 일이었다.

어느 날, 유모가 순이를 품에 안고 성종 앞으로 나아갔다. 순이의 처지를 안타깝게 여기던 성종 임금은 그날도 환한 얼굴로 두 사람을 맞았다.

"오, 우리 순이 왔구나. 이리 온."

그런데 이게 어찌 된 일이었을까. 어린 순이는 성종 임금의 품에 안기자마자 이렇게 옹알거렸다.

"아비, 아비……."

아직 말도 잘하지 못하는 순이의 입에서 새어나온 '아비'라는 말은 성종을 몹시 놀라게 하였다. 어린 것이 아버지가 얼마나 그리웠으면 '아비, 아비'라고 옹알거리며 자신의 품으로 한사코 파고들까, 싶었던 것이다. 순이를 측은하게 내려다보던 성종은 그만 눈물을 흘리며 유모에게 명령했다.

"아무래도 이 아이가 아버지 품이 그리운 모양이다. 너는 이 아이를 데리고 사수 현으로 내려가도록 해라."

순이를 아버지에게 보내 주려는 것이었다.

연은 바람이 거셀수록 높이 난다

아버지 왕욱이 유배 생활을 하는 사수 현의 초가는 협소하기 이를 데 없었다. 그러나 순이는 아버지와 유모의 보살핌을 받으며 무럭무럭

자라났다. 이때가 순이에게는 어린 시절을 통틀어 가장 행복한 시기였을 것이다. 그러나 순이에게는 이 정도 행복도 그리 오래 허락되지 않았다.

때는 바야흐로 996년이었다. 다섯 살이 된 순이는 그날도 아버지가 만들어 준 연을 날리려고 마을 언덕에 올랐다. 그러나 그날따라 바람이 불지 않아 연은 조금 날다가 툭 떨어져 내리곤 하였다. 풀이 죽은 순이는 고사리 손에 연을 쥐고 집으로 돌아왔다.

유모는 뒷산에 나물을 캐러 갔는지 보이지 않았고, 아버지는 방에 누워 콜록콜록 기침 소리를 내고 있었다. 순이는 연을 툇마루에 내려놓고 방으로 들어갔다.

"연 날리러 간다더니 왜 벌써 왔니?"

"연이 날지 않아서요."

아버지의 얼굴은 몹시 창백했다. 유배 생활이 오래되어 그만 병을 얻고 만 것이었다. 몸져누운 아버지가 걱정되었지만 순이는 연을 날리지 못해 속상한 마음이 더 컸다.

"다른 애들 연은 잘 나는데 제 연만 날지 않는 것 같아요."

"그렇진 않을 게다. 전에는 잘 날지 않았니?"

아버지의 말이 맞다. 바람이 알맞게 불어 주는 날은 순이의 연도 하늘 높은 줄 모르고 잘 날았다. 연줄을 팽팽하게 당기며 훨훨 날아오르던 가오리연의 힘찬 모습이 떠오르자 순이는 마음이 다소 풀렸다. 그런 순이를 퀭한 눈으로 바라보던 아버지가 힘겹게 말문을 열었다.

"순아, 사람이 살아가는 일도 연을 날리는 것과 똑같단다. 바람은 사람들에게 찾아오는 고난을 늦추시. 그래서 사람들은 바람 없이 편안하게 살아가는 것을 원한단다. 하지만 생각해 보아라. 바람이 없으면 연은 날지 못해. 바람이 거세면 거셀수록 연은 높이 나는 법이란다. 아버지는 이렇게 병들어 누웠으니 얼마나 더 살 수 있을지 장담하지 못하겠다. 우리 순이에게 불어올 바람이 참 거셀 것 같구나. 하지만 기억하거라. 바람 같은 고난이 심하면 심할수록 연은 높이 난다는 사실을 말이다. 아무리 어려운 일이 생겨도 꿋꿋하게 참아내야 한다는 뜻이다. 연처럼 높이 날 것이라는 꿈을 잃지 않고 인내하고 노력하다 보면 좋은 날이 꼭 돌아올 거야. 아비 말을 알아듣겠니?"

"예, 아버지."

순이는 나이에 비해 무척 총명한 아이였다. 앞으로 닥칠 죽음과 불안하기만 한 순이의 앞날을 걱정하느라 아버지는 한숨으로 땅이 꺼졌다. 그런 아버지의 모습을 보다 못해 순이는 눈앞이 뿌옇게 흐려지고 말았다. 그러나 순이의 눈물을 못 보았는지 아버지는 빙긋 웃다가 조용히 눈을 감았다.

순이는 아버지가 잠들고 나서 마당으로 다시 나왔다.

'연과 바람, 사람이 살아가는 일과 고난……'

아버지가 해준 말을 잊지 않으려고 몇 번이나 이런 말을 뇌이며 순이는 마루에 걸터앉았다.

그로부터 나흘 뒤였다. 깊은 밤, 곤하게 잠을 자던 순이는 몸을 흔들어대는 손길에 놀라 눈을 떴다. 유모였다.

"아버님께서……. 아버님께서……."

유모가 울고 있었다. 영문을 몰라 멍하니 앉아 있던 순이는 유모가 왜 저리도 서럽게 우는지 아버지 방으로 가고 나서야 알았다. 잠을 자던 아버지가 숨을 거둔 것이다.

사수 현으로 내려와 아버지와 함께 생활한 지 꼭 3년 만이었다. 어려운 일을 많이 겪은 사람은 나이보다 훨씬 조숙해진다고 했던가. 어머니에 이어 아버지마저 잃은 순이는 다섯 살이라는 나이에 어울리지 않을 정도로 울음을 터뜨리며 몸부림쳤다. 이제 순이 곁에는 아무도 없었다. 그야말로 고아가 되어 거친 바람이 씽씽 몰아치는 세상 속에 던져진 것이었다.

순이, 호랑이 굴로 들어가다

성종 임금은 아버지 못지 않게 순이를 사랑해 주었다. 성종 임금의 그러한 사랑을 기억한 탓인지 순이는 훗날 그의 딸을 아내로 맞아들인다.

어쨌든 순이가 아버지를 잃고 슬픔에 빠졌다는 소식을 접한 성종 임금은 곧 사람을 사수 현으로 내려 보냈다. 순이를 다시 궁궐로 데려오기 위해서였다.

그러나 순이가 궁궐로 들어와 생활한 지 1년도 채 되지 않았을 때, 성종 임금은 숨을 거두고 만다. 서른여덟 살밖에 되지 않았지만 나랏일을 하느라 과로가 겹친 탓이었다. 자신을 사랑하고 염려해 준 성종 임금마저 죽자 순이는 또다시 깊은 슬픔에 빠져들고 만다.

한편, 고려 조정은 다음 임금을 정하는 일로 몹시 분주했다. 하루라도 임금 자리를 비워둘 수 없었기 때문이다.

주지하다시피 이때 왕위를 이어받은 사람은 목종이었다. 그러나 목종은 성격이 다소 나약한 데다 건강도 그리 좋지 않아 11년 4개월 동안 왕 자리에 있으면서 아들을 얻지 못했다.

비록 나약한 성격이었으나 목종은 천추 태후의 힘을 등에 업고 조정을 장악한 채 나랏일을 제 마음대로 처리하려 드는 김치양을 무척 미워했다. 그리하여 김치양을 궁궐에서 내쫓으려고 여러 가지 지시를 내렸지만 그때마다 어머니가 끼어들어 목종의 뜻을 꺾었다.

결국 어머니 때문에 절망한 목종은 정치에 뜻을 잃고 방탕한 생활을 하다가 그만 병이 들고 만다. 이때 목종은 자신이 그리 오래 살지 못하리라는 사실을 알고 있었다. 목종은 자신이 죽은 뒤에 김치양의 아들이 왕이 되는 것만은 무슨 일이 있어도 막아야 한다고 생각했다. 그러자면 무엇보다 다음 왕이 될 사람을 정해 놓는 것이 우선이었다.

마음이 다급해진 목종은 다음 왕이 될 만한 사람들을 헤아려 보기 시작했다. 그러나 누누이 이야기했듯 그때는 고려 왕족의 자손이 무척이나 귀한 시절이었다. 전 왕 성종이 아들을 낳지 못했고, 목종 또한 자손을 한 명도 얻지 못했을 뿐만 아니라 어렵사리 얻은 왕실 남자 아이를 어린 나이에 잃곤 하였기 때문이다.

고려의 임금이 되려면 무엇보다 태조 왕건의 혈통을 이어받은 사람이어야 한다. 당시 고려 왕실 안에는 이러한 조건을 갖춘 남자가 순이

외에는 아무도 없었다.

마침내 순이에게 임금 자리를 물려주기로 마음먹은 목종은 순이의 지위를 대량원군으로 높이고는 넌지시 그러한 뜻을 알렸다. 천애 고아에 불과한 자신을 왕 자리에 앉히겠다는 말을 들었을 때, 순이는 좀처럼 믿어지지가 않았다. 한편으로는 두렵기도 했다. 천추 태후의 매몰찬 성격을 잘 아는 까닭이었다.

아니나 다를까, 목종이 순이에게 임금 자리를 물려주려 한다는 소식을 접한 천추 태후는 불같이 화를 내며 순이의 머리카락을 홀랑 깎았다. 그리곤 스님이나 되라며 절로 보내 버렸다. 그런데도 목종이 좀처럼 자신과 김치양 사이에서 태어난 아들에게 임금 자리를 물려주려 하지 않자, 천추 태후는 김치양과 음모를 꾸몄다. 순이를 없애 버리면 목종도 더는 어쩔 수 없으리라는 계산에서였다.

그리하여 천추 태후와 김치양은 자객을 한 차례 보낸 바 있었고, 얼마 전에는 독이 든 음식을 삼각산 신혈사로 보내 순이를 죽이려 하였다. 그러나 매번 신혈사 진관대사가 끼어드는 바람에 두 사람의 계획은 수포로 돌아갔다.

"이젠 도저히 안 되겠어요. 자객을 많이 보내서 삼각산을 에워싸 버립시다. 그런 다음에 신혈사를 들이치면 어린놈이 어디로 도망치겠어요!"

화가 나서 치를 떠는 듯한 태후의 말에 김치양이 그것참 좋은 생각이라며 벌쭉 웃더니 한 술 더 떴다.

"하루바삐 군사들을 모아야겠소. 왕이 우리 아들을 끝내 거부하면 죽이는 수밖에 없지 않겠소?"

"왕을 죽인다고요? 내 아들을요? 당신 제 정신이세요?"

조카 순이를 죽이고자 혈안이 된 태후도 자기 아들 목종을 쳐서 없애자는 데는 쉽게 동의하지 않았다. 그러나 김치양은 조금도 거리끼지 않고 말을 이었다.

"생각해 보시오. 이대로 멍하니 있다가 왕이 대량원군을 불쑥 다음 왕으로 지목해 버리면 우리 꼴이 어떻게 되겠소? 그건 우리의 죽음을 뜻하는 것입니다. 벌써 두 번이나 대량원군을 죽이려고 했는데 왕이 된 다음에 우리를 그냥 내버려두겠소?"

태후의 얼굴이 백지장처럼 변했다. 생각해 보니 김치양의 말이 옳았다. 하지만 아무리 그렇다 해도 자신의 아들 목종을 죽일 수는 없는 일이었다.

"왕은 내가 잘 타일러 볼 테니 시간을 좀 줘요. 어미가 돼서 아들을 어떻게 죽인단 말입니까?"

"좋소. 가서 얘기를 잘해 보구려. 허나 이것 하나는 명심하시오. 아무리 얘기해도 왕이 말을 듣지 않으면 그땐 나도 어쩔 수 없소."

"그, 그건……."

태후가 울상을 지었다. 김치양이 그런 그녀를 위로하듯 가까이 다가가며 속삭였다.

"일단 그 문제는 덮어두기로 합시다. 당신 말대로 자객들을 보내 대량원군만 죽이면 깨끗하게 해결될 일이니까."

김치양의 말에 이제야 숨통이 트이는 듯 태후가 미소를 지었다.

삼각산을 에워쌀 정도라면 얼마나 많은 자객이 동원되어야 할까. 어쨌든 중요한 것은 지금껏 신혈사 진관대사의 도움으로 근근이 목숨을 이어가던 순이에게 최대의 위기가 닥쳤다는 사실이었다.

그런데 그 시각, 신혈사에서는 심상치 않은 일이 벌어지고 있었다. 순이에게 닥친 고난을 짐승들이 먼저 알아차렸는지 난데없이 까마귀 떼가 나타나 신혈사 하늘 위를 빙글빙글 돌며 "까악, 까악" 울어대고 있었던 것이다.

동트는 새벽

방 안에 마주 앉은 순이와 진관대사는 그저 말없이 서로 바라볼 뿐이었다. 조금 전까지만 해도 순이는 답답한 마음을 달래려고 산속을 헤매고 있었다. 그런데 진관대사가 순이를 급히 신혈사로 불러들였다. 하늘을 나는 까마귀 떼를 발견하고 심상치 않은 낌새를 알아차린 탓이었다.

"스님……."

오늘따라 스님의 표정이 어두워 보인다고 생각하며 순이는 간신히 입을 떼었다. 그러나 차마 자신을 부른 이유가 무엇인지 물을 수 없었다. 순이의 답답한 마음을 조롱하듯 하늘에서는 여전히 까마귀 떼가 불길한 울음소리를 내고 있었다.

스님이 빙그레 웃으며 말문을 연 것은 그러고도 한참이 지난 다음이었다.

"왕자님, 하루 중에 가장 어두운 때가 언제라고 생각하십니까?"

뜻밖의 질문에 잠시 머리가 멍해졌다. 그러나 무언가 중요한 말을 하려고 스님이 뜸을 들이는 것으로 판단한 순이는 진지한 얼굴이 되어 대답했다.

"그야 밤이지요."

"아닙니다. 하루 중에 가장 어두운 때는 동트기 직전이랍니다. 미련한 소승이 생각하기에 이제 곧 동트기 직전의 새벽이 들이닥칠 것 같습니다."

"예?"

사람의 마음을 꿰뚫어 보는 듯한 스님의 눈빛은 마주 바라보기 힘겨울 정도로 맑으면서도 날카로웠다. 그러나 순이는 눈을 피하지 않으며 재차 물었다.

"스님, 그게 무슨 뜻이신지……"

"잠시 후면 왕자님께서도 미련한 소승의 말을 이해하시게 될 겁니다. 삼각산은 삼면이 평지와 연결되어 있고, 나머지 한 면은 첩첩산중과 닿아 있습니다. 왕자님을 해치고자 하는 자들은 반드시 평지와 연결된 삼면에서 밀고 올라올 것입니다. 다행히 나머지 한 면이 제법 험하고 깊으니 목숨을 지키는 데는 안성맞춤입니다."

순이는 스님이 대체 무슨 말을 하는 것인지 이해할 수가 없었다. 개경에서 자객들이 다시 몰려온다는 소식이라도 들은 것일까? 그러나 스님은 엉뚱한 말만 계속 늘어놓았다.

"왕자님, 명심하십시오. 곧 동트는 새벽이 올 겁니다. 그 시각이 가장 춥고 어둡게 느껴지기 마련입니다. 지난 몇 년 동안 이 늙은이는 왕자님을 지켜보면서 얼마나 흐뭇하고 자랑스러웠는지 모릅니다. 그 숱한 고초를 겪으면서도 학문에 정진하고, 가슴에 품은 큰 뜻을 잃지 않으셨으니까요."

"스님……."

웬일인지 스님의 눈가가 촉촉하게 젖어들고 있었다. 순이는 당황하여 어쩔 줄을 몰랐다.

"부디 새벽이 올 때까지 견디소서. 그리하여 이 나라의 주인이 되시거든 비탄에 빠진 백성을 굽어 살피소서. 일찍이 왕자님께서는 사수현으로 유배 가신 아버님 곁에 머물면서 백성의 비참한 생활을 몸소 경험하신 바 있습니다. 게다가 하는 일 없이 권력만 탐하는 욕된 무리로부터 목숨을 위협당하면서 바른 정치를 펼쳐 가야 한다는 교훈을 얻으셨습니다. 그러한 뜻을 잃지 마시길 바랍니다."

스님은 순이의 스승이자 생명의 은인이라 해도 과언이 아니었다. 그런 사람이 눈물을 흘리며 곧 다가올 동트는 새벽과 왕이 되고 나서 가져야 할 마음 자세를 이야기하고 있었다. 순이는 이제야 어렴풋이 알 것 같았다. 천추 태후와 김치양이 자신을 없애고자 곧 엄청난 일을 벌일 것이라는 사실을 말이다. 그것은 해뜨기 전에 맞이하는 새벽 추위와 깊은 어둠처럼 견디기 어려운 고난이 될 것이다. 그러나 그것을 이겨 내야만 스님이 이야기하는 동트는 새벽을 맞이할 수 있다. 순이는 어금니를 꾹 깨물며 결연한 표정을 지었다. 그 모습을 보고 있던 스님이 고개를 크게 끄덕였다.

"역시 왕자님이십니다. 그러셔야지요. 암!"

순이는 스님과 마주 앉아 차를 마시면서 한동안 이야기를 더 주고받다가 밖으로 나갔다. 그런데 조금 전까지만 해도 어지럽게 날아다니며 울어대던 까마귀 떼가 감쪽같이 사라지고 없었다.

"부처님이 왕자님을 지켜 주려고 까마귀를 보내신 것이 틀림없습니다."

어느 결에 따라 나왔는지 스님이 흐뭇한 미소를 얼굴 가득 지어 보였다. 스님의 주름 많은 얼굴을 타는 듯한 저녁놀이 애잔하게 적셔 주고 있었다.

용이 되기를 꿈꾸는 작은 뱀

그로부터 이틀 뒤였다. 새벽까지 책을 읽다가 얼핏 잠이 들었는데 꿈결처럼 이상한 소리가 들려왔다. 그것은 순이가 잠자는 방을 향해 달려오는 다급한 발소리였다.

"왕자님, 자객들이 몰려오고 있습니다!"

순이는 화들짝 놀라 자리를 박차고 일어섰다. 드디어 염려하던 일이 현실로 닥친 것이다. 순이는 앞뒤 살펴볼 겨를도 없이 밖으로 뛰쳐나갔다. 진관대사가 합장한 채 문 앞에서 기다리고 있었다.

"스님!"

"어서 가십시오. 며칠 전에 말씀드린 것처럼 새벽이 멀지 않았습니다."

스님이 해준 말은 이것이 전부였다. 스님을 뒤따라온 동자승으로부터 주먹밥이 든 꾸러미를 받아든 순이는 첩첩산중으로 이어지는 신혈사 뒤편 숲 속으로 달려가기 시작했다.

"와, 와! 대량원군을 어서 찾아내라! 잡는 즉시 목을 베도 좋다!"

숲 속으로 들어서서 500보쯤이나 달렸을까. 저만치 밑으로 내려다보이는 신혈사에서 날카로운 병장기 소리와 함께 굵직하고 거친 음성이 들려왔다. 목을 베도 좋다는 말에 덜컥 겁이 난 순이는 쫓기는 어린 짐승처럼 앞으로, 앞으로만 내달았다.

도대체 산속을 얼마나 헤매고 다닌 것일까. 이른 아침에 신혈사를 출발했는데 해가 정수리를 비추는 것으로 보아 서너 시간은 족히 도망친 것 같았다. 그런데도 순이는 걸음을 멈출 수가 없었다. 신혈사를 아무리 뒤져도 순이를 찾지 못하자, 자객들은 산으로 뛰어들었을 것이 뻔했다. 훈련으로 몸이 단련된 자들이라 순이를 뒤쫓는 것은 일도 아닐 터였다.

"헉, 헉……."

아무 데나 쓰러져 쉬고 싶은 마음 굴뚝같았다. 그러나 순이는 불쑥 나타나 뒷덜미를 낚아챌지도 모를 병사들의 험악한 모습을 떠올리며 달리고 또 달렸다.

그렇게 부단 없이 달리다 보니 어느덧 시간은 다시 흘러 서산 꼭대기에 저녁 해가 간신히 걸렸다. 순이는 지친 나머지 더는 걸을 수가 없었다. 무엇보다 목이 말랐고, 아침부터 아무것도 먹지 못한 탓에 배가 고팠다. 순이는 사방을 두리번거리다가 물이 졸졸 흐르는 계곡으로 내려갔다.

그런데 바위 옆에 엎드려 허겁지겁 계곡 물을 마시고 났을 때였다. 문득 세상에 태어나 지금껏 고초를 겪으며 살아온 자신의 지난날이 떠올랐다. 순이는 가슴이 뭉클해지면서 힘없이 무너져 내렸다. 그와 함께 눈앞이 뿌옇게 흐려졌다.

"동트는 새벽은 분명히 올 거야. 제발 약해지지 마. 지금껏 참고 견뎠잖아. 바람이 거셀수록 연은 높이 난다고 아버지가 그러셨잖니. 제발……."

순이는 자꾸 약해지려는 마음을 다잡고자 자신에게 소리치다가 그만 울음을 터뜨렸다. 아버지를 생각하다 보니 참고 참았던 설움이 봇물처럼 터져 나온 것이다.

그러나 순이의 울음소리는 그리 오래가지 않았다. 나약하게 훌쩍거리기나 하는 사람에게는 절대 새벽이 찾아오지 않는다는 생각이 들어서였다.

손이 시릴 정도로 차가운 물에 세수하고 나서 바위 위에 걸터앉은 순이는 산속에서 마주쳤던 조그만 뱀 한 마리를 떠올렸다. 세상에 태어나자마자 어미와 헤어져 고단한 삶을 이어가는 작은 뱀 한 마리가 자신의 처지와 크게 다르지 않다는 생각이 들어 순이는 한동안 그 뱀을 바라보고 서 있었다. 그 일을 생각하자니 마음속에서 울컥 시 한 수가 샘솟았다.

> 약포에 도사리고 앉은 작고 작은 저 배암
> 온몸에 붉은 무늬 찬란히 번쩍이네!
> 언제나 꽃밭에만 있다고 말하지 말라
> 하루아침에 용 되기란 어렵지 않으려니!

어느덧 순이는 시 속의 작은 뱀이 되어 있었다. 작은 뱀이 언젠가는 용이 될 수 있듯 순이 또한 용상에 오르리라는 바람과 결심이 담긴 시였다.

잠시 말없이 앉아 주먹밥을 꾸역꾸역 먹던 순이는 졸졸 흐르는 계곡 물 소리에 불현듯 넋을 잃었다. 또 한 편의 시가 떠오른 것이다.

> 一條流出白雲峯　　일조류출백운봉
> 萬里滄溟去路通　　만리창명거로통
> 英道潺源岩下在　　영도잔원 암하재
> 不多時日到龍宮　　부다시일도룡궁

> 백운봉에서 흘러내리는 한줄기 물,
> 만경창파 멀고 먼 바다로 향하누나!
> 바위 밑을 스며 흐르는 물 적다고 하지 말라
> 용궁에 도달할 날 그리 멀지 않으리!

이 또한 순이의 처지와 바람이 잘 드러난 시였다.

바위 밑을 스며 흐르는 적은 양의 물!

비록 지금 당장은 보잘것없으나 넓은 바다로 언젠가는 가고 말리라는 꿈과 희망을 간직한 계곡 물은 현실 속의 순이와 똑같았다. 저렇듯 힘없고 약한 계곡 물이 거대한 바위들을 비껴 돌고, 멀고 먼 산길을 휘어 돌아 바다에 도착하기까지는 모진 아픔과 시련을 수도 없이 이겨 내야 할 터였다. 그러나 바다에 가야 한다는 꿈이 있기에 계곡 물은 흘러가는 것을 멈추지 않는다.

순이는 서서히 어두워지는 깊은 산속 계곡 가 바위 위에 앉아 좀처럼 움직일 줄을 몰랐다. 장차 고려의 왕이 되리라는 것은 그리 중요한 문제가 아니었다. 사실 순이는 목종 임금으로부터 왕 자리를 물려주겠다는 말을 듣기 전에도 계곡 물처럼 흔들리지 않는 하나의 목표를 정해 놓고 있었다. 비록 어머니, 아버지도 없는 고아 처지지만 학문을 열심히 닦아 나라에 보탬을 주는 인물이 되리라는 것이었다. 그러한 꿈을 간직하고 있었기에 지켜보는 이가 없어도, 힘든 일이 닥쳐도 순이는 참아낼 수 있었다. 자신에게 닥쳐오는 힘든 일은 바람이라고 생각했다. 연을 높이, 아주 높이 날려 줄 바람 말이다.

북녘에서 달려온 장군이 새벽을 앞당기다

순이를 살해하려는 계획이 수포로 돌아가자 김치양은 급기야 군사들을 모아 궁궐을 공격했다. 목종 임금을 폐하고 자신의 아들을 임금 자리에 앉히기 위해서였다. 그러나 궁궐을 지키는 병사들의 저항 또한 만만치가 않아 양측의 대립은 장기화할 조짐을 보이고 있었다.

어머니에 대한 서운함은 그렇다 치더라도 목종은 반역자 김치양을 용서하려야 용서할 수가 없었다. 하여 그는 몰래 사람을 보내 강조 장군을 개경으로 불러들였다.

그 시각 강조 장군은 나날이 강대국으로 부상 중인 거란의 침입에 대비하여 북방의 요새를 지키고 있었다. 국경이 다소 불안하기는 하겠지만 그가 군사를 이끌고 개경으로 돌아오기만 한다면 김치양을 제압하는 것쯤은 문제도 아닐 터였다.

마침내 어명을 받은 강조 장군은 군사 5천 명을 이끌고 개경을 향해 길을 떠났다. 그런데 강조 장군은 도중에 김치양과 천추 태후뿐만 아니라 정치를 제대로 펴지 못해 백성을 비탄에 빠뜨린 목종 임금에 관한 험담을 수도 없이 들었다. 이 때문에 강조의 생각이 달라졌다. 처음엔 김치양 무리만 단죄할 생각이었으나 고려의 앞날을 위해 새 임금을 옹립해야겠다고 마음을 굳힌 것이다.

그리하여 개경에 도착하자마자 김치양과 그 무리를 모조리 죽이고 궁궐을 장악한 강조 장군은 목종 임금과 천추 태후를 궁 밖으로 쫓아내 버렸다. 그러고는 군사들을 신혈사로 급히 보냈다. 순이를 고려 제8대 임금으로 즉위시키기 위해서였다.

한편, 김치양이 보낸 자객들의 칼을 피해 산속으로 도망쳤던 순이는 그즈음 신혈사로 되돌아와 있었다. 한차례 소동을 겪었으니 한동안

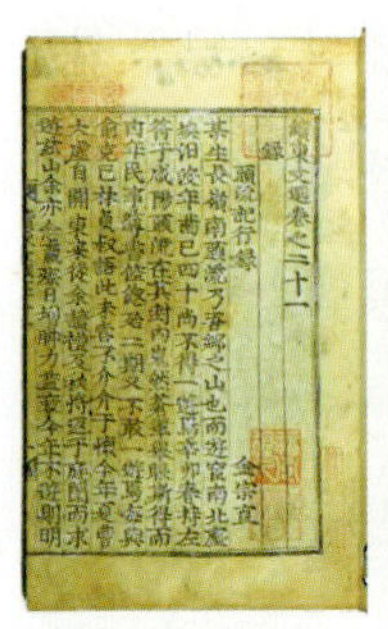

속동문선 제 21권

목종이 강조에게 핍박을 당하게 되자, 천추 태후를 데리고 말고삐를 잡고 선인문(宣仁門)을 나섰다.

잠잠할 터였다. 순이는 안도감을 느끼며 그날도 방에 홀로 앉아 책을 읽고 있었다.

그런데 홀연 사람들의 발소리가 어지럽게 들려오는 것이 아닌가. 낯선 사람들이 신혈사로 몰려온 것이 분명했다. 덜컥 겁이 난 순이는 방문을 살짝 열고 밖을 내다보았다. 놀랍게도 칼과 창을 든 병사들이 대웅전 뜰에 서 있었다.

'도망쳐야 해!'

순이는 허겁지겁 밖으로 뛰쳐나갔다. 그러나 다음 순간, 놀란 얼굴을 감추지 못하며 그 자리에 멈춰 서고 말았다. 스님이 갑옷을 입은 장군 한 명과 이야기를 나누며 이쪽으로 오고 있었던 것이다.

'혹, 주지 스님이 나를 김치양에게 넘겨주려는 것 아닐까?'

절대 그럴 리 없다고 생각하며 순이는 멍한 눈길로 스님을 바라보았다.

"왕자님!"

스님이 이렇게 외치며 합장하자, 곁에 있던 장군이 앞으로 몇 걸음 달려오는가 싶더니 무릎을 꿇었다.

"전하, 안심하소서. 우리는 전하를 개경으로 모셔 가고자 달려온 강조 장군의 부하들입니다. 김치양은 강조 장군에게 이미 살해되었고,

임금과 태후는 궁 밖으로 쫓겨난 지 오래입니다. 전하를 우리 고려의 새 임금으로 모시려는 것입니다."

순이는 뭐가 뭔지 알 길이 없어 스님을 가만히 바라보았다. 주지 스님이 흐뭇하게 웃으며 고개를 끄덕여 주었다. 곧 동트는 새벽이 올 것이라던 스님의 말이 현실이 되었음을 순이는 그제야 알아차렸다.

고려의 자존심을 지켜라

순이, 아니 고려 제8대 임금 현종은 그로부터 며칠 뒤 정식으로 즉위식을 했다. 당시 순이의 나이는 열여덟 살이었다. 왕이 되기에는 어린 나이였으나 워낙 고난을 이겨내며 한 걸음 한 걸음씩 꿈을 향해 달려온 사람이라 늠름하기 이를 데 없었다.

현종은 임금이 되자마자 사치와 향락에 젖은 궁중의 기강을 바로잡으려고 불필요한 궁녀들을 모두 궁 밖으로 내보내는 등 여러 가지 조치를 취했다. 그와 함께 목종 임금 시기를 거치면서 잔뜩 위축된 고려의 국력을 되살리고자 인재들을 두루 찾아 벼슬자리에 앉혔다.

그러나 현종의 노력이 미처 열매를 맺기도 전에 북방에서 거친 바람이 불어오기 시작했다. 이제나저제나 고려 침략의 기회만 엿보던 거란에서 마침내 군사를 움직이기 시작한 것이다. 강조 장군이 제멋대로 왕을 쫓아내어 죽였다는 것이 고려 침략의 빌미였다. 기실 목종 임금은 천추 태후와 함께 고향으로 내려가던 중 살해되었는데 후환을 두

강감찬 장군 유허비(앞면, 서울시 관악구 낙성대)　　강감찬 장군 유허비(뒷면)

려워한 강조 장군이 사람을 몰래 보내 저지른 일이라는 소문이 널리 퍼졌다.

아무리 그렇다고 해도 고려에서 일어난 일을 거란이 참견하고 나설 이유는 없었다. 남의 나라에서 굿을 하던 떡을 하던 웬 참견이란 말인가.

조정의 신하들은 강대국 거란이 침략해 오자 겁을 집어먹은 사람이 대부분이었다. 그러나 현종의 생각은 달랐다.

"과인은 어릴 때부터 모진 고난을 밥처럼 먹으며 성장해 왔다. 거란이 제아무리 강대국이라 해도 우리 고려 사람들이 똘똘 뭉쳐 싸우면 물리치지 못할 것도 없다. 나라간의 관계는 한 번 고개를 숙이면 버릇이 되어 상대가 아무리 무리한 요구를 해도 항상 고개를 숙일 수밖에 없다. 처음부터 우리 고려의 강대함을 상대에게 보여 주어 다시는 침략할 마음을 품지 못하게 해야 한다."

임금이 고려의 자존심을 지켜야 한다고 외쳐대니 신하들로서도 어찌해 볼 도리가 없었다. 결국 거란과 고려 병사들 사이에 전쟁이 벌어졌다. 그러나 고려는 강대국 거란의 상대가 되지 못했다. 그래도 현종은 절망하지 않았다. 아래 지방으로 몸을 피해 가면서도 저항 의지를 거두지 않았던 것이다.

현종의 이러한 의지 때문이었을까. 고려는 여러 장군과 백성의 단결된 저항 덕분에 오래지 않아 거란을 물리칠 수 있었다. 이후에도 거란은 여러 차례 고려를 침략했다. 그러나 그때마다 현종은 그 유명한 양규 장군과 강감찬 장군에게 지시하여 거란을 물리치게 하였다.

이렇듯 모진 고통 속에서도 민들레처럼 인생의 꽃을 피운 현종 임금이었지만 하늘에서 내려 준 수명만은 그리 길지 않았다. 40세가 되던 1031년 5월, 그만 병을 얻어 숨을 거두고 만 것이었다.

목숨이 다하는 그날까지 백성을 위해 헌신적으로 일한 현종 임금은 오랜 세월이 지난 뒤에도 사람들의 칭송을 한 몸에 받았다. 나라의 정치를 바로잡고 강대국 거란에게 주눅 드는 일이 없었으며 우수한 인재들을 두루 등용하여 백성을 편안하게 이끌어 준 업적을 인정받은 셈이었다.

현종의 혼이 깃든
신혈사를 찾아서

우리 역사는 분단된 조국의 모습과 흡사하다. 근세조선의 역사는 군데군데 토막이 난 실성이고, 475년의 고려 역사는 휴전선 너머 북녘땅에 잠들어 있다. 참으로 안타까움을 금할 길이 없다.

그런데 온갖 우여곡절을 겪으며 왕위에 오른 고려 제8대 임금 현종의 혼적이 축복처럼 남녘땅에 남아 있다. 필자는 기쁜 마음으로 그곳에 다녀오기로 마음먹고 길을 나섰다.

그런데 이게 어찌된 일인가. 돈화문 앞을 지나가려는데 꽉 막힌 교

돈화문(창덕궁) 전경

통이 좀처럼 풀리지 않았다. 웬일인가 싶어 차창을 열고 멀리 내다보니 젊은 사람들이 도로를 점거한 채 걸어가고 있었다. 오늘도 촛불 집회가 열리는 모양이었다.

필자는 한순간 마음이 무거워졌다. 분열된 우리 사회의 모습을 보는 듯해서였다. 국가는 국민이 불만을 갖거나 불편을 느끼지 않도록 정치와 외교를 잘 펼치고, 국민은 각자의 자리에서 최선을 다해 살아갈 때 희망찬 미래가 보장된다. 서로 한 발씩 양보하며 전체의 이익을 위해 타협하고 의논하는 건강한 사회가 하루 빨리 찾아오기만을 바라는 마음이다.

방금 돈화문에서 목격한 서글픈 광경 때문이었을까. 오늘따라 현종 임금의 흔적을 찾아 달려가는 길이 멀고 힘겹게 느껴졌다. 그러나 필자는 현대화된 도시 곳곳에 서린 역사의 현장을 하나하나 짚어내며 시름을 잊으려 애써 보았다.

지금은 자취를 감춘 지 오래이지만 그 옛날 신혈사가 있었으며 자신의 생명을 지켜 준 은혜에 보답하고자 현종이 진관대사에게 지어 주었다는 진관사가 자리한 삼각산까지 가는 길에는 문화 유적이 참으로 많았다. 중국 사신이 오면 숙소로 제공했다는 모화관과 36년 일제 치하에서 벗어난 것을 기념하

영은문 주 (옛 모화관 터)

독립문과 영은문

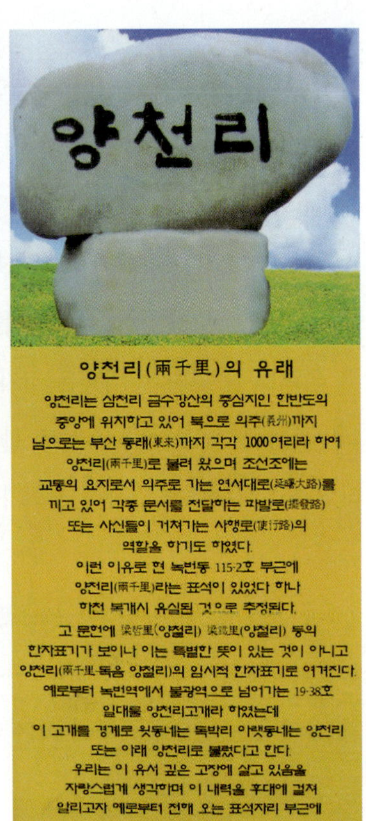

양천리(兩千里)의 유래

양천리는 삼천리 금수강산의 중심지인 한반도의
중앙에 위치하고 있어 북으로 의주(義州)까지
남으로는 부산 동래(東萊)까지 각각 1000여리라 하여
양천리(兩千里)로 불려 왔으며 조선조에는
교통의 요지로서 의주로 가는 연서대로(延曙大路)를
끼고 있어 각종 문서를 전달하는 파발로(擺撥路)
또는 사신들이 거쳐가는 사행로(使行路)의
역할을 하기도 하였다.
이런 이유로 현 녹번동 115-2호 부근에
양천리(兩千里)라는 표석이 있었다 하나
하천 복개시 유실된 것으로 추정된다.
고 문헌에 梁站里(양철리) 梁鐵里(양철리) 등의
한자표기가 보이나 이는 특별한 뜻이 있는 것이 아니고
양천리(兩千里·독음 양철리)의 임시적 한자표기로 여겨진다.
예로부터 녹번역에서 불광역으로 넘어가는 19-38호
일대를 양천리고개라 하였는데
이 고개를 경계로 윗동네는 독박리 아랫동네는 양천리
또는 아래 양천리로 불렀다고 한다.
우리는 이 유서 깊은 고장에 살고 있음을
자랑스럽게 생각하며 이 내력을 후대에 걸쳐
알리고자 예로부터 전해 오는 표석자리 부근에
이 비를 세운다.

양천리 표석(서울 은평구)

여 세웠다는 독립문, 그리고 개성에서 한양으로 천도할 때 길을 터 주었다는 모악母岳(무악)이 차례로 필자를 맞는다. 그러나 그것이 끝이 아니다. 무악 고개를 넘어서니 병자호란의 수치를 씻게 해주었다는 홍지천과 인조반정의 발상지 연서래(연신내), 지도에는 나오지 않지만, 북으로 신의주, 남으론 부산까지 각각 천리가 된다 하여 이름 붙은 양천리兩千里도 필자의 곁을 휙 스쳐 갔다.

양천리를 지나면서 필자는 문득 궁금해졌다. 흔히 우리 국토를 삼천

화의군 묘소(서울 은평구)

영산군 신도비(서울 은평구)

리 금수강산이라고 하는데 무엇에 근거하여 그런 말을 했는지 알 수 없다는 생각이다. 혹, 남의 수중에 넘어가 버린 북녘의 우리 고토를 염두에 두고 이런 말을 한 것일까. 거리를 가늠해 보지 않아서 잘은 모르겠지만 북녘의 고토를 전부 아우른다면 오천 리, 아니 만 리 금수강산쯤 될는지도 모를 일이다.

필자는 오래지 않아 우람한 북한산 기슭으로 빨려들 것만 같은 독바위 고개를 넘었다. 북한산 아랫도리가 한눈에 바라보이는 자리에 이르렀을 때 필자는 잠시 차를 세울 수밖에 없었다.

그곳에는 세종대왕의 첫 번째 서자이자 비운의 왕자라고 널리 알려진 화의군和義君 이영李瓔과 성종의 열세 번째 서왕자 영산군寧山君 이전李全의 묘역이 있다.

화의군은 사생활이 문란하여 수차례에 걸쳐 고난을 겪기도 하였지만 속이 깊고 정의로워 항상 수양대군의 반대편에 섰던 왕자이다. 그는 끝내 간신 권람의 밀고로 어머니 강씨와 함께 금산에 유배되었다가 사

신윤무의 묘(경기 고양)

박영문의 묘(경기 파주)

사되고 만다.

이렇듯 한 맺힌 인생을 산 화의군보다 더 기막힌 것이 영산군 이전의 일생이었다. 그는 영민하고 심지가 깊은 사람이었다. 그런데 자신도 모르는 사이에 역모 사건에 연루되어 불행 속으로 빠져들었다. 사건의 내막은 이러했다. 박영문, 신윤무 등은 중종반정 1등 공신에 책록되었으나 무신 출신이라 하여 홀대를 받았다. 이에 격분한 그들은 거사를 일으켜 나라를 뒤엎고 영산군을 왕으로 모시자고 모의했다. 그런데 궁중의 종 정막개가 이를 알고 밀고하는 바람에 거사는 수포로 돌아갔고, 애꿎은 영산군에게까지 불똥이 튀어 고난을 겪어야 했다.

필자는 화의군과 영산군의 묘소에 차례로 들러 참배하고 나서야 현종 임금의 흔적이 서린 진관사로 다시 차를 몰았다.

산사山寺는 나를 오라 손짓하네

영산군의 유택을 뒤로하고 필자는 좁은 찻길을 조심조심 지나갔다. 우리 민족의 혼이 담긴 북한산은 무상한 흰 구름을 허리에 휘감은 채 오늘도 말이 없었다.

진관사는 애초에 생각했던 것보다 훨씬 가까운 곳에 있었다. 진관사 일주문 앞에 이르니 산사가 필자를 향해 손짓하는 양 이명이 들려왔다.

"여보시오, 나그네. 산길 오르느라 시장할 텐데 참 딱한 노릇이오. 공양 시간이 지났으니 말이오. 그렇지만 저 위쪽 대웅전 마당에 신선수가 흐르고 있으니 목이라도 좀 축이시오."

진관사 일주문

필자는 스스로 지어낸 말을 이명인 양 느끼고자 애쓰다가 겸연쩍어 미소를 머금었다. 그러고는 일주문을 지나 대웅전을 바라고 천천히 다가갔다. 그런데 홀연 우람한 오석의 석물이 쌍둥이 같이 곧게 서 있는 모습이 눈에 들어왔다. 무거운 비석을 등에 업은 거북들은 몹시 고통스러워 보였다. 필자는 저 거북들의 형상이 생전의 현종을 상징적으로 표현한 것 아닌가 생각해 보며 비석 앞으로 다가갔다. 빗돌에는 필자가 앞에서 이미 밝힌 바 있는 현종과 진관대사, 진관사에 관련된 이야기가 적혀 있었다.

진관사(서울 은평구 북한산)

누가 나를 찾아왔다고!

빗돌의 내용을 확인하고 천천히 걸어가는데 먼발치에서도 대웅전의 단청이 참으로 현란하다는 사실을 느낄 수 있었다. 현종 임금이 지혜롭게 나라 다스리는 모습을 바라보며 진관스님은 이곳에서 불도를 닦고, 고려의 안정을 기원하였으리라.

필자는 진관사를 두루 돌아보고 나서 슬그머니 경내를 벗어났다. 역사 기록에는 신혈사 옛 터가 이곳에서 그리 멀지 않은 곳에 있다 하였다. 그곳을 찾아 헤맨다는 것은 다소 무리가 있었지만 필자는 조금이라도 가까운 곳에서 현종 임금의 자취를 느껴 보고자 언덕을 넘고 돌다리를 밟고 내를 건넜다.

그러다가 문득 바위틈으로 꼬리를 감추며 사라지는 뱀 한 마리를 발견했다. 필자는 주춤 멈춰서며 너럭바위에 앉았다. 현종은 그 옛날 저렇듯 징그러운 뱀을 목격하고는 '약포에 도사리고 앉은 작고 작은 저 배암'이라는 구절로 시작되는 시를 지은 것이리라.

험악한 병사들의 창과 칼을 피해 도망치다가 필자처럼 바위 위에 쪼그리고 앉아 한숨과 눈물을 뿌린 현종의 모습이 눈에 본 듯 생생하게 떠오른다. 그 어린 나이에 얼마나 무서웠을 것이며, 외로웠을 것인가.

"전하, 전하의 그러한 삶이 있었기에 후손들은 인내를 배웠으며 고난 속에서도 포기하지 않고 목표를 향해 전진하는 삶의 지혜를 배웠나이다."

필자는 현종이 앞에 있기나 한 것처럼 옷깃을 여미며 이렇게 중얼거린 뒤 주변을 살폈다. 금방이라도 현종이 나타나 지친 나그네의 마음을 위로해 줄 것만 같았다. 그러나 현종은 종내 모습을 드러내지 않고 바람만 솔솔 불어왔다. 숲속의 바람은 시원함이 지나쳐 섬뜩한 느낌을 던져주고 있었다.

필자는 통일이 되는 그날, 북녘 땅에 자리한 현종 임금의 유택을 제일 먼저 찾아보리라 마음먹으며 휘적휘적 산길을 내려가기 시작했다.

고려조 충렬왕의 비 본관은 언양으로 구국의 명장 김취려 장군의 증손녀이며 양감의 딸로서,
권력욕에 물들어 있던 문연文衍의 누이동생이다.
절세미인으로 최문崔文에게 시집갔으나 젊어 홀몸이 되었다.
제국공주齊國公主의 빈자리에 궁인 무비無妃를 총애해 폐단이 생기자
아들 충선왕이 이를 죽이고 대신 김씨를 입궁시켜 숙창원비로 봉했다.
아버지 충렬왕이 죽은 뒤 오빠 문연의 집에 자주 찾아온 충선왕과 관계를 맺고 얻은것은
숙비淑妃의 호칭이었다.
이후 왕을 미혹하여 정사를 물란케하였으며 어머니 상을 당했어도 향연과 빗나간 행각에 취하여
일생을 사치와 향락에 길을 걷다 떠난 여인이어라

제4부

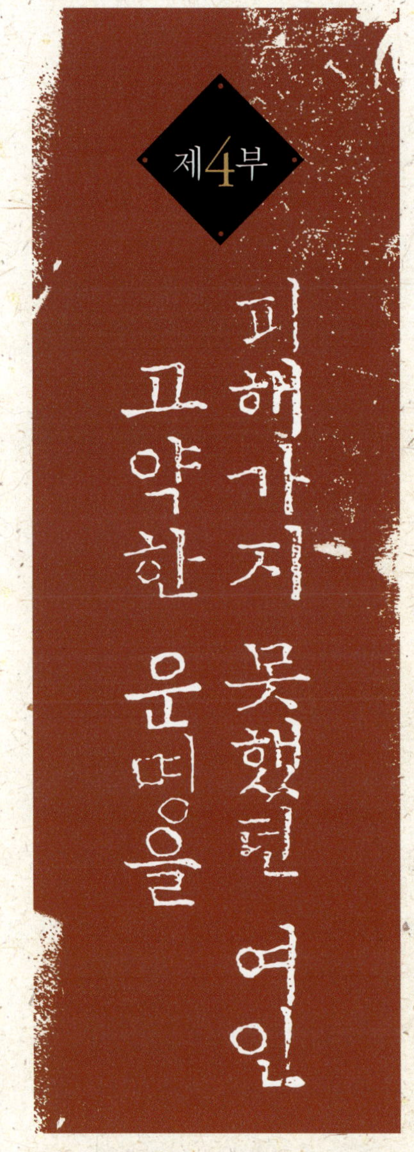

왕을 미혹케 한 절세미인 |숙창원비 김씨|

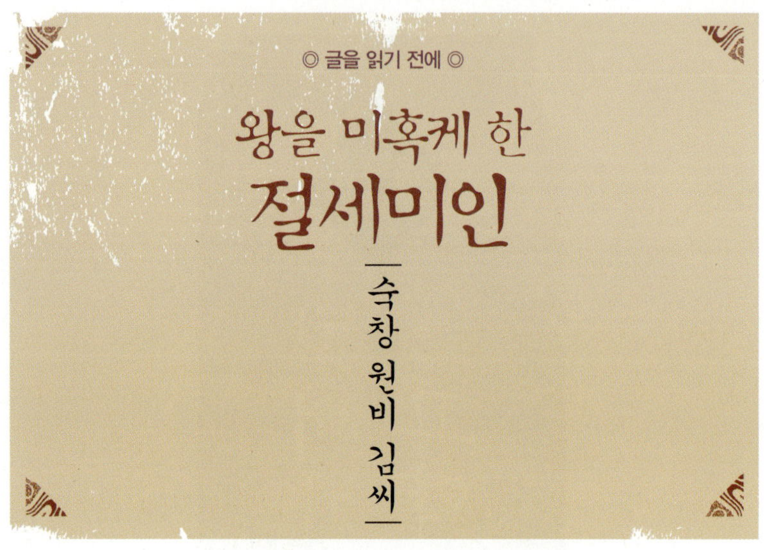

왕세자의 눈물

고려 제24대 임금 원종과 제25대 임금 충렬왕 시기를 거치면서 고려는 차츰 안정기로 접어들었다. 고려와 몽고 간에 벌어진 일곱 차례의 전쟁이 마침내 끝난 것이다.

그러나 몽고의 복속국이 된 상태에서 맞이한 안정기였기 때문에 고려에는 주권이라는 것이 존재하지 않았다. 사소한 일조차 몽고 왕의 허락이 있어야만 시행할 수 있었고, 하다못해 고려 처녀들의 혼인을 금지해 가면서까지 몽고에서 요구하는 공녀의 숫자를 채우고자 안간힘을 다한 시기였다.

이렇듯 주권을 잃은 국가로 전락함에 따라 고려 임금은 몽고 왕의 일개 신하 정도로 치부되고 있었다. 대제국 몽고의 복속국. 어느 모로 보나 치욕적인 시기였지만 몽고의 거대한 그늘 속에서 평화와 안정을 누린 것만은 분명한 사실이었다.

안팎의 사정이 이렇다 보니 고려를 위해 소신껏 일하고 싶어도 자신의 뜻을 끝내 펼칠 수 없었던 고려의 임금들은 곧잘 방탕한 생활에 젖어들곤 하였다. 부왕 충렬왕의 후궁 숙창원비와 돌이킬 수 없는 엽색에 빠져 누대에 걸쳐 비난을 받고 있는 고려 제26대 임금 충선왕 또한 상기한 시대적 불행이 낳은 임금의 전형적인 모습이었다고 할 수 있을 것이다.

그러나 충선왕이 처음부터 부왕의 계비를 탐할 정도로 비뚤어진 인물이었던 것은 아니다. 오히려 왕세자 시절, 충선왕의 일화를 살펴보면 참으로 바르고 인정 많은 인물이었다는 것을 알 수 있다.

어린 시절의 충선왕은 부왕 충렬왕이 늘 걱정이었다. 놀이와 사냥에 정신이 빠져 사방에 응방을 설치하고 연회와 기악에 집착한 나머지 왕비와 세자가 간하여도 듣지 않았다는 사관史官의 평에서 알 수 있듯, 충렬왕은 충선왕과 충선왕의 어머니 제국 대장공주의 가슴에 못을 박는 행위를 참으로 많이 저질렀다.

1283년(충렬 9) 2월, 충선왕의 나이 아홉 살에 불과했을 때에 일어난 일이다. 그날도 충렬왕이 충청도 방면으로 사냥을 나가려 한다는 소식이 들리자 충선왕은 갑자기 구슬프게 울기 시작했다. 깜짝 놀란 유모가 까닭을 묻자, 충선왕은 여전히 울음을 멈추지 않으며 대답하였다.

"백성들의 생활이 곤궁한데다가 농사철이 닥쳐왔는데 아버지는 어찌하
여 멀리 사냥을 떠나려 하시는가?"

이 말을 전해 들은 충렬왕은 놀란 표정을 감추지 못하면서도 사냥
만은 포기하지 않았다. 충렬왕이 필요 이상으로 사냥에 집착했으며 주
색에 빠져 충선왕과 제국 대장공주의 가슴을 몹시 아프게 만들었다는
것은 주지의 사실이다. 속상해 하는 어머니를 늘 곁에서 지켜보면서
충선왕은 알게 모르게 아버지에 대한 반항심이 쌓여 갔을 것이다.

이 때문이었을까. 충선왕은 훗날 끔찍한 살해극과 함께 부왕의 계비
를 취해 버린 인면수심 행각을 벌이고 만다. 몽고 간섭기라는 하나의
거대한 벽과도 같은 시대 상황 하에서 임금들은 좌절할 수밖에 없었
을 것이라는 점을 감안하더라도 쉽게 납득이 되지 않는 대목이다.

어머니의 원한을 풀어 주다

그 시절, 고려의 왕세자들이 대부분 그렇듯 충선왕 또한 몽고 왕의
요구에 따라 1287년(충렬 13)에 볼모가 되어 몽고로 떠나가야 했다. 그
후로도 여러 차례 몽고와 고려 사이를 오가곤 했는데 그때마다 충선
왕은 어머니 제국 대장공주 걱정에서 놓여나지 못했다. 사냥과 주색에
빠진 충렬왕 때문이었다.

특히 그 즈음에는 충렬왕이 무비라는 천한 계집을 총애하여 궁궐

내부에서 그 폐해가 적지 않게 일어나고 있었다. 측근 세력을 형성하여 제국 대장공주 못지않은 힘을 지니게 된 무비는 왕의 총애를 무기 삼아 온갖 세도를 부렸다. 이에 따라 제국 대장공주는 분노와 절망에 휩싸인 채 하루하루를 힘겹게 보내고 있었다.

그런데 1296년(충렬 22) 11월, 고려의 권력 중심에 설 수 있는 중대한 사건이 충선왕에게 찾아든다. 몽고 진왕 감마라의 딸 제국 대장공주와 혼인한 사건이 바로 그것이었다. 몽고의 공주를 아내로 맞아들인다는 것은 몽고 왕실의 전폭적인 지지와 신뢰를 한 몸에 받게 되었다는 사실을 의미했다. 이로써 충선왕은 충렬왕에 버금가는 힘과 실력을 갖추게 된 셈이었다.

충선왕의 결혼식에는 충렬왕과 어머니 제국 대장공주도 참석했다. 오랜만에 만난 어머니 얼굴에는 병색이 완연했다. 아버지 때문에 얼마나 마음 끓였으면 저럴까 싶어 충선왕은 가슴이 아팠다.

그런데 이듬해 5월, 고려에서 충격적인 소식이 날아들었다. 충선왕의 결혼식을 지켜본 뒤 고려로 다시 돌아갔던 어머니가 병으로 세상을 떠났다는 소식이었다.

"어머니는 한을 품고 돌아가신 게야."

상을 치르기 위해 부랴부랴 고려로 달려가면서 충선왕은 부드득 이를 갈았다. 비록 병으로 죽었다고 하지만 어머니를 죽음에 이르도록 만든 것은 아버지 충렬왕과 무비가 분명했다.

마침내 고려에 도착하여 상을 치르고 난 충선왕은 다스릴 길 없는 원망과 분노를 어쩌지 못하고 궁인 무비를 잡아들였다. 아버지의 총애를 받고 있으니 무비는 충선왕에게 어머니뻘이 되는 셈이었다. 그러나 충선왕은 무비를 바닥에 꿇리자마자 대뜸 소리쳤다.

"네가 우리 어머니를 돌아가시게 만든 거다. 임금의 총애를 등에 업고 네가 얼마나 무수한 바늘을 우리 어머니 가슴에 꽂았더냐!"
"사, 살려주오. 난 다만……."

충선왕의 눈에서 이글이글 타오르는 살기를 목격한 무비는 가슴이 덜컥 내려앉았다. 무비의 눈은 충렬왕을 애타게 찾기 시작했다. 왕세자의 분노를 가라앉히고 자신을 구해줄 사람은 충렬왕뿐이었기 때문이다. 때마침 소식을 듣고 충렬왕이 달려왔다.

"세자! 네가 지금 무슨 짓을 하고 있는 것이냐?"

허겁지겁 달려온 충렬왕이 충선왕을 만류하고 나섰지만 소용없었다. 부왕의 손을 뿌리치고 앞으로 나간 충선왕이 무비를 참살해 버리고 말았던 것이다.

충렬왕은 세자의 참월擬越과 애첩의 죽음에 충격을 받은 나머지 온몸을 부들부들 떨며 아무 말도 하지 못했다. 그러나 분노에 눈이 먼 충선왕은 여기서 그치지 않고 평상시 무비에게 아부하며 참람한 짓을 저지르도록 유도한 측근 인물 최세연, 도성기 등 40여 명을 잡아들여 참살하거나 유배시켰다. 어머니를 죽음에 이르게 만들었다는 죄를 씌워 충선왕이 무비와 그 측근들에게 단행한 대숙청이었다.

아버지에게 절세미인을 바치다

충렬왕의 만류에도 불구하고 무비를 살해해 버린 충선왕의 행위는 쉽게 납득되지 않는 것이 사실이다. 왕세자 신분에 불과한 충선왕이 임금의 권위에 정면으로 도전한 셈이었으니 말이다.

그러나 자신의 방탕한 생활 때문에 제국 대장공주가 늘 가슴앓이를 했으며, 그 모습을 지켜보며 아들인 충선왕 또한 오랜 세월 괴로워했다는 사실을 충렬왕도 잘 알고 있었다. 게다가 충선왕은 제국 대장공주와 혼인함으로써 충렬왕 못지않은 힘을 지니게 되었다. 그에 비해 충렬왕은 제국 대장공주를 잃음으로써 몽고라는 강력한 후원자를 상실한 상태였다. 몽고라는 지지기반을 상실한 이상 충렬왕은 왕위를 지켜나가는 것마저 버거워진 상태였다.

무비의 죽음을 지켜보며 상심한 나머지 정사에 뜻을 잃은 데다 왕위를 지켜가는 것이 힘겹다는 현실적 판단에 봉착한 충렬왕은 결국 1298년 정월, 충선왕에게 왕위를 물려주고 만다.

이에 따라 고려 제26대 임금이 된 충선왕은 30여 개 항에 이르는 즉위 교서를 발표하며 강력한 개혁 정치를 천명하고 나선다. 그런데 여기서 주목할 것은 몽고의 어머니 밑에서 자란 탓에 친몽적 성향이 강한 인물이었음에도 불구하고 충선왕의 개혁 정책은 다분히 몽고에 반기를 들고 있었다는 점이다. 원나라의 간섭과 강압에 따라 고쳐진 관제를 고려 고유의 것으로 복구시키고자 했던 것이 그 대표적인 예라 하겠다.

강력한 개혁 정치를 펼쳐나가는 한편 정치 뒷전으로 물러나 앉은 충렬왕의 허전한 마음을 위로해야겠다고 마음먹은 충선왕은 여자 하나를 엄선하여 충렬왕에게 바친다.

이때 충선왕의 간택을 받은 여자가 바로 숙창원비 김씨였다. 고려 최고의 미녀라 해도 과언이 아닐 정도로 용모가 빼어났던 숙창원비는 김취려 장군의 증손녀로 더 널리 알려진 여자였다.

김취려 장군은 고려 제23대 임금 고종 시대에 몽고와 거란의 틈바구니에서 나라의 운명이 경각에 달렸을 때 몸을 돌보지 않는 무인 정신으로 혁혁한 전과를 세움으로써 고려를 지켜낸 명장이었다. 이러한 공을 인정받아 1228년에 수태위 중서시랑평장사 판병부사가 되었고, 그날 시중에 제수되었다. 사람됨이 정직하고 검약했을 뿐만 아니라 군사를 통제할 때에는 항상 엄격하고 공정하여 모든 사졸들에게 존경을 받았고, 고려를 지켜낸 위대한 장군답게 고종 묘정에 배향되어 후세인들의 우러름을 한 몸에 받고 있었다.

이렇듯 가문의 높은 품격에 더하여 절세미인이라 할 만한 용모를 지니고 있어 숙창원비는 충렬왕의 새로운 배필로서 손색이 없는 여자였으며, 충렬왕 또한 숙창원비의 아름다움에 매료되어 사랑을 아끼지 았다.

충렬왕과 충선왕, 숙창원비 김씨의 이야기는 이쯤에서 마무리되는 것이 옳았을 것이다. 그러나 이때부터 부끄러운 역사는 시작되고 있었으니 인간의 무모한 욕심이 그 사람의 일생을 어떻게 파멸시키는지 그 몰락의 과정을 찬찬히 살펴보도록 하자.

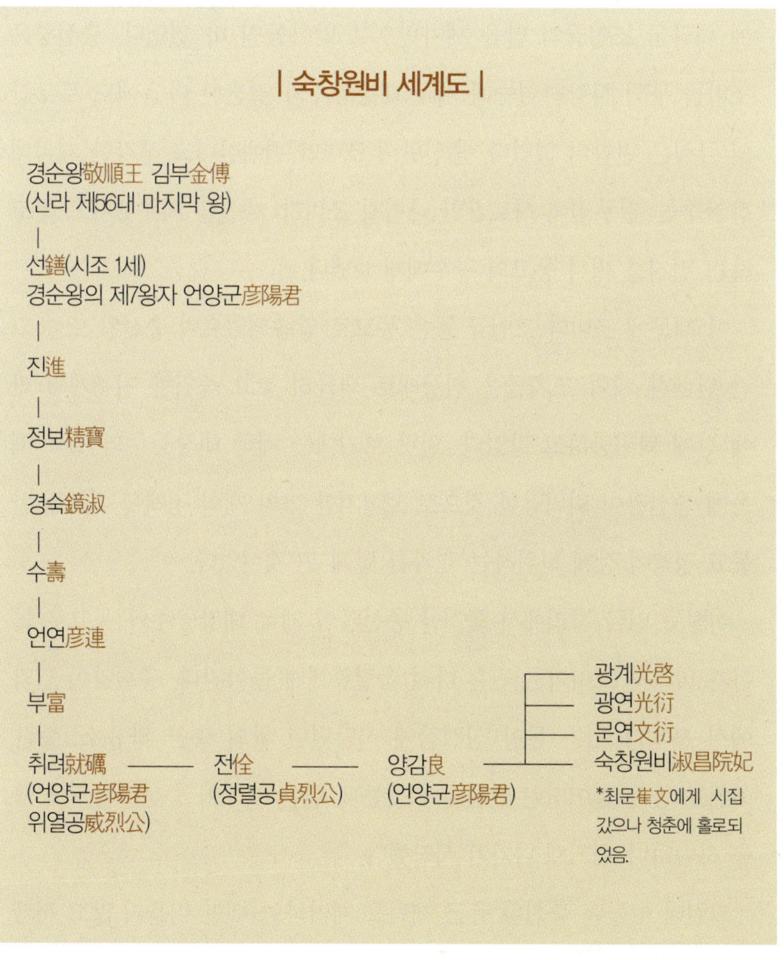

권세에 눈 먼 사람들

왕위에 오르자마자 의욕적으로 개혁 정치를 펼쳐 가던 충선왕에게 위기가 닥친 것은 1298년(충렬 24) 8월이었다. 제국 대장공주에 의해 일어난 조비 무고사건趙妃誣告事件 때문이었다.

충선왕은 제국齊國 대장공주와 혼인하기 훨씬 이전인 1292년(충렬 18)에 평양군 조인규의 딸을 세자빈으로 맞아들인 바 있었다. 충선왕은 조비를 무척 사랑하였는데 제국 대장공주와 결혼한 다음에도 부부간의 금실은 변함이 없었다. 충선왕이 조비만 편애한다고 생각한 제국대장공주는 질투심에 사로잡힌 나머지 조비가 자신을 저주했다고 무고하는 편지를 써서 몽고의 왕후에게 보냈다.

이 때문에 조비와 조인규 등은 몽고로 압송되었으며 충선왕 또한 그간 단행한 개혁 조치들을 원상태로 되돌려 놓고 즉위한 지 8개월 만에 강제 퇴위당하고 말았다. 얼핏 보기에는 제국 대장공주의 질투 때문에 충선왕이 퇴위당한 것으로 보이지만 그의 개혁 정책에 내포된 반몽고 정책이 강제 퇴위라는 결과를 낳게 된 것이었다.

이렇듯 임금 자리에서 쫓겨난 충선왕이 제국 대장공주와 몽고로 돌아가 버리자 고려의 실권은 다시 충렬왕에게 돌아간다. 충렬왕이 권좌에서 물러나 있는 동안 상실감에 시달렸던 왕의 측근 왕유소, 송린, 석천보 등은 잃어버린 권세를 되찾는데 혈안이 되어 충선왕의 측근들을 하나하나 제거해 나가기 시작했다.

그런데 이들은 충선왕 측근 세력을 제거하는 데만 머물지 않고 적극

적으로 부자간을 이간시키더니 급기야 제국 대장공주를 신종의 3세손
이기도 한 서흥후 전에게 개가시키려는 음모를 꾸민다. 서흥후 전에게
고려의 왕위를 물려줌으로써 자신들의 권세 또한 길이 보전하려는 계
획이었다. 이를 위해 충렬왕 측근들은 충선왕의 환국 저지 운동을 펼
쳐 나가는 한편, 충렬왕으로 하여금 몽고로 들어가 충선왕의 왕세자
지위 박탈을 몽고 왕에게 건의하도록 한다.

그러나 충렬왕 측근들의 결사적인 노력에도 불구하고 대세는 충선
왕 쪽으로 기울어가고 있었다. 당시 몽고는 왕위 쟁탈전이 한창이었
는데 충선왕이 적극 돕고 있던 하이샨(무종)이 마침내 몽고 왕으로 즉
위한 것이다. 이에 따라 몽고 왕의 절대적인 신임을 받게 된 충선왕은
평상시 자신과 충렬왕 사이를 이간질하던 왕유소 일당을 처형시켜 버
렸다.

측근들이 죽어나가는 모습을 지켜보며 또다시 절망하고 만 충렬왕은
쓸쓸하게 귀국길에 올랐다가 1308년(충렬 34) 7월 숨을 거두게 된다.

이로써 고려의 모든 실권이 자신에게 되돌아오자 충선왕은 귀국을
서두른다. 이때 충선왕의 머릿속에는 절세미인 숙창원비 김씨의 얼굴
이 어른거리고 있었을지도 모를 일이다. 특히 충선왕의 측근으로서 국
정쇄신에 대한 선언문을 발표하고 새로운 관리 80여 명을 임명하여 자
신이 고려의 실권을 되찾는데 많은 공을 세운 김문연이라는 존재 때
문에 충선왕은 숙창원비 김씨를 늘 머릿속에 떠올렸을 것이다.

김문연은 어려서 승려가 되었으나 환속한 인물로 여동생인 숙창원
비 김씨가 충렬왕의 총애를 받으면서 30세라는 나이에 좌우위 산원左

右衛散員, 그 뒤 첨의시랑찬성사僉議侍郎贊成事에 이르렀다. 또한 1305년(충렬 31) 충렬왕을 따라 원나라에 갔을 때 송방영과 왕유소 등의 계획을 알고 원나라의 중서성에 그 사실을 고발한 인물이 바로 김문연이었다. 이런 공로로 김문연은 충렬왕이 죽고 충선왕이 재 즉위한 뒤 첨의중호僉議中護가 되었으며, 원나라로부터 신무장군 진변만호信武將軍鎭邊萬戶에 언양군彦陽君으로 봉해졌고 그 뒤 진변만호부 달로화적鎭邊萬戶府達魯花赤이 더해졌다.

김문연은 숙창원비 김씨의 오빠로 충성스러운 신하였지만 가슴속에 권력욕이 그득한 인물이기도 하였다. 그러한 사실을 잘 알면서도 충선왕이 김문연을 내치지 않았다는 것은, 그를 가까이 하는 한 절세미인 숙창원비 김씨는 늘 자신의 손아귀에 있는 것이나 마찬가지였기 때문이 아니었을까.

패륜의 역사는 시작되고

시작을 잘 하는 사람은 많지만 끝까지 잘 하는 사람은 드물다고 했던가. 충선왕은 이 말에 꼭 부합되는 사람이었다. 두 번째로 왕위에 오른 충선왕은 고려로 돌아오자마자 정치 기강 확립, 조세의 공평, 인재 등용의 개방, 공신 자제의 중용, 농잠업의 장려, 귀족의 횡포 엄단 등과 같은 조치가 담긴 혁신적인 복위 교서를 발표하며 다시 한 번 개혁 정치의 의지를 천명하였다.

그러나 충선왕의 복위 교서는 일회성 구호에 그치고 말았다. 그가 정치에 뜻을 잃기까지 김문연의 여동생 숙창원비 김씨가 적지 않은 영향을 끼쳤다 하니 안타까운 노릇이 아닐 수 없다. 고려의 역사를 연장시킨 위대한 장군이자 고려 16공신 중 한 사람이기도 한 김취려 장군의 후손이 고려 역사에 크나큰 흠집을 남긴 셈이 되었으니 말이다.

그 즈음 숙창원비 김씨는 충렬왕을 잃고 나서 오빠 김문연의 집에 묵고 있었다. 생각해 보면 숙창원비 김씨도 기구한 운명을 타고난 여자였다. 일찍이 최문이란 사람에게 시집갔으나 젊어서 홀로 되었고, 다시 충렬왕에게 일생을 의탁하고자 하였으나 그마저 불귀의 객이 되어 버렸으니 생각할수록 원통한 노릇이었다. 아마도 숙창원비 김씨는 이때까지만 해도 외로움을 곱씹으며 혼자 살아가는 것이 자신의 운명이려니 여기고 있었을 것이다.

그런데 충선왕이 재차 왕위에 오르면서 그녀에게 거스를 길 없는 운명의 파고가 서서히 다가오기 시작했다. 당시 김문연을 총애하고 있었던 충선왕은 이따금씩 김문연의 사저에 들르곤 했는데, 이때마다 백성된 도리로 임금을 맞이하였던 숙창원비 김씨는 곧 자신을 바라보는 충선왕의 은근한 눈빛을 느끼고는 가슴이 두근거리기 시작하였다.

'참으로 아름다운 여인이로다.'

충선왕은 결코 아니 될 일이라고 생각하면서도 숙창원비 김씨를 볼 때마다 벌이 꽃에 날아들듯 마음부터 이끌리고 마는 자신을 느꼈다.

충선왕의 가슴이 이처럼 뜨거워질수록 숙창원비 김씨의 두근거림 또한 요란해졌다. 이렇게 팽팽한 긴장감을 유지하던 두 사람의 관계는 오래지 않아 뜨겁게 달아오르고 만다. 오빠 김문연의 적극적인 주선 덕분이었다. 내심 숙창원비 김씨를 충선왕에게 보냄으로써 자신이 차지하게 될 엄청난 부와 권세에 대한 계산 때문이었을 것이다.

어느 날 김문연의 사저를 찾아온 충선왕이 극진한 술대접을 받고 취기가 알맞게 돌자, 김문연은 슬그머니 자리에서 빠져나와 숙창원비 김씨를 찾았다.

"임금의 마음이 온통 너에게로 향해 있구나. 너도 그 사실을 모르지 을 터. 어서 방으로 들어가 보거라."
"하지만……."

권력에 눈이 먼 김문연과 달리 일말의 양심이 남아 있었던 숙창원비는 쉽사리 충선왕이 머무는 방으로 발을 옮겨놓지 못했다. 아무리 그래도 자신은 선왕의 여자가 아니었던가. 그러나 김문연은 그런 그녀의 등을 떠밀다시피 하며 재촉했다.

"전하께서 기다리신다, 어서."

김문연의 채근을 견디다 못한 숙창원비 김씨가 마침내 방문을 열고 들어가 충선왕 앞에 다소곳이 앉았다. 그렇지 않아도 취기가 도는 가운데 아리따운 숙창원비 김씨의 얼굴을 떠올려 보고 있던 충선왕은 이게 꿈인가 생시인가 싶었다. 하여 슬그머니 다가가 그녀의 손목을 그러쥐었다. 숙창원비 김씨는 괜스레 숨을 할딱이며 잠시 반항하는 척하다가 충선왕이 다소 강하게 잡아당기자 슬그머니 그의 품에 안기고 말았다.

우탁禹倬의 충정

부왕이 총애하던 여자라는 부담감에도 불구하고 충선왕은 절세미인 숙창원비 김씨를 하루도 거르지 않고 찾았다. 여체의 향기에 취해 정신없는 나날을 보내고 있었던 것이다. 그러다 보니 즉위 교서에서 천명한 개혁 정치는 물거품처럼 꺼져 들어갔다. 뿐만 아니라 숙창원비 김씨는 어머니의 상을 당했음에도 애도하기는커녕 충선왕의 품에 안겨 온갖 교태를 부리며 향연을 즐겼다. 충선왕도 숙창원비 김씨도 부적절한 사랑에 취해 자신의 본분을 깡그리 망각해 버린 셈이었다.

이때 한심하기 짝이 없는 임금의 모습을 지켜보다 못해 정면으로 그 부당성을 주장하며 들고 일어난 신하가 있었으니 바로 우탁이었다. 그는 일찍이 등과하여 경상도 영해부 사록이 되었을 때, 영해 고을에 팔령이라는 요사스러운 사당이 있어 민심을 현혹시키자 이를 부숴 동해 바다에 던져 버린 일화로 유명한 충신이었다.

당시 고려 조정에서 감찰규정이 되어 관원들의 비행과 비리를 바로잡는 업무를 주관하고 있던 우탁은 선왕이 총애하던 숙창원비 김씨와 선왕의 아들인 충선왕이 서로 밀통하는 모습만은 결코 묵과할 수 없었다. 그리하여 목숨을 잃을 각오로 임금을 찾아가 부당성을 역설하였다.

이때 우탁은 관복을 벗고 흰옷을 입었는데 백성의 입장에서 임금의 잘못을 지적한다는 뜻이 담긴 행동이었다. 거적자리와 함께 손도끼를 들고 입궐한 그는 왕과 독대하는 과정에서 수없이 많은 여자를 놔두고 부왕이 총애하던 여자를 선택한 까닭부터 집요하게 캐물었다. 그 태도가 얼마나 날카로웠는지 왕을 측근에서 모시는 근신 모두가 두려움을 감추지 못했고, 왕은 심히 부끄럽게 여겼다고 한다.

이때 느낀 부끄러움 때문이었을까. 충선왕은 즉위한 지 두 달 만에 숙부 제안대군 왕숙에게 치세를 대행케 하고는 몽고로 돌아가 버렸다. 어릴 적부터 여러 차례 어머니 나라 몽고에 다녀온 데다 두 번째로 즉위하기 직전까지 10년 남짓 몽고에서 살다 보니 그곳의 편안한 생활에 젖어 버린 탓이기도 했을 것이다.

이후 충선왕이 보인 행태를 보면 고려의 왕이라고 할 만한 행동은 한 가지도 보이지 않았다. 왕이 몽고에 틀어박힌 채 꼼짝을 하지 않으니 고려의 신하들은 윤허 받을 일이 있을 때마다 머나먼 몽고까지 직접 달려가야 했다. 게다가 왕이 먹고 마시고 쓸 물품들을 일일이 실어 나르다 보니 여러 모로 국고의 손실이 심각한 지경에 이르렀다. 참다 못한 신하들이 제발 돌아와 달라고 누차에 걸쳐 간곡하게 요청했지만 충선왕은 끝내 듣지 않았다. 숨을 거두기 직전까지 원나라에 머물며 허울뿐인 왕 노릇을 한 사람이 바로 충선왕이었다.

임금과 신하의 인연은
끝나지 않고

김취려 장군은 어디에 있는가

모든 인간의 행위는 그 시대의 산물이라는 말을 기억할 필요가 있을 듯하다. 이 책은 삶에 지친 현대인에게 흥밋거리만을 제공하고자 기획한 원고가 아니다. 옛 인물들의 행위를 시대 배경이라는 기본 조건 속에서 파악하고, 우리의 삶에 경계를 삼거나 발전의 계기로 삼자는 의도가 담겨 있는 것이다.

충렬왕에 이어 그 아들 충선왕에게 모든 것을 바쳐야 했던 숙창원비 김씨. 그녀가 그런 선택을 할 수밖에 없었던 것은 몽고 지배하라는, 그리고 고려 시대라는 특성을 이해한 후라야 이해가 가능할 것이다. 고려 시대에는 여권이 현대 사회 이상으로 보장되었으며 처녀성을 중요시 하지 않아 여인들의 재혼 또한 자유로웠다는 점 정도는 누구나 알고 있을 것이다. 게다가 왕실 내에서는 근친혼이 성행하였으며 몽고 지배하라는 암흑기를 맞아 고려 사람들의 삶은 파행으로 흐르기 쉬운 상황이었다.

그러나 인간으로서 지켜야 할 도리라는 도덕적인 관점에서 판단하자면 숙창원비와 충선왕의 관계는 지탄받을 수밖에 없을 것이다. 더구나 그들의 불륜으로 인해 고려 사회가 커다란 혼란을 겪었고, 이로 인해 백성들이 받았던 고통들을 생각하면 더욱 그러하다.

사람에게 불멸의 영혼이 존재하는 것이 맞는다면 모르긴 해도 고려조의 명장 김취려 장군은 자신의 증손이 저지른 희대의 불륜 사건과 그 혼란을 지켜보며 지하에서 대성통곡하였을 것이다.

필자는 장군의 넋을 조금이나마 위로하고, 행여 장군의 묘소 근처에 남아 있을 지도 모를 숙창원비 김씨의 흔적을 찾아보고자 아침 일찍 길을 나섰다.

그러나 김취려 장군의 묘소가 두 군데에 있다는 특이한 사정 때문에 집을 나설 때부터 갈팡질팡할 수밖에 없었다. 자손들의 말과 역사 기록에 의하면 처음부터 모시던 묘소는 장군의 관향지인 경상남도 울주군 언양 땅에 있지만, 문화의 보고 강화도에도 장군의 묘소가 엄연히 존재했던 것이다. 장군을 만나려면 어디로 가야 하는가, 좀처럼 갈 길을 잡지 못하던 필자는 결국 강화를 향해 차를 몰기 시작했다.

장군의 묘소는

필자는 언양彦陽 땅에 자리 잡은 장군의 묘소는 다녀온 적이 있었다. 한 번 가 본 곳보다는 강화의 생소한 묘소로 가서 장군에게 참배해야겠다는 생각이 들어 강화로 길을 잡았는지도 모르겠다.

어쨌든 이 기회에 언양에 있는 장군의 묘소에 대해 잠시 소개하고 넘어가도록 하자. 언양은 신라 때는 거화현居火縣, 헌양현으로 불리다가 양주군良州郡과 양산군梁山郡이 되었고 현재는 울산광역시에 속한 지역이다. 장군은 이곳 언양에서 출생하여 성장했고, 장성하여서는 뜻을 세워 고려 조정에 출사하였다.

장군의 일대기는 많은 문헌에서 찾아볼 수 있다. 그 양이 매우 방대해서 모두 기록으로 옮길 수는 없고 필자가 생각하기에 특이한 점 몇 가지만 새로이 싣기로 한다.

안타깝게도 장군의 출생 연월일은 알려진 바가 없다.(사적비에는 1172(고려명종 2))다만 일생 동안 전장에서 진력을 다했고, 그것이 고려 조정에 인정되어 문하시중門下侍中이 되었다는 기록이 있다. 장군은 끝까지 백성과 조정을 위해 일하다가 1234년(고종 21)에 세상을 떠났다. 사후에 시신은 울주군 언양면 송대리 능골에 안장되어 있다.

세상을 떠난 지 770년이란 긴 세월이 지났지만 장군의 묘소는 정성껏 돌봐 왔음을 한 눈에 알 수 있었다. 그 후손과 조정의 뜨거운 관심 덕분이었을 것이다. 장군의 생전 인품과 덕성을 보면 묘소에 석물이 많이 놓이기를 원하지는 않았을 텐데 직접 가 본 언양의 묘소는 후손들의 정성으로 충신의 묘소임이 돋보이게 단장해 놓았다. 장군의 묘지명은 문헌에도 실려 있다.

장군과 장군의 언양 묘소를 떠올리며 운전을 하는 사이 필자가 운전하는 차는 강화도 어귀에 다다라 있었다. 이때부터 선현의 묘소를 찾아갈 때면 늘 겪는 고난이 시작되었다.

필자는 강화군에서 발간한 문화유산 길잡이 약도를 가지고 장군의 묘소를 찾아 나섰는데 약도만 가지고는 장군의 묘소 지점을 도저히 찾을 수가 없었다. 후일 알고 보니 강화군에서 장군의 묘소를 문화재로 지정하지 않아 그리 된 것이었지만 문화유산에 대한 우리의 안이한 태도를 다시 한 번 확인해 보는 듯하여 얼마나 마음이 언짢았는지 모른다.

불필요한 약도를 팽개쳐 버리고 다리를 건너 강화로 접어든 필자는 이따금 만나는 주민들에게 장군의 묘소를 일일이 문의해 보았다. 그러나 묘소의 위치를 아는 이는 단 한 명도 없었다.

겨울 해는 짧기만 하여 조금 헤매다 보니 서산이 붉게 물들고 있었다. 초조감을 느낀 필자는 급한 마음에 과속 운전을 불사하며 사방을 뒤지고 돌아다녔다. 그런데 조선조 양명학의 대가 정재두 선생의 묘소가 그리 멀지 않은 어느 길목에 낯선 표석이 서 있는 것이 눈에 띄었다. 이상한 마음에 자동차를 세우고 확인해 보니 그토록 찾아 헤매던 장군의 묘소를 알리는 표석이 아니던가. 1척 정도밖에 안 되는 표석이 어찌나 반갑고 귀하게 느껴지던지 필자는 세상을 모두 얻은 것처럼 기뻐하며 길을 서둘렀다.

나라 위해 바친 일생

장군의 묘소는 경기도 강화군 양도면 하일리 야산에 자리하고 있었다. 높지 않은 언덕 우측, 정재두 선생의 신도비를 지나 굴참나무가 빽빽하게 들어선 산골을 초조한 마음으로 걸어 나가던 필자는 장군의 묘소를 발견한 순간 언제 그랬느냐 싶게 환하게 웃으며 뛰다시피 하며

김취려 장군 묘소

급하게 걷기 시작했다.

그러나 필자는 이내 고개를 갸웃거리며 속도를 늦추었다. 뇌리에 새겨진 장군의 이름이나 업적에 비하여 너무나 간소하게 조성된 묘소를 보고 놀란 까닭이었다. 언양의 묘소와 달라도 크게 다른 모습이었던 것이다. 물론 장군의 품성을 감안해 보면 언양보다는 이곳의 단조로운 유택이 고인의 뜻에 더 맞는지도 몰랐다. 그러나 국가와 후손들의 관심이 아쉽게 느껴지는 것만은 어쩔 도리가 없었다.

그래도 장군의 묘소 주변에 볼만한 것이 전혀 없었던 것은 아니었다. 묘소 주위로 늘어선 기름기 있는 수목들은 장군의 휘하 병사인 양 군령이 떨어지기를 기다리는 듯 늠름한 모습이었고, 잘 가꾸어진 잔디는 동절기를 잊은 것처럼 생기를 띠고 있었다.

필자는 장군의 묘소에 참배하고 나서 비문을 살펴보았다. 장군의 출생지와 함께 무관으로서 적진에 혼신을 던진 무용 사실과 업적이 빠짐없이 기록되어 있었다.

고려문하시중상장군위열김공취려사적비

高麗門下侍中上將軍威烈金公就礪事績碑

공의 성은 김이요 휘諱는 취려就礪요 언양인彦陽人이니 신라 제56대 경순왕의 제7자子 언양군彦陽君 휘諱 선선鐥의 8세손이시다. 증조의 휘는 수壽니 신호위별장동정행교위神虎衛別將同正行校尉이시며 조의 휘는 언연彦連이요 일휘一諱는 언양彦良이니 신호위중랑장동정행섭낭장神虎衛中郎將同正行攝郎將이시며 부의 휘는 부富니 조정대부금오위대장군朝靖大夫金吾衛大將軍 예부상서禮部尙書이시며 대부인大夫人 청리青里 주씨朱氏는 검교장군행랑장檢校將軍行郎將 휘 세명世明의 따님이시다.

김취려 장군 사적비

공은 1172년(고려 명종 2)에 탄생하시어 영명한 기품으로 출장입상出將入相하여 오조五朝의 주석柱石이오 일국의 동량棟樑으로 큰 공적을 남기셨다.

처음에 부父의 음덕蔭德으로 정위正尉에 기용된 뒤 동궁위東宮衛에 배속되었다가 중랑장中郎將에 천임遷任되어 우림군羽林軍을 거느렸다.

누천累遷하여 장군이 되어 위엄과 자애와 지략으로 동북계東北界를 진수鎭守함에 감히 침범하지 못하니 그 공으로 천우위대장군天牛衛大將

軍에 임명되었다. 1213년(고려 강종 2)에 국경을 순무巡撫하니 변민辺民이
외애畏愛하였다. 1216년(고려 고종 3) 가을 거란의 유종遺種 금산金山 왕자
가 범경犯境하니 고종高宗은 삼군三軍에 명하여 그들을 토벌케 하였다.
공은 후군後軍을 거느리고 출전하여 연전연승하며 적을 무찌르고 많은
군기와 군수품을 노획하였다. 이어 개평역開平驛에서 후진하는 적과 격
전을 벌여 삼전 삼승의 전과를 올렸는데 불행히도 공의 아들이 전사하
였다. 계속 묘향산妙香山까지 추격하여 2천4백여 명을 참획斬獲하였으며
남강南江에 익사한 자도 또한 천여 명에 이르렀다. 1217년(고려 고종 4)
2월에 공은 금오위상장군金吾衛上將軍으로 승진되시었다. 그때 오군五
軍이 안주安州 대탄大灘에 둔진하고 있었는데 전황戰況이 매우 불리하였
다. 이에 공은 문비文備 및 인겸仁謙과 합력하여 격전을 벌였는데 인겸
이 유실流失에 맞아 전사하였다. 공은 이에 검을 휘두르며 홀로 분전하
다가 창과 화살이 온몸에 가득 꽂히는 큰 부상을 당하였으나 충성스
런 의분義憤의 기세는 더욱 언어言語와 안색顔色에 드러났다. 5월에 중병
하여 맥곡麥谷에서 상장군 최원세崔元世와 합세하여 적 3백여 급을 베고
제천堤川을 압박하니 적의 시체가 냇물을 덮은 채 떠내려갔다. 박달
현朴達峴에 이르자 최원세가 말하기를 고갯마루가 좁아 대군이 머무를
수 없으니 산 밑에 둔진하자고 하였다. 그러나 공은 용병에는 지리가
위선爲先인데 적이 만일 고개를 차지하고 우리가 고개 밑에 있게 되면
이곳은 날랜 원숭이도 지나갈 수 없는 요새가 될 것이다 하고 고갯마
루에 포진하였다. 과연 미명未明에 적의 대병력이 요새를 빼앗으려고 다
투어 공격해 왔다. 공은 이에 제장諸將을 양분하여 대적케 하고 중앙에

서 병고兵鼓를 울려 사기를 북돋우니 사졸들이 결사적으로 싸워 적은 대패하여 동으로 도주하였다. 계속 명주溟州로 추격하여 도합 6전 6승의 전과를 올리자 적은 더 견디지 못하고 여진女眞 땅으로 도주하였다. 공이 흥원진興元鎭으로 이거하니 적은 여진병女眞兵으로 증강하여 사기를 떨치며 내달려왔다. 공은 군사를 돌려 생천牲川에서 적과 대치하였다가 서로 퇴진하였는데 홀연히 전상이 악화되어 주위에서 귀경歸京 치료治療를 권했으나 공은 영위변성귀寧爲边城鬼언정 내하안어가호奈何安於家乎아[1]하고 듣지 않았다. 마침내 칙명勅命으로 개경開京으로 돌아와 수월 뒤에 완쾌되었다. 그동안 적은 수십 성城을 점령해 오니 이에 1218년(고려 고종 5)에 왕은 친히 영기令旗와 무기를 내려 조충趙沖을 원수元帥로 삼고 공을 병마사로 삼아 적을 치게 하였다. 공은 조충과 함께 수차 분전하여 적을 격파하니 적은 궁지에 몰려 강동성江東城에 들어가 굳게 지키고 다시는 나오지 않았다. 고종 6년 몽고의 원수 합진哈眞 및 찰자札剌가 동진국東眞國 장수將帥와 함께 거란적을 토벌한다고 강동성으로 지향指向하고 사람을 보내와 병량兵粮을 요청해 오자 조정에서는 이를 허락하고 김양경金良鏡을 보내어 병졸 1천 명을 이끌고 가게 하였다. 합진이 자주 군병을 증파하라고 독촉하거늘 여러 장수가 다 가기를 꺼려하는지라 이에 공이 조충에게 국가의 이해가 금일에 달려 있으니 비록 적재適材는 못되나마 내가 가보겠다고 하고 곧 합진을 만났다. 합진이 먼저 몽고 황제에게 배 하고 다음에 동진국東眞國 만노萬奴 황제에게도 배 하라고 강요하자 공은 천무이일天無二日이오 민무이왕民無二

---

1) 내가 혼자 귀신이 될지언정 가정에서 편안하게 쉴 수가 없다.

王이라 하며 몽고 황제에게만 망배望拜하였다.

또한 공은 키가 6척尺5촌寸(약 195cm)이나 되며 수염이 배 아래까지 내려가 매양 성복盛服을 할 때에는 반드시 두 비자婢子를 시켜 수염을 나누어 들도록 한 다음에야 띠를 매었는데 합진이 그 기위奇偉함을 보고 감탄하며 말하기를 내 일찍이 6국을 정벌하며 많은 귀인貴人을 보았지만 형과 같은 위엄과 지덕을 겸비한 분은 처음 보았다고 하며 공을 형으로서 섬기는 예우를 극진히 하였으니 가히 공의 위용을 짐작할 만하다.

이리하여 공은 합진과 함께 강동성 둘레에 해자垓字를 파고 거란병을 하나도 빠짐없이 항복 받아 부녀유아婦女幼兒들과 포로가 된 우리 군민을 구출하니 이를 일컬어 강동江東의 역役이라 한다. 고종 7년 한韓순珣 및 다지등多智等이 난을 일으키자 곧 토벌에 나서 진압하고 괴수만을 참수斬首하고 나머지는 문책하지않았으니 공의 인자한 성품을 엿볼 수 있다.

1221년(고려 고종 8) 공은 추밀원사樞密院使로 고종 9년에 금자광록대부金紫光祿大夫 참지정사판호부사參知政事判戶部事로 승진되시고 고종 15년에 배수태위중서시랑평장사판병부사拜守太衛中書侍郎平章事判兵部事, 고종 17년에 배판리부사拜判吏部事, 동년同年 12월에 위수태보爲守太保, 고종 19년에 배수태부개부의동삼사문하시랑평장사拜守太傅開府儀同三司門下侍郎平章事, 고종 20년에 가상장군특진상주국加上將軍特進上柱國 하시고 마침내 수태사문하시중守太師門下侍中에 제배되시다. 고종 21년 서기 1234년 5월 기미己未일에 향년 63세로 졸卒하시니 시호를 위열威烈이라 하사하시다. 위威는 강의신정맹이강과强毅信正猛以剛果요 열烈은 유공안민병덕

준업有功安民秉德遵業2)이다.

고종은 크게 진도震悼하여 빈소를 찾아 조위弔慰하시고 7월 20일 강화진江華鎭 강산하江山下 대곡동大谷洞 서록西麓에 예장하셨다. 뒤에 고려 고종묘高宗廟와 조선조 숭의전崇義殿에 배향配享되시었다. 부인은 강서江西 조씨趙氏니 금오위정용장군金吾衛精勇將軍 휘諱 언통彦通의 따님이시다. 슬하에 2남 1녀를 두시니 자휘子諱 전비全偉은 금자광록대부 수태부 문하시랑평장사 상장군 판이부사金紫光祿大夫守太傅門下侍郞平章事上將軍判吏部事로 시諡 익대공翼戴公이시고 자휘 단병丹兵은 연주 개평 전투延州開平戰鬪에서 순절하시고 여女는 참지정사 이지위李之葳에게 출가하였다. 자손들이 대대로 혁혁한 공훈을 빛내어 동방의 명문거족名門巨族으로 일컬어졌다.

공이 가신 뒤 세대世代가 구원久遠하고 병선兵燹이 연첩連疊되어 유택이 실전失傳되어 오던 차 서기 1909년 기유己酉 4월 강화진江華鎭 강산하江山下 하일리霞逸里 후송로곡강상경좌後宋老谷岡上庚坐에서 지석誌石이 발견되어 제문빙諸文憑과 부험符驗되니 실로 대경大慶이라 아니할 수 없다. 이에 하일리참판정공원하霞逸里判鄭公元夏가 이를 후손인 천안 군수天安郡守 화영華榮에게 알려 주어 후손들이 모여 동심협력同心協力하여 향화香火를 이어 왔다. 이제 다시 가보家譜와 사전史傳을 상고詳考하여 공의 위적偉績을 삼가 현창顯彰하는 바이다.

전 국사편찬위원회원장 문학박사 김성균金聲均 근찬謹撰

서기 1983년 계해癸亥 5월 초 2일

---

2) 위는 강하고 정의롭고 용맹스러움이요, 열은 공이 있어 높이 받들림을 뜻한다.

장군은 나라에 적이 침범하면 어디든 가리지 않고 출전하였기 때문에 명성이 높았다. 하지만 북변 거란과 싸운 전적지가 주로 북한 쪽에 있다 보니 후세인들은 장군에 대한 인식이 깊지 못한 것이 사실이다. 그러나 장군은 1216년(고종 3) 압록강을 건너 북방 지역으로 몰려온 거란군을 조양진朝陽鎭에서 물리친 것을 시작으로 나라에 난이 닥칠 때마다 이를 온몸으로 막아서며 혼신의 힘을 다해 위기를 돌파한 고려조의 명장 중 명장이었다.

고려 조정에서는 이러한 공을 인정하여 1228년(고종 15)에 장군을 수태위 중서시랑평장사 판병부사守太尉中書侍郎平章事判兵部事에 제수하였다. 이처럼 높은 자리에 오른 뒤에도 언제나 안색을 바르게 하여 충성되고 의로운 길만 걸었다 하니 장군이야 말로 우리 후세인들이 받들고 섬겨야 할 위인이 아닌가 한다. 장군은 훗날 고종 묘정에 배향되었고 시호는 위열威烈이었다.

장군은 말이 없고

장군의 일생을 더듬다 보니 그 후손들은 어찌 살았을까 생각해 보게 되었고, 그러다 보니 필자의 마음은 자연스럽게 충렬왕과 충선왕 사이를 넘나들며 불륜 행각을 벌인 숙창원비 김씨와 그녀의 오빠 김문연金文衍에게 미쳤다.

충선왕이나 숙창원비 김씨도 그러려니와 왕의 총애를 얻고자 제 여동생을 부정한 길로 내몬 김문연 또한 장군의 빛나는 생애 앞에서는 고개를 제대로 들 수 없을 것이다.

공민왕 때에 자제위로 선발된 김흥경金興慶 또한 김취려 장군의 증손자이자, 숙창원비 김씨와는 6촌 남매지간인데 왕의 총애가 커지자 이를 믿고 수많은 악행을 함부로 저질렀다. 공민왕이 죽고 우왕이 즉위한 후 관료들은 김흥경의 죄

김취려 장군 초상

를 적은 글을 왕에게 올렸다. 왕명의 전달을 제대로 하지 않은 죄, 형벌과 정사를 제 손에 틀어 잡고 뇌물을 공공연히 받은 죄, 국가 재산을 함부로 사용하고, 타인의 처를 빼앗은 죄 등을 열거하여 그 죄상을 낱낱이 밝혔던 것이다. 이로 인해 우왕은 김흥경을 언양에 귀양보내면서 제명하여 서인으로 만들었으며, 가산을 몰수하고 그 외는 모두 파면시킨 후 얼마 후에 사형을 언도하였다.

나라와 민족 앞에 역사가 있듯 한 가문에도 그 가문만의 역사가 존재하기 마련이다. 역사란 선현의 발자취이며 그것을 토대로 하여 보다 지혜롭고 의로운 길을 걸어가라고 존재하는 하나의 거울 같은 것이다. 그런데 어찌하여 김문연과 숙창원비 그리고 김흥경까지, 그들은 왜 장군의 빛나는 업적에 먹칠을 하고 말았을까. 역사를 돌아보지 않고, 사리사욕을 취하는 데만 눈이 어두웠기 때문이다.

필자는 다소 무거운 마음이 되어 장군의 봉분 앞에 섰다. 그리고는 마음속으로나마 숙창원비 김씨의 부끄러운 삶을 고하며 장군의 심경을 물어 보았다. 그러나 무심한 겨울바람만 씽씽 일어 봉분 주변을 어지럽힐 뿐 장군은 끝내 말이 없었다.

필자는 한동안 장군의 봉분을 바라보며 이런저런 생각에 잠겼다가 돌아섰다. 어느 민족, 어느 집안인들 영광된 일만 이어지랴. 우리 인생이 그러하듯 영광과 좌절을 끝없이 반복하며 역사는 이어지는 것이다. 다만 영광과 좌절이 반복되는 가운데 궁극적으로는 도리에 합당한 발전을 꾀해야 한다는 것이 우리가 살아가는 이유요, 역사가 존재하는 까닭일 터였다.

민족의 지도자라 할 김취려 장군을 배출한 언양 김씨 문중에 영광스러운 역사가 계속 이어지기를 기원하며 필자는 산길을 걸어 내려오기 시작했다.

역동易東 우탁 선생은 어디에 계시는지

여동생의 미색을 팔아 종횡무진 사리事理를 외면하고 살았던 김문연의 당시 행적은 기록으로 잘 나타나 있다. 그러나 그의 부정한 행실과는 상반된 역사의 기록 또한 함께 찾아보기 위하여 670리 거리에 있는 신의와 예절의 고장 경상북도 안동시 예안면을 찾아 나섰다.

그곳엔 빗나가던 왕도王道를 바로잡기 위해 목숨마저 버릴 것을 각오하고 불순한 임금 충선왕과 마주 앉아, 천추만대 후손들에게 넘겨줄 역사에 얼룩이 지는 부정을 신하로서 그냥 보고 있을 수만은 없다며, 함께 죽던지 아니면 왕께서 후일부터는 그 불륜의 행동을 삼가달라는 충언忠言을 서슴없이 간하던 충신 역동 우탁禹倬 선생이 계시는 곳이다.

8백 리 기나긴 거리를 흘러온 낙동강은 새벽에는 물안개가 꽃을 피우고, 강물은 영남평야 곳곳에 스며들며 풍요를 안겨 주는 민족의 대동맥이다. 낙동강은 이별과 눈물의 강인 임진강, 오랑캐의 말발굽 소리를 들어야 하는 압록강, 풍류에 젖은 대동과는 다른 점이 있다.

강물이 만든 퇴적지는 비옥하고 삼림林森 또한 울창하여, 이로 인한 온화한 기온이 수많은 선비 학자들을 양성해 놓은 곳이다. 이 안동이 품은 우탁 선생은 지금으로부터 747년 전인 1263년(고려 원종 4)에 충북 단양에서 태어나 16세가 되던 1278년(충렬 4) 시험에 응시하여 요로 각처에서 근무하였다. 하세下世할 때까지 80년 동안, 성장기인 16년을 제외한 64년간을 나라에는 충신이요 백성들에겐 스승으로 추앙받고 사셨던 분이시다. 또한 고려 삼별 의 난이 겨우 진정되어 갈 무렵인 1263년(원종 4) 태어나 1342년(충혜왕 복위 3) 향수 80세가 되던 해까지 험난했던 한세상을 살아가시면서 후세인들의 가슴 깊숙한 곳에 크나큰 교훈을 유산으로 남겨 놓고 가신 분이다.

우탁 선생은 벼슬에서 물러난 뒤, 경상북도 안동에 속한 작은 현인 예안禮安에 은거하면서 후진 교육에 전념하였다. 당시 고려에는 원나라를 통해 성리학의 한 계파인 정주학程朱學이 수용되고 있었는데 성리학이 우리나라에 퍼지게 된 것은 우탁 선생으로부터 비롯한 것이다.

『고려사』 「열전」의 기록을 보면, 정이程頤가 주석한 『역경易經』의 『정전程傳』이 처음 들어왔을 때 아는 이가 없었는데, 우탁 선생이 방문을 닫아걸고 한 달만에 터득하여 학생들에게 가르쳐주었다고 한다. 우탁 선생은 또한 역학易學에 조예가 매우 깊어 복서卜筮가 맞지 않음이 없었다고도 한다.

고려 충신 우탁 선생을 뵙고저 찾아가는 날

지인들은 필자가 이와 같은 기행을 떠날 때면 먼 길 다녀올 시간에 다른 일이나 하지 그러냐는 놀림을 하기 일쑤이지만 그래도 필자는 이렇게 옛 선현을 만나기 위해 길을 나설 때면 항상 신중해 지곤 한다. 그래서 우탁 선생이 세상을 떠난 지 668년이라는 긴 세월이 흐른 2009년 오늘도 변함없이 존경하는 선인의 흔적을 찾기 위해 지인들의 놀림을 뒤로 한 채 어렵게 방문하였다.

역동 우탁의 묘소임을 알리는 표석

우탁 묘비

제일 먼저 필자를 반가이 맞아주는 것은 역동우선생묘소易東禹先生墓
所라는 표석이었다. 곧바로 묘소를 찾아와 필자는 나도 모르게 '바로
찾아왔구나' 혼잣말을 하며 기쁜 표정을 숨길 수가 없었다. 기록을 통
하여 알고 있는 선생의 자태가 고스란히 느껴졌다. 우선 예술품으로
보이는 청색 빗돌에는 고려좨주문희공우선생휘탁지묘高麗祭酒文僖公禹先
生諱倬之墓라 했고 배위는 별칭 없이 부인영천이씨부夫人永川李氏祔라고 씌
어 있으니 바로 여기가 우탁 선생의 유택임을 알려 주고 있었다.

유택에는 이렇게 좋은 초석을 깔고 게시면서

청렴결백했던 우탁 선생의 유물이라고는 성리학이 꽃필 수 있도록
주역을 연구하여 내려주신 크나큰 학문의 업적과 알맞은 빗돌 한
기基와 인생은 무상하다는 시조 두 편 뿐이었다. 그러나 아무리 뛰어
난 화공畵工이라도 결코 그릴 수 없는 선생의 깊은 뜻이 담겨 있는 유적
이었다.

선생을 찾아뵙기 전에는 이것저것 여쭙고 싶은 것이 많았었는데 막
상 뵙고 나니 무슨 말씀을 어떻게 드려야 할지 떠오르질 않았다. 그래
도 필자가 이곳까지 찾아온 소관을 말씀드리지 않을 수는 없었기에 용
기를 내어 여쭙기 시작했다.

"선생님! 고이 잠드셨는데 갑자기 뵙고자 찾아온 저의 무례함을 꾸짖
어 주십시오."

우탁 묘소 전경

"곤한 잠을 깨우는 것은 별일 아니나 자넨 뉘기에 이 영남 땅 한 귀퉁이에 살고 있는 나를 무슨 연유로 만나자고 하는 겐가."

"선생님, 유택에서 덮고 계시는 이불이며 깔고 계시는 자리며 모두 금방 마련한 새것들인데, 702년 전 충선왕과 독대를 하실 적에 왜 거적자리와 손도끼를 가져가셨는지요."

"그때 일들은 일일이 기억하고 싶진 않지만 먼 길 왔다 하니 그 사정을 대략이나마 전해 주겠소. 당시 충선왕은 탐욕에 눈이 멀어 인륜과 도덕을 저버린 임금이었소. 부왕인 충렬 임금에게 들여보내 숙창원비 김씨란 봉호를 받은 여자를 부왕이 승하한 뒤 아들인 충선왕이 자신의 후비로 삼으니, 어찌 신하된 도리로서 모르는 척 할 수가 있었겠소. 그리고 우리 민족 역사상 손꼽히는 김취려 장군의 손녀임에도 그 깨끗하고 거룩한 혈통을 지키지 아니하고 다만 여동생의 뛰어난 미색을 기회로 삼아 온갖 분탕질을 다 하였던 김문연 또한 역사의 심판에서 벗어날 수 없을 것이오."

　우탁 선생 역시 청렴결백과 겸손함으로 모범이 되고 용맹 전술이 뛰어나 부하 장수와 병졸들에게까지 우상화되었던 김취려 장군의 업적을 잊지 않고 계셨다.

"물론 어떤 경우라 하더라도 왕 앞에 도끼를 보인다는 것은 불충이요, 반역에 해당되는 죄목일 것이오. 그러나 이 한목숨 보전하겠다고 도리에 어긋난 왕으로 인해 온 민족의 정신이 썩어가고 있는 것을 보고만 있을 수는 없었소. 그 후 충숙왕께서 조정의 문란했던 기강을 바로잡은 공을 알아 주시고, 지금부터라도 고려 조정을 위해서 짐을 도와달라며 여러번 이곳까지 사람을 보내 왔었소. 그러나 그때는 이미 정치 마당에서 배인 몸과 마음을 이곳 맑은 낙동강 물에 모두 씻어보내고

우탁 시조

우탁 한시

깨끗한 마음으로 한세상 살겠다고 마음을 먹은 때였으니… 내가 세상을 하직할 때가 80이었으니 살 만큼은 살다 왔지요."

필자는 우탁 선생에게 마지막으로 김취려 장군의 증손인 김흥경金興慶에 대해서도 여쭤보고 싶었으나, 얼룩진 역사에 대한 언급에 피로해하는 우탁 선생의 기운을 느끼고는 다음번에 다시 만날 것을 기약하였다.

작별 인사를 드리고 막돌아서는 길 앞에 유택을 막아서는 언덕이 있었고, 그곳엔 우탁 선생께서 소중하게 간직하시던 시조 두 수와 영호루를 노래한다는 한시 한 수가 새겨져 있어 발길을 잠시 멈추게 하였다.

석양의 야속한 저녁 햇살이 갈 길을 자꾸만 방해하여 필자는 집으로 돌아가는 길이 무척 멀게만 느껴졌다. 한양을 향하여 돌아오는 길, 마침 라디오에서는 고위 공직자들의 비리 사건이 계속해서 요란스레 방송되고 있었다. 사람의 본성에 내재된 탐욕은 과연 물리칠 수 없는

숭의전

것인지… 7백 년 전의 충숙왕과 충선왕 같은 어리석은 지도자가 다시
는 이 땅에 태어나지 않게 해 달라고 신에게 기도하면서 서울로 향하
였다.

김취려 장군 위패

본분 잃은 자들의 통곡

　필자는 그간 수백, 수천에 이르는 선조
들의 묘소를 찾아다니며 그분들의 생애
를 더듬어 보고 참배하는 일을 해왔다.
　언제였던가, 경기도 연천군 아미리 임
진강 절벽 위에 세워진 숭의전에서 김취
려 장군의 위패를 뵈온 적이 있었다. 그
때 필자는 손자 김문연과 숙창원비 김씨

의 사연을 떠올리게 되었
는데 지하에서 통곡할
김취려 장군의 원혼이 그
려졌다.

고려 16 공신을 모신 배신청(陪臣廳)

　본분을 잃고 고려의
역사를 먹칠해 버린 위대한 장군의 후손들. 장군에게는 뼈아픈 상처이
자 통한일 수밖에 없을 터였다.

　갈 수 없는 땅, 북한의 개성에 만년유택을 마련한 충선왕은 또 어떠한
가. 본분을 망각한 채 부왕의 여자를 취함으로써 미혹되어 정치에 뜻을
잃었고, 끝내 몽고로 피신하듯 떠나 버린 뒤 전지라는 기형적인 정치 행
태를 통해 고려의 역사에 깊디깊은 주름을 남긴 임금이 되었다.

　필자는 선현들의 삶을 통해 본분을 잃는 것만큼 무서운 것이 없음
을 수도 없이 깨달은 바 있었다. 현대를 살아가는 우리들도 마찬가지
다. 사람이 사람의 본분을 잃었을 때, 초래될 결과는 파멸뿐인 것이다.
분분을 잃은 자세로 부정한 뇌물을 받았다가 파멸을 맞은 정치인이 얼
마나 많은가. 소중한 땀과 노력을 외면한 채 일확천금을 꿈꾸다가 통한
의 눈물을 흘리는 못난 무리들이 우리 주변에 또한 얼마나 많이 널려
있는가.

　나의 본분은 무엇인가. 이것을 깊이 통찰해보고 지켜나갈 때, 언젠가
는 우리들과 후세인들에게도 영광이 찾아온다는 사실을 기억해야 할
것이다라는 생각과 함께 이 어렵고 험한 선현들의 유택과 흔적을 찾아
소명 나열하는 것이리라.

양사언은 1517년(중종 12)에 태어나 1584년(선조 17)까지 살며 조선 중기의
문인이자 서예가로 이름을 널리 떨친 사람이다. 반석평, 이달 등과 비슷한 시기에 태어나 서자라는
신분적 한계를 극복하고 과거에 급제했다. 그는 이후 백성을 위한 정치를 펼쳤으며 유족에게
유산을 한 푼도 남기지 았을 정도로 청빈한 삶을 살았다.

· 어머니의 죽음과 바꾼 빛나는 인생 |양사언|
· 서자의 한 |신유한|
· 방랑 시인의 꿈 |이달|

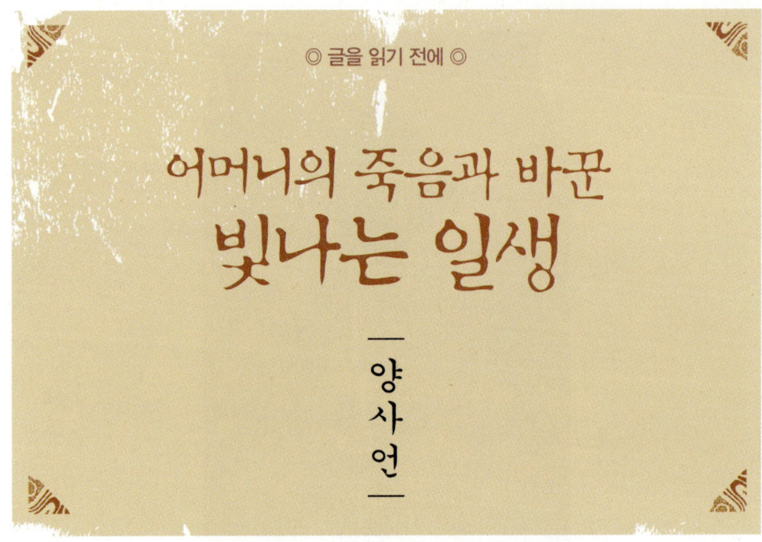

**이야기의
시대적 배경**

양사언楊士彦은 1517년(중종 12)에 태어나 1584년 (선조 17)까지 살며 조선 중기의 문인이자 서예가로 이름을 널리 떨친 사람이다. 반석평, 이달 등과 비슷한 시기에 태어나 서자라는 신분적 한계를 극복하고 과거에 급제했다. 그는 이후 백성을 위한 정치를 펼쳤으며 유족에게 유산을 한 푼도 남기지 않을 정도로 청빈한 삶을 살았다.

반정 공신들의 위세에 눌려 마음먹은 대로 정사를 펼칠 수 없었던 중종 임금 시기에는 양사언, 반석평, 이달처럼 신분적 한계를 극복하고 인생을 꽃피운 사람들이 유난히 많았다. 신분 제도가 견고하게 정착된 조선에서는 불가능에 가까운 신분 상승을 이룬 사람들이다. 어찌 보면 이것은 중종 시대의 불안하고 어지러운 사회상을 단적으로 보여 주는 예라고도 할 수 있겠다. 모든 것이 안정되어 있었다면 노비가 판서가 되고, 서자가 과거에 급제하는 일 따윈 일어나기 어려웠을 것이다. 신분제야말로 조선 사회를 유지해 주는 기반이었기 때문이다.

기실 조광조의 몰락을 불러온 기묘사화 이후에 전개된 조선의 정국은 혼란하기 이를 데 없었다. 기묘사화를 일으킨 핵심 세력이기도 한 훈구파가 전횡을 일삼은 까닭이었다. 이에 따라 정치적 혼란은 시간이 지날수록 극심해졌고, 옥사 사건도 줄을 이었다.

열두 살 먹은, 당돌하면서도 지혜로운 시골 처녀가 쉰이 넘은 신임

현량과賢良科 급제자 명단

순번	성명(생몰년)	본관	순번	성명(생몰년)	본관
01	김식(金湜 1482~1520)	청풍	15	신준미(申遵美 1491~1562)	평산
02	조우(趙佑 1484~?)	한양	16	김신동(金神童)	상주
03	이연경(李延慶 1484~1548)	광주	17	강은(1492~1552)	진주
04	안처근(安處謹 1490~1521)	순흥	18	방귀온(房貴溫 1465~?)	남양
05	김명윤(金明胤 1493~1572)	광주	19	유정(柳貞 1491~1549)	진주
06	안정(安珽 1494~1548)	순흥	20	박공달(朴公達)	강릉
07	안처겸(安處謙 1486~1521)	순흥	21	이부(李阜 1482~?)	고성
08	권전(權磚 1490~1521)	안동	22	김대유(金大有 1479~1551)	김해
09	신잠(申潛 1491~1554)	고령	23	도형(都衡 1480~1547)	팔거
10	정완(鄭浣 1473~1521)	영일	24	송호지(宋好智 1474~1526)	여산
11	민회현(閔懷賢 1472~?)	여흥	25	민세정(閔世貞 1471~?)	여흥
12	안처함(安處諴 1488~1543)	순흥	26	김옹(金顒)	상주
13	박훈(朴薰 1484~1540)	밀양	27	경세인(慶世仁 1491~?)	청주
14	김익(金釴 1486~?)	안동	28	이령(李翎)	함안

* 조광조는 사후에 파방 되었음.

군수에게 점심을 대접하면서 기적과도 같은 이야기는 시작된다. 조선 서민 사회의 모습을 엿볼 수 있는 양사언의 이야기 속으로 함께 들어가 보기로 하자.

기묘명현己卯名賢 명단

중종 기묘지신사사화己卯至辛巳士禍 : 중종대 기묘사화부터 신사사화까지 사화를 당한 사람들

조광조	유용근	김신동	김대유	정원	김해
김구	정응	방귀온	유맹달	이홍간	박소
김식	최산두	박공달	강녕부정	민유경	정충정
신광한	안*찬	도형	장성수	유경유	이중
기준	최숙생	유정	김석홍	정경	박번
안정	김세	민세정	송호지	김	조원기
심달원	파릉군 경	이과	성세창	김기서	이사검
정광	이청	경세인	유인숙	목희증	이성
안당	이희강	이령	이성동	허금	박훈
이희민	김안국	권전	공서린	홍사부	정철현
이장곤	권발	최운	안처겸	송익충	정의손
정완	김정국	박수량	강은	안숭복	김복광
신명인	구수복	노*	고운	최인석	이세손
이약빙	윤구	최수성	윤세호	이중진	박자일
양팽손	조은경	이사균	이영부	장옥	송호
신잠	유성춘	유운	오준	허백기	박영
안처근	김광복	신상	하정	김명원	남주
이계맹	안처순	문근	김태엄	전균	안찬
이윤검	이구	안경우	임권	학년	박세거
한충	성수침	이충건	홍언	조광좌	김천귀
윤은	조우	박상	형사보	홍순복	양산보
이자	김명윤	이연경	정충량	목세평	피장
윤자임	성수종	조욱	서경덕	오희안	산곡구
숭선부정 양	민회현	조변	윤개	권색	이부
김윤종	안처함	신변	김인손	이빈	
박세희	김익	봉천상	채세영	송구	
시산정	신준미	노우명	허자	심풍	**159명**

질부채로 맺어진 인연

청주 양씨 가문에서 전해 내려오는 모정에 얽힌 애절한 이야기를 아는 이는 그리 많지 않다.

그러나 '태산이 높다 하되 하늘 아래 뫼이로다'로 시작되는 시조의 지은이 양사언은 대부분 기억하고 있을 것이다. 정3품에 해당하는 통정대부의 품계를 받았으며 조선 중종 시대에 문인이자 서예가로 이름을 떨친 양사언은 신분의 벽을 허물고 1546년 문과에 급제한 사람으로도 널리 알려져 있다.

그는 아버지 양희수의 서자였기 때문에 과거를 보거나 등과하여 벼슬길에 오를 수 없는 처지였다. 그러나 아들의 미래를 열어 주고자 자신을 아낌없이 희생한 어머니가 있었기에 양사언은 가슴에 품은 바를

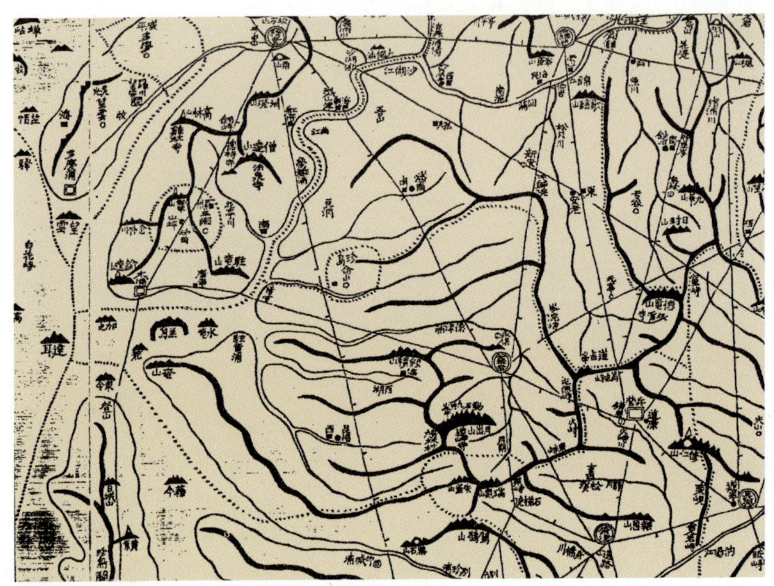

전라남도 영암군 고지도

맘껏 펼쳐 나갈 수 있었다.

양사언의 아버지 양희수는 그리 높은 벼슬을 지낸 사람이 아니었다. 영암 군수를 지낸 것이 다였기 때문이다.

이야기는 양희수가 오십 세를 넘긴 나이에 영암 군수가 되어 임지로 내려가던 때로 거슬러 올라간다.

오십이라는 적지 않은 나이에 한양을 떠나 영암으로 향하던 양희수는 장성 땅에 이르렀을 때 몹시 지쳐 있었다. 때마침 속도 몹시 허하고 목이 말랐던 그는 가던 길을 멈추고 어떤 집 안으로 들어가 사례를 할 테니 시원한 물과 밥을 좀 달라고 청했다.

그런데 그 집에는 열두 살 난 소녀밖에 없었다. 안 되겠다 생각한 양희수가 다른 집으로 가려고 몸을 돌리는데 천만뜻밖에도 소녀가 다소

곳이 선 채로 말을 건넸다.

"누추하지만 안으로 들어가시지요. 솜씨는 없지만 소녀가 밥을 지어 올리겠습니다."

양희수는 다소 놀라며 소녀의 모습을 가만히 살폈다. 예쁘장한 얼굴도 얼굴이지만 총명해 보이는 소녀의 맑은 두 눈이 무엇보다 마음에 들었다.

"네가 정말 밥을 잘 지을 수 있겠느냐?"

"어머니를 많이 도와 봤으니 문제없습니다."

소녀가 경쾌하게 대답하며 시원한 물 한 그릇을 떠다가 양희수에게 건넸다. 물이 어찌나 차고 맛난지 양희수는 한 방울도 남기지 않고 모두 마셨다. 그러고는 소녀의 안내를 받으며 방으로 들어갔다.

"참으로 총명하고 착한 아이로구나. 올해 나이가 몇인고?"

"열두 살이옵니다."

소녀의 통통한 볼은 토닥여 주고 싶을 만큼 귀엽고 앙증맞았다. 양희수는 저런 손녀 딸 하나 있었으면 좋겠다고 생각하며 괜스레 헛기침을 했다.

잠시 후 부엌으로 나간 소녀는 쌀을 씻는다, 호박이며 채소를 다져넣어 찌개를 끓인다, 제법 부산을 떨었다.

"고것 참."

양희수는 경쾌하게 들려오는 도마질 소리에 마음이 흐뭇해서 벙긋벙긋 웃었다.

이윽고 소녀가 상을 들고 방 안으로 들어오는데 얼핏 보기에도 정성이 듬뿍 담긴 음식이 정갈하게 놓여 있었다.

"참으로 기특하구나."

"어서 드시와요. 다 식습니다."

양희수의 칭찬을 수줍은 미소로 받아넘긴 소녀가 슬그머니 일어나 밖으로 나갔다.

소녀의 뒷모습을 넋 놓고 바라보던 양희수는 한참 만에야 수저를 집어 들었다. 특별히 맛난 음식은 아니었지만 소녀의 맑고 깨끗한 심성과 정성이 담긴 음식이라 그런지 순식간에 밥그릇을 비웠다. 바로 그때 소녀가 숭늉 그릇을 들고 방으로 다시 들어왔다. 양희수는 구수한 숭늉을 받아 훌훌 마시고는 엽선 몇 닢과 함께 청홍 쥘부채를 내밀었다.

"왜 이런 걸 저에게……."

엽전이야 그렇다 쳐도 비단으로 멋들어지게 만든 쥘부채는 아무래도 분에 넘친다고 생각했던 모양이다. 커다란 눈을 둥그렇게 뜨고 쥘부채를 바라보는 소녀의 모습이 그렇게 귀여울 수가 없었다. 양희수는 문득 장난기가 발동했다.

"나는 이번에 영암 군수로 부임하게 된 양희수라는 사람이란다. 고된 여정 중에 너처럼 어여쁘고 착한 소녀를 만나 정성 가득한 음식을 대접받으니 마음이 참 흐뭇하구나. 이 부채는 네가 마음에 들어 채단采緞 대신 미리 주는 것이니 이다음에 나에게 시집오련?"

채단이란 혼인할 때 신랑 집에서 신부 집으로 미리 보내는 비단 아니던가. 양희수의 장난을 진담으로 받아들인 소녀는 그만 온 얼굴이 홍당무가 되어 버렸다. 양희수는 그 모습이 또 재미있어 유쾌하게 웃다가 소녀의 어깨를 다정하게 토닥여 주고는 길을 떠났다.

소녀의 고집

어느덧 세월은 흘러 소녀의 나이 열다섯이 되었다. 혼기가 되었다고 판단한 소녀의 부모는 매파를 불러들여 좋은 혼처를 구해 달라고 사정했다.

이때 소녀의 아버지는 장성 고을 관아에서 장교로 재직 중이었다. 굳이 매파를 통하지 않더라도 딸의 혼처 정도는 알아볼 수 있는 위치였다. 그런데도 굳이 매파를 불러들인 것은 더 좋은 집으로 시집보내고자 하는 마음에서였다.

그런데 그날 밤이었다. 난데없이 비단 쥘부채를 손에 쥐고 안방으로 들어온 소녀가 부모 앞에 다소곳이 앉았다. 그러고는 할 말이 있는 듯 입술을 옴죽거리면서도 쉽사리 말문을 열지 못했다.

"무슨 할 말이라도 있는 게냐?"

아버지가 묻자 소녀는 고개를 숙이며 쥘부채를 앞으로 내밀었다. 어머니가 별일 다 보겠다는 듯 쥘부채를 끌어당겨 손에 쥐었다.

"부채가 참 곱기도 하다. 그런데 이건 어디서 난 거니?"

"채단 대신……. 받은 거예요."

"채단이라고?"

부모의 두 눈이 둥그레졌다. 채단 대신 받은 물건이라면 이미 장래를 약조한 남자가 있다는 이야기 아닌가. 부모는 기가 막혔다.

"뭐 하는 남잔데 너한테 이따위 부채를 주면서 그런 싱거운 소릴 한 게냐?"

"어머니, 아버지……. 전 이 부채를 준 사람이 아니면 시집가지 않을 래요."

"뭐라구?"

부모는 버럭 소리치면서도 소녀에게 부채를 준 남자가 누구일까 몹시 궁금했다. 이런 비단부채를 예사로 가지고 있을 만한 사람이라면 양반집 자제가 틀림없었다. 양반집 자제라면 올라가지 못할 나무 아닌가. 여기까지 생각이 미친 부모는 이거 큰일 났다 싶었던지 정색을 하며 다그치기 시작했다.

"이걸 준 놈이 누구냐고! 빨리 대지 못해?"

"여, 영암……. 군수예요."

부모는 잠시 멍한 표정이 되어 딸을 바라보았다. 두 사람 중 먼저 장탄식을 쏟아내며 안 될 일이라고 소리친 것은 아버지였다. 관아에서 일하다 보니 영암 군수가 누구인지 금방 생각해 냈던 것이다.

"영암 군수라면 다 늙어빠진 홀아비 아니냐?"

"호, 홀아비요?"

"이 어리석은 계집년! 늙어빠진 군수 놈 소실이 되겠다는 거냐, 지금?"

"에구머니나, 소실이라구요? 그건 안 돼! 절대 안 돼!"

소녀를 앞에 둔 채 어머니와 아버지는 기가 딱 막힌 표정을 짓고 있었다.

"어머니, 아버지 전 이미 3년 전에 그분에게 시집가기로 했어요. 그러니 제발 그분에게 보내 주세요."

그날 밤, 소녀의 부모는 온갖 폭언과 협박을 퍼부어대며 소녀의 마음을 바꿔 놓으려고 했다. 그러나 연약해 보이는 소녀는 생긴 것과 달리 고집이 보통 아니었다. 목에 칼이 들어온다 해도 영암 군수 양희수를 포기할 마음이 없었던 것이다.

그로부터 물경 여섯 달이었다. 여섯 달 동안 부모는 소녀의 결심을 꺾으려고 갖은 애를 다 썼다. 그러나 소용없었다.

결국 지칠 대로 지쳐 버린 소녀의 부모는 제 팔자려니 여기며 소녀를 양희수에게 보내기로 마음먹었다.

소녀, 늙은 군수의 꽃이 되다

이윽고 영암으로 양희수를 찾아간 소녀의 아버지는 대뜸 3년 전, 장성에서 있었던 일을 상기시켰다.

"그날 우리 딸에게 점심을 대접 받고 신물로 쥘부채를 선사한 게 맞습죠?"

이야기를 묵묵히 듣던 양희수는 한순간 아차 싶었다. 영암 군수로 부임하여 내려오던 날 시원한 물과 점심밥을 자신에게 대접해 준 귀여운 소녀가 떠올랐다. 그런데 혼처가 나섰는데도 신물을 이미 받았다는 핑계로 시집가려 하지 않는다는 이야기 아닌가.

"우리 딸이 군수님 아니면 시집가지 않겠다고 하니 책임지십쇼. 우리 내외가 반년 동안이나 어르고 달랬는데도 요지부동이니 이젠 도리가 없습니다."

"허어, 이것 참……."

양희수는 당황하여 어쩔 줄을 몰랐다. 그러나 마음 한편으로는 소녀를 만나고픈 욕심이 간절하게 샘솟는 것 또한 사실이었다. 소녀가 그랬듯 그날 양희수도 소녀에게 참으로 강렬한 인상을 받았던 것이다. 하여 양희수는 오십 줄에 들어선 자신의 나이를 핑계로 몇 번 사양하다가 못 이기는 척 혼사를 받아들였다.

소녀의 아버지가 장성으로 돌아가고 나서 양희수는 아무리 생각해도 꿈을 꾸는 것만 같아 온종일 제정신이 아니었다. 결혼 적령기에 접어들었다고는 하지만 자신과 마흔 살 가까이 차이 나는 소녀를 소실로 받아들인다는 것이 민망하기만 하였다. 물론 다른 사람들의 눈 때문에 민망한 것이지 양희수의 마음 자체가 소녀를 아내로 맞아들이는 것이 마뜩하지 않았다는 뜻은 아니다. 오히려 양희수는 말라비틀어진 옹달샘에서 기적처럼 물이 퐁퐁 솟아나기라도 하는 양 생기가 넘쳤고 한없이 기뻤으며 설레었다.

드디어 고대하고 고대하던 날이 되었다. 곱게 분단장하고 나타난 소녀는 3년 전의 그 순박한 표정과 총명한 눈망울을 그대로 간직하고 있었지만 부쩍 자란 키와 몸 때문인지 사뭇 성숙해 보였다.

"저 아이는 갓 피어난 한 떨기 꽃이로구나."

양사언 선생 영정

저절로 감탄이 새어 나왔다. 양희수는 척박한 대지처럼 늙어 버린 자신이 저 소녀를 능히 감당할 수 있을까, 걱정이 앞섰다. 기실 그는 여색을 그리 밝히는 편이 아닌데다 주변 사람들의 날카로운 시선을 나

몰라라 할 수도 없는 처지였다.

하여 그는 소녀가 영암 관아에 도착하자마자 내아內衙에 거처를 마련해 주고는 동헌에서 홀로 지냈다. 어린 소실에게 접근함으로써 타인의 눈에 채신머리없는 사람으로 비칠까 봐 그렇게 한 것이었다.

물론 그러면서도 마음만은 늘 소실에게 가 있었다. 그렇다고 하루빨리 합방을 하여 젊은 꽃을 꺾어 보려는 욕심이 있었던 것은 아니었다. 노쇠한 몸과 마음 탓인지 그저 고운 꽃을 가까이 두고 바라보는 것만으로도 젊은 사람들이 집착하는 욕망쯤은 갈음할 수 있었다.

그런데 오래지 않아 양희수의 몸에서 기이한 일이 일어나기 시작했다. 어린 소실을 가까이 두다 보니 덩달아 마음이 젊어졌는지 하루하루 생활하는 것이 즐거웠고 식욕이 전에 없이 왕성해졌으며 그에 따라 뻣뻣하고 흐물흐물했던 육신에도 생기가 감돌았다. 바야흐로 양희수는 회춘의 계절을 맞이하고 있었던 것이다.

양사언이 태어나다

양희수와 젊은 소실이 비로소 합방을 한 것은 그로부터 3년이 더 흐른 뒤였다.

그때 양희수는 영암 군수 임기를 마치고 젊은 소실과 함께 한양으로 올라가 있었는데 그 집에는 이미 장성하여 아내를 맞은 양희수의 맏아들 양사준 내외가 함께 살고 있었다. 양희수는 며느리에게 체면을 세우고자 한양으로 올라가고 나서도 젊은 소실과 별거를 했다.

며느리보다 나이가 어렸던 젊은 소실은 처신하기에 따라 입지가 곤란해질 수도 있는 상황이었다. 그러나 그녀는 뜻밖에도 법도나 마음씀씀이가 장하여 나이 많은 며느리로부터 진심에서 우러나온 존경을 받았다. 그리하여 화목한 집안 분위기가 만들어졌는데, 그렇게 되기까지는 젊은 소실의 눈물겨운 노력이 있었음을 양희수는 잘 알고 있었다.

이렇듯 집안이 안정된 뒤에야 양희수는 며느리에 대한 괜한 걱정과 자격지심에서 벗어나 젊은 소실과 동침할 수 있었다.

두 사람 사이에 아들이 태어난 것은 그로부터 다시 3년이 흐른 뒤였다. 이때 태어난 아이가 바로 양사언이었으며, 사언의 동생 양사기도 오래지 않아 태어났다. 이들은 양희수와 더불어 자하동紫霞洞 별장에서 부러울 것 없는 생활을 누렸다.

이때 양희수와 사언의 어머니는 자식들 교육에만 열중

양사언 선생 시비(경기 포천)

하였는데 두 아들이 서자 신분이라는 사실이 부부의 마음속에 늘 커다란 짐처럼 자리하고 있었다. 양사언과 양사기는 어릴 때부터 글씨를 아주 잘 썼으며 총명하여 글공부도 상당한 진전을 보였다.

"참으로 아까운 아이들이다. 저 녀석들을 어찌해야 좋단 말인가."

양희수는 한숨으로 땅이 꺼졌다. 그때마다 사언의 어머니는 자식들 앞길을 어떻게하든 열어 주리라 다짐하곤 하였다.

아들의 앞날을 위해 죽음을 택한 어머니

비록 자식들 앞날을 걱정하느라 한숨짓는 때가 잦았지만 양희수와 사언의 어머니는 맏아들의 나이 열다섯이 되던 해까지 행복을 누리며 살았다.

그러나 이승에서의 삶은 누구나 한계가 있는 법. 양희수는 가슴속에 맺힌 자식들에 관한 걱정을 끝내 풀지 못한 채 어느 날 갑자기 숨을 거두고 말았다. 열두 살에 양희수를 처음 만나 일생을 의탁하리라 마음먹었고, 그로부터 20년 남짓 그를 섬기며 살아온 사언의 어머니였다. 그녀는 남편이 죽자 부질없는 세상 이만 마감하고픈 심정이었다.

그러나 그녀에게는 해야 할 일이 한 가지 남아 있었다. 이미 청년기에 접어든 두 아들이 마음껏 뜻을 펼칠 수 있도록 길을 열어주는 일이었다. 그간 양희수와 아이들의 장래에 대해 한두 번 이야기를 나눈 것이 아니었다. 그러나 아무리 이마를 맞대고 의논해 보아도 답은 없었다.

상 중이라 집에는 문중 어른들이 모두 모여 있었다. 마당 한쪽에 우두커니 앉아 있던 사언의 어머니는 문득 저들에게 하소연이라도 해

보아야겠다는 생각에 자리를 털고 일어섰다.

"어르신들, 천한 소실 주제에 나설 자리가 아니라는 것은 잘 알지만 지아비를 여읜 처지에 의지할 데가 없어 감히 한 가지 여쭈어 보려 합니다."

고인을 추모하며 술잔을 기울이던 문중 어른들의 시선이 일시에 그녀 쪽으로 모여들었다. 그중 한 사람이 허연 수염을 가만히 쓸어내리며 입을 열었다.

"말해 보게."

"서자는 등과하지 못하는 것이 나라의 법이라고 알고 있습니다. 고인께서는 어린 두 자식이 신분의 굴레를 어쩌지 못하고 근근이 살아가다가 좌절한 나머지 방탕한 생활을 하게 되지 않을까, 늘 근심하곤 했습니다. 두 아이의 앞길을 열어 주고 싶습니다. 어리석은 저에게 그 방도를 알려 주십시오."

문중 어른들은 약속이나 한 것처럼 난감해 했다. 그런데 그때 허연 수염을 쓸어내리던 예의 그 노인이 사언의 어머니에게 뜻밖의 이야기를 들려주었다.

"그렇지 않아도 희수 그 사람이 내 집에 찾아와 두 아이의 장래를 물은 적이 있었네. 서자라고는 하나 문중에서 필요한 수속을 거쳐 적자로 족보에 올리는 것이야 그리 불가능한 노릇만은 아니지. 떡잎이 누렇다면야 논할 가치도 없겠으나 내가 보기에도 두 아이의 재주가 출중하여 그냥 버려두기 아깝다는 말일세."

노인은 이렇게 이야기하며 사언의 어머니를 빤히 바라보았다. 그녀는 문득 노인의 눈빛에서 심상치 않은 기운을 읽어 냈다.

"하오면 저는……."

본능처럼 이렇게 중얼거리다 말고 그녀는 흠칫 놀랐다. 자신의 두 아들이 적자가 되려면 그들을 낳은 어머니 또한 정실부인이 되어야 한다는 뜻 아닌가. 바꿔 이야기하면 그녀는 이 집에 있어서는 안 되는 존재였다. 아니, 세상에서 영원히 지워져야 할 존재였다.

짧지만 영겁처럼 긴 시간이 지났다. 그녀는 문중 어른들의 시선을 외면한 채 생각하고 또 생각해 보았다. 그러나 결론은 한 가지뿐이었다.

'비구니가 되어 모진 목숨 연장하겠다는 생각일랑 버리자. 그 또한 아이들에게는 짐 아니겠는가. 내가 완전히 사라져 버려야 아이들은 부담 없이 적자 행세를 할 수 있을 것이야.'

그녀는 품에서 패도佩刀를 꺼내 들었다. 그러고는 아이들을 부탁한다는 듯 문중 어른들을 가만히 돌아보다가 자신의 가슴에 패도를 꽂았다.

서자, 문명을 떨치다

아무리 모정이 뜨겁다 하여도 자식의 성공을 위해 스스로 목숨을 끊기란 쉬운 일이 아니다. 그런데 그 일을 실제로 행한 어머니의 모습을 지켜보아야 했을 자식들의 심정은 어떤 것이었을까.

양사언, 양사기 형제는 당시 그리 어린 나이가 아니었다. 서자에 불

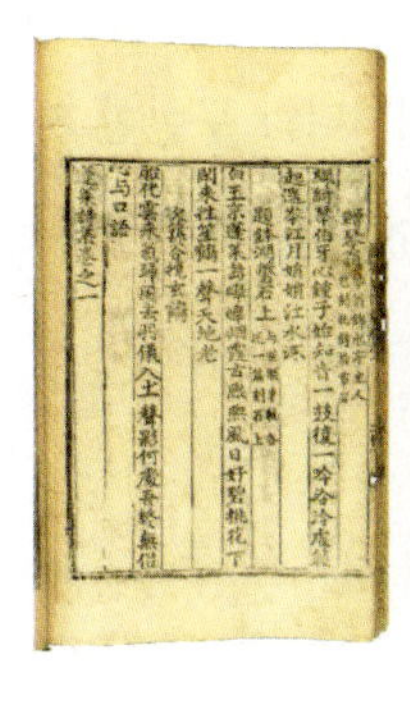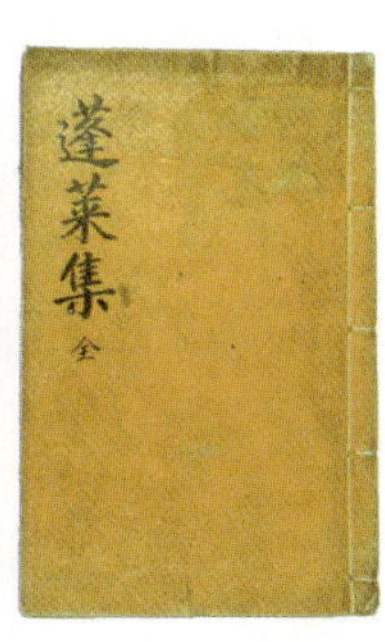

봉래집(문집)
봉래집蓬萊集 양사언의 문집

과하다는 자신들의 처지를 깨닫고 그들은 내심 절망하고 있었을 것이 분명하다. 아무리 학문을 닦고 재주를 길러 봐야 세상의 손가락질을 받으며 음지에서 살아갈 수밖에 없는 운명이었다.

그런데 어머니가 죽었다. 하늘이 내린 신분의 형벌을 감수하느라 절규하는 자식들을 위해서 말이다. 양사언, 양사기 형제는 어머니의 싸늘한 주검 앞에서 약속했다. 결코 어머니의 죽음을 저버리지 않으리라. 정진! 그들의 앞날엔 정진만이 남아 있을 뿐이었다.

바야흐로 1546년(명종 1)이었다. 그해에 청주 양씨 집안에는 겹경사가 찾아왔다. 형 양사언은 식년문과에, 동생 양사기는 증광시에 급제한 것이다.

이후 나란히 벼슬길에 올라 백성을 위해 선정을 펼쳤으나 두 사람은 정치인이기에 앞서 학자이자 예술가들이었다. 양희수의 적자 사준과 더불어 사언, 사기 삼 형제는 중국의 소순, 소식, 소철에 비유될 정도로 문명을 날렸다. 특히, 양사언은 초서와 해서에 능한 서예가로도 널리 알려져 조선 전기 4대가로 불릴 정도였다.

　죽음을 초월한 어머니의 무한한 자식 사랑과 그러한 사랑에 보답하고자 정진하고 또 정진한 자식들의 반듯한 모습은 우리 역사 전체를 놓고 보더라도 흔치 않은 미담이다.

양사언의
묘소를 찾아서

봉래蓬萊 양사언楊士彦 선생의 묘소를 찾아가는 길. 필자는 오늘따라 유난히 마음이 울적했다. 독도 영유권을 주장하며 망발을 쏟아 낸 왜인들 때문에 분노에 사로잡혔다가 간신히 안정을 되찾은 뒤끝이라 더 그런지도 모를 일이었다.

'오늘도 걷는다마는 정처 없는 이 발길……'

가수 백년설이 부른 '나그네 설움'이라는 노래가 갑자기 떠올라 흥얼 흥얼 불러 보다가 필자는 한숨을 푹 내쉬었다. 참으로 비극적이고 절망적인 가사이자, 노래이다. 이 노래는 우리 민족이 한을 뿌리며 살아가던 일제강점기 때 만들어졌 는데 세상에 발표되자마자 폭발적 인 사랑을 받았다. 이 노래에 등장 하는 나그네는 자기 것을 빼앗긴 채 타지를 전전하는 사람을 상징

가수 백년설

양사언 선생 묘소(경기 포천군 일동면 길명리)

한다. 이는 나라 잃은 조선 백성의 처지이기도 했다. 그랬기에 온 백성이 자신의 신세를 한탄하듯 이 노래를 즐겨 불렀다.

한국 사람치고 그 당시 이야기를 듣고 피가 끓지 않을 이는 아무도 없다. 일제강점기도 그렇거니와 수백 번에 걸친 외침을 겪으면서 우리 민족은 눈물과 희생만을 강요 당해 왔다.

이제는 이러한 굴욕의 역사를 청산해야 한다. 우리가 우리 자신에게 낙인찍듯 정의해 놓은 민족관, 혹은 민족성이라는 것도 과감하게 떨쳐버릴 때가 되었다. 역사는, 똑같은 비극을 반복하지 말라고 존재하는 거울이다. 역사에서 우리가 취할 교훈을 찾아내어 변화를 모색해 보자는 이야기이다.

우리는 흔히 우리의 민족성을 냄비에 비유하곤 한다. 기쁜 일이나 슬픈 일이 생기면 순간적으로 부글부글 끓어오르다가 언제 그랬느냐 싶게 가라앉는다 했고, 어려운 일이 생기면 국가나 사회를 버리고 본인만 살고자 뿔뿔이 흩어져 버린다 했다.

그러나 곰곰 생각해 보면 일반 백성은 기쁜 일이 있을 때 마음껏 신명을 냈고, 비극적인 일이 발생했을 때는 모두가 떨쳐 일어나 한마음으로 그것을 극복하고자 했을 뿐이지 냄비처럼 와르르 일어났다가 힘없이 꺼져 버린 적은 없었다.

앞에서 이미 밝혔듯 역사를 거울 삼아 살펴보면 백성보다는 지도층 인사들에게 문제가 있어 비극이 재생산되었다고 보는 것이 옳다. 자신이나 당파의 이익을 뒤로하고 대승적 차원에서 큰일을 올곧게 실천한 지도자가 우리 역사에 얼마나 되었던가. 지도자 또한 백성이라는 방대한 텃밭에서 나오는 것 아니냐, 따라서 이는 지도층만의 문제가 아니다, 라고 반박한다면 할 말이 없다. 그러나 다음의 예를 살펴본다면 책임 소재는 명확해질 것이다.

조선의 전란 역사를 보면, 우리 스스로 전란을 불러들였다는 자괴감에 빠져드는 때가 한두 번이 아니다. 명분과 체면을 따지며 당파 싸움에 도끼자루 썩는 줄 모르는 사이 백성의 삶은 피폐해졌고, 국력은 쇠진했다. 병든 토끼가 옆에 있는데 그것을 덥석 삼키지 않을 맹수가 어디 있으랴. 왜국이나 청의 눈에 비친 조선은 말 그대로 병든 토끼였을 것이다.

전쟁이 일어나자 당파 싸움에 여념이 없던 신하들은 왕을 호종하여 몽진한다는 핑계 하에 도성과 백성을 버리고, 남으로, 북으로 몸을 피하기 바빴다.

몽진 길에 오른 이들이 굴뚝같이 믿은 것은 장수들이었을 것이다. 그

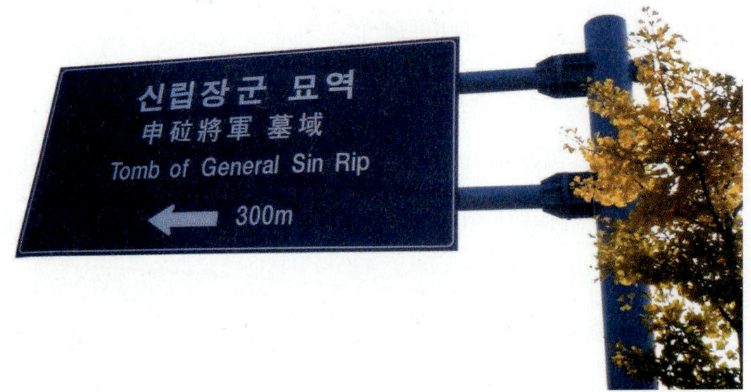

신립장군 묘역 이정표(경기 광주, 곤지암)

러나 마지막까지 분투하며 조국을 구하는 데 최선을 다해야 할 장수들 또한 의로운 길을 버리고 도피하거나 스스로 자폭, 자살한 예가 많이 보인다.

임진왜란 때의 신립 장군과 김여물 장군이 이러한 예에 딱 들어맞는다. 이들은 천하의 요새 지역인 조령을 버리고 만여 명의 병사를 독려하여 충주 달천강 변으로 이동하였다. 그러나 군마는 늪에 빠져 앞으로 나갈 수 없었고, 무기가 실린 수레 또한 길이 막혔다. 이런 상황에서 적병을 맞았으니 7,000여 명의 귀한 생명이 꺾인 것은 당연한 결과였다. 엎친 데 덮친 격으로, 남은 병사와 힘을 합쳐 적과 싸워도 시원치 을 장군들은 달천강으로 뛰어들어 자살해 버렸다.

그런데 이보다 더 어처구니없는 일이 종전 후에 벌어졌다. 싸움 대신 비겁한 죽음을 택한 장군들에게 죄는커녕 충신, 공신이라는 칭호를 내려 주며 시호를 선사하고 전답을 하사한 것이다. 조정에서 이런 짓을 하니 국난을 맞이하여 용감하게 싸우려 들 장수가 어디 있겠는가.

과거의 치욕스러운 역사가 재발되지 않도록 하려면 위에서 나온 문제들을 모두 해결하면 될 터이다. 정치인들은 자신이나 당파의 이익을 위해서가 아니라 나라와 국민을 위해 봉사해야 할 것이며 국민은 조선시대의 힘없는 백성처럼 지도층의 처분에 모든 것을 내맡긴 채 살아갈 것이 아니라 지도층 인사에게 변화를 요구해야 한다. 뿐만 아니라 냄비민족이니 뭐니 하는 말로 스스로를 비하하지 말고 이 나라의 주체로서 당당하게 살아가야 한다. 그것만이 급변하는 세상에서 우리의 자존을 지켜내는 길이라고 생각한다.

살아가는 방법과 죽음의 선택

오늘 필자가 찾아가는 봉래 선생은 어머니의 숭고한 죽음이 있었기에 그 인생을 화려하게 꽃피울 수 있었다. 앞에서 거론한 숱한 권신과 부끄러운 장수들의 삶과 죽음은 봉래 선생 어머니의 그것과 판이하게 다르다.

다시 한 번 '나그네 설움'을 흥얼거리며 자동차의 속도를 높였다. 필자는 그간 우리 선조의 묘소라면 안 가본 곳이 드물 정도로 팔도의 땅을 샅샅이 뒤지며 돌아다녔다. 그러고 보면 필자도 나그네인 셈이다. 역사 인물들의 혼백을 찾아 이곳저곳 떠도는 나그네.

그러나 백년설 선생의 노래 속에 등장하는 나그네와는 질적으로 다르다. 스스로 좋아서 하는 일인데다, 묻혀 있는 역사의 한 줄기를 찾아내어 세상에 널리 알리고자 나선 길이기 때문이다. 오늘처럼 폭염이 쏟아지는 날은 물론이려니와 태풍이 불고 눈이 내리는 날에도 필자의 역사 기행은 멈춘 적이 없었다. 날씨가 좋지 않으리라는 기상청의 예보는 자의 의욕만 더욱더 강인하게 무장시킬 따름이었다.

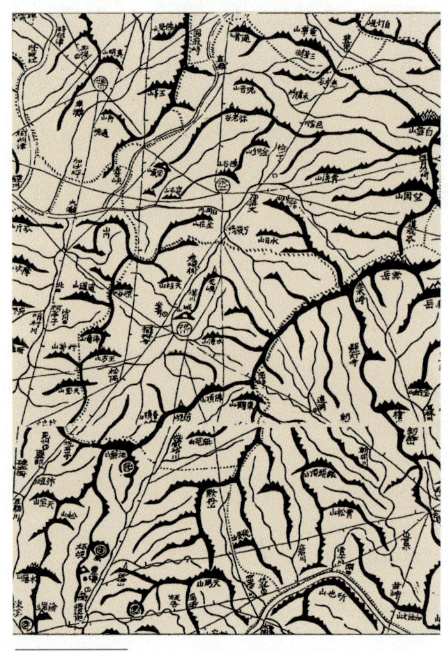

포천군 고지도

휴가철이라 그런지 포천으로 향하는 4차선 도로에는 자동차 행렬이 줄줄이 이어지고 있었다. 피서를 떠나는 사람들은 모두 즐거운 표정이었다. 그러나 자는 길이 열릴 때마다 들뜬 사람처럼 자동차 속도를 높이면서도 걱정이 많았다.

120리 길을 달려 포천에 닿는 것이야 어려운 일이 아니겠으나 봉래 선생이 천년 유택을 마련한 포천군 일동면 길명리 금주산金珠山을 찾아가는 일이 아득하게만 느껴져서였다.

행락 차량이 줄을 잇는 가운데에서도 120리 머나먼 길을 어렵지 않게 좁힌 필자는 마침내 금주산 기슭에 당도하여 숨을 돌릴 수 있었다. 그러나 주변을 둘러보던 중 금주산의 웅장한 규모를 확인한 필자는 새삼스레 낭패감을 맛보았다. 저 거칠고 웅장한 산을 샅샅이 뒤지고 다니며 선생의 묘소를 찾을 수는 없는 일 아닌가.

양사언 선생의 시비(경기 포천)

생각다 못한 필자는 가뭄에 콩 나듯 지나다니는 행인들을 붙잡고 캐묻기 시작했다.

"이곳 어디쯤 봉래 선생의 유택이 있다는데 좀 알 길이 없을까요?"

"봉래라고요? 봉래라면 금강산에 있는 것 아닌가요? 여긴 없습니다."

"금강산이 아니라, '태산이 높다 하되 하늘 아래 뫼이로다'라는 시조를 남긴 양사언 선생님 말입니다."

"양사언이요? 그 시조는 학창 시절에 배워서 알고 있긴 한데……. 잘 모르겠으니까 딴 데 가서 물어 보세요."

행인들과의 대화는 이런 식으로 소득 없이 끝나곤 하였다. 이런 답답한 대화가 몇 번 반복되다 보니 그 자리에 주저앉고 싶었다. 갈증은 심하고 길은 보이지 않았다.

그러나 지성이면 감천이라고 했다. 지금껏 단 한 번도 선조의 유택을 찾는 일에서 만큼은 물러선 적이 없었던 필자는 군청과 문화원을 바쁘게 오간 끝에 봉래 선생의 유택을 찾아낼 수 있었다.

포천에서 아침이 가장 먼저 찾아온다는 봉래마을 길명리. 그곳 길명리를 포근하게 감싸듯 자리한 것이 금주산이다. 산기슭에 서서 가만히 올려다보니 봉래 선생의 유택이 보일 듯 말 듯 필자의 눈에 들어왔다.

몸은 비록 땀에 젖고 갈증이 심했지만 먼발치에서 보기에 거대한 바위 같은 선생의 유택을 향해 쉬지 않고 달려 올라갔다.

마침내 선생의 묘소 앞에 도착한 필자는 만감이 교차하는 듯한 감회에 잠시 빠져들었다. 아마도 그리한 감회 때문이었을 것이다.

"여보시오, 동자. 이곳이 봉래 선생의 유택이 맞습니까?"

시립한 채 선생의 묘소를 지키는 석물에게 필자는 살아 있는 사람인 양 물었다. 그러자 시립한 석물이 필자를 향해 돌아서며 이렇게 대답하는 것만 같았다.

"오늘은 지나치게 무더운 날씨라 아직 기침하지 않으셨습니다."

"그렇군요. 저는 우리 조상의 역사 흔적을 찾아 전국을 떠도는 나그네입니다. 마침 선생의 유택을 물어물어 찾아왔으니 조용히 살펴보고 가겠습니다."

필자는 조용히 선생의 묘소 앞에 섰다.

유택은 상중하로 나란히 마련했는데 묘 앞에는 꽃무늬 비석 2기가 서 있었고, 거기에는 '통정대부행안변도호부사영공지묘通政大夫行安邊都護府使楊公之墓'라고 적혀 있었다. 통정대부란 벼슬은 정3품 당상관으로 문인에 해당하는 벼슬이다. 또, 안변도호부사라 했는데, 우리나라에서 처음 생긴 도호부는 안동安東(경주), 안서安西(해주), 안북安北(안주), 안남安南(전주) 등이었다. 그런데 얼마 후 경주와 전주는 안전한 곳이라고 하여 폐지시켰고, 그 대신 안변(등주), 안남(수주)도호부를 설치했다고 하니 안변도호부는 북쪽 변방이었지만 매우 중요한 방어진이었다.

선생의 묘소 아래쪽에 간성 이씨杆臟 李氏 부인과 숙부인淑夫人 음성 박씨陰城 朴氏 부인의 묘소가 있었다. 여기서 잠시 살펴볼 대목이 있다. 간성 이씨 부인은 선생의 취였는데 당시는 선생의 벼슬이 없었거나 아주 낮았기 때문에 작호를 쓰지 않았다는 것을 알 수 있다. 반면에 숙부인 음성 박씨는 선생의 벼슬이 정3품 당상관일 때까지 생존하였음을 알려 주고 있다.

두 부인의 묘소는 물론이고, 선생의 유택까지 다른 곳과 달

양사언 선생 부인 음성 박씨 묘(경기 포천)

리 호석을 높이 쌓아 놓았는데 이것은 아마도 유택지의 토질이 사토인데다 도굴 방지 효과를 얻고자 함이었던 듯하다.

마치 조각 공원 같은 유택을 뒤로하고 돌아서려는데 홀연 노인의 음성이 필자의 귓전을 울리기 시작했다. 역사에 대한 오랜 집착이 때때로

양사언 선생의 위패(경기 포천)

자에게 이처럼 이명 현상을 안겨 주고 있었다. 그러나 필자는 실제 상황인 양 노인의 목소리에 귀를 기울였다.

"과객 양반, 이 폭염을 이겨 가며 나를 보러 이곳까지 먼 길을 왔는데 대접이 없어 미안하게 되었소. 사정을 좀 이해해 주구려. 그리고 누가 되었든 나와 같이 불행한 씨앗은 남기지 말아야 한다고 세상으로 돌아가거든 꼭 전해 주구려. 역사는 나를 보고 명필가니, 문과 급제자니 말하지만 남모르는 설움이 얼마나 많았는지 모른다오. 그것이 너무 한이 되어 세상과 세월을 원망해 보기도 했소. 그러나 끝내 세상을 원망하며 낙심하고 있을 수만은 없었소. 우리 어머니 때문이었지요. 혹, 과객 양반이 아시는지 모르겠으나 우리 어머니 송씨 부인은 못난 두 아들을 위해 목숨을 버리셨다오. 스스로 가슴에 칼을 꽂은 어머니의

양사언 선생의 사당(경기 포천)

모습을 바라보면서 어린 마음에 어머니를 따라가고 싶었으나 그럴 수가 없었소. 어머니의 죽음을 헛되게 할 수 없었기 때문이지요. 하여 우리 형제는 젊은 피를 말리면서 학업에 매달렸다오. 덕분에 부족한 재주로 과거에 급제하고, 이름도 얻었으나 한은 한대로 남아 세상을 달리한 지금까지도 나오는 것은 한숨이요, 돌아서면 피눈물이라오. 태산은 참으로 높고 험한 산이오. 일찍이 내가 읊은 시조 속에 등장하는 태산은 기실 내 어머니였다오. 자식을 위해 세상을 달리한 어머니. 그리하여 가까이 가고 싶어도 갈 수 없는 어머니는 태산 그 자체였지요. 욕된 세상에서 복락을 누리고자 태산 같은 어머니의 목숨을 빼앗아 버린 불효자식의 한을 과객 양반은 생각해 본 적이 있소?

구구한 이야기 다 집어치우고 그대에게 부탁 한 가지만 하리다. 이

413

강산 곳곳에는 나와 같은 한을 안고 살아가다가 불귀의 객이 되어 버린 분들이 참으로 많다오. 가급적이면 그 분들을 모두 찾아뵙고 한 줄의 기록이라도 남겨 주시구려. 그대가 역사를 연구하고 기록하는 작가라는 사실을 알기에 부탁하는 것이니 부디 외면하지 마시구려. 서자도 고아도 천인도 다 이 나라 백성 아니겠소? 그들이 가진 능력을 무조건 억압할 것이 아니라 적극적으로 권장하고 그러한 것들을 하나로 모을 때 이 나라는 강성해질 것이오. 그러니 내가 살던 시대, 잘못된 제도를 후손에게 널리 알려 다시는 그러한 억압과 차별이 일어나지 도록 해달라는 것이오."

양사언 선생의 장황한 이야기가 모두 끝나고 얼핏 정신을 차려 보니 서산에 걸린 저녁 해가 핏빛 노을을 황홀하게 뿜어내고 있었다.

자는 양사언 선생의 부탁 때문에라도 이 땅에서 억울하게 차별 받고 억압 당하며 살아가느라 뜻을 펼칠 수 없었던 분들의 한 맺힌 인생을 모두 찾아내어 세상에 내놓으리라 마음먹었다.

억압과 차별이 없는 세상, 누구나 가진 재주와 포부를 맘껏 펼쳐 나가는 열린 세상. 일그러진 일생을 산 우리 조상은 후손에게 그러한 세상을 어서 만들어야 한다고 애원하고 있었다.

양사언 선생의 일생은 험난한 가시밭이었다

사람은 어느 집 누구의 후손으로 태어나느냐에 따라 그 운명이 결정되기도 한다. 선생은 세상이 어지럽던 1517년(중종 12)에 낮은 벼슬자인

아버지와 이름 없는 집안 출신 송씨 사이에서 태어났다. 아버지의 벼슬이 낮은들 어떠하고, 어머니가 이름 없는 집안 출신인들 어떠하랴. 부모의 사랑과 은혜로 삶을 얻었기에 양사언은 위로 나라에 충성하고 부모에게 효도하며 복된 삶을 누리고 싶었을 것이다.

그러나 어머니 송씨가 양희수의 첩이었기에 서얼의 신분으로 태어난 양사언은 그럴 만한 처지가 되지 못했다. 대부분의 서자가 그러했듯 양사언 또한 험난한 소년 시절을 보내면서 양반에도, 중인에도 끼지 못하는 자신의 처지를 알아 갔다.

그러나 양사언은 곧 중대한 인생의 전환기를 맞이한다. 공교롭게도 그의 삶을 뒤바꾸어 놓은 것은 아버지와 어머니의 잇따른 죽음이었다. 본문에서 이미 소개했듯 향수를 모두 누리고 죽은 아버지와 달리 어머니의 죽음은 서자 자식의 앞날을 열어 주고자 결행한 것이었기에 양사언의 가슴은 무너져 내렸다.

아무튼 어머니의 죽음으로 적자가 될 수 있었던 양사언은 이후 우여곡절을 겪은 끝에 문과에 등과하여 여덟 고을의 수령을 지냈다. 그러나 편법으로 적자가 된 몸이었기에 양사언은 늘 신분 문제에서 자유롭지 못했다. 사연이야 어찌 되었든 신분을 속인 셈이었고, 그것이 들통 나면 그간 쌓아 올린 모든 것이 우르르 무너질 터이기 때문이었다.

양사언은 원래 천성이 곱고 겸손한 사람이었다. 그는 늘 쫓기는 심정이었으면서도 천성을 잃지 않았고, 신분이 탄로 날지 모른다는 두려움을 느낄 때마다 더더욱 자신의 마음을 닦고, 재주를 키워가는 일에 전력을 다했다. 덕분에 양사언은 청렴결백한 벼슬관과 학자로서 이름이 높았다.

그러나 양사언은 행복과는 거리가 먼 운명을 타고난 사람이었다. 그의 인생행로에 또 하나의 불행이 기다리고 있었던 것이다.

그는 일찍이 북변의 변란을 예지하고 마초馬草를 많이 비축하여 위급에 대비했다. 그런데 그 때문에 세상을 달리하게 될 줄이야. 함경남도 안변군 서곡면 능리에 있는 이성계의 증조부 추존왕 익조의 무덤인 지릉智陵에서 화재가 일어났는데 양사언이 그 책임을 모두 지게 되었던 것이다. 아무래도 그가 비축해 둔 마초에 불이 옮겨 붙으면서 피해가 더 커졌던 모양이다. 아무튼 그 일에 연루되어 해서海西(황해도)로 귀양을 갔던 그는 2년 뒤 풀려나서 돌아오는 길에 객사하고 말았다.

양사언은 40년간이나 관직에 있으면서 부정을 단 한 번도 저지르지 았고, 사후에는 유족에게 재산을 한 푼도 남기지 않았다. 이런 점만 놓고 보더라도 양사언은 국가에 꼭 필요한 관리였음이 분명하다. 나무 한 그루를 키우자면 몇 십 년이 걸린다. 그런데 정작 쓸 만한 재목이 되자 불을 질러 재로 변하게 만들었다면 이처럼 어리석은 노릇도 다시 없을 터였다. 양사언의 죽음이 꼭 이랬다. 나라에 귀하게 쓰일 인재를 알아보지 못하고 제거해 버리는 데만 힘쓴 임금과 신하들의 처사를 떠올리니 참으로 한심한 조선의 역사였구나, 하는 생각을 지워내기 어렵다.

필자는 온 몸을 휘감아 오는 듯한 허탈함을 가까스로 달래며 귀경길에 올랐다.

| 양사언 가계 |

진振 (조선. 개국공신)

치治 (황해도절도사)

척달 (선교랑)

희수希洙 (돈녕부주부)

*삼형제가 문과 급제함.

문화유씨 부인 (유위의 딸)

송씨부인

사준士俊
문과 급제 (첨정)

사언 士彦 ---- 만고 ---- 두신
문과 급제 (군수)

사기士奇
문과 급제 (부사)

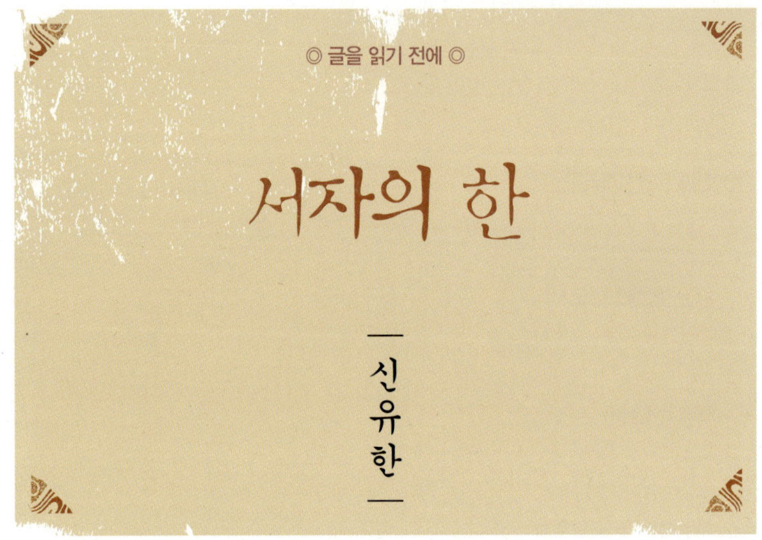

서자의 한

— 신유한 —

**이야기의
시대적 배경**
조선 제19대 임금, 숙종 시기에는 조선 중기의 특징이라고도 할 수 있는 붕당정치가 최고조에 달하면서 정국이 파행으로 치달았다고 숙빈 최씨 편에서 이미 밝힌 바 있다. 당시 상황을 살펴보면 임진왜란 이후 조선 사회에 팽배해진 혼란이 여전히 이어지고 있었다.

그러나 숙종은 이러한 혼란상을 왕권 회복의 기회로 이용하는 비상함을 발휘했다. 즉, 정계를 개편할 수 있는 왕의 권한을 적극적으로 활용하여, 이른바 환국 정치로 왕권을 강화시켜 나갔던 것이다. 남인과 서인, 노론 등이 정권을 잡은 것은 결국 숙종이 차례로 손을 들어준 결과였다. 물론 숙종의 도움으로 정국 주도권을 잡은 자들은 그대가로 임금에게 충성해야 했다. 이에 따라 숙종은 왕권을 강화할 수 있었고, 임진왜란 이후 붕괴된 사회 체제를 복구하는가 하면 경제·국방·군역·대외 관계 등에서 상당한 치적을 남겼다. 구체적으로 실 를 들면, 대동법 전국 확대 시행, 양전 사업 종결, 상평통보 주조, 군제 개편 완료, 왜관 무역 등이 바로 그것이다.

신유한申維翰은 이러한 시기에 서자로 태어나 암담한 세월을 보내다가 아버지의 결단으로 과거에 급제하는 기쁨을 누린다. 그러나 기쁨도 잠시, 신유한은 집안사람들의 질투와 손가락질에 막혀 고통스러운 나날을 보내게 된다. 신유한에게는 세상의 벽보다 집안사람들의 편견과 질시가 더 큰 고통이었던 셈이다. 신유한이 어려움을 어떻게 헤쳐 나가는지 살펴보는 것도 이 글을 읽는 재미 중 하나일 것이다.

낮잠 자던 아버지의 태몽 덕분에 세상에 태어난 신유한. 그의 눈물겨운 이야기는 예나 지금이나 변함없는 각박한 세상인심의 단면을 적나라하게 보여주고 있어 일면 쓸쓸함을 안겨 준다.

숙종대왕 원비
인경 왕후仁敬王后
김씨金氏 어보

신유한은 무슨 일이 있었기에

신유한은 1681년(숙종 7)에 태어나 1752년(영조 28)에 세상을 떠난 사람이다. 향년은 71세였는데 정치 상황이 몹시 혼란스러운 시기에 벼슬관으로, 문장가로 활약하며 굴곡 많은 삶을 살다가 눈을 감았다.

그는 본관이 영해(경상북도 영덕군 속면)이며 자는 주백周伯, 호는 청천靑泉이었다. 경상도 고령 출신 신태시申泰始의 아들로 태어난 그는 1705년(숙종 31)에 진사시에 합격하였고, 1713년(숙종 39)에는 증광문과에 병과로 급제했다. 그로부터 6년 후 제술관製述官으로서 통신사 홍치중洪致中을 따라 일본에 다녀왔고, 봉상시첨정이 되었다. 문장으로 이름이 났는데 특히 시 부문에 걸작을 많이 남겼다. 저서로는 '해유록', '청천집', '분충서난록' 등이 있다.

신유한의 이력을 잠시 살펴보았는데 이상한 점이 한 가지 눈에 띈다. 24세 때 이미 진사가 되었고, 32세에 이르러 문과에 급제했음에도 불구하고 즉시 보직을 받지 못하다가 38세가 되어서야 제술관이 되었다는 점이다. 게다가 그가 처음 받은 직책도 문제였다. 제술관은 승문원에 속한 벼슬로서 전례문을 만들어 바치던 임시직에 불과했으니 말이다.

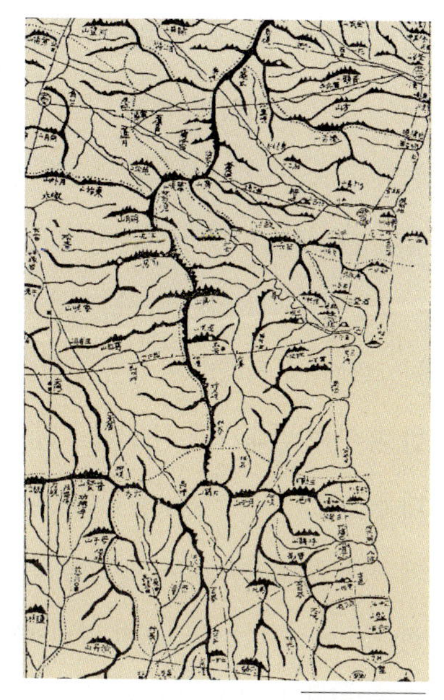

영덕군 고지도

당당히 문과에 급제한 사람인데 조정에 미운털이라도 박혔던 것일까. 그렇지 않고서야 이처럼 출사가 늦은 것도, 급제 후 6년 만에 받은 첫 직책이 임시직이라는 것도 납득이 되지 않았다.

그뿐만 아니라 그는 이후로도 능력에 비하여 중하게 쓰이지 못했다. 나이 59세에 이르러 종6품에 해당하는 경기도 연천 현감 자리를 얻은 것이 고작이었다.

사실 그는 젊은 나이에 조

연천 고지도

정으로부터 능력을 인정받은 사람이었다. 제술관으로 일하던 시절, 통신사 대열에 끼어 일본에 다녀온 것이 이를 증명한다. 자고로 뛰어난 능력의 소유자가 아니면 사신이나 통신사로서 외국에 다녀오는 것이 불가능한 시절이었기 때문이다.

그렇다면 신유한은 무슨 이유로 그처럼 승진이 늦었으며 숨을 거두는 그날까지 귀하게 쓰이지 못했던 것일까. 참고로 비슷한 시기에 활약한 홍치중, 남태기와 신유한의 일생을 비교해 보면 신유한이 얼마나 홀대를 받았는지 극명하게 나타난다. 홍치중은 1706년(숙종 32) 정시문과에 병과로 급제하고 나서 지평, 헌납, 대사간, 승지 등을 거쳐 경상도와 전라도 관찰사를 지냈으며 말년에는 영의정으로 승진하는 영광을 누렸다. 그런가 하면 남태기는 1732년(영조 8) 정시문과에 을과로 급제한 뒤 예조 판서까지 올랐다. 이들 두 사람과 비교해 보더라도 신유한은 인성이나 개인적 능력에서 절대 뒤지지 않는 사람이었다. 게다가 업무상에도 큰 흠결이 없었다. 이런 점들을 놓고 미루어 생각해 보면 조정에서 신유한을 의도적으로 외면한 것이 분명했다.

평산 대신 영해를 본관으로 쓴 이유

어느 정도 예상했겠지만, 뛰어난 재능을 갖추었음에도 신유한이 능력을 충분히 발휘하지 못한 것은 신분의 벽 때문이었다. 그는 여종의 몸에서 태어난 서자였던 것이다.

수정재(경북 영덕)

　신유한의 아버지는 평산 신씨로 글을 하는 선비였고, 하인을 많이 부리며 살아가는 귀족층이었다. 조선시대 귀족층 남자치고 첩을 두지 은 이는 드물다고 하였으니 신유한도 그런 사연에 따라 세상에 태어났으려니 여기겠지만 사정이 달라도 한참 다르다. 신유한의 출생과 관련된 사연은 일면 재미있으면서도 안타깝기 그지없다.

　어느 날인가, 신유한의 아버지 신태시가 낮잠을 자다가 심상치 않은 꿈을 꾸고는 자리에서 벌떡 일어섰다. 이글거리는 태양이 자신의 입속으로 쑥 빨려드는 꿈이었다. 사람이 태양을 머금는다는 것은 예사 꿈이 아니다. 이런 생각에 사로잡힌 채 곰곰히 꿈 해몽을 해보던 신태시는 한 순간 잔뜩 고무된 표정을 지었다. 하늘이 뛰어난 자손을 자신에게 점지해 주고자 그런 태몽을 꾸게 한 것이 틀림없다고 확신한 것이다.

　마음이 다급해진 신태시는 즉시 부인에게로 달려갔다. 때마침 부인은 베틀 앞에 앉아 일하고 있었다. 방으로 허겁지겁 뛰어 들어온 신태시가 다짜고짜 손을 잡아끌며 옷을 벗기려 하자 부인은 화들짝 놀라 신태시를 멀뚱멀뚱 바라보았다.

"대낮에 왜 이러십니까?"

부인이 정색하며 묻는데도 신태시는 답답한 표정만 지을 뿐 대답이 없었다. 이윽고 신태시가 다시 한 번 강하게 끌어당기며 고름을 풀려 하자 부인이 그의 손을 뿌리쳤다.

"지체 있는 양반 집안에서 이 무슨 해괴한 꼴이란 말입니까?"

신태시는 답답하여 미칠 노릇이었다. 그렇다고 방금 꾼 꿈 내용을 모두 발설해 버릴 수는 없는 일 아닌가. 히어 손짓 발짓 다 해 가며 부인을 달래 보려 하지만 정숙하기로 이름 높은 부인의 태도는 단호하기만 했다.

'허어, 이거 낭팼세. 이 일을 어떡하면 좋단 말인가.'

신태시는 내심 혀를 차며 부인을 안타깝게 바라보았다. 하긴 윤리와 도덕을 근본 삼아 살아가는 집안에서 벌건 대낮에 잠자리를 같이하자고 달려드는 자신이 정상은 아닐 터였다.

부인의 완강한 태도를 보다 못해 속절없이 돌아서고 만 신태시는 마당을 초조하게 거닐기 시작했다.

그야말로 벙어리 냉가슴 앓는 심정으로 서성이는데 때마침 점심상을 보려고 부엌으로 들어갔다 나오는 여종 하나와 눈이 마주쳤다. 얼굴도 곱상하고 행동거지 또한 얌전한 여종이었다.

신태시는 여종의 아리따운 몸을 새삼 아래위로 살펴보며 끄응, 앓는 소리를 냈다. 평상시 같으면 여종을 상대로 어찌 상상인들 해보았으랴만 태몽을 꾸었다는 생각에 도취한 나머지 신태시는 눈에 보이는 것이 없었다. 꿩 대신 닭이라고 하지 았던가.

신태시는 여종을 가만히 손짓하여 불렀다. 청빈한 선비로서 주변의 존경을 한 몸에 받는 신태시의 부름을 받자, 여종은 쪼르르 달려와 주인 앞에 조아리고 섰다.

"흠, 흠……."

신태시는 여종에게 사랑방 쪽을 가리키며 조용히 따라오라고 손짓하였다. 여종은 앳된 처녀였다. 그 고운 얼굴에 호기심을 가득 담은 채 주춤주춤 신태시를 따라오기 시작했다.

이윽고 사랑방 문을 조용히 열고 안으로 들어간 신태시는 문단속을 단단히 하고 여종 앞에 마주 섰다. 일순 어린 여종을 상대로 이 무슨 해괴한 짓인가 하는 양심의 가책을 느꼈다. 그러나 하늘이 점지해 준 태몽을 저버릴 수도 없는 노릇이었다.

하여 덜덜 떨리는 손을 뻗어 여종의 고름을 풀었다. 허연 속살이 드러나자 여종은 화들짝 놀라며 자신의 옷을 여몄다.

"왜 이러시옵니까."

여종은 울먹이고 있었다. 신태시는 애가 탔다. 속 시원하게 방금 꾼 꿈의 내용을 설명하고 싶었으나 효험이 달아날까 두려워 그럴 수가 없었다. 결국 부인에게 그랬던 것처럼 손짓 발짓 몸짓까지 해 가며 여종에게 뜻을 전하고자 애썼다. 여종은 눈물 그렁그렁한 눈으로 신태시를 바라보았다. 속사정을 낱낱이 알 수는 없으나 뭔가 그럴 만한 연유가 있는가 보구나, 하는 생각이 들었다.

이런 생각과 함께 여종은 자신의 처지를 돌아보았다. 상전은 말 그대로 자신의 운명을 손에 쥔 사람이었다. 그의 뜻에 따라 면천이 될 수도 있고, 심지어 물건이나 토지처럼 매매되기도 한다. 신태시의 고매한 인격을 감안해 보건대 그런 일은 벌어지지 않겠지만 주인이 마음먹기에 따라 여종은 지옥 같은 생활을 감수해야 하는 경우도 생길 수 있었다.

한편, 신태시는 그 순간에도 자신의 간절한 뜻을 여종에게 전하려고 손짓 발짓을 이어가고 있었다. 그런 신태시의 모습은 측은해 보이기까지 했다.

"나으리, 무슨 말씀 못할 사정이 있으시옵니까?"

여종이 이렇게 묻자, 신태시는 기다렸다는 듯 고개를 끄덕이며 여종을 덮쳤다.

"어머나! 왜 이러시옵니까."

얼떨결에 벌어진 일이라 여종은 정신이 하나도 없었다. 그저 주인의 품에서 벗어나야 한다는 생각에 두 다리와 팔을 버르적거릴 따름이었다. 그러나 완강한 남자의 힘을 어찌 당한단 말인가. 한순간 온몸에서 스르륵 힘이 빠지며 신태시를 허락하고 말았다.

그로부터 10개월 뒤였다. 길몽을 꾸고 나서 합궁한 여종은 마침내 떡두꺼비 같은 아들을 출산했다. 하늘이 점지해 준 아들이라는 생각에 신태시는 한량없이 기뻤다.

이때 경상도 영해부 야성현(현 영덕읍) 신태시의 집에서 부친의 전폭

적이 기대와 사랑을 한 몸에 받으며 태어난 아기가 바로 신유한이었다. 오래지 않아 갓난아기를 앞에 두고 앉은 신태시는 세상에 태어난 과정이 남다른 이 아이를 정성껏 키우리라 다짐하고 또 다짐했다.

그러나 세상일은 자기 뜻대로 되는 예가 드문 법이다. 마침내 아들을 얻었다는 기쁨은 순간에 지나지 않았다. 그러한 기쁨에 취해 보기도 전에 태산 같은 걱정이 앞을 막아선 것이다. 아무리 길몽을 받고 태어났다 해도 여종의 소생인 까닭에 아이가 헤쳐 가야 할 앞날은 험난하기만 했다.

'아무래도 부인에게 좀 더 매달려 볼 걸 그랬어. 급한 마음에 여종을 통해 꿈을 성사시켰으나 아이의 앞날이 걱정이로구나.'

신태시는 부인이 원망스럽기까지 하였다. 그러나 이미 엎질러진 물이니 어쩔 도리가 없었다. 신태시는 그저 아이가 탈 없이 잘 자라 주기만을 바랄 따름이었다.

아비의 간절한 마음을 알고 있었던지 신유한은 어릴 때부터 총명함을 맘껏 뽐내며 무럭무럭 자랐다. 아들의 그런 모습을 발견할 때마다 신태시는 안타까움을 금치 못했으며 어떻게 하든 서자의 신분에서 벗어나게 해 주고자 전전긍긍했다.

그러나 인척들은 물론이고 동네 사람들이 모두 신유한의 신분을 아는 터라 좀처럼 방법을 찾아낼 수가 없었다. 기실 그 당시 동네 사람들은 신유한을 두고 이렇게 속닥거렸다.

"그 집 종년이 낳은 아들은 매우 영특하다지?"

"그럼 뭐해. 서자로 태어난 놈이."

427

삼형제바위(연천군 전곡읍 은대리)

이웃이라고 하지만 그들은 신태시와 같은 성을 쓰는 집안사람들이기도 하였다. 야성현에는 평산 신씨들이 많이 모여 살고 있었던 것이다.

사촌이 땅을 사면 배가 아프다고 했던가. 가까이 사는 인척들은 어느덧 신유한을 손가락질하는 것이 습성처럼 굳어져서 신태시의 심사를 뒤집어 놓곤 하였다.

그렇지 않아도 신유한 때문에 고민이 많았던 신태시는 집안사람들의 눈총과 시기를 이겨내지 못하고 아이를 멀리 떠나보내기로 하였다. 이윽고 경상도 고령 땅에 사는 아주 먼 족친 신선비를 찾은 신태시는 그간의 사정을 낱낱이 털어놓으며 도움을 청했다. 신태시의 처지를 딱하게 여긴 신선비는 자신과 같은 항렬인 한동네 사람에게 신유한을 양자로 들이도록 조치해 주었다. 신유한의 양부는 공교롭게도 본관이 평산이 아니라 영해였다. 이로써 영해 신씨가 된 신유한은 양반의 호패를 얻을 수 있었으며 그때부터 글공부에 전념하여 24세에 진사시를 통과하였고, 증광문과에도 급제하여 관로로 접어들었다.

서자의 굴레

문과에 급제했을 때만 해도 신유한은 자신의 운이 훤히 트이리라 확신했을 것이다. 그러나 그의 앞날은 결코 밝지 못했다. 비록 양반 집안에 양자로 들어가 신분에 문제가 없었다고 하지만 원래 서자 출신이었던 그가 문과에 합격하자 모해하는 자들이 나타나 그의 앞길을 가로막은 것이다.

이때 신유한의 발목을 붙들고 늘어진 것은 어릴 적부터 그를 질시하던 평산 신씨 집안사람들이었다. 그들은 신유한이 문과에 급제한 후에 내직에 보직되었다는 소문을 접하자 불안감에 사로잡혔다. 자신들이 배척하던 아이가 장차 크게 될 수도 있겠다고 생각하자 후환이 두려웠던 것이다. 그리하여 그들은 신유한이 서자 출신이라는 사실을 사방으로 소문내기 시작하였다. 그러한 소문은 곧 한양까지 널리 퍼졌다.

결국 조정 내에서마저 신유한이 신분을 속이고 문과에 응시하였다는 사실을 모두 알았다. 이는 신유한의 정치 생명에 치명적 타격을 가했다. 청춘에 급제하여 시와 글씨 등 여러 분야에서 탁월한 업무 능력을 인정받았으나 신유한이 항상 하급직에 머문 까닭이 여기에 있었

동여도 연천군 부근

다. 59세가 되어서야 겨우 종6품관인 연천 현감으로 부임했으니 신유한의 답답한 심정이야 오죽했으랴.

그러나 어릴 때부터 서얼이라는 손가락질을 받으며 성장한 탓이었을까. 속이 부글부글 끓었지만 신유한은 자신에게 닥친 모든 상황을 긍정적으로 받아들였다.

'기실 중인보다도 못한 처우를 받는 서얼 주제에 문과에 급제하였으며 벼슬살이까지 하게 되었으니 꿈을 이루었다 해도 과언이 아니지 은가.'

신유한은 씁쓸한 심정으로 이런 생각을 해보며 연천 고을을 편안하게 다스리는 일에 모든 정성을 쏟았다.

눈물과 이별의 강, 임진강을 베개 삼아 드넓게 펼쳐진 연천 땅은 삭녕朔寧이라고 불리며 백성과 애환을 함께해 왔다. 지금은 허리 잘린 국토의 상징으로서 신음을 토해 내는 통한의 땅으로 변해 버렸지만 좋은 옥토가 있고, 풍광이 좋아 예부터 수많은 시인 묵객이 모여들어 임진강 맑은 물을 먹물로 변하게 하였던 곳이기도 하다. 또한 이곳은 일찍이 조선 중기의 대학자 허목許穆을 탄생시킨 곳으로도 널리 알려져

미수 허목(許穆)선생

있다.

　허목 이후 연천의 이름을 빛낸 이가 바로 신유한이었는데 그가 연천 현감에 임명되었을 때 공교롭게도 연천 인근은 흉년이 들어 민심이 흉흉하기 이를 데 없었다. 연천에 당도한 그는 백성을 구휼하는 데 힘을 쏟아 거칠어졌던 민심을 한 데 모을 수 있었다.

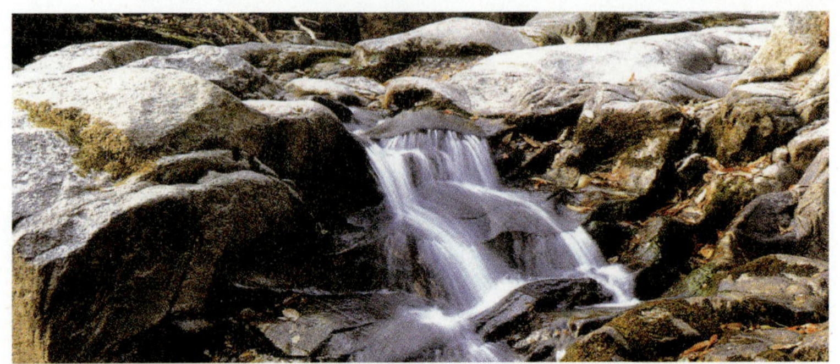

연천계곡

그리하여 고난을 극복하고 평안을 되찾자 신유한은 허목의 옛집을 찾아 '관허상국은거당원기'를 지어 존경의 뜻을 내보였으며, 때때로 허목의 자손들과 학문을 강론하기도 하였다. 그런가 하면 고인의 뜻을 계승하고자 연천 관아 선비들을 청하여 학문 연구에 힘쓰도록 권장하는 것도 잊지 않았다.

이렇듯 연천에서의 생활에 어렵지 않게 적응한 그는 아름다운 산수 풍광을 즐기며 시심을 북돋곤 하였다. 웅연에서 노닐던 중 허묵의 자취가 남은 자그마한 당을 발견한 그는 다음과 같은 시를 세상에 남겼다.

떠돌이 나그네 있어

노새 타고 관아를 나서노라.

우연히 강가의 바위를 찾고

인하여 나무 그늘 속의 집에 이르렀다.

포구의 햇살 신선의 자취 남았는데

처마의 구림이 갈대꽃을 덮고 있네.

주인의 흥금 예스럽기도 하여라.

수레 멈춘 곳이 곧바로 연하구나.

이러한 시 외에도 징파강에 이르러 다음과 같은 시를 짓기도 하였다.

활짝 갠 한낮에 떠 있는 배 한 척.

가을 강에 소요하노라니 병든 몸이 맑아진다.

뚜렷한 단풍나무 소나무 멀리서도 색깔이 선명한데

가물거리는 바위와 개펄은 예전부터 들었노라.

시는 머릿속 시상을 따라 엮어내기 어려운데

졸음은 삐걱삐걱 삿대소리에 쉬 놀라 깨네.

베개에 기대니 가는 곳마다 흥이 일지만

구름 머로 가는 새가 가장 마음을 끄네.

그즈음 신유한은 아쉬울 것 하나 없는 생활을 해 나가고 있었다. 환갑을 바라보는 나이라 관직에 대한 욕심은 접은 지 오래였다. 그저 눈앞에 펼쳐진 풍광과 마음속으로 스쳐 가는 시상을 시로 나타내어 한 갓지게 음미하는 이러한 생활이 좋았다.

그러나 그마저도 신유한에게는 분수에 넘치는 호사였던 모양이다. 신유한을 비하하거나 모해하려는 수작들이 그즈음에도 끊이지 았던 것이다.

신서면 도신리의 불견이고개(경기 연천)

신유한의 보복은 시작되고

서자 출신이라는 약점 때문에 출세가 늦고, 조정에서 곱지 않은 눈길을 받는다지만 오랜 세월 내직에 근무한 신유한이었다. 비록 낮은 직급이라고 해도 지방의 관료들은 적잖이 눈치를 봐야 하는 상황이었다. 신유한은 이러한 점을 십분 활용하여 영해 부사와 영덕 현감에게 압력을 가하기 시작했다. 평산 신씨 집안사람들의 오점을 파고들어 법대로 처벌해 달라는 것이었다.

세상에 털어서 먼지 안 나는 사람이 어디 있던가. 영해 부사와 영덕 현감이 작심하고 평산 신씨들을 조사하기 시작하자 줄줄이 죄를 잡혀 들어오기 시작했다.

영해 부사와 영덕 현감의 보이지 않는 압력과 실력 행사에 잔뜩 주

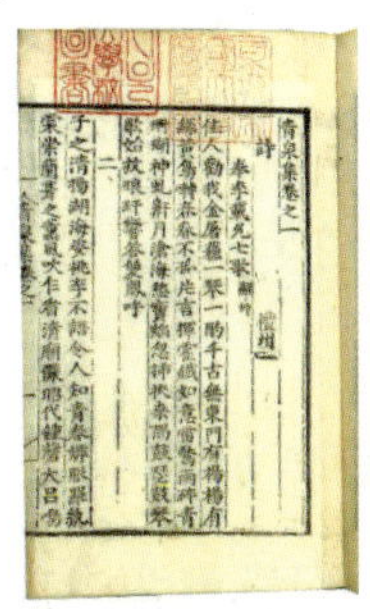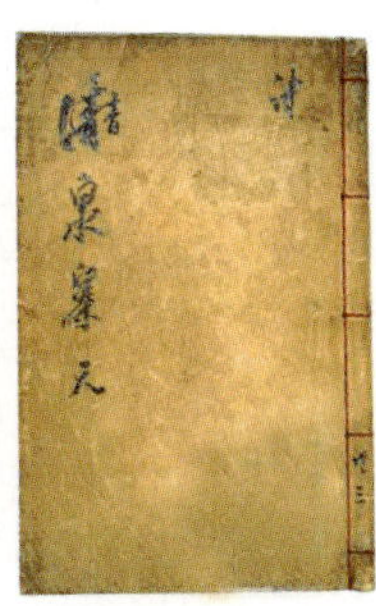

청천집靑泉集(신유한의 저서)

눅이 든 평산 신씨들은 부랴부랴 문중 회의를 열었다. 대책을 논의하기 위해서였다.

그러나 딱히 대책이 있을 턱이 없었다. 그동안 신유한에게 저지른 죄가 있었기에 대 놓고 비난할 수도 없는 형편이었다.

한편, 신유한은 고향 마을 평산 신씨들로부터 연락이 오기를 기다리고 있었다. 그간의 잘못을 진심으로 뉘우치며 용서를 구한다면 못이기는 척 화해하고픈 마음이었다. 미우니 고우니 해도 한집안 사람들이었기 때문이다.

그러나 평산 신씨들은 신유한에게 용서를 구하는 대신 궁색한 대책 한 가지를 마련해 놓았다.

"우리가 사는 길은 단 한 가지 방법밖에 없다. 우리 모두 본관을 평산에서 영해로 바꾸기로 하세."

이렇게 의견이 모이자 평산 신씨들은 실제로 본관을 영해로 바꾸어 버렸다. 모든 사람이 그렇게 한 것은 아니지만 어쨌든 신유한이 얼마나 모질게 그들을 몰아붙였는지 짐작할 수 있는 대목이다.

사실 신유한이 좀 더 독하게 마음먹었다면 본관을 바꾸었다고 하여 그들이 안전할 수는 없었을 것이다. 그러나 신유한은 더는 그들을 닦달하지 않았다. 그 정도로 혼이 났으니 다시는 괴롭히지 않으리란 사실을 알았기 때문이다.

한편, 영해로 본관을 바꾼 신씨들은 수세기가 지난 뒤에야 평산 신씨로 되돌아왔다. 정확히 해방 후부터 그러한 기록이 확인되고 있다.

신유한의
태생지를 찾아서

영덕은 필자의 고향이기도 하다. 국토의 변방, 동해의 파도가 넘실대고 생선 비린내와 해초 향기가 나그네의 발길을 멈추게 하는 곳이다. 국토의 변방이라 해도 마음만 먹으면 반나절이면 닿는 곳인데 필자는 그간 고향 나들이를 좀처럼 할 수 없었다. 생활이 분주하고, 선현들의 묘소를 찾아 사면팔방 돌아다니다 보니 정작 고향이 멀게만 느껴졌던 것이다.

서자라는, 태생적 아픔을 안고 일평생 주춤거리며 살다 간 신유한 선생에 관한 글을 쓰고자 마음먹었을 때, 필자는 기실 오랜만에 고향 나들이를 하겠구나 생각하며 마음이 설레었다.

시원스레 뚫린 고속도로를 따라 질주하다 보니 어느덧 낙동강을 지나고 있었다. 우리나라 유교 사상의 산실 안동을 넘어 굽이굽이 신유한 선생의 태생지를 찾아가는 길은 멀고도 험했다.

바야흐로 7월이었다. 고향 냄새를 미리 맡아 보자는 생각에 차창을 여니 후끈한 열기가 느껴진다. 이리 꿈틀 저리 꿈틀 포장도로는 크고 작은 산들을 굽이굽이 휘어 돌고 있었다. 급커브 지점에 다다를 때마다 자의 발길은 자꾸 주춤거린다.

320여 년 전, 신유한의 인생도 꼭 이러했다. 앞길이 활짝 열리는가 싶으면 드높은 벽이 나타나 신유한을 절망에 빠뜨린 것이 몇 번이던가. 자는 신유한의 인생 역경을 천천히 더듬어 보며 서행으로 굽이치는 산길을 지났다.

큰 고개를 넘으니 풋풋한 복숭아 냄새가 확 끼친다. 콧날이 울컥 흔들릴 정도로 특유한 향내였다. 영덕은 복숭아 고장이다.

"이제 다 왔구나."

필자는 적이 안도하며 천천히 영덕 경계를 넘어섰다.

오래지 않아 영덕 읍내에 당도한 필자는 한적한 곳에 차를 대 놓고 걷기 시작했다. 안타깝게도 신유한의 생가는 남아 있지 않다. 그러나 필자는 이 땅 어딘가에서 태어나 인생의 단맛 쓴맛을 모두 맛보며 어린 시절을 보낸 신유한의 모습을 상상해 볼 수 있었다.

신유한에 관한 기록을 가만히 살펴보면 그는 자신의 인생을 그다지 만족스럽게 생각하지 않았다. 항상 다른 사람들의 질시를 받으며 뜻을 맘껏 펼치지 못한 까닭이다.

그러나 필자가 보기에 신유한의 인생은 대단히 성공적이었다. 신분의 벽이 드높기만 한 조선시대에 서자 출신으로서 문과에 급제하였다는 것은 그 누구도 흉내 낼 수 없는 일이었기 때문이다. 게다가 연천 현민들을 덕으로써 보살피며 시심을 맘껏 꽃피우지 았던가.

사람의 일생은 시시각각 다가오는 크고 작은 문제들을 해결해 가는 과정이라고 해도 과언이 아니다. 참을성을 점점 잃어 가는 현대인에게

평산 신씨 육구당(영덕군 달산면)

신유한의 굴곡진 인생은 시사하는 바가 참으로 큰 것 같다.

신유한의 이력을 살펴보면 눈에 띄는 점이 두 가지 있다. 경북 영해부 영덕에서 태어났지만 앞에서 이미 밝힌 바대로 고령에서 성장한 까닭에 고령 출신으로 불린다는 점과 본관이 뒤바뀌었다는 점이다. 평산 신씨는 고려 개국 공신 장절공 신숭겸의 후손으로서 상당히 명예스러운 가문이다. 그럼에도 신유한이 평산 신씨를 버리고 영해 신씨가 된 것은 조선이라는 신분 사회가 낳은 하나의 비극이라고 해야 할 것이다.

다른 이들과 달리 묘소를 찾아가지도 못하고, 영덕 땅을 거닐며 신유한 선생의 자취나마 더듬어 보고자 시작된 필자의 역사 탐방은 해거름 무렵 다소 싱겁게 끝나 버리고 말았다.

필자는 서울로 올라가기 전에 퇴계 선생의 방손, 진성 이씨들이 300여 호 집성촌을 이루어 사는 곳에 들렀다.

사람들은 보통 큰 집을 짓고 나서는 반드시 그 집에 당호堂號를 걸어 놓곤 하였다. 필자가 나고 자란 곳이기도 한 영덕의 진성 이씨 집성촌에도 눈에 띄는 현판 한 점이 걸려 있다. 현판에는 육이당六怡堂이라고

육구당 현판(경북 영덕)

각자되어 있는데, 이는 지금으로부터 150여 년 전 효우재孝友齋 이화영 선생이 아들 6형제에게 화합하며 살라는 뜻에서 내건 당호였다. 과연 선생의 6형제는 선생의 호와 당호의 뜻대로 효심과 충성심이 지극하였고, 훌륭한 선비가 되어 한말에 태백산 호랑이라 불리던 신돌석申乭石과 같은 문무를 겸비한 장군을 문하에서 배출하기도 하였다.

그런데 공교롭게도 같은 지역 평산 신씨 가문에도 현판이 한 점 걸려 있었는데 당호가 육구당六懼堂이었다. 여섯 육, 두려워할 구, 집 당이라는 글자가 말해주듯 역시나 신씨 가문에서 태어난 여섯 아들이 하나같이 두려운 존재들이란 뜻이다. 이 현판의 주인은 여섯 아들이 세상을 살아가면서 무슨 일이든 저지를 것만 같아 항상 불안했다. 그래서 그런 현판을 내건 것이었다. 그 여섯 아들의 일생이 어떠하였는지 알려진 바는 없지만 세상에 태어나 큰 포부를 안고 망망대해와 같은 세상을 살아가기가 쉽지만은 않다는 생각이 든다.

진성 이씨와 평산 신씨의 현판을 둘러보는 것으로 영덕 나들이 일정을 모두 마친 필자는 서울을 향해 자동차를 몰며 다시금 신유한 선생의 한 많은 인생을 떠올려 보았다. 사후에나마 선생의 혼령이 편안히 안식을 취했으면 좋겠다는 바람 간절하다.

방랑 시인의 꿈

— 이달 —

**이야기의
시대적 배경**　　손곡蓀谷 이달李達은 생몰년이 정확하게 알려지지 않은 사람이다. 그러나 동시대에 서로 교류하며 시인으로 이름을 드높인 동료를 통해 그의 활동 시기를 어느 정도는 유추해 볼 수 있다. 이달과 함께 이른바 삼당 시인으로 불렸던 최경창崔慶昌·백광훈白光勳이 대략 중종 시대를 거쳐 인종·명종·선조 네 임금의 치세 기간에 활동하였으니 이달 또한 그와 비슷하리라는 생각이다.

　그러나 또 다른 기록을 보면 1539년(중종 34)부터 1612년(광해군 4)까지 살았다는 내용이 발견되기도 한다. 이것이 사실이라면 이달은 다섯 임금을 섬기며 74년 향수를 누린 사람이라는 이야기가 된다.

김식 (경기도 남양주)

심정 (서울 방화동)

어쨌든 당시의 시대상을 살펴보자면 연산군을 몰아내고 정권을 잡은 반정 공신들이 임금보다 더 많은 권세를 누리며 왕권을 위협하자 임금으로 등극한 중종이 조광조를 등용하던 때로 거슬러 올라가야 한다. 당시 조광조는 신진 사류의 거두로 평가 받고 있었는데 중종은 그를 등용함으로써 반정 공신들을 견제하고 잃어버린 왕권을 되찾고자 하였다. 그러나 조광조는 중종의 바람을 성사시키지 못하였다. 급진적인 정책으로 일관한 나머지 반정 공신으로 대표되는 훈구 재상들의 반발만 불러왔기 때문이다. 급기야 조광조는 훈구 재상들에 의해 제거되고 만다. 이때 조광조 외에도 김정, 김식 등과 같은 신진 사류들이 화를 입었는데 이를 기묘사화라고 부른다.

율곡 이이는 석담일기에서 조광조를 다음과 같이 평했다.

'조광조는 어질고 밝은 자질과 나라 다스릴 재주를 타고났음에도 학문이 채 이루어지기 전에 정계로 나간 탓에 의욕에 비해 성취가 없고, 오히려 나라를 어지럽힌 꼴이 되었다.'

남곤 (경기도 양주)

윤원형 (경기도 파주)

　기실 젊은 학자 조광조는 자신의 이상을 실현하고자 지나치게 급진적인 정책을 고수했다. 그에게 탄핵 당하지 않은 반정 공신이 없을 정도였다. 이는 기득권 세력의 반발을 불러왔고, 정치에 대한 자신의 이상과 이론을 역설하는 과정에서 중종 임금을 위압하고 강요하는 듯한 인상마저 풍겼다. 이 때문에 조광조는 무한 신뢰를 보내 주던 중종으로부터 등 돌림을 당했고, 끝내 훈구 재상들의 탄핵을 받아 사사되었다.

　이로써 왕권 강화를 꿈꾸며 조광조를 등용했던 중종의 소망은 물거품이 되어 버렸다.

　이후 펼쳐진 조선의 정국은 혼란스럽기 그지없는 것이었다. 신사무옥과 윤세창의 모역 사건 등이 연달아 일어나면서 조정은 피로 물들어 갔다. 게다가 심정, 남곤 일파의 몰락과 함께 기운을 회복한 사림 세력과 훈구 세력 간에 주도권 싸움이 일어나면서 정국은 극도의 혼탁 양상을 보였다.

혼란은 12대 임금 명종과 13대 임금 인종 시대에도 변함없이 이어졌다. 이때는 특히 왕의 어머니 문정 왕후 윤씨와 외척 윤원형의 비뚤어진 참견과 정치 농단이 극심하여 정치는 실종되고 백성은 비탄에 빠졌다.

이들 두 명의 왕이 차례로 죽고 선조 임금이 즉위하였을 때, 조선의 정치사에 일대 혁명이라 할 만한 일이 벌어졌다. 사실 선조는 왕위를 이어받을 만한 적손이 아니었다. 전왕이 자손을 남기지 못하여 부득불 중종의 서손이 왕위를 이어받게 되었던 것이다. 방계 승통의 첫 번째 문을 열어젖힌 것이 선조였던 셈이다.

조선 정치사에 혁명이라 할 만한 일이 벌어진 것은 이 때문이었다. 방계 혈통이다 보니 외척이 득세할 리 없었고, 위축된 왕권을 의식한 선조가 사림 세력을 중용하며 신권 중심의 붕당 정치 시대를 연 것이 바로 그것이었다. 여기서 붕당이란 이념과 이해에 따라 결성된 집단을 뜻한다. 즉, 이념과 이해에 따라 결성된 집단들이 서로 견제하고 비판하며 정치를 이끌어 가는 것이 붕당 정치였다. 이는 오늘날의 정당 정치와 많은 면에서 일치하는 선진적인 정치 행태였다.

그러나 혁명적인 취지에서 시작된 붕당 정치는 우리가 익히 알고 있듯 이조전랑 추천 문제로 서인과 동인이 갈라져 나가고 이후 지속적으로 파가 갈려 나가면서 당쟁이 심화하여 결국 국력을 약화시키는 결과를 래한다.

이번 이야기의 주인공인 이달은 이러한 시대 상황 속에서 관기의 아들로 태어나 신분의 벽을 통감하며 일생을 살아간 인물이었다. 특

쌍매당 이첨(李詹)

히 예문관대제학을 지낸 이첨의 후손이라는 점에서 이달이 현실적으로 느낀 신분의 벽은 참으로 애달픈 것이었다. 그러나 그의 절망은 그리 길지 않았다. 출세에 대한 욕망을 일찌감치 접어 버리고 문장을 갈고 닦아 조선의 위대한 시인이 되었으니 말이다. 현대를 살아가는 우리와 크게 다를 바 없는 모습이기에 고뇌하고 호흡하며 어려움을 극복해 나간 이달의 일생은 친근함과 애틋함으로 다가온다.

관기의 아들

"아버지……."

소년의 입이 옴죽거렸다. 그러나 소년은 끝내 입 밖으로 목소리를 내지 못했다.

자신을 낳아 준 아버지가 분명했지만 소년 이달은 '아버지'라고 불러 본 적이 없었다. 어머니는 아버지가 아니라 '나리'라 불러야 한다고 늘 윽박질렀다.

"아버지를 나리라고 부르는 놈이 어디 있습니까?"

이달은 답답하고 억울했다. 그러나 그때마다 어머니가 들려주는 이야기는 한결같았다.

"천한 어미 배에서 나왔으니 아버지라 부를 수 없는 게지. 중인보다도 못한 것이 서자 신세라고 하지 않더냐.”

서자, 서얼…….

이달은 벼랑 끝에서 떨어져 내리는 듯한 아득함에 사로잡혔다.

‘나는 첩의 자식이다. 그것도 비천하기 이를 데 없는 관기의 몸에서 태어난 아이다.’

이달은 이렇게 자신이 일평생 겪게 될 태생적 슬픔을 알아 가기 시작했다.

이달의 아버지는 부정副正이라는 관직을 지낸 이수함李秀咸이었다.

이달이 태어나기 9년 전인 1530년(중종 25)에 이수함은 봉상시 봉사奉常寺奉事를 지내고 있었다. 봉상시는 나라의 제사와 시호 제정에 관한 일을 맡아 보는 관아였는데 관원으로는 정正(정3품), 부정副正(종3품), 첨정僉正(종4품), 판관判官(종5품), 주부主簿(종6품), 직장直長(종7품), 봉사奉事(종8품), 참봉參奉(종9품) 등이 있었다.

이때 봉사였던 이수함은 제사에 쓰는 장, 즉 된장이나 고추장을 관장하고 있었는데, 이를 사사로이 사용하여 탄핵을 받는 몸이 되었다.

“이수함은 제사에 사용할 장을 자기 집에서 사사로이 썼을 뿐만 아니라 봉상시에서 심부름하는 계집종에게 자기 집 길쌈을 시키고는 그 품삯으로 장을 내주기도 하였습니다. 그를 추문하여 죄를 정하소서.”

간원諫院의 말을 잠자코 듣던 임금은 금부로 하여금 이수함을 추국하도록 하라고 전교했다.

그러나 이수함은 운 좋게도 금부의 추국만은 피할 수 있었다. 추국을 피하는 대신 그는 더 혹독한 대가를 치러야 했다. 관직에서 쫓겨났

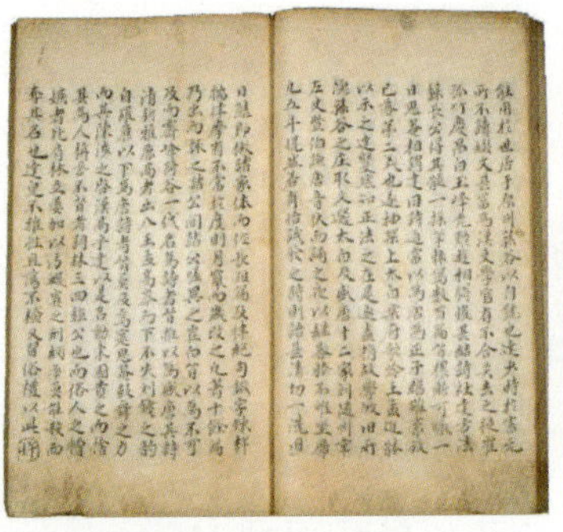

손곡산인전蓀谷山人傳 / 허균許筠

허균이 지은 한문소설. '손곡산인' 은 허균의 스승 시인 이달이 강원도 원주 손곡에서 살았기 때문에 붙여진 제목이다.

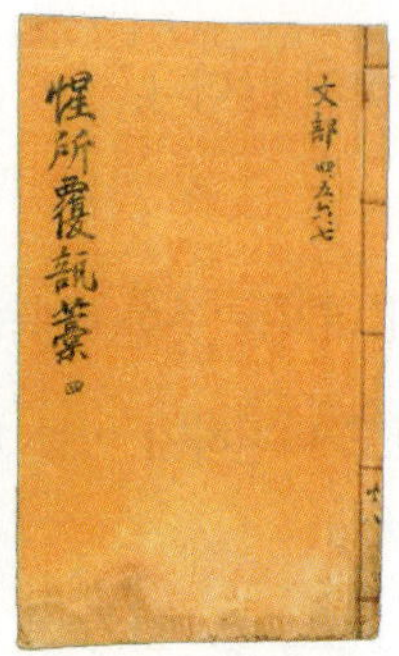

손곡집蓀谷集

이달의 시집. 6권 1책. 목활자본. 1618년(광해군 10) 허균이 평소 암기하던 이달의 시 200여 수와 홍유형洪有炯으로부터 얻은 130여 수를 이재영李再榮에게 6권으로 편집하게 하여 간행하였다.

을 뿐만 아니라 다시는 서용하지 말라는 임금의 교지가 내려졌으니 말이다.

그런데 이수함의 이력을 살펴보면 봉상시 부정을 지낸 것으로 나온다. 아무래도 훗날 죄를 용서받고 복직된 모양이다.

이수함이 이달의 어머니를 만난 것은 관직을 잃고 나서 술과 풍류로 세월을 보내던 때가 아닐까 사료된다. 모르긴 해도 둘 사이에 사랑이 싹 터 올라 빈번하게 만나던 중 덜컥 임신을 한 것이 틀림없었다.

부모들은 신분의 격차를 뛰어넘어 사랑을 속삭였지만 이달의 태생적 슬픔과 한은 그때 이미 시작된 셈이었다. 그러나 어찌 보면 천재 시인 이달에게는 이러한 태생적 슬픔이 축복일 수도 있었다. 자고로 모든 것이 풍족한 가운데 불후의 명작을 남긴 예술가는 흔치 않다. 무언가 부족하고 고달픈 삶이었기에 예술가들은 자신을 향해 끝없이 채찍질하며 혼을 일깨운 것이다.

소년 이달, 세상의 한계를 깨닫다

비록 홍주洪州(현재의 홍성) 관기였던 어머니의 몸에서 태어났으나 소년 이달이 속한 홍주 이씨 가문은 과거 급제자는 물론이고 높고 낮은 벼슬 관을 수도 없이 배출한 명문이었다.

그러한 가문에서 조선 역사에 길이 빛날 천재 시인이 태어났으니 축복받아 마땅한 일이었다. 그러나 세상에 태어나기 전부터 이달에게는 서얼이라는, 역사상 유례가 없는 신분 억압의 악법이 들씌워져 있었다.

문중 어른들은 물론이려니와 주변 사람들마저 이달의 출생을 그리 달가워하지 않았다. 양반들은 이때 상당히 이중적인 모습을 보이고 있었다. 기실 그 당시 서얼이라 불리는 첩의 자식들은 숫자 면에서 상당한 비중을 차지하고 있었다. 이들이 정계에 진출하거나 신분적 제약 없이 세상살이를 하게 된다면 적출 양반들의 입지가 뒤흔들릴 것은 불을 보듯 훤한 노릇이었다. 그리하여 그들은 서얼금고庶孼禁錮를 철저하게 시행하였고, 한편으로는 자유분방하게 첩을 들어 서자들을 양산해 내곤 하였다.

아이러니하게도 태생적 슬픔과 가슴속의 한을 극복하고 아름다운 시구詩句로 조선을 뒤흔든 천재 시인의 탄생을 제일 먼저 알아본 것은 고향 산천이었다. 이달이 태어나던 때에 홍주 월산月山의 풀과 나무가 모두 말라죽었다는 이야기가 전해지고 있으니 말이다. 천재 시인이 고향 산천의 정기를 몽땅 빨아들였기에 이런 기이한 일이 벌어진 것이리라.

그러나 사람들의 눈에 비친 손곡孫谷 이달은 세상에 널리다시피 한 서자들 중 한 명이었을 뿐이다. 익히 알고 있듯 조선은 양반·중인·양인·천민으로 구성된 계급이 철저하게 지켜지는 신분 사회였다. 서얼의 숫자가 상당했음에도 그들은 어느 계급에도 속하지 못한 채 세상의 손가락질을 감수하며 한 많은 세월을 살아가야 했다.

아버지를 나리라 불러야 하고, 재주와 학식을 갖췄다 하여도 철저한 차별 속에서 제한된 품계 이상으로는 승진할 수 없는 것이 서얼들의 삶이었다. 이달처럼 감수성 예민한 천재가 이를 몰랐을 리 없었다. 오히려 그는 어린 나이에 자신의 앞날을 훤히 꿰뚫어 보았기에 좌절감과 일찌감치 친숙해졌다. 외부에서 받은 절망을 내부로 끌어들여 삭여 내는 능력을 어려서부터 계발하기 시작한 것은 이 때문인지도 모를 일이었다.

이달의 어린 시절 기록을 살펴보면 고사리 손으로 지은 글이 엄청나게 많으며 읽지 않은 책이 없을 정도라고 되어 있다. 혹 세상의 매정한 질서에 순응하며 살아가는 한 자신이 얻을 것이라곤 뼈저린 상처와 낙담뿐이라는 사실을 깨달았던 것은 아닐까. 기실 조선 개국 이래, 아니 그 이전 왕조부터 이어져 온 신분제의 사슬은 아무리 노력해도 극복 불가능한 철옹성 같은 것이었다. 그랬기에 이달은 현실을 냉철하게 바라보았으며, 자신의 능력을 살폈고, 이러한 고민 끝에 시로써 이름을 얻고자 마음먹은 것이 틀림없었다.

山寺

寺在白雲中 사재백운중

白雲僧不掃 백운승불소

客來門始開 객래문시개

萬壑松花老 만학송화노

산사는 흰 구름 한가운데 자리하고

스님들은 그 구름 쓸지도 네.

손이 찾아오니 문 비로소 열리고

골짝마다 송화가 늙어 가는구나.

　　이달은 평생을 방랑 생활로 일관한 사람이다. 이 시는 비록 어릴 때 지은 것이 아니지만 그의 천재적 재능이 남김 없이 드러나 있어 여기에 싣는다.

　　이달은 출가하여 세상을 방랑하며 살아가고자 마음먹기까지 고향 홍주와 원주의 부론면 손곡리에서 인고의 세월을 보낸다. 독서와 글짓기에 치열하게 매달린 끝에 그의 학식과 재주는 널리 알려졌으나 세상은 그를 알아주지 않았다. 서자가 글을 읽거나 지어본들 무슨 소용 있겠느냐는 것이 세상 사람들의 시각이었을 것이다.

　　그러나 이달은 그러면 그럴수록 시로써 성공하고자 의지를 불태운

다. 시가 아니면 상처 입은 자신의 영혼을 달래줄 길이 없었으며, 그것
만이 매정한 세상에 자신의 이름을 알리고 항거하는 길이라 여겼기
때문이었다.

그러던 중 이달에게 벼슬살이 기회가 찾아왔다. 사역원司譯院에 속한
한리학관漢吏學官 자리였다. 사역원은 외국어 번역과 통역에 관한 일을
맡아 보던 관청이었으므로 학문적 재능이 상당했던 이달이 능력을 발
휘하는 데는 문제가 없었을 것이다. 그러나 이달은 벼슬에 별 뜻이 없
었다. 제아무리 열과 성을 다해 일한다 해도 서얼이 가진 신분적 한계
를 극복하기 어렵다고 판단한 것이다.

그리하여 길지 않은 벼슬살이 끝에 자신의 처지를 다시금 절감하며
집으로 되돌아온 이달은 마침내 출가를 결정하기에 이른다. 넓은 세상
으로 나가 시를 더 가다듬고 방랑하며 견문을 넓히기 위해서였다. 아
니, 답답하고 한탄스러운 현실에서 벗어나 세상을 훨훨 날아다니듯 주
유하며 시를 읊고 싶은 것이 진짜 이유였을 것이다.

천재 시인을 사로잡은 새로운 시풍詩風

사람의 일생에서 주변 사람들과의 관계가 차지하는 비중은 절대적
이라고 해도 과언이 아니다. 이달은 이때부터 많은 사람과 관계를 맺으
며 인생의 절정기를 준비해 나갔다. 절정기라고 해봐야 걸인에 가까운
처지로 산천을 주유하며 시를 짓거나 지인들에게 밥을 얻어먹는 것이

최경창 묘소(경기 파주)

고작인 삶이었지만 그의 빛나는 작품들이 이때 대부분 완성되었기에 그렇게 표현한 것이다.

이달의 인생에서 가장 극적인 만남을 들라고 한다면 사암思菴 박순朴淳의 문하로 들어감으로써 훗날 삼당시인으로 일컬어지게 될 고죽孤竹 최경창崔慶昌과 옥봉玉峯 백광훈白光勳을 만난 일일 것이다.

사암 박순은 자가 화숙和叔으로 1523년(중종 18)에 태어나 1589년(선조 22)까지 살면서 대제학과 우의정, 좌우정을 거쳐 1572년(선조 5) 영의정에 오른 사람이었다. 그는 글씨와 시에도 능하여 당나라 시풍을 따랐는데 그의 이러한 점이 이달에게 지대한 영향을 끼쳤다.

당시 이달은 주자학을 좇는 시류에 편승하여 논리와 주지적 관점을 중시하는 송나라 시풍에 심취해 있었다. 특히 소장공蘇長公 소식蘇軾의 법을 익힌 그는 수백 편의 시를 줄줄이 뽑아낼 정도로 절정의 재주를 뽐내고 있었다.

그러나 사암 박순의 문하로 들어가면서 이달은 송나라 풍 시가 지닌 한계를 절실하게 깨닫는다. 다음은 박순이 이달에게 해 준 이야기이다.

"시는 마땅히 당나라 풍을 받아들이는 것이 옳다고 생각하네. 소식의 시는 의기가 장하고 거리낌이 없어 좋지만 당시唐詩보다 떨어지는 것이 사실이네."

사암 박순은 논리와 주지적 관점을 따르는 송나라 시보다 서정적 색채와 낭만이 짙게 나타나는 당나라 시를 높이 치고 있었다. 이달로서는 깜짝 놀랄 만한 이야기가 아닐 수 없었다.

그런 이달을 묵묵히 바라보던 박순이 이태백李太白과 왕유王維, 맹호연孟浩然의 시를 찾아 보여 주었다.

山中問答(산중문답)

問余何事棲碧山　문여하사서벽산

笑而不答心自閑　소이부답심자한

桃花流水杳然去　도화유수묘연거

別有天地非人　　별유천지비인간

어찌 푸른 산중에 사느냐 물어도

대답 없이 빙그레 웃는 마음 한가롭기만 하다.

복사꽃 흐르는 물 따라 아득히 먼 곳으로 떠나가니

인간 세상이 아닌 별천지라네.

이백

이백의 악부樂府를 음미하듯 읽던 이달은 생경하면서도 놀라운 시풍에 압도된 나머지 한동안 말문을 열지 못했다. 어쩌면 이달은 자신의 한 맺힌 심사를 적절히 승화시키는 데에는 당풍의 시만큼 적절한 것이 없으리라 그 순간 깨달았는지도 모를 일이었다.

그간 배운 시작법을 깡그리 버리고 당풍을 익히고자 마음먹은 이달은 다시 원주시 부론면 손곡리로 돌아갔다. 그러고는 문을 닫아걸고 칩거하면서 이태백의 시는 물론이려니와 유수주劉隨州, 위좌사韋左司, 백겸伯謙의 시를 모두 외웠다.

물경 5년이었다. 5년을 하루 같이 방에 틀어박힌 채 이달은 잠을 잊었으며 끊어져 나갈 듯한 허리와 다리의 통증마저 잊었다. 그저 앉은 자세 그대로 시를 외우고, 기법을 익혀 나갈 따름이었다. 시를 통해 이름을 얻고, 신분의 벽에 막혀 좌절해야 했던 세월을 보상 받자. 이런 생각에 사로잡힌 그는 마침내 모방과 습작의 시대를 뛰어넘어 이백과 견주어도 절대 뒤지지 않는다는 창조적인 시 세계를 구축해 낼 수 있었다.

이때 그는 10여 편의 시를 완성하여 지인들에게 내보였다. 그의 시를 읽어 본 사람들은 하나같이 깜짝 놀라며 새로운 천재 시인의 탄생을 축하하고 나섰다. 당시 최경창과 백광훈은 이미 시로써 이름을 널리 얻고 있었는데 이달의 시를 읽어본 사람들은 그들 두 대가도 이달에게는 미치지 못하리라 이야기하곤 하였다.

이달은 서얼이라는 태생적 슬픔과 좌절을 마음속으로 끌어들여 삭여내고 나서 이를 다시 호방하고 자유롭게 펼쳐 냄으로써 처량함이라

든가 어둠보다는 곱고 청명하면서도 아름다운 독특한 시 세계를 창조
해 냈다.

이렇게 자신의 시 세계를 공고하게 다져 놓고 세상으로 다시 나간
이달은 하늘을 훨훨 나는 새처럼 산천을 주유하며 본격적으로 시 창
작에 몰두한다.

방랑 시인의 애환 뒤에 남은 영광

허봉(경기도 용인)

세상을 향해 시를 쏟아 내기 시작
한 이달은 그 명성을 듣고 찾아온 이
들과 교유하며 점차 세상을 바라보
는 안목 또한 넓혀 갔다. 젊은 시절,
이달은 최경창이나 백광훈뿐만 아니
라 조선의 대문장으로 이름 높은 허
균許筠의 형 허봉許葑과도 친하게 지
냈다. 이달이 허균과 허초희許楚姬의
스승이 될 수 있었던 것은 뛰어난 시
재 때문이기도 하였지만 허봉과 맺

은 친분 관계가 큰 작용을 하였을 것이다.

홍만종洪萬宗이 지은 시평서인 '소화시평小華詩評'을 보면 이달과 허균
의 첫 만남에 관한 재미있는 일화가 실려 있다. 때마침 이달이 허봉의

허균의 묘소(경기 용인)

허균의 글씨

집을 방문한 날, 형님 집에 다니러 온 허균은 이달의 허름한 겉모습만 보고 깔보는 듯한 태도를 보이며 자신의 형에게 시에 관한 이야기를 주절주절 늘어놓았다. 조선의 대시인 앞에서 동생이 결례를 범하는구나 싶었던지 허봉이 정색을 하며 입을 열었다.

"허어, 이 사람. 조선의 대시인이 이 자리에 계시는데 그래 아우는 소문도 듣지 못했단 말인가? 손곡 선생, 우리 아우를 위해 시 한 수 부탁해도 되겠습니까?"

이런 말과 함께 허봉은 운자를 불러 주었다. 그러자 이달은 기다렸다는 듯 시 한 수를 읊어 보였다.

曲欄晴日坐多時　곡란청일좌다시

閉却重門不賦詩　폐각중문불부시

墻角小梅風落盡　장각소매풍락진

春心移上杏花枝　춘심이상행화지

날이 맑아 구석진 난간에 오래 앉아

중문 닫아걸고 시도 짓지 았네.

담 모롱이 작은 매화가 바람에 지는데

춘심은 살구꽃 가지 위로 옮겨 가는구나.

허난설헌

이달이 읊는 시를 들으며 허균은 내심 무척 놀랐다. 시구 하나하나가 절묘하기 이를 데 없어서였다. 허균은 결국 얼굴빛마저 바꾸며 이달에게 백배 사죄하였다. 그날 이후 스승과 제자 사이가 되어 시를 논하고 인생을 논하기까지 두 사람은 30년 나이 차이를 뛰어넘어 정다운 벗처럼 지냈다.

이처럼 조선의 문장가를 단번에 사로잡을 정도로 뛰어난 문재를 자랑하며 세상을 떠돌기 시작한 이달은 주변 사람들의 칭송이 끊일 날 없었으나 그 내면에는 항상 상대적 박탈감과 고뇌, 끝 모를 슬픔이 자리하고 있었다. 돌아보면 편히 누워 쉴 만한 집 한 칸 없는 처지였다. 겉으로는 시를 칭찬하면서도 사람들의 내면에 은밀하게 깔린 비웃음을 이달은 모르지 않았다. 조선 시대의 서자란 그런 것이었다.

善山道中(선산도중)

西風吹葉葉聲乾　서풍취엽엽성건
長路悠悠厭馬鞍　장로유유염마안
數口在京家食窘　수구재경가식군
一身多病旅遊難　일신다병여유난

서풍 불어와 잎사귀마다 이는 마른 소리
먼 길 아득하기만 하여 말안장도 싫증나네.
서울 사는 몇 안 되는 식구 사는 것 군색한데
이 한 몸은 병이 많아 여행길도 어렵구나.

　주머니에 돈 한 푼 없는 형편이라 이달은 늘 지인들의 도움 속에서 살아갔다. 방랑객은 늘 피곤한 법이다. 아는 이의 집에 깃들어 며칠 지내다 보면 자연스레 주인의 안색이 신경 쓰였고, 조금이라도 달갑지 은 기색이 보이면 미련 없이 떠나곤 하였다.

김시습의 초상화에다

손곡 이 달

김시습의 도는 어디에나 있네
남은 그림자 절간에도 있네
한 조각 물 속의 달
천년 쇠북 소리여.

제금열경사진첩

悅卿道高下 열경도고하
留影在禪林 유영재선림
一片水中月 일편수중월
千秋鐘梵音 천추종범음

한양에 들렀다가 2.

손곡 이 달

성채는 들쑥날쑥 큰 집들이 잇달았는데
권문세가의 풍류 소리 구름과 연기를 흔드는구나
패릉교 위에서 나귀를 탄 나그네가
양양의 맹호연 혼자만은 아닐 것일세

洛陽有感 二

城闕參差甲第連 성채참차갑제연
五侯歌管沸雲煙 오후가관비운연
覇陵橋上騎驢客 패릉교상기려객
不獨襄陽孟浩然 부독양양맹호연

이달 선생의 시(詩)

　

항상 보는 모습이지만 조선의 산천은 늘 새로웠고, 궁핍한 생활을 면치 못하는 백성의 삶 또한 애틋하기만 했다. 고통을 겪어본 자만이 괴로워하는 이를 진정으로 이해한다고 했던가. 세상에 태어나 지금껏 살아오면서 이달은 늘 헐벗은 상태를 면하지 못했다. 그랬기에 백성의 고통을 외면하지 않고 시로써 형상화하곤 하였다.

移家怨(이가원)

老翁負鼎林間去　노옹부정림간거

老婦携兒不得隨　노부휴아부득수

逢人却說移家苦　봉인각설이가고

六載從軍父子離 육재종군부자리

노인은 솥 지고 숲으로 사라졌는데,

노부인은 아이를 데리고 따라가지 못하는구나.

길에서 만난 사람들 집 떠난 고통 호소하는데,

싸움터에 나간 자식과 아비 여섯 해 동안 헤어졌다네.

　전란에 휩싸인 조선의 산천은 피폐해질 대로 피폐해져 있었다. 이달은 피난을 가느라 집을 나선 백성의 모습을 목격할 때마다 가슴이 무져 내리곤 하였을 것이다.

刈麥謠(예맥요)

田家少婦無夜食 전가소부무야식

雨中刈麥林中歸 우중예맥림중귀

生薪帶濕煙不起 생신대습연불기

入門兒女啼牽衣 입문아녀제견의

농가의 젊은 아낙 저녁거리가 떨어져

비 맞으며 보리 베어 수풀 사이로 돌아오네.

비에 젖은 생가지는 불이 붙지 않고

문으로 들어서니 배고픈 어린 딸은 옷을 끌며 우네.

비 내리는 날, 가난한 농가의 저녁 풍경이 가슴 절절하게 다가온다. 어린 아이는 얼마나 배가 고팠으랴. 그런 아이를 달래며 땟거리를 장만 해 보고자 부산하게 움직이지만 비에 젖은 생가지는 매운 연기만 풀풀 날릴 뿐 불이 붙지 않는다. 아낙의 가슴에 그렁그렁 들어찬 서러움이 이달의 그것과 크게 다르지 았으리라는 생각을 지워내기 어렵다.

撲棗謠(박조요)

隣家小兒來撲棗　인가소아래박조

老翁出門驅小兒　노옹출문구소아

小兒還向老翁道　소아환향노옹도

不及明年棗熟時　부급명년조숙시

이웃집 아이가 대추를 따러 왔는데

노인이 급히 문 나서며 아이를 쫓는다.

도망치던 아이 노인에게 돌아서며 소리친다.

내년 대추 익을 때까지 살지도 못할 거면서.

저절로 웃음이 새어 나온다. 형이상학적인 시보다 백성의 진솔한 삶 이 올올히 드러난 이런 시가 좋은 것은 어인 까닭일까.

拾穗謠(습수요)

田間拾穗村童語　전간습수촌동어
盡日東西不滿筐　진일동서불만광
今歲刈禾人亦巧　금세예화인역교
盡收遺穗上官倉　진수유수상관창

밭에서 이삭 줍는 아이 하는 말이,

온종일 동서로 다녀도 광주리가 차지 않는다.

올해 벼 베는 사람들은 꾀가 많아져서

이삭 하나 안 남기고 관아 창고에 다 바쳤다네.

　수탈 당하는 백성의 삶, 헐벗고 굶주린 그들의 삶에 관한 이야기는 역사책마다 빠지지 않고 등장하는 대목이다. 그러나 이달의 '습수요'만큼 그 수탈상과 백성의 괴로운 생활을 명료하게 나타낸 글은 일찍이 본 적이 없었다. 뼈아픈 현실을 고발하고 있지만 이달의 시는 전혀 어둡지 않다. 시에 등장하는 어린 아이들은 어쩌면 시인 자신인지도 모를 일이다. 다소 앞뒤가 맞지 않는다고 느낄지 모르지만, 마음속에 쌓이고 쌓인 아픔과 한을 삭이고 또 삭여낸 끝에 토해낸 시구라 이달의 시에 나타난 아이들의 모습은 경쾌하게 슬프고, 아름답게 괴로우며, 우아하게 배가 고프다.

방랑 중에 만난 사람들

천재 시인 이달의 방랑 기록이 본격적으로 나타나는 시기는 1572년부터이다. 그의 나이 34세 때였다.

먼저 4년여에 걸쳐 호남 지방을 여행하고 다시 북으로 방향을 잡아 금강산 유람까지 마친 이달은 양사언楊士彦이 부사로 있던 강릉과 관동 지방을 방랑했다. 이어서 1577년에는 훗날 삼당시인으로서 깊은 우정을 나눈 바 있는 최경창을 찾아 홍농弘農(현재의 영광)으로 내려간다. 그곳에서 최경창에게 많은 도움을 받으며 적지 않은 기간 머물렀는데 당시의 재미있는 일화 하나가 전해진다.

최경창이 근무하는 영광 관아에 아리따운 관기가 한 명 있었다. 이달은 그녀를 몹시 예뻐하여 어느 날인가 저자에서 파는 자줏빛 비단을 사 주고 싶어 몸이 달았다. 그러나 주머니를 뒤져 봐야 고린 동전 한 푼 없는 처지였다. 생각다 못한 이달은 최경창에게 시를 한 수 지어 보내기에 이른다. 그간 신세 진 것만 해도 몸 둘 바를 모를 지경이라 차마 대 놓고 돈을 좀 돌려 달라고 이야기할 수가 없었던 것이다. 이때 이달이 지은 시는 다음과 같다.

錦帶曲贈孤竹使君(금대곡증고죽사군)

商胡賣錦江南市　상호매금강남시

朝日照之生紫煙　조일조지생자연

美人欲取爲裙帶 미인욕취위군대

手探囊中無直錢 수탐낭중무치전

중국 상인이 저자에서 비단을 파는데

아침 해가 비추니 자줏빛 연기가 피어나듯 곱구나.

아름다운 여인이 가져다가 치마끈을 만들고 싶다는데

손으로 주머니를 뒤져 봐도 돈이 없구나.

　평상시 이달을 무척 아끼던 최경창은 시를 읽자마자 빙그레 웃으며 답장을 썼다.

　'그대의 시를 값으로 따진다면야 어찌 천금만 되겠는가? 하나 이곳은 피폐한 현이라서 넉넉한 형편이 되지 못하니 뜻대로 줄 수가 없다네.'

　최경창은 이런 글과 함께 한 구에 백미 열 석씩 총 마흔 석을 보내 주었다.

　영광에 한동안 머물다 길을 떠난 이달이 영성寧城(현 천안)에 이르러 그만 병을 얻고 만 것은 1578년이었다. 당시 영성 군수는 손여성孫汝誠이었는데 병든 이달을 정성껏 돌봐 주었다. 손여성의 호의를 입어 병이 거의 나아갈 즈음 이달은 뜻밖의 반가운 인물을 만난다.

　영성 군수 손여성이 마련한 광한루 시회에서 이달, 최경창과 더불어 삼당시인 중 한 명인 백광훈을 만난 것이다. 백광훈 외에도 여러 문사가 참여하여 주옥같은 시를 남겼는데 이달은 특히 백광훈과의 만남에 큰 의미를 두며 우정을 나누다가 한양으로 같이 올라갔다. 그 당시 최경창마저 영광 군수를 사직하고 1580년 대동찰방으로 부임하기 전까지 한양에서 지냈기 때문에 세 사람은 봉은사를 중심으로 활동하며 시사를 결성하였다.

이달, 최경창, 백광훈. 박순의 문하에서 시재를 길러 온 이들 세 명의 시인들은 삶의 비애와 고독, 좌절을 시에 많이 나타냈는데 지나친 어두움에서 벗어나 인간 정서를 곱고 순수하게 표현했다는 점에서 상당한 평가를 받았다.

이달은 훗날 지기들이 모두 숨을 거두고 나서 그들과 함께 활동하던 봉은사에 들른 적이 있었다. 그들과 정겹게 지내던 때를 회상하며 지은 이달의 시가 지금도 전해진다.

舊友凋零盡　구우조령진

流年次第催　유년차제최

沈吟倚柱久　침음의주구

西日下生臺　서일하생대

옛 벗들은 영영 떠나가 버리고 아무도 없는데
흐르는 세월이 이번에는 내 차 를 재촉하는구나.
근심에 잠겨 오래도록 기둥에 기대고 있으려니
저녁 해는 생대 아래로 떨어져 내리네.

이처럼 그리운 벗을 다른 세상으로 떠나보냈지만 이달 주변에는 그

성혼 묘소(경기도 파주)

래도 사람이 많았다. 시로써 조선은 물론이려니와 멀리 중국과 일본 문사들의 심금을 울린 여류 시인 허난설헌과 홍길동의 작가 허균, 이이, 성혼 등이 바로 그들이었다.

이들 중 특히 허균은 이달의 제자로써 스승의 작품들을 수집하여 '손곡시집'을 엮은 바 있으며 '손곡산인전'을 지어 이달의 탁월한 시재와 인간적 비애를 그려냈다.

한편, 이달은 세종대왕의 증손자이기도 한 벽계도정碧溪都正 이종숙李終叔과도 안면이 있어 유명한 일화를 남기기도 하였는데 그 일화 속에는 개성 출신 명기 황진이가 등장한다.

벽계수 이종숙과 황진이. 웬만한 독자들이라면 아래의 시를 우선 떠올릴 것이다.

청산리 벽계수야 수이 감을 자랑 마라.
일도창해하면 돌아오기 어려우니
명월이 만공산하니 쉬어간들 어떠리.

세종

소헌 왕후 심씨
- 문종
- 세조
- 안평대군
- 임영대군
- 광평대군
- 금성대군
- 평원대군
- 금성대군
- 평원대군
- 영응대군
- 정소공주
- 정의공주

영빈 강씨 ---- 화의군

신빈 김씨 ---- 계양군
- 의창군
- 밀성군
- 익현군
- **영해군** ---- 영춘군 안ㄴ
- 담양군 · · · **길안도정 의義** ---- 시산군(정숙)
  - 청화수(창숙)

혜빈 양씨 ---- 한남군 · · · 송계군(중숙)
- 수춘군 · · · 은계군(말숙)
- 영풍군 · · · **벽계도정(종숙)** ---- 문성령
  - 옥계군(숙) · · · 문천군

숙원 이씨 ---- 정안 옹주 · · · 문원령

상침 송씨 ---- 정현 옹주 · · · 문현수
- 안흥부정

신빈 김씨 (경기도 화성)　　영해군 (서울 도봉구)　　길안도정 (서울 도봉구)

이달은 벽계수가 황진이를 마음에 두고 있다는 사실을 알고 그녀를 현혹시킬 방법을 알려준 바 있었다. 그러나 황진이가 읊어대는 위의 시조를 듣고 말안장에서 떨어져 창피를 톡톡히 당했다는 것이다.

이달의 쓸쓸한 말년

덧없는 세월은 말없이 흘러 이달은 어느새 말년을 맞이하고 있었다. 늙은 몸으로 북방 지역을 유람하기도 한 그는 일흔이 넘은 나이에 이르러 평양에서 칩거하며 살았다고 알려져 있다.

노 시인은 허름한 집에 머물며 인생의 회한을 곱씹곤 하였을 것이다. 관기의 아들이라는 죄 아닌 죄를 뒤집어쓴 채 평생 울분을 삼키며 전국을 떠돌았고, 천 년 세월이 지나도 사라지지 을 주옥같은 시를 피 토하듯 세상에 쏟아 놓았다.

어려운 환경을 딛고 일어나 정승 판서가 된 것만이 성공적인 인생은 아니다. 손곡 이달은 살아서나 죽어서나 신분의 벽 때문에 올바른 평

가를 받지 못했지만 조선에, 아니 유구한 우리 역사에 길이 빛날 명작
들을 창작해 낸 진정한 성공자이다.

　이달에 대한 구구한 평가는 허균이 세상에 남긴 다음 시 한 편으로
대신하고자 한다.

蓀谷吟詩到白頭　손곡음시도백두

百篇⊠麗近隨州　백편농려근수주

今人肉眼雖嗤點　금인육안수치점

豈廢江河萬古流　개폐강하만고류

손곡은 시를 읊다 백발이 되었는데
꽃처럼 아름답고 고운 백 편의 시, 유수주에 가깝다오.
세상 사람 겉모습만 보고 제아무리 비웃어도
장강과 황하 만고의 흐름 어찌 막으리오.

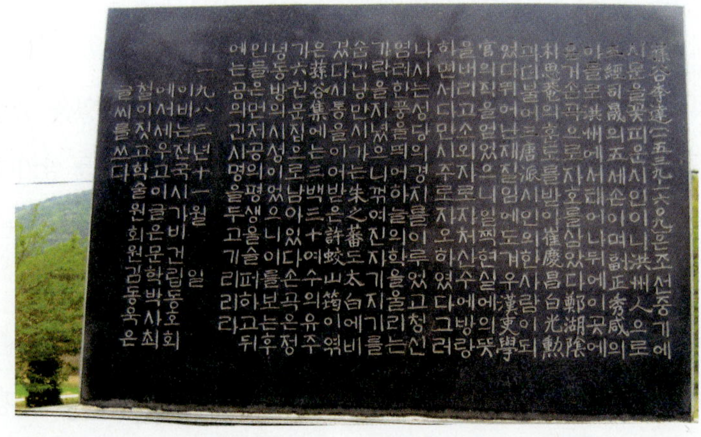

손곡 이달 선생의 문학비(강원 원주)

천재 시인,
이달의 발자취를 따라서

길고도 고달팠던 겨울이 지나고 삼라만상이 생기를 되찾는 화사한 봄이 돌아왔다. 경쾌한 왈츠라도 한 곡 울려 퍼지지 않을까 기대될 정도로 주변의 만물은 생동감이 넘쳤다.

그러나 나그네가 되어 길을 나선 필자의 발걸음은 그리 가볍지 않았다. 슬픈 사연이 깃든 역사의 현장을 찾아가야 하는 날이면 늘 겪는 일이다.

서울에서 그곳까지 가려면 경부고속도로와 영동고속도로를 지나야 한다. 조선조 500여 년 동안 강원도 감영(도청소재지)이 있었던 곳, 바로 원주이다.

원주는 강릉과 함께 강원도를 대표하는 고을이었다. 그래서 강릉과 원주에서 각각 한 자씩 따다가 강원도라는 지명을 만들었다. 이런 예는 다른 지명에서도 많이 나타나는데 참고로 나열해 보자면, 전주와 나주에서 한 자씩 따다가 전라도라는 지명을, 황주와 해주에서 한 자씩 따다가 황해도를, 충주와 청주에서 충청도를, 경주와 상주에서 경상도를, 평양과 안주에서 평안도를, 함흥과 경원에서 함경도라는 지명을 각각 만들어 냈다.

　평일이라 그런지 길은 시원하게 뚫려 있다. 서울에서 132km. 330리 머나먼 길이 암담하게 펼쳐져 있다. 조선조의 천재 시인 손곡 이달 선생을 만난다는 생각에 필자는 즐거우면서도 마음이 무겁기만 하다. 시대를 잘못 타고 태어나 멸시와 천대를 받으며 살았지만 하늘이 내린 재주로 피를 토하듯 주옥같은 시를 세상에 쏟아 낸 선생이다.

　원주에 도착하여 필자가 만나 볼 사람은 손곡 선생 말고도 더 있다. 개성 명기 황진이에게 봉변을 당한, 세종의 증손자 벽계도정 이종숙이 바로 그 사람이다. 손곡 이달과 벽계수, 황진이, 그리고 허균과 허희……. 몇 백 년 세월의 공백을 뛰어넘어 조선시대로 빨려드는 것만 같은 착각이 일었다.

　원주의 옛 이름은 북원北原이다. 말 그대로 국토의 제일 북쪽에 있다는 뜻이다. 이와 함께 충주 지방은 중원中原, 곡창지의 길목 남쪽의 큰 지역을 남원南原이라 하였다. 그리고 이들 세 지역을 통틀어 삼원三原이라고 불렀는데, 북원은 삼한시대 마한 영역의 제일 동쪽끝에 있었고, 백제가 마한을 병합함에 따라 백제의 북쪽 경계를 이루게 되었다.

　그러나 북원은 고구려 장수왕 때 고구려의 영토로 넘어가면서 평원군平原君이라는 이름으로 불렸고, 그 뒤 신라의 북상으로 주인이 다시 바뀌자 북원소경北元小京이라는 이름을 얻었다. 이후 685년(신문왕 5) 이곳에 성이 조성되었고, 757년(경덕왕 16)에는 북원경北元京이라 할 정도로 지리적 중요성을 인정받았다.

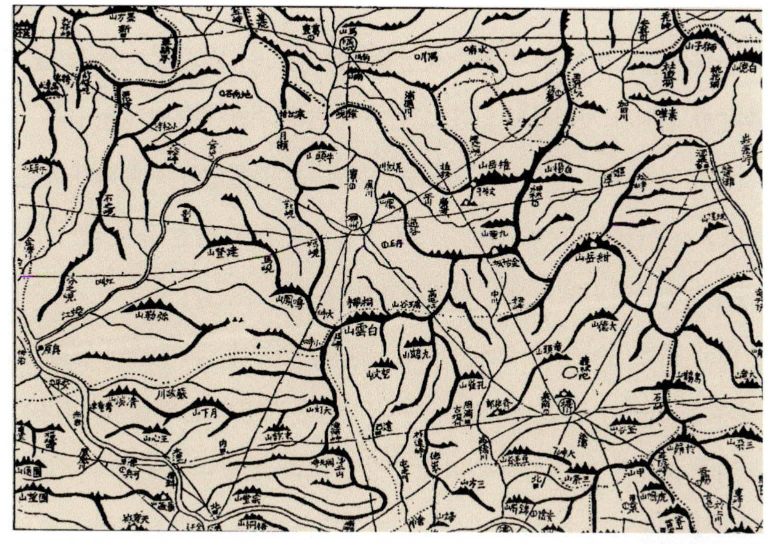

원주군 고지도

　원주 지역의 변천사를 좀 더 살펴보자면, 고려시대에 이르러 원주 출신 원충갑 장군의 공적으로 익흥도호부로 격상되며 행정의 중심지가 되었고, 1353년(공민왕 2)에는 치악산에 왕자의 태胎를 봉안한 것을 계기로 원주목이라고 불리게 되었다. 조선시대로 접어들어 1395년(태조 4)에 강원 감영(도청소재지)이 되기도 했으나 이 고장 여인이 남편을 살해한 사건이 일어나자 애석하게도 현으로 강등, 원주목이 되었다. 그런데 1728년(영조 4)에 원주는 또다시 현으로 강등되고 만다. 정무중이 모반 사건을 일으킨 까닭이었다. 이처럼 영광과 좌절을 번갈아 겪으며 백성과 숨결을 같이해 온 원주가 원주목으로 다시 격상되면서 옛 이름과 번성을 되찾은 것은 1737년(영조 13)부터였다. 한때 이곳은 원성군이라고 불렸다. 그러나 발음상 좋지 않다 하여 원주로 개명, 그 이름을 현재까지 이어 오고 있다.

차령산맥의 힘이 뻗쳐 원주 동남부에는 비로봉, 삼봉, 남대봉 등 높고 험준한 산지가 자리하고 있다. 그런가 하면 원주천 지류인 흥양천과 사제천이 합해져서 섬강이라 불리는 아름다운 물줄기를 이루다가 부론면富論面 부근에 이르러 남한강으로 유입된다. 이들 하천 유역에는 기름진 충적평야인 문막평야가 자리하고 있다.

이곳 부론면에는 손곡蓀谷이라는 동네가 있는데, 그 지명에 얽힌 전설 같은 사연이 전해지고 있다. 손곡의 원래 지명은 손위실, 즉 나라를 넘겨준 곳이었다. 이성계에 의해 추방된 고려 공양왕이 이곳에 이르러 왕위를 내놓았다 하여 손위실이라는 지명을 얻은 것이다. 그런데 손위실은 중종 시대에 이르러 손곡이라는 지명으로 바뀐다. 서얼 신분을 한탄하며 전국을 유랑하던 이달 선생이 한때 이곳에 머물며 자호自號를 손곡이라 한 데서 유래한 지명이었다.

손곡 선생의 혼백은 어디에

손곡동으로 들어서는 길목 왼편에, 무속인들이 알록달록한 천에 소원을 적어 걸어 놓은 듯한 숲이 나타났다. 그곳을 힐끗거리며 서서히 자동차의 속력을 줄이는데 '임경업 장군 추모비'라 적힌 키 큰 돌기둥이 눈에 띄었다. 손곡 선생의 시비詩碑가 임 장군 추모비 바로 옆에 있다 하였으니 목적지에 다 온 셈이었다.

필자는 자동차를 길가에 세우고 천천히 걷기 시작했다. 오가는 사람들이 쉽게 찾아볼 수 있도록 하려는 생각에서였을까. 필자의 예상과

손곡 시비(강원 원주)

달리 손곡 선생의 시비는 길가에 있었다.

　이윽고 검은 돌에 음각으로 글자를 새긴 선생의 시비 앞에서 걸음을
멈춘 필자는 한숨부터 잘게 베어 물었다. 이승에서의 삶만 해도 한이 맺
힐 텐데 선생은 유택을 세상에 남기지 않았다. 아니, 어딘가 있을 텐데 후
세들이 찾아내지 못하는 것이리라. 어쨌든 세상을 달리한 뒤에도 후세들
의 참배조차 받지 못하는 선생의 혼은 참으로 외로울 터였다.

刈麥謠(예맥요)

田家少婦無夜食　전가소부무야식

雨中刈麥林中歸　우중예맥림중귀

生薪帶濕煙不起 생신대습연불기

入門兒女啼牽衣 입문아녀제견의

농가의 젊은 아낙 저녁거리가 떨어져

비 맞으며 보리 베어 수풀 사이로 돌아오네.

비에 젖은 생가지는 불이 붙지 않고

문으로 들어서니 배고픈 어린 딸은 옷을 끌며 우네.

손곡 등학교 입구에 세워진 선생의 시비에는, 필자가 본문에서 다룬 바 있는 '예맥요'가 음각되어 있었다. 이승에서의 삶이 얼마나 뼈저렸으면, 또한 그러한 아픔과 슬픔을 얼마나 처절하게 곱씹으며 삭여냈으면 이처럼 아름답고 구슬픈 시를 지을 수 있었던 것일까.

필자는 선생의 심정을 조금이나마 이해해 보고자 조용히 눈을 감고 예맥요의 주옥같은 시구들을 읊조려 보았다.

그런데 이상한 일이었다. 선생의 피맺힌 삶에 너무 집착한 까닭인지 어느 순간 필자는 생전에 선생이 시를 읊으며 지나쳤을 법한 강가의 갈대밭 주변을 지나고 있었다. 물론 머릿속에서 일어나는 환상에 불과했지만 필자는 손곡 선생의 발자취를 찾아보고자 사방을 두리번거리고 있었다.

그러나 필자는 환상 속에서조차 선생의 발자취를 찾아낼 수가 없었다. 그저 이명처럼 바람결을 따라 들려온 희미한 목소리만 감지해 냈을 뿐이다.

'시비 앞에 눈 감고 선 과객은 뉘신데 그리 처연한 표정을 짓는 게요? 입춘도 지나고 우수도 지났다지만 일기가 불순하니 그만 떠나시구려.'

필자는 눈을 번쩍 뜨고 주변을 살폈다. 이른 봄 마른 산천을 스치며 불어오는 찬바람뿐, 필자에게 말을 건넨 이는 보이지 않았다. 그러나 자는 손곡 선생의 외로운 혼이 잠시 이곳에 깃든 것이 분명하다고 생각하며 공손하게 인사를 올렸다.

'고통스러운 이승의 삶을 인고하며 선생께서 남기신 주옥같은 시들은 우리 후손에게 말할 수 없는 감동과 자랑스러움을 안겨주고 있나이다. 선생께서 마련하신 천년 유택이 어디인지 모르겠으나 이제는 편안히 영면하소서. 좋은 계절에 다시 한 번 찾아뵙겠습니다.'

인사를 마치고 돌아서는 길, 우뚝 선 산맥과 주변의 수목들이 모두 선생의 넋이요, 부드러운 눈길처럼 느껴진 것은 어인 까닭일까. 필자는 다시 한 번 선생의 편안함을 하늘에 빌며 벽계수 이종숙을 만나고자 발걸음을 서둘렀다.

벽계수 이종숙 나으리

벽계수 이종숙의 묘소는 원주시 문막면 동화리에 있었다. 원주 시내를 등에 진 채 산길을 오른 지 10여 분, 부인 해평 윤씨와 합장한 묘가 편안한 모습으로 필자를 맞았다. 봉분에 듬성듬성 자란 잡초가 거슬렸지만 동남쪽을 등지고 서북쪽을 바라보는 진좌술향辰坐戌向으로 잡은 묏자리는 다시 봐도 참으로 편안했다.

벽계수 이종숙 묘역

후손들이 새로 세워 놓은 듯 고태스러움과는 다소 거리가 멀어 보이는 묘비에는 다음과 같이 적혀 있었다.

明善大夫李公終叔 貞夫人海平尹氏之墓

명선대부이공종숙 정부인해평윤씨지묘

묘비를 살피고 나서 봉분 앞에 선 필자는 이종숙과 부인 해평 윤씨에게 참배했다. 그러고는 돌아서서 내려가려다가 묘소 앞에 두 손을 모으고 섰다.

필자는 사실 역사 인물들의 묘소 앞에만 서면 기분이 묘해진다. 역사에 너무 집착하는 데서 오는 현상인지 몰라도 세상을 달리한 지 수

벽계수의 묘소(강원도 원주)

백 년이 지난 조상이 마치 살아 있는 사람처럼 느껴지기도 한다. 봉분을 향해 중얼중얼 이야기를 건네곤 하는 것도 그런 이유에서다.

"벽계도정 나으리, 이렇게 뵙게 되어 반갑습니다. 저는 우리 역사를 쫓아 전국을 방랑하는 사람으로서 마침 손곡 선생을 뵈러 온 길에 개성 명기 황진이와 나으리가 세상에 남긴 일화가 생각나 예의가 아닌 줄 알면서도 이렇게 불쑥 찾아왔습니다."

황진이 이야기를 꺼내니 벽계도정 이종숙의 심사가 사나워졌던 것일까. 조용하던 숲에서 바람이 갑자기 일었다. 아무리 세상을 달리한 혼백이라 해도 이승에서의 부끄러운 기억은 떠올리고 싶지 않으리라 여기며 필자는 얼른 화제를 돌렸다.

그간 필자는 서울 강남구에 천 년 유택을 마련한 이종숙의 고조부 태종대왕을 위시하여 수없이 많은 사람을 찾아가 보았다. 이들에 대한 이야기를 끝도 없이 늘어놓는데 한순간 이게 뭐하는 짓인가 싶었다.

그리하여 필자는 손곡 이달 선생과 벽계도정 이종숙, 개성 명기 황진이가 엮어간 조선조 역사의 한 페이지를 가슴속에 조용히 담으며 돌아섰다.

330리 머나먼 귀경길을 되짚어 올라가면서 필자는 문득 역사란 무엇인가, 스스로에게 질문을 던져 보았다. 이런저런 현학적인 말로 역사를 정의내릴 수 있겠으나 필자가 느끼는 역사란 우리 인간의 삶이다. 몇백 년 전 사람들도 현대의 우리들과 흡사한 고민과 아픔을 견디며 살아왔다. 그러한 과정에서 선조가 쌓아 올린 오욕과 영광, 빛나는 정신이 우리 역사이다. 역사를 되돌아보며 좋은 것은 더 좋게, 안 좋은 것은 반성의 계기로 삼아 우리 삶을 변화 발전시키자는 것이 자가 역사에 매달려 이런 글을 쓰는 이유라고 할 수 있겠다.

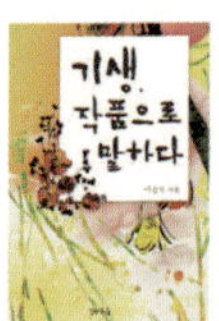

기생, 작품으로 말하다 이은식 저/ 14,500원

기생은 몸을 파는 노리개가 아니었다. 기생의 어원을 통해
그들의 역사를 돌아보고, 예술성 풍부한 기생들이 남긴 작품을
통해 인간 본연의 삶을 들여다본다.

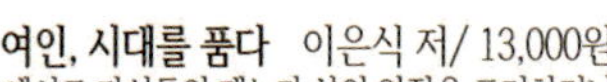

여인, 시대를 품다 이은식 저/ 13,000원

제한된 시대 환경 속에서도 자신들의 재능과 삶의 열정을 포기하거나
방관하지 않았던 여인들. 조선의 한비야 김금원과 조선의 힐러리 클린턴
동정월을 비롯한 여인들이 우리 삶을 북돋아 줄 것이다.

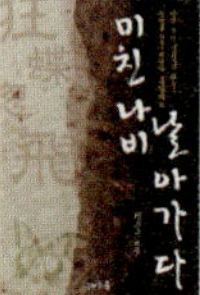

미친 나비 날아가다 이은식 저/ 13,000원

정의를 꿈꾼 혁명가 홍경래와 방랑시인 김삿갓 탄생기.
시대마다 반복되는 위정자들의 부패, 그 결과로 폭발하는 민중의 울분,
역사 속 수많은 인간 군상들이 현재 우리를 되돌아 보게 한다.

지명이 품은 한국사-1,2,3,4,5,6 이은식 저/ 19,800원

지명의 정의와 변천 과정, 지명의 소재 등 지명의 기본을 확실히 정리하고,
1천여 년 역사의 현장을도처에 남긴 독특한 고유 지명을 알아보자.

핏빛 조선 4대 사화 첫 번째 무오사화 한국사연구원 편저/ 19,800원

사림파와 훈구파의 대립은 부조리한 연산군 통치와 맞물리면서 수많은
희생자를 만들게 된다. 사회, 경제적 변동기의 상세한 일화를 수록함 으로써
혼란의 시대를 구체적으로 그려냈다.

핏빛 조선 4대 사화 두 번째 갑자사화 한국사연구원 편저/ 19,800원

임사홍의 밀고로 어머니가 사사된 배경을 알게된 연산군의 잔인한 살상.
그리고 왕의 분노를 이용해 자신들의 세력을 확고히 하려던 왕실 세력과
훈구 사림파의 암투!

핏빛 조선 4대 사화 세 번째 기묘사화 한국사연구원 편저/ 17,000원

조광조를 필두로 한 사림파가 급진적 왕도 정치를 추구하면서 중종과
쇠외받던 훈구파는 반발하게되고, 또 한 번의 개혁은 멀어져 간다.

핏빛 조선 4대 사화 네 번째 을사사화 한국사연구원 편저/ 19,000원

4왕실의 외척 대윤과 소윤은 권력을 차지하기 위해 극렬한 투쟁을 벌였다.
이때 그 정권에 참여하지 못했던 사람들도 대윤과 소윤으로 갈리면서,
조선 시대붕당정치의 시작을 예고한다.

계유년의 역신들 한국사연구원 편저/ 23,000원

세조의 왕위 찬탈 배경과 숙청되는 단종, 왕권의 정통성을 보전하려던 사육신과
생육신 사건부터 김문기가 정사의 사육신인 이유를 분명히 밝힌 역사서!

풍수 한국사 이은식 저/ 14,500원

풍수와 무관한 터는 없다. 인문학과 풍수학은 빛과 그림자와 같다.
각각의 터에서 태어난 역사적 인물들에 얽힌 사건을 통해
삶의 뿌리에 닿게 될 것이다.

발간중 | 청백리실록 37권

진정한 청백리 淸白吏란

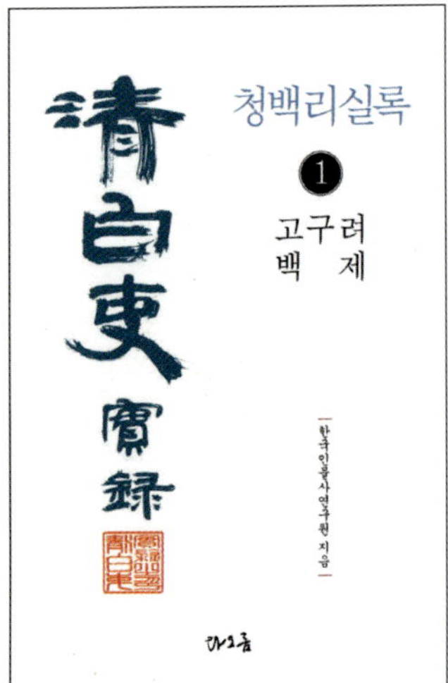

가격 | 각권 25,000원

청백리란 청렴한 관리라는 뜻이다. 조선왕조는 새 왕조 개창 후 유교의 민본정치를 표방하고 나섰다. 백성을 위한 정치를 한다는 뜻에서 청렴하고 깨끗한 정치를 하고자 했던 것이다. 고려의 몰락 원인은 원의 간섭 후에 권문세가의 부패한 정치에 두고 있다. 그러므로 새 왕조 개창 후에는 관리의 임명에 가장 큰 역점을 두고 있었다. 청백리 제도가 역사적으로 중요시되었다. 그러나 제도적으로 처음부터 법제화 한 것은 아니었던 듯 하다. 세종 때에는 도덕적 기강이 바로 잡혀 청백리 재상이 많이 배출되었다. 동대문 밖의 비새는 초가에서 살았다는 정승 유관柳寬, 고향에 내려갈 때 검은 소를 타고 다녔다는 맹사성, 평생을 근검절약하며 가난하게 살면서도 부끄러워하지 않고 많은 일화를 남겨 오래도록 세인의 칭송을 받았던 황희 정승 등이다. 이들이 언제부터 청백리라는 이름으로 불리고 청백리가 제도화되기까지는 어떤 과정을 밟았는가를 알아보고자 한다. 사람들의 청백한 심성은 인류 역사가 시작됨과 함께 존재했다. 고구려 백제 신라 고려 조선조를 망라하여 청백한 관리가 악정관리보다 더 많았기에 오늘날까지 우리의 역사는 존재하였다. 긱종 문헌을 참고 열람하여 그들의 행적을 가감없이 밝혀놓은 책 〈청백리 실록〉

내용 인물은 366위 37권으로 엮어진 책을 세상에 밝힌다.

고구려 · 백제 · 신라 · 고려 · 조선조 청백리 상 366위
高句麗 · 百濟 · 新羅 · 高麗 · 朝鮮朝 淸白吏 像 366位

고구려 을파소 백제 성충 흥수 계백 신라 물계자 박문량 사다함 김후직 검군 실혜 죽죽 석강수 구진천 녹진 고려 강감찬 정문 위계정 김부일 최홍사 문극겸 유록숭 정항 최척경 양원준 유응규 함유일 전원균 이지명 이공로 김지대 권수평 손변 허공 설공검 주열 윤해 최수황 권단 전신 윤택 유석 왕해 김지석 배정지 박효수 최해 홍균 최석 김연수 박충좌 정운경 이공수 안보 윤가관 최영 박의중 채왕택 정몽주 조선 안성 서견 우현보 심덕부 유구 길재 경의 최유경 이지직 이원 김약항 박서생 이백지 최사의 금유 하경복 신유정 정적 맹사성 홍계방 허조 최만리 유겸 유염 황희 이석근 이정보 김장 유관 민불탐 최혼 이지 옥고 노숙동 기건 정문형 곽안방 박강 김종순 이언 한계희 성삼문 유응부 박팽년 이맹전 황효원 정성근 허종 허침 이훈 양관 이신효 임정 박열 이현보 박처륜 이순 성현 이극배 윤석보 김겸광 조지서 이약동 구치관 안팽명 민휘 류헌 정매신 김무 김전 이화 류빈 손중돈 김연수 이언적 권벌 신공제 조사수 조치우 강숙돌 김종직 이숭원 표빈 박상 김정 김양진 최명창 오세한 이선장 정갑손 류희철 조원기 윤사익 유찬 전팽령 권빈 송흠 정창손 김흔 양지손 정석견 이철균 한형윤 김구 박한주 유언겸 정붕 조광조 어영준 상진 임훈 원유남 정연 안현 임보신 이몽필 윤춘년 이우 김팽령 김우 김언겸 김몽좌 이탁 정이주 윤부 박수량 이해 홍섬 홍담 류혼 강윤권 이중경 변훈남 이준경 이세장 김순 이명 성세장 박영준 오상 안종전 박민헌 주세붕 송순 정종영 임호신 이영 윤현 우세겸 신잠 김확 이증영 김개 이황 김약묵 송익경 송찬 노진 신사형 안잠 이이 김취문 이인충 심수경 이원익 백인걸 안자유 이광정 허엽 허욱 이기설 허세린 허잠 류성룡 이제신 이후백 이기 이유중 오억령 이호민 장현광 정기룡 곽제우 이덕형 나급 이행원 박우 송영구 변양걸 이항복 유희춘 최홍원 류훈 정곤수 심희수 최여림 김행 김성일 김충선 이우직 이직언 장필무 김수 성영 김장생 조언수 양사언 김경서 남이흥 김상헌 김덕함 이시백 김신국 김시양 이명준 홍명하 장만 정충신 정언황 민여임 성하종 신경진 임광 목장흠 이홍망 이안눌 최진립 구곤원 민성휘 조익 권대재 이해 양척 이민서 이상진 류경창 성이성 홍우량 강세구 윤지인 조경 박신규 이후정 강열 윤추 이제 강백년 최관 조속 이태영 강유후 임홍망 정도복 이형상 오도일 이종성 조석윤 이지온 홍무 이세화 최경창 임숙영 유하익 이희건 이명식 신임 임홍망 류상운 김두남 송정규 이하원 강석범 오광운 정옥 정간 이명준 허정 정형복 이겸빈 이병태 최유현 이태중 한지 윤용 윤득재 고유 김종수 박문수 한덕필 이태중 이의필 이단석 이방좌 정만석 황정 채제공 남이형 서기순 한익상 심의신 박규수 이건창 양헌수 조병세 이만도 한규설 이시영 변영태